浙江大学浙东学术研究中心 编

浙 东 学 术

[第一辑]

董 平 主编

ZHEJIANG UNIVERSITY PRESS
浙江大学出版社

图书在版编目(CIP)数据

浙东学术. 第一辑 / 董平主编. —杭州：浙江大学出版
社，2009.7
ISBN 978-7-308-06859-8

Ⅰ.浙… Ⅱ.董… Ⅲ.浙东学派—研究 Ⅳ.B244.995

中国版本图书馆 CIP 数据核字(2009)第 100464 号

浙东学术[第一辑]

董　平　主编

策划编辑	曾建林	
责任编辑	王　晴	
封面设计	刘依群	
出版发行	浙江大学出版社	
	（杭州天目山路 148 号　邮政编码 310028）	
	（网址：http://www.zjupress.com）	
排　　版	杭州求是图文制作有限公司	
印　　刷	富阳市育才印刷有限公司	
开　　本	710mm×1000mm　1/16	
印　　张	25	
字　　数	400 千字	
版 印 次	2009 年 7 月第 1 版　2009 年 7 月第 1 次印刷	
书　　号	ISBN 978-7-308-06859-8	
定　　价	49.00 元	

目　　录

编 辑 缘 起

　　浙江虽是一东南小省,但历史悠久,文化发达,在中国文化传统的整体构成中占有独特地位。仅从可供文本研究的传世文献而言,东汉时期的王充是浙江历史上第一位重要的思想家,而在某种意义上,王充亦为浙江之"学祖",其为人的特立独行、对现实生活世界的独特关切、对思想世界的深刻洞见及其实事求是的批判精神,在某种意义上几乎奠定了浙江学术的整体风格。至南宋时期,浙江学术出现了整体上的繁荣局面,以陈傅良、叶适为代表的"永嘉学派"、以陈亮为代表的"永康学派"、以吕祖谦为代表的"金华学派"、以杨简为代表的"四明学派"等等,虽观点歧出,议论纷纭,却又相互之间交往密切,其思想亦一时并盛,而呈现为思想史上的一种特殊景观。这些"学派"的出现及其思想的异彩纷呈,至少表明,在当时特殊的时代背景之下,浙江学人以其全部的思想智慧与生命情感,投入了以儒家思想为核心的传统文化之重建的伟业,投入了理学这一历史上规模最为浩大的思想文化运动,并为这一运动所达成的最终思想成果作出了重要贡献。

　　虽然历来学者关于理学之整体构成的观点并不一致,但我个人认为,这一运动之最终的思想成果,是由三种基本的理论形态来整体呈现的。首先,是以朱熹为代表的"理学";他既充分强调了"理"之为纯粹至善的独存性格,又充分强调了"理"体现为人之性体的必然性,从而建构起了以理性同一为纲要的哲学系统,重视天道本体内化为人道本质的哲学诠释,关注人的生存本质在经验生活中的异化或蜕变,强调通过经验的道德践履来保证天道、天理或人性的实在性在生活世界中的纯粹表达;生命过程被理解为一个向着其自身的存在本质,同时亦是宇宙之终极实在境域的不断接近与回归的过程,并将这一过程视为个体超越其经验的生存状态而优入圣域的必由之路。其次,是以陆九渊为代表的"心学";他不仅重视天道本体之内化为人道本质的哲学诠释,而且尤为强调心体本身之固有的澄明与至善,人心即是天心,人道即是天道,因而对于心体本身之澄明而至善状态的主观认同与自觉顿达，便即是对其经验生存之非本真状态的即时消解，亦即是存在之终究实性的即时还原。所谓朱、陆之异，原非体现于其哲学的目的，而体现于其哲学方法或其哲学建构的逻辑行程。第三，是以吕祖谦为代表的"历史哲学"；他与朱熹一起，亲身参与了理学体系的哲学建构，而与当时浙东学术群体中的主要人物，如薛季宣、陈傅良、陈亮、叶适等都有密切交往，亦曾亲身见证了朱熹与陆九渊之间的学术论争，对他们各自的学术主张有深切了解，而其本人深厚的学术素养与丰富的学术经验，又使他有能力在整合朱陆、兼摄陈亮及永嘉之学的基础上，又超越于其各自的理论境界，独辟蹊径。吕氏充分强调了天道体现于社会生活之现实的必然性，强调了道的现在状态与人类当前的生活世界之间的相互联结，以及个体的道德世界与其生活世界之间的本质同一性，从而要求将道的理论追寻推进于社会历史的全部领域，诉诸人类生活的全部历史过程；正因此故，他实际上是在新的视域之下实现了哲学与历史学的相互融合，在某种意义与程度上开创了被统称为"理学"的新学术系统中的历史哲学传统。这三种理论形态，在整体上均为"理学"这一思想文化运动所达成的思想成果，亦为在不同的思想维度上对先秦儒学进行重建而实现出来的三种新形式。而我们所强调的是，南宋时期浙东的学术群体是有其学风与为学目的上的共同性的，他们在当时被称为"浙学"，后代则名之为"浙东学派"，是有其学术上的基本根据的。

南宋的繁荣之后，浙江的学术大抵转入平稳的传承。明初以宋濂、王祎为代表的一批学者，曾以振兴吕氏学术为己任，但终究未能有突出的思想建树；思想界的一般状况，仍以朱熹学术之守成的传续为基本面貌。至明代中叶，阳明之说突出于天地之间，良知之说犹如惊蛰之雷，平稳而僵固的学术格局，遂再次为浙东士人所击破，而别见一番新天。终明之世，阳明之说若风吹草偃，盛行天下，虽所见有异，主张各别，或出阳明而新，或因阳明而变，然其间之曲折回旋，层波迭兴，却亦无不以阳明学说为其基点。至清初之世，黄宗羲再以阔大之胸襟、雄健之气度、审慎之精思、刚劲之笔力，承刘宗周对阳明学说之反思的批评，转向学术史之整体的批评的反思，以思想学术及其与现实世界之互动的慎思明辨，而寻求并重建道的现实历史过程。我们遂再次看到了历史的哲学诠释与哲学的历史追寻的统一，再次看到了南宋浙学之历史哲学的精神回归。承黄宗羲之学绪，清代浙东之史学的特别发达，遂为学术界所瞩目，然万、全诸氏，虽有或亲炙、或私淑之不同，实未能完全心领黄氏之旨，在求"实"的取向之下，反而在某种程度上消解了黄氏之求"道"的宗本。至章学诚出，而以史学重究大道之意始重新显现，而学诚之学,亦终究呈现为历史哲学之维度的根本回归,是即所谓言性命者必究于史。

学术与士风、世风相为表里,关乎世道人心至重至巨。虽时代不同,世事有异,然生活之本相,自有常有变。失却常态之变,甚或唯变之是求,则生活必将流于纯粹表象而失却其立足之根基;唯常之求而不达通变,则亦必将流于僵固而故步自封。当今之世,事事必以"创新"为尚,学术之为学术,舆论自亦以求新求异为高。"创新"之说遍满天下,而常道之经反隐晦而不显。我们似乎满足于事件的更迭繁忙,惬意于新辞妙说的转引绍述,至于天之大道、心之宗本,视同隔尘,而漠然不复措怀。吾为浙人而固陋,每读浙学前贤遗著,思其究明世变以返常道之经的明体达用之学,往往心生向往,以为或可为当世下一针砭。博学、审问、慎思、明辨、笃行,是乃为学之经;尊德性而道问学、极高明而道中庸,岂非体用之常;敬业而乐群、修辞以立诚,足当学人之本分。故本辑虽名为《浙东学术》,实非以专论浙东之学或浙人之学,而欲承续浙东学术之究道于史、以史明道、以人心而当天心之旧意而已。

事相之成,必当因缘。十余年前因拙撰《陈亮评传》,遂与永康诸贤相识,而平时交往,尤与徐小飞先生为笃。徐君经营浙江万泰铝业,然雅好翰墨,书储数屋,擅长丹青,墨竹尤妙。2007年,吾以敝意商于徐君,遂得其慷慨资助,而有浙江大学浙东学术研究中心之成立。而本辑之编纂,又得学界饱学老师、博雅君子之鼎力襄助,慨赐雄文,独抒己见,立诚之意,无不洋溢于字里行间。幸叨此崇光,而予之固陋竟顿觉其稍减,何幸如之也!

此编付梓之际,赘数语于简端,以为代序。

董　平

2008 年 11 月 21 日

重订荀子《性恶篇》章句

陈 来

一

《荀子》书中的《性恶》一篇，集中表述了荀子人性论的主要内容，受到历来研究者的重视。不过，《性恶》文本章句的讨论，似很少见。本文拟就此提出一些看法，以引起方家的进一步讨论。

《荀子》文本的分段，多出于清人。如王先谦《荀子集解》最称精详，其分段乃据卢文弨校本，而卢校本的分段，并未顾及战国古人的分章习惯。晚近以来，出土战国竹简文献，往往有章号、篇号可循，虽然这些章号可能是传承文献的经师所为，但应接近作者和时人，其法则值得参考。

如果在总体上观察《性恶》的文字叙述，很容易发现在该篇的前半部的叙述结构，是相当齐整的。根据今人张觉《荀子译注》的分章（节），①此篇共分 19 章，而在前 12 章中，大多以"人之性恶明矣，其善者伪也"为一章的结束语。如：

> 1 章"人之性恶，其善者伪也"。
> 2 章"……用此观之，人之性恶明矣，其善者伪也"。
> 3 章"……用此观之，然则人之性恶明矣，其善者伪也"。
> 6 章"……用此观之，然则人之性恶明矣，其善者伪也"。
> 8 章"……用此观之，人之性恶明矣，其善者伪也"。
> 9 章"……用此观之，然则人之性恶明矣，其善者伪也"。
> 10 章"……用此观之，然则人之性恶明矣，其善者伪也"。
> 11 章"……用此观之，然则人之性恶明矣，其善者伪也"。

---

① 张觉：《荀子译注》，上海古籍出版社 1995 年版。又，其另著《荀子校注》（岳麓书社 2006 年版）分章与注释皆与前书同。

12章"……故人之性恶明矣,其善者伪也"。

在上述各章中,其结语的文字虽略有差别,如有的用"然则",有的用"故",有的未用"用此观之",而结语的主要成分"人之性恶明矣,其善者伪也"则是一致的。因此,我们可以说它们的结语形式是一致的。这显然是此篇作者有意而为之的,由此亦可见其结构的特色。然而,在前12章中只有4、5、7这三章没有以"人之性恶明矣,其善者伪也"作为结束语,这显得很不协调。以常理推之,此篇的作者既然已经有使用这一结语形式的偏好,则与上述各章内容相同的章,没有不使用这种结语的理由。因此,错简和脱误的可能性是明显地存在的。

事实上,在第5章中,本来就有"用此观之,然则人之性恶明矣"的文字,只是缺少了"其善者伪也"五字而已。综观全书,除了此篇第5章外,《荀子》文中,孤立地说"人之性恶明矣"而不带"其善者伪也"的用例,是没有的。加上我们前面对结构的解析,使我们有理由推断,在第5章里本来也是有"其善者伪也"这一句,跟在"人之性恶明矣"之后。而今本没有此五字,可能是传抄过程中的误脱所致。

二

为解决这一问题,我们把4、5两章合为一章,并在"用此观之,然则人之性恶明矣"后补上"其善者伪也"。做法如下:

张注本之第4章、第5章原作:

第4章　孟子曰:"人之学者,其性善。"曰:是不然。是不及知人之性,而不察乎人之性伪之分者也。凡性者,天之就也,不可学,不可事(事即伪了)。礼义者,圣人之所生也,人之所学而能,所事而成者也。不可学,不可事,而在人者,谓之性;可学而能,可事而成之在人者,谓之伪。是性伪之分也。今人之性,目可以见,耳可以听;夫可以见之明不离目,可以听之聪不离耳,目明而耳聪,不可学明矣。

第5章　孟子曰:"今人之性善,将皆失丧其性故也。"曰:若是则过矣。今人之性,生而离其朴,离其资,必失而丧之。用此观之,然则人之性恶明矣。所谓性善者,不离其朴而美之,不离其资而利之也,使夫资、朴之于美,心意之于善,若夫可以见之明不离目,可以听之聪不离耳,故曰目明而耳聪也。

第5章的"所谓性善者……故曰目明耳聪也"一段文字，按张觉注，"据文义应在'若是则过矣'之后"①。这样，此第5章可改为：

> 第5章 孟子曰："今人之性善，将皆失丧其性故也。"曰：若是则过矣。所谓性善者，不离其朴而美之，不离其资而利之也；使夫资、朴之于美，心意之于善，若夫可以见之明不离目，可以听之聪不离耳，故曰目明而耳聪也。今人之性，生而离其朴，离其资，必失而丧之。用此观之，然则人之性恶明矣。

"孟子曰"至"明矣"的次序，即据张注调整，而调整之后，"用此观之，然则人之性恶明矣"就成为最后一句了。

然后我们将"其善者伪也"五字补于句尾，盖此篇之中，"人之性恶明矣"后皆接有"其善者伪也"，未有独立言"人之性恶明矣"者。②现把第4章和经我们调整后的第5章合为一章，即新4章，如下：

> 孟子曰："人之学者，其性善。"曰：是不然。是不及知人之性，而不察乎人之性伪之分者也。凡性者，天之就也，不可学，不可事（事即伪了）。礼义者，圣人之所生也，人之所学而能，所事而成者也。不可学，不可事而在人者，谓之性；可学而能，可事而成之在人者，谓之伪。是性伪之分也。今人之性，目可以见，耳可以听；夫可以见之明不离目，可以听之聪不离耳，目明而耳聪，不可学明矣。
>
> 孟子曰："今人之性善，将皆失丧其性故也。"曰：若是则过矣。所谓性善者，不离其朴而美之，不离其资而利之也；使夫资、朴之于美，心意之于善，若夫可以见之明不离目，可以听之聪不离耳，故曰目明而耳聪也。今人之性，生而离其朴，离其资，必失而丧之。用此观之，然则人之性恶明矣，其善者伪也。

---

① 张觉：《荀子译注》，第501页。

② 清人王念孙亦言："此下亦当有'其善者伪也'句"，可为吾人支持。其语见王先谦《荀子集解》，中华书局1988年版，第436页。

下接新 5 章：

> 今人之性，饥而欲饱，寒而欲暖，劳而欲休，此人之情性也。今人见长而不敢先食者，将有所让也；劳而不敢求息者，将有所代也。夫子之让乎父，弟之让乎兄，子之代乎父，弟之代乎兄，此二行者，皆反于性而悖于情也；然而孝子之道，礼义之文理也。故顺情性则不辞让矣，辞让则悖于情性矣。用此观之，人之性恶明矣，其善者伪也。

这样的好处是，调整之后，第 4 章结尾为"用此观之，然则人之性恶明矣，其善者伪也"。与第 1、2、3、5 章结尾"用此观之，人之性恶明矣，其善者伪也"一致，章句整齐，条理清晰，而无改于《荀子》文义。

这样，原本章尾缺少"人之性恶明矣，其善者伪也"的 4、5、7 章，其 4、5 两章经过合并和增加一句"其善者伪也"后，问题已经解决。至于第七章，因今本原文中并无"人之性恶明矣"之句，亦无可补，故将此章移至张注本 13 章之前；又以此章稍长，故将此章分为两章。考虑到以"人之性恶明矣，其善者伪也"为结语的各章，至第 10 章为止，自为一组，与后面各章有别，故以《性恶篇》分为上下，读之更为顺畅。

就具体所改而言，本文亦参之以郭店出土战国楚简《性自命出》篇章句之定。如李零氏所订本，每章以"凡"字开头，句次整齐，而又分为上下，颇便阅读。[①]所不同者，李氏所订，有竹简章号、篇号可以为据，而《荀子》文本乃传世文献，已无章号等可寻耳。

三

以下是我们的改本。其中文字明显脱误者则就正文改正，并加注说明；文字有疑义而非明显脱误者，则不改正正文，而出注以参考之；标点则以参照张注为主。

《性恶上》（共 10 章）：

1. 人之性恶，其善者伪也。
2. 今人之性，生而有好利焉，顺是，故争夺生而辞让亡焉；生而有疾

---

① 李零：《郭店楚简校读记》，北京大学出版社 2002 年版，第 105 页。

恶焉，顺是，故残贼生而忠信亡焉；生而有耳目之欲，有好声色焉，顺是，故淫乱生而礼义文理亡焉。然则从人之性，顺人之情，必出于争夺，合于犯分乱理，而归于暴。故必将有师法之化、礼义之道，然后出于辞让，合于文理，而归于治。用此观之，人之性恶明矣，其善者伪也。

3. 故枸木必将待檃栝、烝矫然后直，钝金必将待砻厉然后利。今人之性恶，必将待师法然后正，得礼义然后治。今人无师法，则偏险而不正；无礼义，则悖乱而不治。古者圣王以人之性恶，以为偏险而不正，悖乱而不治，是以为之起礼义，制法度，以矫饰人之情性而正之，以扰化人之情性而导之也，使皆出于治①，合于道者也。今之人化师法、积文学、道礼义者为君子；纵性情、安恣睢而违礼义者为小人。用此观之，人之性恶明矣，其善者伪也。

4. 孟子曰："人之学者，其性善。"曰：是不然。是不及知人之性，而不察乎人之性伪之分者也。凡性者，天之就也，不可学，不可事。礼义者，圣人之所生也，人之所学而能、所事而成者也。不可学、不可事而在人者②，谓之性；可学而能、可事而成之在人者，谓之伪；是性伪之分也。今人之性，目可以见，耳可以听。夫可以见之明不离目，可以听之聪不离耳，目明而耳聪，不可学明矣。

孟子曰："今人之性善，恶皆失丧其性故也。③"曰：若是则过矣。所谓性善者，不离其朴而美之，不离其资而利之也。使夫资朴之于美，心意之于善，若夫可以见之明不离目，可以听之聪不离耳，故曰目明而耳聪也。今人之性，生而离其朴，离其资，必失而丧之。用此观之，然则人之性恶明矣，其善者伪也。

5. 今人之性，饥而欲饱，寒而欲暖，劳而欲休，此人之情性也。今人见长而不敢先食者，将有所让也；劳而不敢求息者，将有所代也。夫子之让乎父，弟之让乎兄；子之代乎父，弟之代乎兄；此二行者，皆反于性而悖于情也，然而孝子之道，礼义之文理也。故顺情性则不辞让矣，辞让则悖于情性矣。用此观之，人之性恶明矣，其善者伪也。

6. 凡人之欲为善者，为性恶也。夫薄愿厚，恶愿美，狭愿广，贫愿

---

① "使"原作"始"，据文义及张觉注改。

② "而在人者"，顾千里以为当作"之在天者"，见《荀子集解》，中华书局 1988 年版，第436 页；后亦有注者据上下文改为"而在天者"，见《荀子新注》，中华书局 1979 年版，第392 页。

③ "恶"原作"将"，不可通，据文意改。

富，贱愿贵，苟无之中者，必求于外。故富而不愿财，贵而不愿执，苟有之中者，必不及于外。用此观之，人之欲为善者，为性恶也。今人之性，固无礼义，故强学而求有之也；性不知礼义，故思虑而求知之也。然则性而已，则人无礼义，不知礼义。人无礼义则乱，不知礼义则悖。然则性而已，则悖乱在己。用此观之，人之性恶明矣，其善者伪也。

7. 孟子曰："人之性善。"曰：是不然。凡古今天下之所谓善者，正理平治也；所谓恶者，偏险悖乱也。是善恶之分也已。今诚以人之性固正理平治邪，则有恶用圣王、恶用礼义哉？虽有圣王礼义，将曷加于正理平治也哉？今不然，人之性恶。故古者圣人以人之性恶，以为偏险而不正，悖乱而不治，故为之立君上之执以临之，明礼义以化之，起法正以治之，重刑罚以禁之，使天下皆出于治，合于善也。是圣王之治而礼义之化也。今当试去君上之执，无礼义之化，去法正之治，无刑罚之禁，倚而观天下民人之相与也；若是，则夫强者害弱而夺之，众者暴寡而哗之，天下悖乱而相亡，不待顷矣。用此观之，然则人之性恶明矣，其善者伪也。

8. 故善言古者，必有节于今；善言天者，必有征于人。凡论者贵其有辨合，有符验。故坐而言之，起而可设，张而可施行。今孟子曰："人之性善。"无辨合符验，坐而言之，起而不可设，张而不可施行，岂不过甚矣哉！故性善，则去圣王，息礼义矣；性恶，则与圣王，贵礼义矣。故檃栝之生，为枸木也；绳墨之起，为不直也；立君上，明礼义，为性恶也。用此观之，然则人之性恶明矣，其善者伪也。

9. 直木不待檃栝而直者，其性直也。枸木必将待檃栝、烝矫然后直者，以其性不直也。今人之性恶，必将待圣王之治、礼义之化，然后始出于治、合于善也。用此观之，人之性恶明矣，其善者伪也。

10. 问者曰："礼义积伪者，是人之性，故圣人能生之也。"应之曰：是不然。夫陶人埏埴而生瓦，然则瓦埴岂陶人之性也哉？工人斲木而生器，然则器木岂工人之性也哉？夫圣人之于礼义也，辟则陶埏而生之也。然则礼义积伪者，岂人之本性也哉！凡人之性者，尧舜之与桀跖，其性一也；君子之与小人，其性一也。今将以礼义积伪为人之性邪？然则有曷贵尧禹，曷贵君子矣哉？凡贵尧禹君子者，能化性，能起伪，伪起而生礼义。然则圣人之于礼义积伪也，亦犹陶埏而为之也。用此观之，然则礼义积伪者，岂人之性也哉！所贱于桀跖小人者，从其性，顺其情，安恣睢，以出乎贪利争夺。故人之性恶明矣，其善者伪也。

《性恶下》(共9章)：

11. 问者曰："人之性恶,则礼义恶生?"应之曰：凡礼义者,是生于圣人之伪,非故生于人之性也。故陶人埏埴而为器,然则器生于陶人之伪①,非故生于人之性也。故工人斲木而成器,则器生于工人之伪,非故生于人之性也。圣人积思虑,习伪故,以生礼义而起法度,然则礼义法度者,是生于圣人之伪,非故生于人之性也。若夫目好色,耳好听,口好味,心好利,骨体肤理好愉佚,是皆生于人之情性者也,感而自然,不待事而后生之者也。夫感而不能然,必且待事而后然者,谓之生于伪,是性伪之所生,其不同之征也。

12. 故圣人化性而起伪,伪起而生礼义,礼义生而制法度。然则礼义法度者,是圣人之所生也。故圣人之所以同于众,其不异于众者,性也；所以异而过众者,伪也。夫好利而欲得者,此人之情性也。假之有弟兄资财而分者,且顺情性,好利而欲得,若是则兄弟相拂夺矣；且化礼义之文理,若是则让乎国人矣。故顺情性则弟兄争矣,化礼义则让乎国人矣。

13. 天非私曾、骞、孝己而外众人也,然而曾、骞、孝己独厚于孝之实,而全于孝之名者,何也？以綦于礼义故也。天非私齐鲁之民而外秦人也,然而秦人于父子之义②、夫妇之别,不如齐鲁之孝共敬文者③,何也？以秦人情性,安恣睢,慢于礼义故也,岂其性异矣哉！

14. "涂之人可以为禹",曷谓也？曰：凡禹之所以为禹者,以其为仁义法正也,然则仁义法正有可知可能之理。然而涂之人也,皆有可以知仁义法正之质,皆有可以能仁义法正之具,然则其可以为禹明矣。今以仁义法正为固无可知可能之理邪？然则唯禹不知仁义法正,不能仁义法正也。将使涂之人固无可以知仁义法正之质,而固无可以能仁义法正之具邪？然则涂之人也,且内不可以知父子之义,外不可以知君臣之

---

① "陶人之伪",原作"工人之伪",杨倞注"或曰：工人当作陶人。"王念孙亦同此说。参看《荀子集解》第437页。

② 据王念孙,"父子之义"前应有"秦人"二字,而今本脱之。说见《荀子集解》第442页。

③ "敬文"原作"敬父",杨注以为当为"敬文",即敬而有文。"孝共"原作"孝具",王念孙谓当作"孝共",即"孝恭"。见《荀子集解》第442页。

正。今不然①。涂之人者，皆内可以知父子之义，外可以知君臣之正，则其可以知之质，可以能之具，其在涂之人明矣。今使涂之人者，以其可以知之质，可以能之具，本夫仁义法正之可知可能之理、可能之具，然则其可以为禹明矣。今使涂之人伏术为学，专心一志，思索孰察，加日县久，积善而不息，则通于神明，参于天地矣。故圣人者，人之所积而致也。

15. 曰："圣可积而致，然而皆不可积，何也？"曰：可以而不可使也。故小人可以为君子，而不肯为君子。君子可以为小人，而不肯为小人。小人君子者，未尝不可以相为也，然而不相为者，可以而不可使也。故涂之人可以为禹，则然；涂之人能为禹，则未必然也。虽不能为禹，无害可以为禹。足可以遍行天下，然而未尝有遍行天下者也。夫工匠农贾，未尝不可以相为事也，然而未尝能相为事也。用此观之，然则可以为，未必能也；虽不能，无害可以为。然则能不能之与可不可，其不同远矣，其不可以相为明矣。

16. 尧问于舜曰："人情何如？"舜对曰："人情甚不美，又何问焉？妻子具而孝衰于亲，嗜欲得而信衰于友，爵禄盈而忠衰于君。人之情乎！人之情乎！甚不美，又何问焉！唯贤者为不然。"

17. 有圣人之知者，有士君子之知者，有小人之知者，有役夫之知者。多言则文而类，终日议其所以，言之千举万变，其统类一也：是圣人之知也。少言则径而省，论而法，若佚之以绳，是士君子之知也。其言也诡，其行也悖，其举事多悔，是小人之知也。齐给便敏而无类，杂能旁魄而无用，析速粹孰而不急，恤是非，不论曲直，以期胜人为意，是役夫之知也。

18. 有上勇者，有中勇者，有下勇者。天下有中，敢直其身；先王有道，敢行其意；上不循于乱世之君，下不俗于乱世之民；仁之所在无贫穷，仁之所亡无富贵；天下知之，则欲与天下同苦乐之②；天下不知之，则傀然独立天地之间而不畏；是上勇也。礼恭而意俭，大齐信焉而轻货财；贤者敢推而尚之，肖者敢援而废之；是中勇也。轻身而重货，恬祸而广解苟免；不恤是非，然不然之情，以期胜人为意，是下勇也。

---

①　原文作"不然今涂人"，俞樾云"'不然'二字当在今字之下，'今不然'三字为句"。见《荀子集解》第 443 页。

②　"同苦乐之"，杨注云"苦"或为"共"，王念孙曰："作'共'者是也"。见《荀子集解》第447 页。

19. 繁弱、巨黍,古之良弓也,然而不得排檠则不能自正。桓公之葱,太公之阙,文王之录,庄君之智,阖闾之干将、莫邪、巨阙、辟闾,此皆古之良剑也;然而不加砥厉则不能利,不得人力则不能断。骅骝、骐骥、纤离、绿耳,此皆古之良马也;然而必前有衔辔之制①,后有鞭策之威,加之以造父之驭,然后一日致千里也。夫人虽有性质美而心辩知,必将求贤师而事之,择良友而友之。得贤师而事之,则所闻者尧舜禹汤之道也;得良友而友之,则所见者忠信敬让之行也。身日进于仁义而不自知也者,靡使然也。今与不善人处,则所闻者欺诬、诈伪也,所见者污漫、淫邪、贪利之行也,身且加于刑戮而不自知者,靡使然也。传:"不知其子视其友,不知其君视其左右。"靡而已矣! 靡而已矣!

本文章句之订,可谓略承宋儒之法,如朱子《大学章句》之章句序次。而朱子《〈大学章句〉序》于所改本,已自言"忘其固陋"、"无所逃罪"。笔者此文改动旧本,亦深同此感,读者谅之。

---

① "必前有"原作"前必有",据王念孙说改,见《荀子集解》第449页。

《穷达以时》与孔子的境遇观
和道德自主论

王中江

从《穷达以时》的整理到公布之后的研究,大家都比较注意它同传世文献《荀子·宥坐》、《孔子家语·在厄》、《韩诗外传》卷七和《说苑·杂言》等记载的孔子和他的弟子在陈蔡之地被围困的相关内容,李学勤先生更将其视野进一步扩大到其他文献记载上,并列出了其演变的先后顺序,说:"各书记述虽然有不少出入,但基本的轮廓是没有改变的。"①这促使我们在更加宽阔的范围内观察《穷达以时》同传世文献所记内容的关联,正是由此我们发现《穷达以时》的核心思想又无法完全"统一"纳入到李先生所排列的文献系列中。问题的根本之点是,这些传世文献记载的孔子对"厄于陈蔡"之境遇的看法(可称之为"陈蔡境遇观"),有着明显不同的思路和立场(所记事件的场景和人物关系也有差别),只是其中的一类同《穷达以时》的思路和立场接近。这不仅意味着李先生排列的传世文献的顺序很难成立,而且也意味着《穷达以时》记载的内容和思想同传世文献之间具有更为复杂的"异同"关系。下面,我们首先从情景、人物、体裁和问题比较一下这些传世文献的记载以及它和《穷达以时》的异同关系,在此基础上,我们探讨一下《穷达以时》基于"天人之分"模式之上的"境遇观"及其所彰显的儒家道德主体性和道德自我决定论。

《穷达以时》与传世文献记载的异同

同《鲁穆公问子思》竹简形制和字体相同的《穷达以时》篇,抄写在 15 支简

---

① 即《穷达以时》→《庄子·让王》→《荀子·宥坐》→《吕氏春秋·慎人》→《韩诗外传》卷七→《说苑·杂言》→《风俗通义·穷通》→《孔子家语·在厄》。李学勤氏:《天人之分》,见郑万耕主编:《中国传统哲学新论》,九洲图书出版社 1999 年版,第 241 页。

上，除第 12 支简和第 13 支简有所残缺外，其他简完整。① 从内容和文义上看，此篇也许已经自足，没有更多的篇幅。现以整理者的释文为基础并根据已有的研究，将编连有所调整和校改后的此篇文献录之如下：

有天有人，天人有分。察天人之分，而知所行矣。有其人，无其（简 1）世，虽贤弗行矣。苟有其世，何难之有哉？舜耕于历山，陶埏（简 2）于河浒，立而为天子，遇尧也。邵繇衣胎盖，帽经冢巾，（简 3）释板筑而佐天子，遇武丁也。吕望为臧棘津，战监门（简 4）棘地，行年七十而屠牛于朝歌，尊而为天子师，遇周文也。（简 5）管夷吾拘囚弃缚，释桎梏而为诸侯相，遇齐桓也。（简 6）百里奚馈五羊，为伯牧牛，释板而为朝卿，遇秦穆［也］。②（简 7）孙叔［敖］三斥恒思少司马，出而为令尹，遇楚庄也。（简 8）

善否，③已也。④ 穷达以时，德行一也；誉毁在旁，听之弋之。⑤ 梅

---

①　《穷达以时》释文，载《郭店楚墓竹简》，文物出版社 1998 年版，第 145－146 页。

②　根据前后句式，疑"秦穆"后脱一"也"字。

③　"否"原释文为"负"，据颜世铉说读为"否"。参阅颜氏的《郭店竹简散论（二）》，载《江汉考古》2000 年第 1 期。

④　原释文第 14 支简同第 15 支简编连，陈剑氏将之同第 9 支简编连，于文于义为长，故取之。参阅陈氏《郭店〈穷达以时〉、〈语丛四〉的几处简序调整》，见艾兰、邢文主编：《新出简帛研究》，文物出版社 2004 年版，第 316－317 页。

⑤　原释文"圣（听？）之弋母缁白"，"缁"陈剑氏读为"之"，并认为"母之"系倒置。"听之弋之"，裘锡圭氏读"听"为"圣"、"弋"为"贼"，读"听之弋之"为"圣之贼之"，陈剑氏从之（参阅同上文，第 317 页）。然根据前后句文义，此读法不一定恰当。如果"德行一也"是对待"穷达以时"的态度，那么"听之弋之"就应是对待"誉毁在旁"的态度，读"圣之贼之"，恐怕不类。此句整个意思，说的是不管客观外在境遇和别人的评价如何，人都要坚持道德修养而不为其所左右。"听之弋之"，直意为"听取"旁人的"毁誉"，转为"听凭"别人的毁誉，即所谓"听之任之"。

伯(简 14)初醢醢，①后名扬，非其德加[也]。② 子胥前多功，后戮死，非其智(简 9)衰也。骥厄张山，骏穴于邵棘，非亡体壮也；穷四海，至千(简 10)里，遇造[父]故也。遇不遇，天也。动非为达也，故穷而不(简 11)[怨；隐非]为名也，③故莫之智而不吝。芷[兰生于林中]，④(简 12)[不为无人]嗅而不芳；璑璐瑾瑜包山石，⑤不为[无人识而](简 13)不理。⑥穷达以时，幽明不再。故君子敦于反己。(简 15)

　　记载孔子"厄于陈蔡"的先秦和秦汉文献，主要有《孔子家语·在厄》、《庄子·让王》、《荀子·宥坐》、《吕氏春秋·慎人》、《韩诗外传》卷七、《说苑·杂言》和《风俗通义·穷通》。《穷达以时》同它们相比，有明显的不同关系。可分为两类：第一类是同《穷达以时》比较类似的《韩诗外传》卷七、《说苑·杂言》、《荀子·宥坐》和《孔子家语·在厄》的记载；第二类是同《穷达以

----

　　① 　原释文此句同"子胥"句相连。原释文"初韬晦"句缺少主语。张立文氏按原释文解释，以为是说明下文的一般议论(参见张氏的《〈穷达以时〉的时与遇》，见姜广辉主编的《中国哲学》第二十辑"郭店楚简研究"，辽宁教育出版社 1999 年版，第 218 页)。池田知久先生则将之看成是说明上一句的(参阅池田氏的《郭店楚简〈穷达以时〉之研究(上下)》，载台湾中央研究院历史语言研究所编：《古今论衡》2000 年第 4、5 辑)。赵平安氏认为这两种看法都难成立，认为它说的是比干。在抄漏、消掉和缺简这三种可能中，他接受池田知久先生的说法，认为缺简的可能性很大(参阅赵氏的《〈穷达以时〉第九号简考论——兼及先秦两汉文献中比干故事的衍变》，载《古籍整理研究学刊》2002 年第 2 期)。但将第 9 支简同第 14 支简连缀，可以恰当地解决上述问题。"梅伯"的读法，取陈剑说(参阅《郭店简〈穷达以时〉、〈语丛四〉的几处简序调整》)。"醢醢"的读法，取赵平安说。

　　② 　据后句"衰也"，当补"也"字。

　　③ 　"怨隐非"，据李零释文。参阅李氏的《郭店楚简校读记》，北京大学出版社 2002 年版，第 88 页。

　　④ 　"芷[兰生于林中]"，据陈剑氏(参阅《郭店简〈穷达以时〉、〈语丛四〉的几处简序调整》，第 316 页)和李零氏(参阅《郭店楚简校读记》，第 88 页)说补。

　　⑤ 　"璑璐瑾瑜"原释文为"无堇愈"，今据刘乐贤、刘钊、颜世铉氏说，读为"璑璐瑾瑜"。参见刘乐贤氏的《郭店楚简杂考(五则)》(载安徽大学古文字研究室编：《古文字研究》第二十二辑，中华书局 2000 年版，第 205 页)、刘钊氏的《读郭店楚简字词札记》(见武汉大学中国文化研究院编：《郭店楚简国际学术研讨会论文集》，湖北人民出版社 2000 年版，第 91 页)、颜世铉氏的《郭店楚简散论》(二)(载《江汉考古》2000 年第 1 期，第 39 页)。"包"，从裘锡圭氏的读法。参阅张富海的《北大中国古文献研究中心"郭店楚简研究"项目新动态》，简帛研究网(http://www.bamboosilk.org)，2000 年 10 月。

　　⑥ 　"厘"，陈剑氏读为"理"，指玉之文理，可从。参阅《郭店简〈穷达以时〉、〈语丛四〉的几处简序调整》，第 317 页。

时》明显不同的《庄子·让王》、《吕氏春秋·慎人》和《风俗通义·穷通》的记载。此外，《孔子家语·困誓》和《说苑·杂言》，另记载有孔子"厄于陈蔡"之事，别具一格，不同于《穷达以时》，可看成是第三类文献。

第一类中的《韩诗外传》卷七和《说苑·杂言》所记内容同《穷达以时》最为接近，一是因为在抽象议论和类比上三者类似。先看《韩诗外传》卷七的记载：

> 贤不肖者，材也；遇不遇者，时也。今无有时，贤安所用哉！……夫兰茝生于茂林之中，深山之间，人莫见之故不芬；夫学者非为通也，为穷而不困，忧而志不衰，先知祸福之始，而心无惑焉，故圣人隐居深念，独闻独见。

再看《说苑·杂言》的记载：

> 贤不肖者，才也；为不为者，人也；遇不遇者，时也。死生者命也。有其才，不遇其时，虽才不用。苟遇其时，何难之有！……芝兰生深林，非为无人而不香。故学者非为通也，为穷而不困也，忧而志不衰也，先知祸福之始而心不惑也，圣人之深念，独知独见。

简文《穷达以时》的说法是：

> 有天有人，天人有分。察天人之分，而知所行矣。有其人，无其（简1）世，虽贤弗行矣。苟有其世，何难之有哉？……遇不遇，天也。动非为达也，故穷而不（简11）[怨；隐非]为名也，故莫之智而不吝。芷[兰生于林中]，（简12）[不为无人]嗅而不芳；瑉璐瑾瑜包山石，不为[无人识而]（简13）不理。穷达以时，幽明不再。故君子敦于反己。（简15）

比较以上三个文本的抽象议论和类比，《韩诗外传》卷七的记载和《说苑·杂言》的记载最为接近，两者都同《穷达以时》非常类似。三个文献记载和说法之所以接近和类似，是因为三者用来说明历史人物"遇不遇"的例子，都是从"舜"开始而说到"孙叔敖"，不同之处是《穷达以时》列举了六位人物，另外两个文献则列出了七位，多了一位"伊尹"。

但将《穷达以时》同第一类中《荀子·宥坐》和《孔子家语·在厄》的记载

进行比较可以看出,三者的类似性只表现在抽象议论和看法上。《荀子·宥坐》说:

> 夫遇不遇者,时也;贤不肖者,材也;君子博学深谋,不遇时者多矣!由是观之,不遇世者众矣,何独丘也哉! 且夫芷兰生于深林,非以无人而不芳。君子之学,非为通也,为穷而不困,忧而意不衰也,知祸福终始而心不惑也。夫贤不肖者,材也;为不为者,人也;遇不遇者,时也;死生者,命也。今有其人,不遇其时,虽贤,其能行乎? 苟遇其时,何难之有! 故君子博学深谋,修身端行,以俟其时。

《孔子家语·在厄》说:

> 夫遇不遇者,时也;贤不肖者,才也。君子博学深谋而不遇时者,众矣,何独丘哉! 且芝兰生于深林,不以无人而不芳;君子修道立德,不为穷困而败节。为之者人也,生死者命也。

与《穷达以时》(还有《韩诗外传》卷七和《说苑·杂言》)不同的是,《荀子·宥坐》和《孔子家语·在厄》都没有列举"遇不遇"的那些历史人物。

《穷达以时》同以上四个文献不同的地方主要在于,这些传世文献所记的境遇观都是孔子"厄于陈蔡"而回应弟子们的疑惑而提出的,它是一种对话体,而《穷达以时》根本没有提及"厄于陈蔡"之事,也没有提到孔子及其弟子,体裁上显然是一种论述体。这就发生一个问题,即《穷达以时》同以上传世文献记载的先后和影响关系。从文献的时间说,除了《孔子家语》,《穷达以时》早于以上其他三个文献;但从来源上说,《荀子·宥坐》和《韩诗外传》卷七和《说苑·杂言》应有所本,《孔子家语》当是所本之一。这四种传世文献都说到了伍子胥被杀之事。伍子胥死于公元前484年,而孔子"厄于陈蔡"在前489年,孔子不可能言及此事。《孔子家语》所记,当是门人后来追述。李学勤先生认为,《穷达以时》"乃是《论语》之后记述孔子困于陈蔡时言论中最早的一例"[①]。但我们必须考虑的是,《穷达以时》根本没有提及"厄于陈蔡"之事。廖名春据此猜测,《穷达以时》是孔子自作,[②]但这种可能性很

---

① 李学勤:《天人之分》,第240页。

② 参见廖名春氏的《荆门郭店楚简与先秦儒学》,姜广辉主编:《中国哲学》第二十辑"郭店楚简研究",辽宁教育出版社1999年版,第43—45页。

小。《穷达以时》当是受孔子"厄于陈蔡"之事和言论的影响而进行的议论，特别是它提出了"天人有分"，将人的"境遇"和"穷达"纳入到"天人"模式之下来思考和理解，应是孔子后学的作品。

不管如何，《穷达以时》的"境遇观"同以上传世文献所记有很高或较多的相似性，它们属于一类。

顺便比较一下，《孔子家语·在厄》记载的情节、内容同《韩诗外传》卷七和《说苑·杂论》也有所不同。在《孔子家语·在厄》中，孔子提出同一个问题先后召见子路、子贡和颜渊，询问他们的看法。孔子提出的问题是"《诗》云：'匪兕匪虎，率彼旷野。'吾道非乎？奚为至于此？"①三个弟子分别作了回答并受到了孔子的不同评价：

> 子路出，召子贡，告如子路。子贡曰："夫子之道至大，故天下莫能容夫子，夫子盖少贬焉。"子曰："赐，良农能稼不必能穑，良工能巧不能为顺，君子能修其道纲而纪之，不必其能容。今不修其道，而求其容，赐，尔志不广矣，思不远矣。"子贡出，颜回入，问亦如。颜回曰："夫子之道至大，天下莫能容，虽然，夫子推而行之，世不我用，有国者之丑也，夫子何病焉？不容然后见君子。"孔子欣然叹曰："有是哉！颜氏之子，吾亦使尔多财，吾为尔宰。"

但在《韩诗外传》卷七和《说苑·杂言》的记载中，只有子路的回答和孔子的评论。《史记·孔子世家》所记同《孔子家语·在厄》所记完全一致，只是孔子所"问"在《孔子世家》中是重复出现的：

> 子路出，子贡入见。孔子曰："赐，诗云'匪兕匪虎，率彼旷野'。吾道非邪？吾何为于此？"子贡曰："夫子之道至大也，故天下莫能容夫子。夫子盖少贬焉？"孔子曰："赐，良农能稼而不能为穑，良工能巧而不能为顺。君子能修其道，纲而纪之，统而理之，而不能为容。今尔不修尔道而求为容。赐，而志不远矣！"子贡出，颜回入见。孔子曰："回，诗云'匪兕匪虎，率彼旷野'。吾道非邪？吾何为于此？"颜回曰："夫子之道至大，故天下莫能容。虽然，夫子推而行之，不容何病，不容然后见君子！

---

① 《史记·孔子世家》所记意思与此一致，文字微异："《诗云》：'匪兕匪虎，率彼旷野'。吾道非邪？吾何为于此？"

夫道之不修也,是吾丑也。夫道既已大修而不用,是有国者之丑也。不容何病,不容然后见君子!"孔子欣然而笑曰:"有是哉,颜氏之子! 使尔多财,吾为尔宰。"于是使子贡至楚。楚昭王兴师迎孔子,然后得免。

这两处记载中有孔子和他的弟子对"不容"的评论,类似于后面要谈到的他们对"困境"的评价。

第二类文献《庄子·让王》、《吕氏春秋·慎人》和《风俗通义·穷通》所记载的孔子"厄于陈蔡"的境遇观,既不同于第一类文献的记载,也同《穷达以时》相歧。主要表现在三个方面:一是这一类文献都没有涉及"时遇论";二是都以是否拥有"道德"为"穷达";三是由此出发认为陈蔡的遭遇不是不幸,反而正好是幸运,它被看成是考验孔子道德意志和信念的难得机会——岁寒以后知松柏之茂。这同《论语·子罕》记载的孔子之语"岁寒,然后知松柏之后凋也",可能有关系。为了直观,可将这一类传世文献记载的核心部分直接对比一下。《庄子·让王》记载:

> 子贡曰:"如此者,可谓穷矣。"孔子曰:"是何言也! 君子通于道之谓通,穷于道之谓穷。今丘抱仁义之道以遭乱世之患,其何穷之谓? 故内省而不穷于道,临难而不失其德。天寒既至,霜雪既降,吾是以知松柏之茂也。陈、蔡之隘,于丘其幸乎!"孔子消然反瑟而弦歌,子路扢然执干而舞。子贡曰:"吾不知天之高也,地之下也。"古之得道者,穷亦乐,通亦乐。所乐非穷通也。道得于此,则穷通为寒暑风雨之序矣。故许由娱乎颍阳,而共伯得乎丘首。

《吕氏春秋·慎人》记载说:

> 子贡曰:"如此者可谓穷矣。"孔子曰:"是何言也? 君子达于道之谓达,穷于道之谓穷。今丘也抱仁义之道,以遭乱世之患,其所也,何穷之谓? 故内省而不疚于道,临难而不失其德。大寒既至,霜雪既降,吾是以知松柏之茂也。昔桓公得之莒,文公得之曹,越王得之会稽。陈、蔡之厄,于丘其幸乎!"孔子烈然返瑟而弦,子路抗然执干而舞。子贡曰:"吾不知天之高也,不知地之下也。"古之得道者,穷亦乐,达亦乐。所乐非穷达也,道得于此,则穷达一也,为寒暑风雨之序矣。故许由虞乎颍阳,而共伯得乎共首。

最后是《风俗通义·穷通》的记载：

> 子路曰："如此，可谓穷矣。"夫子曰："由，是何言也？君子通于道之谓通，穷于道之谓穷。今丘抱仁义之道，以遭乱世之患，其何穷之为？故内省不疚于道，临难而不失其德。大寒既至，霜雪既降，吾是以知松柏之茂也。昔者桓公得之莒，晋文公得之曹，越得之会稽，陈蔡之厄，于丘其幸乎！"

这三种文献记载的孔子厄于陈蔡的境遇观，其情节、场景和谈话内容比较一致，特别是前两者几乎完全一样，很明显是属于另一类，当另有所本，不能放到第一类传世文献的系列中，也同《穷达以时》没有直接的衍生关系。这说明一个问题，传世文献记载的孔子"厄于陈蔡"的境遇观是不同的。一种合理的解释是，在长达七天的被围困过程中，孔子最著名的弟子都对他们的事业感到困惑并提出了不同的疑问，孔子需要从不同的角度去加以思考以说服和鼓励他的弟子。这期间的整个言行和对话内容，不可能是一次性的和单一性的，后经弟子们的不同追忆、记述、转述，就留下了不同的记载。《论语》中的记载很简明，只有寥寥数语："在陈绝粮。从者病，莫能兴。子路愠见曰：'君子亦有穷乎？'子曰：'君子固穷；小人穷斯滥矣。'"（《卫灵公》）[①]在《庄子·让王》、《吕氏春秋·慎人》和《风俗通义·穷通》的记载中，"穷"是以弟子问孔子他们当时的遭遇算不算"穷"而提出的，孔子断然否定是"穷"，这同《论语》记载的"君子固穷"的"穷"，意义不同。《论语》记载的"穷"，同上述第一类传世文献所说的"穷"一致，当然也属于《穷达以时》意义上的"穷"。

第三类文献《孔子家语·困誓》和《说苑·杂言》另一处所记载的陈蔡之厄与孔子的境遇观非常接近（只是后者的情节和议论更多一点），显然属于一类（可称之为第三类记载）。《孔子家语·困誓》记载：

> 孔子遭厄于陈蔡之间，绝粮七日，弟子馁病，孔子弦歌，子路入见，曰："夫子之歌，礼乎？"孔子弗应，曲终而曰："由，来吾语汝。君子好乐，为无骄也；小人好乐，为无慑也。其谁之，子不我知而从我者乎？"子路不悦，援戚而舞，三终而出。明日免于厄，子贡执辔，曰："二三子从夫子

---

① 《史记·孔子世家》记载说："不得行，绝粮。从者病，莫能兴。孔子讲诵弦歌不衰。子路愠见曰：'君子亦有穷乎？'孔子曰：'君子固穷，小人穷斯滥矣。'"

而遭此难也,其弗忘矣。"孔子曰:"善恶何也?夫陈、蔡之间,丘之幸也。二三子从丘者,皆幸也。吾闻之,君不困不成王,烈士不困行不彰。庸知其非激愤厉志之始于是乎在?"

《说苑·杂言》记载:

> 孔子遭难陈、蔡之境,绝粮,弟子皆有饥色,孔子歌两柱之间。子路入见曰:"夫子之歌,礼乎?"孔子不应,曲终而曰:"由,君子好乐为无骄也,小人好乐为无慑也。其谁知之?子不我知而从我者乎?"子路不悦,援干而舞,三终而出。及至七日,孔子修乐不休。子路愠见曰:"夫子之修乐,时乎?"孔子不应,乐终而曰:"由,昔者齐桓霸心生于莒,句践霸心生于会稽,晋文霸心生于骊氏。故居不幽则思不远,身不约则智不广,庸知而不遇之?"于是兴,明日免于厄。子贡执辔曰:"二三子从夫子而遇此难也,其不可忘也!"孔子曰:"恶,是何言也?语不云乎?'三折肱而成良医'。夫陈、蔡之间,丘之幸也。二三子从丘者皆幸人也。吾闻人君不困不成王,列士不困不成行。昔者汤困于吕,文王困于羑里,秦穆公困于殽,齐桓困于长勺,句践困于会稽,晋文困于骊氏。夫困之为道,从寒之及暖,暖之及寒也,唯贤者独知而难言之也。易曰:'困,亨贞,大人吉,无咎。有言不信。'圣人所与人难言,信也。"

两者的相近之处在于,一是子路对孔子在困境之下仍然"弦歌不绝"提出疑问,孔子回答君子为什么"好乐";二是孔子及其弟子被围困到第七日,当他们脱离困境时,子贡驾车感叹"所遇此难"不可忘记;三是孔子批评子贡的说法,提出"困境"造就"人格",完全从正面看待困难和挫折。但两者的不同之处是,《说苑·杂言》列举了历史上受过穷困的人物,并引用"困卦"对"困"作了更多的说明。这两个文献记载,是强调"困"的意义,没有用"穷达(通)"和"时遇"等字眼。① 仅就把"困境"看成是"幸运"这一点来说,第三类文献同第二类文献又有共同之处。

通过以上不同文献记载的比较确实可以看出,三类文献记载的孔子和他的弟子在陈蔡之厄中作出的反应是不相同的,其中只有第一类同《穷达以时》的境遇观接近。这些不同文献记载,是一源而多流,还是多源而多流,不

---

① 当然,有关"陈蔡之厄"还有其他的记载,其所涉及的问题,后面我们再提出来讨论。

能简单地用是或否来回答。不同的文献记载既有交叉性，又有篇幅长短和内容多寡之差别，这说明即使是对同一场景和内容的记载，也会因人因时而发生变化。虽然各种记载使用的都是对话体，出场的孔子弟子主要是子路、子贡和颜渊，在整个事件中他们同孔子保持了最密切的接触。就思想核心而言，孔子和他的弟子对所处境遇之所以看法不同，原因之一可能是，这些看法是在七天之中前后不同时间和情景下提出的；原因之二是后来孔子的嫡传弟子或再传弟子进行了不同的追述、加工和引申。因此，这些文献反映出的"不同境遇观"可以说是孔子和他的弟子的共同产物，而《穷达以时》则只是同其中的一种相契合。

《穷达以时》与孔门的"境遇观"

概括起来，孔子和早期儒家的境遇观，具体言之即"穷达（通）观"，有三种不同的表现，一种以是否"有机遇"或"有位"来表现；一种以是否"有德"来表现；再一种是以"困境"（或磨难）造就人格来表现。《穷达以时》的"穷达观"则属于第一种。这三种不同的表现，既是孔子和他的弟子对其处境和境遇给予的不同解释和说明，也是他们为同一事件和处境赋予不同意义的方式。这反映了早期儒学在同一问题上其看法和立场的微妙变化及其差异。现在我们就来具体讨论一下这些不同的"穷达观"。

早期儒家一般是以有没有"有机会"来看待人的"穷达"的，这种机会主要是指在政治上有没有重要"位置"，所说的"受命"也是这种意义（俸禄的丰厚、身份的尊贵等其他地位都是其附带品）。这是同孔子儒家立足于修身、修德以入世和治世的政治抱负始终联系在一起的，子路站在道义的立场批评一位隐士（丈人）的话是一个很好的例子："不仕无义。长幼之节，不可废也；君臣之义，如之何其废之？欲洁其身，而乱大伦。君子之仕也，行其义也。道之不行，已知之矣！"（《论语·微子》）孔子从未将自己限定为私人教师的角色，甚至也不会甘于国师、帝王师的地位，他可能希望成为类似于柏拉图的哲学王，或者是成为辅助君王治理国家的最高行政长官（"国相"），以实践他的政治理想。只是，出于这种动机和目的的国际周游，孔子和他的弟子不仅始终没有获得政治上的机会，相反还屡遭挫折，乃至于生命还受到了严重的威胁，所谓"逐于鲁，削迹于卫，伐树于宋，穷于商周，围于陈蔡"（《庄子·让王》）。一般认为孔子的周游是失败的，后世则赋予他"素王"的荣誉。"厄于陈蔡"是孔子和他的弟子在周游各国过程中所遭受的一次最严重威胁，也是对孔子和他的弟子的一次最大考验。儒家"穷达"和"时遇"观念主要就是在这一实际背景下登场的。《论语》中用"穷"字有三次，其中一处是《尧曰》篇引自《尚书》的一句话"四海困穷，天禄永终"中。另外两处正是子路和孔子对"陈蔡之厄"有感而发（上已引，见《卫灵公》），其中没有提到与"穷"相对的"达"。作为解释"穷达"原因的"时遇"，在《论语》中也没有出现。《穷达以时》虽然没有提及陈蔡之事而主要是一般性的议论，但由于它与第一类文献记载的类似，它的"穷达观"也应是在"陈蔡之厄"的背景之下产生的。

《穷达以时》的穷达境遇观同第一类文献记载的穷达境遇观，都是以一个人是否有政治上的机会看待"穷达"的，它们列举的那些幸运人物都是政治人物，不管是君王还是国相。孔子和他的弟子们相信，他们坚持追求正义和道德，他们的德行和人格应该使他们赢得政治上的机会，即"达"。按照《中庸》的记载，孔子曾坚信"德位"、"德命"和"德禄"具有因果必然性和统一性："子曰：'舜其大孝也与！德为圣人，尊为天子，富有四海之内。宗庙飨之，子孙保之。故大德必得其位，必得其禄，必得其名，必得其寿。……故大德者心受命。"这种信念，程度不同地为儒家士人所拥有，它是三代上天"福善祸淫"因果报应观念在春秋时期的连续。它同时也涉及到了孔子的"天"和"天命"观念。从一方面说，孔子的"德位"统一，正是建立在正义性之"天"和"天命"之上。既然人实践道德和正义是天赋予给他的使命，那么他也必然会受到"天"的佑护和奖励。当孔子在匡地被误认为阳虎而受到围攻时，他就以"天"之"斯文"担当者而自信："文王既没，文不在兹乎？天之将丧斯文也，后死者不得与于斯文也；天之未丧斯文也，匡人其如予何！"（《论语·子罕》）在从曹国去往宋国的路上，孔子受到了宋国司马桓魋的威胁。脱险之际，孔子也自信"天"赋予了他"德"，桓魋不能奈何他。确实，在不少场合，孔子多次明言他"受命于天"，显示出对"天"的信赖。第一类文献对孔子"厄于陈蔡"的记载，均有子路说的一句话"为善者天报之以福，为不善者天报之以祸"。按《孔子家语·在厄》的记载，这句话是孔子曾经说过的（"且由也昔者闻诸夫子"），但照《荀子·宥坐》的记载，这句话是子路听人说的（"由闻之"），其他两个文献的记载没有说来源。不管这句话是否出自孔子之口（很可能也是孔子曾相信的），子路引用这句话，说明他信仰一个能够福善祸淫的"天"。他的疑问是，他的老师受困是否是积德和信誉仍然不足。

在陈蔡之地，孔子重新反思"天"和"天命"，对"天"和"天命"强烈地表现出另一种意识。仿佛是对以前挫折经历的时刻联想和不幸而言中，当得知

楚王聘任孔子的喜讯后,宰予和冉有都相信他们的老师的时遇到了,但孔子并不乐观地说要"待时"。《孔丛子·记问》记载说:

> 楚王使使奉金币聘夫子,宰予、冉有曰:"夫子之道于是行矣。"遂请见,问夫子曰:"太公勤身苦志,八十而遇文王,孰与许由之贤?"夫子曰:"许由,独善其身者也;太公兼利天下者也。然今世无文王之君也,虽有太公,孰能识之?"乃歌曰:"大道隐兮,礼为基;贤人窜兮,将待时。天下如一,欲何之。"

按第一类文献的记载,有道德的人不必有"位"。一个人是否有位,不取决于他的德,而是取决于神秘莫测的"时"和"遇";一个的生死夭寿,贫富贵贱也不取决于他的"德",而是取决他的"命"。据此,"天"就不是善恶因果报应的担当者,而是人的命运的盲目摆布者。决定人的行为结果的这种"命运之天",从人不可改变和只能接受的意义上说,它同样是"必然的";但从它不可预测、不相应于人的行为的好坏而给人以结果来说,它又是一种偶然的盲目性力量。正如《忠信之道》所说:"不期而可遇者,命也。"《穷达以时》作为孔孟之间或孔荀之间的文本,同第一类文献的最大不同是,它将"人的德"与"人的时遇"关系,概括为"天人相分"("天人有分")关系。这里的"天"不是人的"德命之天",而是同人的"德行"脱钩的"命运之天",是决定人的结果好坏的"有其世无其世"的"时不时"、"遇不遇"的"天":

> 有天有人,天人有分。察天人之分,而知所行矣。有其人,无其(简1)世,虽贤弗行矣。苟有其世,何难之有哉?……遇不遇,天也。①

---

① 这种"天人二分"思想,也出现在郭店楚简《语丛一》中:"知天所为,知人所为,然后知道。知道然后知命。"《忠信之道》中也有这种意义上的"天":"不期而遇者,天也。"

对于这种意义上的"天",庞朴先生有一个很好的说明。① "天命"、"天力"不是"自然力",也不完全是"超自然力",它也是由社会形成的或无数人无意识形成的"合力",类似于亚当·斯密所说的"看不见的手"。按照《庄子·山木》的记载,在陈蔡被困的过程中,一次孔子手拿槁木和枯枝一边敲击,一连唱古老的歌谣,颜渊站立着仔细地观看,孔子担心颜渊哀伤,就同颜渊谈话,说"无受天损易,无受人益难",颜渊不解,孔子解释说:

> 饥渴寒暑,穷桎不行,天地之行也,运物之泄也,言与之偕逝之谓也。为人臣者,不敢去之。执臣之道犹若是,而况乎所以待天乎?……始用四达,爵禄并至而不穷。物之所利,乃非己也,吾命其在外者也。君子不为盗,贤人不为窃,吾若取之何哉?②

据此,孔子也有从"天人关系"上说明人之"命运"的侧面。孔子说他"五十而知天命"(《论语·为政》)、说"不知命,无以为君子也"(《论语·尧曰》)、说"畏天命"(《论语·季氏》),意指他懂得了"命"是不可抗拒的,除了接受没有别的办法。③ 在孔子看来,哪怕是追求"道",最后是否能实现,也取决于"命":"道之将行也与,命也;道之将废也与,命也。"(《论语·宪问》)《庄子》中的两个记载,可以说明孔子对于"时命"和"境遇"先后一致的立场。《秋水》记载说:

---

① 庞朴氏说:"世、遇、时是什么?它不是穹庐的苍苍,也不是人格的天王,或者义理的原则、无为的天成;而是运气,是人们所无从预知也不能控制而不得不受其支配的超人力量,是或忽然来去或周期出没的机会,是得之则兴失之则衰却无可挥招的条件,是人们战战兢兢俯仰其中赖以生息的环境;因而当时被尊之曰天,一种特定意义的天。这种意义的天,用我们现在的概念来说,其实就是社会环境、社会条件、社会机遇,或者简称之曰社会力。这个社会力,有时会比自然力量厉害多多,也诡诈多多。从人这方面看来,它是藏身冥冥之中,对之莫可奈何、多半只得臣服之绝对命令,所以也叫做天命。所谓'命自天降',所谓'有天有命',就是这个意思。"(庞朴:《孔孟之间——郭店楚简中的儒家心性说》,见姜广辉主编:《中国哲学》第二十辑"郭店楚简研究",辽宁教育出版社1999年版,第27—28页)。

② 《庄子·至乐》记载:"颜渊东之齐,孔子有忧色。子贡下席而问曰:'小子敢问:回东之齐,夫子有忧色,何邪?'孔子曰:'善哉汝问!昔者管子有言,丘甚善之,曰'褚小者不可以怀大,绠短者不可以汲深。'夫若是者,以为命有所成而形有所适也,夫不可损益。吾恐回与齐侯言尧、舜、黄帝之道,而重以燧人、神农之言。彼将内求于己而不得,不得则惑,人惑则死。"

③ 古希腊罗马哲学家塞涅卡(L. A. Seneca)说:"对于命运,愿意的,跟着走,不愿意的,拖着走。"(见麦金太尔的《伦理学简史》,商务印书馆2004年版,第152页)

孔子游于匡，宋人围之数匝，而弦歌不辍。子路入见，曰："何夫子之娱也？"孔子曰："来，吾语女。我讳穷久矣，而不免，命也；求通久矣，而不得，时也。当尧、舜而天下无穷人，非知得也；当桀、纣而天下无通人，非知失也；时势适然。夫水行不避蛟龙者，渔父之勇也；陆行不避兕虎者，猎夫之勇也；白刃交于前，视死若生者，烈士之勇也；知穷之有命，知通之有时，临大难而不惧者，圣人之勇也。由，处矣！吾命有所制矣！"无几何，将甲者进，辞曰："以为阳虎也，故围之；今非也，请辞而退。"

由此来看，孔子在匡地遭遇中就已思考了"时命"问题。这里，他对"时命"的看法同《穷达以时》和第一类文献是一致的，也同《忠信之道》说的"不期而遇者，天也"一致。晚年，孔子回到鲁国后，担任鲁哀公的政治顾问，鲁哀公咨询孔子"才全"的意义，孔子将"才全"解释为对"时命"的顺应：

哀公曰："何谓才全？"仲尼曰："死生、存亡、穷达、贫富、贤与不肖、毁誉、饥渴、寒暑，是事之变、命之行也。日夜相代乎前，而知不能规乎其始者也。故不足以滑和，不可入于灵府。使之和豫，通而不失于兑。使日夜无郤，而与物为春，是接而生时于心者也。是之谓才全。"（《德充符》）

史华慈先生对孔子"天命观"的超越性给予了有说服力的阐发，并且也注意到了其天命作为"被注定了的东西"所存在的歧义。天赋予给人使命而又让有德人的受苦；孔子为自己的角色而高兴但又对不可触及和控制的领域感到惆怅。① 墨子批评儒家相信的"命"，只是同人的行为没有对应关系的神秘

---

① 参阅史华慈的《古代中国的思想世界》，程钢译，江苏人民出版社 2004 年版，第 12—125 页。史华慈分析说："然而非常奇怪的是，它最终所指向的正是恰好成为人类行动范围的那些生活领域——也许应称为人的恰当使命，或者说是天强加于人身上而要人加以忍受的生活任务。假如说，运用于王朝问题上的'命'，也许指的是其正在行使王权权威的有效命令，那么当'命'被一般性地运用于人类时——它首先被运用于君子身上——尤其指的是要他去实现其道德性、政治性使命的'人格性的命令'（personal mandate）。在寻找一种兼容性的术语时，无论是作为宿命（fate），还是作为有待完成的生活使命（a life vocation），都可以恰当地被译作'那些注定了的东西'。……尽管孔子常常表现出对于好人的道德能力抱有足够的信心，但是，我们毕竟也发现存在着一种极其限制其道德影响力的历史宿命论成分。"（同上书，第 123—124 页）

莫测的吊诡性之"命"。墨子没有注意到儒家的"命"还有使命和德命合一之命(这一层同墨子的"天志论"又是一致的),认为儒家相信有命会使人安于现状、不求进取,也不符合儒家的精神。儒家的真正精神,是坚持不懈地行动(这是后面要讨论的孔子道德自主论的中心问题),其行动的结果则听天由命,儒家绝不因相信命而不行动,只是等待命运的降临。对于永远进取的人来说,"命"只意味着对追求未果的一种解释或心理安慰。对此张岱年先生有一个精当的说明:

> 孔子一生讲命,但也一生奔走不息,被隐者讥为"知其不可而为之者"。更奇怪者是孔子五十而知天命,而孔子之从事政治活动,亦自五十岁起。所以在孔子,命不但可以自慰于事后,亦可以鼓勇于事前,使人不系念于结果的成败,而只知努力做去。从儒家的见地来讲,无人事则亦无天命可言。因为命是人力所无可奈何者;今如用力不尽,焉知其必为人力所无可奈何?焉知其非人力所可及而因致力未到所以未成?所以必尽人事而后可以言天命。命不可先知,必人力尽后,方能知命为如何。万种设法,仍无效果时,然后方能断定为命不容许。如自己先认为不能成功,即不努力,那便是自暴自弃了。①

相对于"命"的隐秘性和莫测性来说,"时不时"、"遇不遇"是"命"直接显示给人的"境况"。孔门之所以"厄于陈蔡"或者遭受一连串的挫折,在孔子看来只是因为他们"不时"和"不遇",而不是因为他们有什么缺失和错误。如果《穷达以时》的命运观是说有德的人只是暂时或一时一地"不遇"而最终必然要受命,那么它也许同《中庸》的"大德必受命"的信念并行不悖。但《穷达以时》和第一类文献记载的时运观,恐怕不是如此。② 对于最有德行的弟子颜渊早逝,孔子无可奈何地感叹说:"天丧予,天丧予。"(《论语》)即使是像大圣尧之得位,儒家也没有说在长时段上这是必然的。郭店楚简《唐虞之世》说:

> 古者尧生为天子而有天下,圣以遇命,仁以逢时,未尝遇贤。虽并于大时,神明将从,天地佑之。纵仁圣可与,时弗可及矣。夫古者舜居于草茅之中而不忧,身为天子而不骄。居草茅之中而不忧,知命也。身

---

① 张岱年:《中国哲学大纲》,中国社会科学出版社 1982 年版,第 400 页。

② 孟子有"五百年必有王者兴"之说,这种长时段的"时命",不是儒家一般所说的"时命"。参阅《孟子·公孙丑下》。

为天子而不骄，不专也。

基于《穷达以时》境遇观与《中庸》德命观的不同，李存山先生推断两者不是出于一人之手。① 孔子的这种"时遇"命运观，不仅影响到了孟子和荀子，② 而且也影响到了庄子和王充。③ 如王充《论衡·祸虚篇》对"穷达"与"时命"关系的看法，同《穷达以时》和第一类文献的记载有很强的可比性：

> 凡人穷达祸福之至，大之则命，小之则时。太公穷贱，遭周文而得封。宁戚隐厄，逢齐桓而见官。非穷贱隐厄有非，而得封见官有是也。穷达有时，遭遇有命也。太公、宁戚，贤者也，尚可谓有非。圣人，纯道者也。虞舜为父弟所害，几死再三；有遇唐尧，尧禅舜，立为帝。尝见害，未有非；立为帝，未有是。前，时未到；后，则命时至也。案古人君臣困穷，后得达通，未必初有恶，天祸其前；卒有善，神佑其后也。一身之行，一行之操，结发终死，前后无异。然一成一败，一进一退，一穷一通，一全一坏，遭遇适然，命时当也。

孔子的"境遇观"主要就是以上我们讨论的以"有没有位"来衡量的"时不时"、"遇不遇"的"穷和达"，但正如我们在前面所看到的那样，它还有撇开"有位"（或"外王"）等政治地位而纯粹以是否"有德"来衡量的一种表现。前面列举的记载陈蔡之厄的第二类文献，就是如此。这种"穷达境遇观"，在儒家那里虽然罕见，但确实又是一个侧面。如果说一个人只要追求道德和人格完善、做一个正人君子，他原本就会有功名上的"穷困"（"君子固穷"），那么，他就只能以道德和人格来衡量自己的价值和地位并同人们竞争。在陈蔡之厄的困境中，孔子依然不断地弹琴唱歌，超然不以为"穷"，让他的弟子们感到困惑，他们私下议论他的老师是不是"不知耻辱"。正是面对他的弟子"如此者可谓穷矣"的怨言，孔子回答说："是何言也？君子达于道之谓达，

---

① 有关这一点，请参阅李存山氏的《〈穷达以时〉与"大德者必受命"》，见《国际儒学研究》第 11 辑，国际文化出版公司 2001 年版，第 24—27 页。

② 《荀子·天论》说："楚王后车千乘，非知也。君子啜菽饮水，非愚也。是节然也。"

③ 《论衡·逢遇篇》说："操行有常贤，仕宦无常遇。贤不贤，才也；遇不遇，时也。才高行洁，不可保以必尊贵；能薄操浊，不可保以必卑贱。……或以贤圣之臣，遭欲为治之君，而终有不遇，孔子、孟轲是也。孔子绝粮陈、蔡，孟轲困于齐、梁，非时君主不用善也，才下知浅，不能用大才也。"

穷于道之谓穷。今丘也拘仁义之道，以遭乱世之患，其所也，何穷之谓?”
（《吕氏春秋·慎人》）①儒家的一般信念是“德位一致”，但是，如果两者不能
统一，儒家宁可选择“有德无位”，也不会去选择“有位无德”。对于以道德为
最高价值的儒家来说，将“有德”本身作为是否“穷达”的标准，这也是情理之
中的事。子张就有以“德行”而不是以政治上的地位论贵贱的看法。《庄
子·盗跖》篇记载：

> 子张曰：“昔者桀、纣贵为天子，富有天下。今谓臧聚曰，汝行如桀、
> 纣，则有怍色，有不服之心者，小人所贱也。仲尼、墨翟，穷为匹夫，今谓
> 宰相曰，子行如仲尼、墨翟，则变容易色，称不足者，士诚贵也。故势为
> 天子，未必贵也；穷为匹夫，未必贱也。贵贱之分，在行之美恶。”

对于津津乐道“仁者不忧，智者不惑，勇者不惧”的孔子来说，他是“无忧”的。
子路询问“君子亦有忧乎?”孔子断然回答说：“无也。君子之修行也，其未得
之，则乐其意；既得之，又乐其治，是以有终身之乐，无一日之忧。”（《孔子家
语·在厄》）“无忧”是基于对道德和人格的自信。如果说孔子也有忧虑的
话，他忧虑的是“德之不修，学之不讲，闻义不能徙，不善不能改。”（《论语·
述而》）孔子认为贤人是“无怨”的，如冉有问伯夷和叔齐是什么样的人，孔子
说是古代的贤人，冉有问他们是否抱怨，孔子回答说：“求仁而得仁，又何
怨?”（《论语·述而》）按照世俗的立场，伯夷和叔齐都是结局悲惨的人，但在
孔子看来，他们成就了自己的人格，他们不会有什么怨言。对儒家来说，一
个人只要成就了他的道德自我，他就拥有了一切，正如荀子所说：

> 故君子无爵而贵，无禄而富，不言而信，不怒而威，穷处而荣，独居
> 而乐！岂不至尊、至富、至重、至严之情举积此哉！（《荀子·儒效》）

与以上孔子对境遇的两种看法有所不同，孔子对“境遇”的第三种立场，
是认为穷困和挫折能够造就人格，为“不时”和“不遇”赋予积极的意义。在
第一种境遇观中，穷困是消极的；第二种境遇观，改变了穷达的所指，在特殊
意义上被使用；第三种是将第一种消极意义下的穷困转化为积极的意义，将

---

① 《吕氏春秋·慎人》用的是“穷达”（“君子达于道之谓达，穷于道之谓穷”）。《庄子·
让王》和《风俗通义·穷通》用的都是“穷通”（“君子通于道之谓通，穷于道之谓穷”）。

穷困看成是考验人、锤炼人和造就人的机会。按照上述《孔子家语·困誓》和《说苑·杂言》的另一处记载，孔子认为，"陈蔡之厄"对他们来说不仅不是不幸，相反它是锻炼他们的难得机会，因为：

> 吾闻之：君不困不成王，烈士不困行不彰。庸知其非激愤厉志之始于是乎哉？（《孔子家语·困誓》）
>
> 吾闻人君不困不成王，列士不困不成行。……夫困之为道，从寒之及暖，暖之及寒也，唯贤者独知而难言之也。（《说苑·杂言》）

按照这种看法，此前孔子和他弟子们的一系列遭遇对他们来说都是幸运的。在《孔子家语·困誓》和《说苑·杂言》的记载中，孔子还有这样的说法："善恶何也？夫陈、蔡之间，丘之幸也"；"恶是何也？语不云乎？'三折肱而成良医'。"据此，好坏、善恶的意义也被孔子看成是互相转化的，一般看来是坏和恶的东西，它也能带来好和善的结果。所谓"愤怒出诗人"、"环境锻炼人"等，就是说不幸和恶劣的环境，有"化腐朽为神奇"的效果。下面孟子的两段话，可以说是对孔子的这种境遇观的一个很好注解。一段是《孟子·尽心上》中说的：

> 人之有德慧术知者，恒存乎疢疾。独孤臣孽子，其操心也危，其虑患也深，故达。

这里的"达"，朱熹解释为"达于事理"。另一段是大家熟知和常被引用的，出自《孟子·告子下》：

> 故天将降大任于是人也，必先苦其心志，劳其筋骨，饿其体肤，空乏其身，行拂乱其所为，所以动心忍性，曾益其所不能。人恒过，然后能改；困于心，衡于虑，而后作；征于色，发于声，而后喻。入则无法家拂士，出则无敌国外患者，国恒亡。然后知生于忧患而死于安乐也。

在这一论述之前，孟子作为例子引用的"舜发于畎亩之中，傅说举于版筑之间，胶鬲举于鱼盐之中，管夷吾举于士，孙叔敖举于海，百里奚举于市"，同《穷达以时》和第一类文献用的例子类似，但孟子是从"卑贱"造就人来看，而后者则立足于"时不时"、"遇不遇"。

孔子对"境遇"的不同看法,反映了他从不同角度对所遇挫折的多重反思。事实上,孔子的学说和道理在很大程度上都是他的生活和经历的写照,这是古代哲人同现代学院派专业哲学家不同之所在。

道德的自觉和自主

《穷达以时》的"天人有分"和"天人之分",是荀子之前儒家明确以天与人直接相对的方式提出的天人关系论。其中"察天人之分,而知所行矣。有其人,无其世,虽贤弗行矣"的两个"行"字,照李学勤先生的解释,第一个是指"趋向";第二个是指"行道"。①《庄子·大宗师》说:"知天之所为,知人之所为者,至矣!"再据荀子对自然与人为之间的区分,第一个"行"字,恐怕要解释为"为","所行"即"所为"。《荀子·宥坐》说的"今有其人,不遇其时,虽贤,其能行乎"的"行"字,其意当与第二个"行"字相同。《韩诗外传》卷七的"贤不肖者,材也;遇不遇者,时也。今无有时,贤安所用哉!"和《说苑·杂言》的"有其才,不遇其时,虽才不用",其中都以"贤"、"遇"和"用"相对应,据此,"贤"是否"行"的"行",也许应该解释为是否被"任用"。作为时运和机遇的"天"和作为"贤"的"人"这两者之分,同我们上面集中讨论的作为"有德"的"人"与作为有"命"的"天"之分,都是《穷达以时》(包括第二类文献)的"天人之分"的"分别"所在。

事实上,《穷达以时》和第二类文献的"天人之分"("天人有分")的"分",都是指"为不为"的"人"同"遇不遇"、"时不时"的"天"(或"命")之分。这从第一类文献《孔子家语·在厄》所说的"为之者人也,生死者命也"、《荀子·宥坐》所说的"为不为者,人也;遇不遇者,时也;死生者,命也"和《说苑·杂言》所说的"为不为者,人也;遇不遇者,时也"等可以清楚地看出。竹简《语丛一》说的"知天所为,知人所为"的"人所为"也是一个例子。

下面《淮南子·缪称训》的这段话,是对"人为"与"天"之界限的更为具体的说明:

> 人无能作也,有能为也;有能为也,而无能成也。人之为,天成之。终身为善,非天不行;终身为不善,非天不亡。故善否,我也;祸福,非我也。故君子顺其在己者而已矣。性者,所受于天也;命者,所遭于时也。

① 李学勤:《天人之分》,第240—241页。

有其材，不遇其世，天也。太公何力，比干何罪，循性而行指，或害或利。求之有道，得之在命。故君子能为善，而不能必其得福；不忍为非，而未能必免其祸。

如果"贤不贤"、"德不德"的"人"是静态性的"人"，那么"为不为"的"人"则是动态性的"人"。正是这种动态性的始终"为"的"人"相对于不管如何的"天"这一面向的"天人之分"，体现了儒家对道德追求的崇高性和尊严性。从这种意义上说，将《穷达以时》这一篇的篇名命名为《天人有分》或《德行一也》则更为恰当。直观上看，《穷达以时》以更多的篇幅讨论"人"的"时遇"问题，但作者不是悲叹人生命运的捉摸不定和抒发人生如梦的情调，它关注的是人作为道德主体对道德选择的"自主性"。《穷达以时》说：

> 善否，己也。穷达以时，德行一也；誉毁在旁，听之弋之。……动非为达也，故穷而不（简11）［怨；隐非］为名也，故莫之智而不吝。芷［兰生于林中］，（简12）［不为无人］嗅而不芳；珤璐瑾瑜包山石，不为［无人识而］（简13）不理。穷达以时，幽明不再。故君子敦于反己。（简15）

人作为一种期望性的存在，他希望自己合理和正当的行为都有一个良好的结果。对于以道德和自我完美为目标的人来说，他也希望得到社会的肯定性评价和获得相应的福祉，即所谓"好人好报"。如同我们上面所看到的那样，儒家也有这种"德命"、"德位"或者一般所说的"德福"统一的观念。有什么理由让一个好人得不到相应的回报，更有什么理由让好人遭受厄运。但孔子和他的信徒没有因此而放弃道德选择，因为他们是以道德本身为目的而不是为手段而献身道德事业的。在对参与政治感到无望的情况下，儒家也会选择"隐"，但这仍然是为了"独善其身"。照《穷达以时》说的"动非为达也"、"隐非为名也"，不管是行动还是隐居，都不是为了非道德的其他考虑。《韩诗外传》卷七、《说苑·杂言》和《荀子·宥坐》既然分别以学者、君子为道德主体，那么实践道德自然就是他们的天职。《穷达以时》和第一类文献记载，均以芷兰散发香气是"自主"和"自为"不因无人嗅闻而不芳香，以说明人追求道德的自主和自为。《穷达以时》同时还以山中深藏着许多玉石不因无人发现而失去自己的光彩来说明这一点。正因为在孔子那里，道德本身就是目的，所以即使穷困不遇，他既不抱怨，也不放弃自己的道德自觉和意志。这从《孔子家语·在厄》说的"君子修道立德，不为穷困而败节"和《穷达以时》说的"德行一也"、"敦于反己",可以明显看出。

陈蔡之厄的第二类文献记载,虽然同《穷达以时》和第一类文献的记载
有差别,但在展示儒家以道德本身为目的和道德"自主性"上它们是一致的。
《庄子·让王》和《吕氏春秋·慎人》两处的记载几乎一样,即认为一个人不
管遭遇如何,他始终都要保持道德自觉和操守。

《庄子·让王》:

> 故内省而不穷于道,临难而不失其德。天寒既至,霜雪既降,吾是
> 以知松柏之茂也。……古之得道者,穷亦乐,通亦乐。所乐非穷通也。
> 道得于此,则穷通为寒暑风雨之序矣。

《吕氏春秋·慎人》记载说:

> 故内省而不疚于道,临难而不失其德。大寒既至,霜雪既降,吾是
> 以知松柏之茂也。……古之得道者,穷亦乐,达亦乐。所乐非穷达也,
> 道得于此,则穷达一也,为寒暑风雨之序矣。

《风俗通义·穷通》(卷七)的记载,其意旨也是如此:

> 故内省不疚于道,临难而不失其德,大寒既至,霜雪既降,吾是以知
> 松柏之茂也。①

只是,第二类文献记载的"穷达"概念,超出了获得政治机会的通常意义
而被用在道德领域自身之中,这更使道德及其实践成为纯然自足的存在。
因为即便以"道德"为目的、以"穷达"作为道德延伸的合理结果,"道德"上的
"善"总使人难免联想到"穷达"上的东西,就像好人总联想到好报一样。如
帛书《要》说:"君子德行焉求福,故祭祀而寡也;仁义焉求吉,故卜筮而希
也。"但如果我们只从一个是否有道德来衡量他是否穷、达,那就会使他的道
德实践与他的其他期望分开。第三类文献将困境和不幸遭遇看成是锻炼和
考验自己道德人格的难得机会,又以之作为成就自己"功名"的条件,如以上

---

① 《荀子·大略》说:"君子隘穷而不失,劳倦而不苟,临患难而不忘细席之言。岁不寒
无以知松柏,事不难无以知君子无日不在是。"

说到的《孔子家语·困誓》的记载："君不困不成王,烈士不困行不彰。庸知其非激愤厉志之始于是乎哉?"据此,人遇到的"困境"和"厄运"也被转化为积极的意义。

《穷达以时》及其有关陈蔡之厄许多记载中所展现出的强烈道德主体和道德自主意识,事实上正是儒家之所以为儒家的本性。在春秋至战国这一历史过程中形成和展开的儒家,相比于其他学派的特质,就是从个人到国家一直贯穿着整体性和结构化的道德理想主义。孔子和他的弟子以及继承者孟子和荀子等,始终坚持认为个人修身和个人道德是政治社会共同体的基础,并尝试将他们所处的时代引向道德的蓝图中,但它同东周诸侯国家及其政治演变的大趋势(追求国家物质利益、富强、竞争、兼并)是不相适应的。从孔子到孟子再到荀子,虽然他们都强烈地试图参与政治,但他们不能在政治上发挥出他们所期待的作用,部分原因在于客观的社会实际,部分原因在于他们自身的道德理想主义。儒家的道德和伦理越是理想化,它同现实之间的鸿沟就越大;儒家越是想把信念伦理和个人道德"公共化",它同现实世界的冲突就越大。但在儒家信徒看来,现实不能接受他们的道德理想那是现实的问题,而不是他们的问题。颜渊说:

> 夫子之道至大,故天下莫能容。虽然,夫子推而行之,不容何病,不容然后见君子! 夫道之不修也,是吾丑也。夫道既已大修而不用,是有国者之丑也。不容何病,不容然后见君子!(《史记·孔子世家》)

在"个人道德"的优越感与"有国者之丑"的这种对比中,儒家超越了道德理想同现实冲突的焦虑。孔子有时也感到无奈,①产生"乘桴浮于海"的想法。即使如此,儒家仍坚持认为,要守护自己的道德信念和理想。这取决于儒家根本上将人看成是一种道德性的存在和主体,并相信人对于道德是自主的。对儒家信徒来说,他或者主张人性善,或者主张人性恶,但他们都不将人性看成是人后天道德选择的决定性因素,人后天是否有道德,最终取决于人后天的道德自主选择。儒家也不把环境看成是道德的决定性因素,毋宁说儒家恰恰是强调人对环境的自主性的。"穷达以时"正是要求人超越环境、条

---

① 《论语·子罕》记载:"子曰:凤鸟不至,河不出图,吾已矣乎!"《孔丛子·记问》的记载更具体:"天子布德,将致太平,则麟、凤、龟、龙先为之祥,今宗周将灭,天下无主,孰为来哉?"遂泣曰:"予之于人,犹麟之于兽也,麟出而死,吾道穷矣。"乃歌曰:"唐虞世兮,麟凤游,今非其时来何求? 麟兮麟兮我心忧。"

件、机遇对他的影响。儒家的道德主体和自觉通过彼此联系的一些方面表现出来,现在我们从总体上概括一下。

第一,儒家认为人同其他事物是不同的,人是一种道德性的存在。洁身自好的隐士长沮对子路说:"与其从辟人之士也,岂若从辟世之士哉?"(《论语·微子》)对此,孔子的回答是:"鸟兽不可与同群!吾非斯人之徒与而谁与?"这种回答,就是认为人与禽兽是不同的,人有他自身的使命。孟子说"人之所以异禽兽几希",也是认为人与禽兽不同并强调人需要提高道德自觉,以免沦为禽兽。在孟子看来,人之所以为人的本性就是其"道德性"。《五行》篇认为,人与所有其他物的不同之处在于人"好仁义":"循草木之性,则有生焉,而无好恶。循禽兽之性,则有好恶焉,而无礼义焉。循人之性,则巍然知其好仁义也。"这是主张人性恶的荀子也有的看法:"水火有气而无生,草木有生而无知,禽兽有知而无义。人有气,有生,有知,亦且有义,故最为天下贵也。"(《荀子·王制》)。

第二,在儒家那里,人是为道德而生活和存在的。人的本性既然是道德性,那么追求和实践道德就是人生的目的和使命。《孟子·尽心上》说:

> 尽其心者,知其性也。知其性,则知天矣。存其心,养其性,所以事天也。夭寿不贰,修身以俟之,所以立命也。

> 广土众民,君子欲之,所乐不存焉;中天下而立,定四海之民,君子乐之,所性不存焉。君子所性,虽大行不加焉,虽穷居不损焉,分定故也。君子所性,仁义礼智根于心,其生色也睟然,见于面,盎于背,施于四体,四体不言而喻。

儒家的"义利之辨",不是简单地否认利益,而只是以道德为最高的价值和目标。孔子说的"君子喻于义"、"君子上达"、"君子谋道不谋食",将君子限制为从事"道德"的人,将小人限定为"喻于利"、"下达"的人,反映的是对人的道德性评价。不同地域的传统社会,整体上可以说都是以道德为中心的社会,儒家代表了中国传统的道德中心主义。传统道德中心主义往往表现物质上的清苦和自我克制,如欧洲中世纪基督教伦理传统就教导人们过清苦的生活。儒家颜渊被孔子认为是最能忍受生活上的清苦而保持道德操守的人。《庄子·让王》记载:

> 孔子谓颜回曰:"回,来!家贫居卑,胡不仕乎?"颜回对曰:"不愿

仕。回有郭外之田五十亩，足以给饣粥；郭内之田十亩，足以为丝麻；鼓
琴足以自娱；所学夫子之道者足以自乐也。回不愿仕。"孔子愀然变容，
曰："善哉，回之意！丘闻之：'知足者，不以利自累也；审自得者，失之而
不惧；行修于内者，无位而不怍。'丘诵之久矣，今于回而后见之，是丘之
得也。"

这同《论语·雍也》记载的孔子对颜回的评论是一致的"子曰：'贤哉，回也！
一箪食，一瓢饮，在陋巷，人不堪其忧，回也不改其乐。贤哉，回也！'"同样，
按《穷达以时》的说法，人是为道德而不是为其他东西而行动的（"动非为达
也"）。因此，不管他是穷还是达，他都始终不放弃道德使命（"穷达以时，德
行一也"）。

第三，儒家相信人的道德意志和道德自主。道德实践需要道德意志和
道德选择，而只要以道德为最高价值和信念，就会自觉自愿地履行道德。儒
家既然以人为道德主体、以道德为人生的目的，他当然就会认为道德实践取
决于自身。孔子说"为仁由己，由乎人哉"（《论语·颜渊》）、"人能弘道，非道
弘人"（《论语·卫灵公》）、"仁远乎哉？我欲仁，斯仁至矣"（《论语·述而》）
"三军可夺帅也，匹夫不可夺志也"（《论语·子罕》）等，很能说明这一点。荀
子虽然认为人性恶，但他同时认为人与自然不同的地方在于人的道德能动
性，人自身能够通过学习和培养，成就自己的道德。《荀子·天论》说：

> 楚王后车千乘，非知也。君子啜菽饮水，非愚也。是节然也。若夫
> （心）〔志〕意修，德行厚，知虑明，生于今而志乎古，则是其在我者也。故
> 君子敬其在己者，而不慕其在天者。小人错其在己者，而慕其在天者。
> 君子敬其在己者而不慕其在天者，是以日进也。小人错其在己者而慕
> 其在天者，是以日退也。故君子之所以日进，与小人之所以日退，一也。
> 君子、小人之所以相悬者在此耳！

第四，儒家具有强调的道德自我反省意识，即所说的"反求诸己"。道德
自我反省是以道德主体和道德自觉为基础，自我对自己的言行进行道德上
的检查。它一方面表现为道德上的以身作则，先正己而不是先正人；另一面
表现为寻找自己在道德上的缺失，促使自己不断完善，即使不被人知或得不
到他人肯定性的道德评价，也不责备他人而是继续查找自己做得如何。孔
子说的"不怨天，不尤人"（《论语·宪问》），就是与自我反省结合在一起的。

在这一点上，荀子的说法与孔子一致。《荀子·荣辱》说："自知者不怨人，知命者不怨天，怨人者穷，怨天者无志。失之己，反之人，岂不迂乎哉！"用《穷达以时》的说法就是"君子敦于反己"。"反己"、"反求诸己"，是儒家道德自主和示范伦理的又一个重要表现。

最后，让我们简单总结一下。其一，根据不同文献记载，孔子对陈蔡之境遇的看法确实是不一样的，《穷达以时》的"境遇观"只是同部分记载中的看法类似；其二，《穷达以时》和其他文献记载，共同彰显的是孔子及其儒家的道德主体意识和道德自主立场。

上博楚简(五)《三德》的思想渊源

福田一也

绪　言

《上海博物馆藏战国楚竹书（五）》所收《三德》篇公布之后，学者们主要是就其文字厘定与竹简编联进行研究。可是目前也有若干关于其思想内容方面的研究。曹峰则从此文献公开的早期开始就对其思想内容方面有所探讨。① 曹峰从用语、用韵、文章构成等方面，指出《三德》与《黄帝四经》有密切的关系。与此观点相反，笔者在 2006 年 6 月武汉大学所举行的"新出楚简国际学术研讨会"的发言中提到：从思想内容看，《三德》篇与《黄帝四经》的关联不太深，却与儒家思想有着密切的关系。② 然而，即使肯定《三德》篇与儒家思想有密切的关系，并且是由儒家传承而来，但《三德》篇的思想究竟是否创于儒家，这一点还需要进一步探讨。《三德》篇以何为其著作目的？又是以谁作为其著书对象的呢？

汤浅邦弘指出："其主要读者对象可推测为'邦'的'王'。……可以推想《三德》篇具有在周王室内部成书的可能性。《三德》篇的内容就好像是仅提

---

① 曹峰的一系列文章在武汉大学简帛研究中心"简帛网"（http:// www. bsm. org. cn. index. php）及"简帛研究"（http://www. jianbo. org）上发表，之后，又收录于曹峰的《上博楚简思想研究》（万卷楼 2006 年版）。

② 拙作《上博简（五）〈三德〉篇中"天"的观念》（"新出楚简国际学术研讨会"会议论文集，武汉大学出版社 2006 年版），后收入郭齐勇主编《儒家文化研究第一辑》（生活·读书·新知三联书店 2007 年版）。陈丽桂《上博五〈三德〉的义理》（"中国简帛学国际论坛 2006"会议论文集，武汉大学出版社 2006 年版），及汤浅邦弘诸论文都质疑曹峰将《三德》与《黄帝四经》密切结合之观点。

取了《诗经》、《书经》等书中见到的天人相关思想的精华部分。"①正如在下文中所要阐述的，从其内容看，可推测《三德》篇是为统治者所著之书。同时，在《三德》篇中作为人格神性质的天频繁出现，这一点来看，与《诗经》和《尚书》有着密切的关系。由此，汤浅所提出的本篇系在周王室内部成书的观点是正确的。

本文基于汤浅的观点，就《三德》篇的著者和读者进一步加以分析，探讨《三德》篇的思想渊源。

《三德》篇的基本思想

首先，就《三德》篇的思想特色作一个回顾。

（一）人格神性质的天

《三德》篇中频出的"天之常"、"天常"、"皇天"、"天礼"、"天命"、"天灾"等与天有关的词语，表明天占有非常重要的地位。其中，尤其值得注目的是，在《三德》篇中出现了如下的具备人格神性质的天。

> 天神之［□□□□□］，皇天将兴之。毋为伪诈，上帝将憎之。忌而不忌，天乃降灾。已而不已，【2】天乃降异。（简2—简3）
>
> 民之所喜，上帝是佑。（简6）
>
> 喜乐无期度，是谓大荒，皇天弗谅，必复之以忧丧。凡食饮无量计，是谓饕皇，上帝弗谅，必复之以荒，上帝弗谅，以祀不享。【7】邦四益，是谓方华，虽盈必虚。宫室过度，皇天之所恶，虽成弗居。衣服过制，失于美，是谓违章，上帝弗谅。鬼神禋祀，上帝乃怡，【8】（简7—简8）
>
> 天灾绳绳，弗灭不陨。为善福乃来，为不善祸乃来或之。（简14）

如"皇天之所恶"、"上帝喜之"等表述将天描绘为具有好恶情感的存在。对于"伪诈"、"忌而不忌"、"已而不已"、"喜乐无期度"、"食饮无量计"、"宫室过度"、"衣服过制"等恶行，天憎恶之而向统治者降以天灾。反之，对于"民

---

① 汤浅邦弘：《上博楚简〈三德〉的天人相关思想》（中文版见"新出楚简国际学术研讨会"会议论文集），后收录于郭齐勇主编的《儒家文化研究第一辑》（生活・读书・新知三联书店2007年版）。其日文版《上博楚简〈三德〉の天人相关思想》，见《中国研究集刊》别册（第四十一号），2006年，后收录于汤浅邦弘编《上博楚简研究》（汲古书院2007年版）。

之所喜"、"鬼神禋祀"等善行，天则欢喜之而予以援助。禁止"喜乐"、"食饮"、"宫室"、"衣服"等奢侈生活，要求保持节度。由此，可看出其对象不是一般的老百姓，而是为政者。这种具有人格神性质的天，如在下文，在《诗经》、《尚书》中亦频繁出现。

> 天降丧乱，灭我立王。（《诗经·大雅·荡之什·桑柔》）
>
> 旻天疾威，天笃降丧。（《诗经·大雅·荡之什·召旻》）
>
> 我闻，曰"上帝引逸"。（《尚书·周书·多士》）
>
> 惟时上帝不保，降若兹大丧。惟天不畀，不明厥德。（《尚书·周书·多士》）
>
> 今商王受，弗敬上天，降灾下民。……皇天震怒，命我文考，肃将天威，大勋未集。（《尚书·周书·泰誓上》）
>
> 惟上帝不常，作善降之百祥，作不善降之百殃。（《尚书·商书·伊训》）
>
> 惟皇上帝，降衷于下民。（《尚书·商书·汤诰》）

此中，尤其《尚书·商书·伊训》："惟上帝不常，作善降之百祥，作不善降之百殃"，与《三德》："天灾绳绳，弗灭不陨。为善福乃来，为不善祸乃来或之。"（简14），上帝判断为政者的善不善而降祸福这一点，是很相似的。同时，《尚书·周书·泰誓上》亦有"民之所欲，天必从之"，从其表现和内容看，与《三德》"民之所喜，上帝是佑"（简6）十分相近。[1] 因此，其主要读者为"邦"的"王"的汤浅的看法，十分中肯。然而，正如汤浅自己质疑道，《三德》篇中也有看似是以臣下为对象的部分，如"仰天事君，严恪必信"。于是，汤浅提出这部分是互文，或解释为"仰天而作为君主事天"之可能性。[2] 然而不得否认的是，此解释有其不自然之处。对于此问题，分析了《三德》篇全篇之后，再重新加以探讨。

如上所述，《三德》篇中的天，以人格神性质的天为主，其中可看到强烈

---

① 《尚书·泰誓》是伪古文，但"所民之欲，天必从之"一句在《国语·周语上》及《国语·郑语》中作为《泰誓》篇的一句引用。王中江《〈三德〉的自然理法和神意论——以"天常"、"天礼"和"天神"为中心的考察》（《中国哲学史》2007年第3期）已指出《泰誓》与《三德》相类似，并有详细的分析。

② 汤浅邦弘：《上博楚简〈三德〉的全体构造与文献的性格》，《中国研究集刊》别册（第四十一号），2006年，后收录于汤浅邦弘编的《上博楚简研究》，汲古书院2007年版。

的天人相关的思想。此外,《三德》篇中也有将其周期运动视为一种规律的天,也就是作为规律的天。

(二)作为规律的天

如"天供时,地供材,民供力"(简1)、"知天足以顺时,知地足以固材,知人足以会亲"(简17)等所云,天具有作为规范的时(即天时)。如下文所示,其中包含有农事时宜的意味。

> 骤夺民时,天饥必来。【15】夺民时以土功,是谓稽,不绝忧恤,必丧其似(四)。夺民时以水事,是谓顺,丧以系(继)乐,四方来器。夺民时以兵事,是【16】〔谓厉……〕(简15—简16)

"民时"即指作为民之义务的农事时宜。本篇作者认为,不可因土木、水利事业以及军队远征等国家事务发动民众,夺其民时,使其废弃农事。此处对"民时"的尊重显然与"天供时"、"知天足以顺时"等观念相关联。此外,《三德》篇中亦另见有虽无"时"字,而以其他形式表现的因循天时的思想。

> 卉木须时而后奋。天恶如忻。平旦毋哭,晦毋歌,弦望斋宿,是谓顺天之常。【1】(简1)

作者以植物为例,谓"卉木须时而后奋",论述了植物成长与天时之间的密切关联。后文"平旦毋哭,晦毋歌"则指,一天之中,昼("平旦")与夜("晦")各有禁忌。若以阴阳概念言之,则"晦"、"哭"当属阴,而"平旦"、"歌"属阳。因此,若在"平旦(阳)"时"哭(阴)",或在"晦(阴)"时"歌(阳)",则不合时宜,不相对应,故在禁忌之列。不仅如此,"哭"和"歌"还是在丧礼、祭祀等整个祭祀仪式中重要的仪节行为。将天时所致之昼夜时节变化视作规律,努力使人们的礼仪行为也与此相协调和适应。

"平旦"、"晦"是因太阳周期运动引起的天文现象。除此以外作者同样着眼于如"弦望斋宿"等,对月亮周期运动引起的"弦"、"望"等天文现象。月亮经过"朔"→"弦"(半月)→"望"(满月)→"弦"(半月)→"晦"→"朔"的过程重复圆缺。《三德》篇提出在"弦"(半月)和"望"(满月)要举行斋戒。作者将上述行为命名为"顺天之常"。所谓"天之常",其具体内容指由日月周期运动引起的昼夜、弦望等天文现象的恒常性质。而与此相应的礼仪实践则是所谓"顺天之常"。

如上文所述,我们可以看出,《三德》篇中主张根据太阳和月亮的周期运动举行相应的仪礼活动,并且发现了天的恒久特性,即作为规律的天。例如,在《经法·论》篇中将太阳升降、月亮圆缺等日月的周期运动命名为"度之稽"、"数之稽",明确地视此为规范,如"日信出信入、南北有极、【度之稽也。月信生信】死、进退有常、数之稽也"。虽然《三德》篇中没有这样明显的记载,但从日月的运行发现其周期特性,将天的性质视为一种规律的思想已确实存在。

(三)礼(乐)的重视

《三德》篇中可以看到诸多围绕"礼"(广义的"礼")叙述的部分,如有关祭祀的记载。

> 身且有病,恶菜与食。邦且亡,恶圣人之谋。室且弃,不堕(随)祭祀,唯蒛是服。凡若是者,不有大祸,必有大耻。(简 13)

虽有恙在身却深恶维持生命不可或缺的蔬菜等食物;国家灭亡在即却排斥励精图治的圣人的谋略;家族行将灭绝却不举行祭祀,而只行"蒛"之事(文中"蒛"字所指尚未了然①)。此处论述表明,家族存续与祭祀与否关系密切,十分强调祭祀的重要性。②

> 喜乐无期度,是谓大荒,皇天弗谅,必复之以忧丧。凡食饮无量计,是谓饕皇,上帝弗谅,必复之以荒,上帝弗谅,以祀不享。【7】(简 7)

此段资料中提出,对君主禁止过度的享乐和饮食。假使君主享乐过度,如"上帝弗谅,以祀不享"所述,上帝将不接受此不德君主的祭祀。不仅不能够获得幸福,甚至"忧丧"、"荒"等祸灾也会纷纷而来。因此,君主不仅要举行祭祀,亦须端正日常行为。此外,本篇中也有"毋诟政卿于神次"(简 4)等规定不得在神灵面前污辱执政大臣的记述。也可见与祭祀时的衣着有关的内容,如下文:

---

① "蒛"应是与"不堕(随)祭祀"(不依靠祖先的智慧举行祭祀)相反的意思。"蒛"字或指不从先祖智慧、我行我素独断的行为。

② 此外,如"鬼神裡祀,上帝乃怡",《三德》篇中也可见对鬼神祭祀推崇的部分。

　　高阳曰："毋凶服以享祀，毋锦衣绞裼保子，是谓忘神……"
【9】(简9)

　　作者借高阳之口严肃告诫，以"凶服"（指"丧服"）或"锦衣"、"绞裼"等华丽服装祭祀神灵都是忽视了对神灵畏敬之情的"忘神"行为。此处可见作者十分关注祭祀时的衣着。此外，《三德》篇中还提到作为礼的一部分的"乐"。

　　　　入墟毋乐，登【12】丘毋歌。所以为天礼。（简11—简12）

　　上文禁止在废墟演奏音乐①以及在丘墓唱歌。作者立此主张可能是认为，在废墟和丘墓等"阴"性的场所，做演奏音乐和唱歌等"阳"性的行为是不合适的。可以说与上述"平旦毋哭，晦毋歌"的思想相类似。作者将此说明为"所以为天礼"。天（此处指天所定的地形）和人（人的行为）相互适应的状态即是"天礼"，在不适宜的地方演奏音乐作为与"天礼"相反的行为而有所忌避。如上文所述，音乐和歌都是一种仪礼行为，此处也要求天和人的恰当适应。"天礼"之语，在"齐齐节节，外内有辨，男女有节，是谓天礼"（简3）的部分也可看到，但此处以基于血缘的内外区别及男女差别等与生俱来的差异作为"天礼"。两个"天礼"的具体内容截然不同，但将天和礼结合起来，这一点是相同的。

　　通过以上论述，我们确认了以下三点。第一，《三德》篇描述了人格神的天，可见强烈的天人相关思想。第二，《三德》篇中出现了将天视为周期运动体，即作为规律的天的相关记载。第三，作者对"礼"十分关注。次节中将探讨此思想从何而来。

《三德》篇的作者

　　《三德》篇中可窥见强烈的天人相关的思想，而在此出现的天主要是《诗经》、《尚书》中频繁出现的具有人格神性质的天。因此，正如汤浅所指出的，本篇在周王室的内部成书的可能性非常高。那此书究竟是由周王室内的何人所著的呢？

―――――――――――――――

　　①　林文华《上博五·三德》"入虚毋乐，登丘毋歌，所以为天礼"（"简帛研究"，2007年9月3日）指出，"墟"字不指"废墟"之意，即指"坟墓"之意。如从此观点，"墟"、"丘"都表示"坟墓"之意，该处可解释为在此地禁止唱歌和演奏音乐之意。

《三德》篇中不仅出现了具有人格神性质的天，也可见作为规律的天的相关记载。同时，在《三德》篇中也有对祭祀等仪礼十分关注、详细记载了仪礼上的注意事项的部分。并且将天和人结合起来的"天礼"等词也可见。提及周王室内部熟悉天文历法和祭祀仪礼的人物，我们就会联想起周的史官。

如"古之王者，世有史官。君举必书，所以慎言行昭法式也。左史记言，右史记事，事为《春秋》，言为《尚书》。"（《汉书·艺文志》）所述，史官的主要职责是候在王的身边记录其言行。《尚书》也是史官的记录之一，《尚书》中的天的观念与《三德》篇相类似，这一点说明《三德》篇是与史官有密切关系的文献。所谓"记事"的《春秋》也是史官所述的记录。此书用编年体记录，因此为了进行记录必须把握正确的历法。通过天文观测作成正确的历法，也是史官的重要职责之一。

乃命太史，守典奉法，司天日月星辰之行，宿离不贷，毋失经纪。（《礼记·月令·孟春》）

正岁年以序事，颁之于官府及都鄙。（《周礼·春官·大史》）

《礼记·月令》中，命令太史遵守典礼和法规的同时，要求太史观察日月诸星的出入方位及时刻等天体运行的情况，从而把握正确的历法。另外在《周礼·春官·大史》中亦可见史官测定历法而计划一年的事务，并将此计划发布于官府和都鄙之记载。正如《礼记·月令》中所谓"时令思想"代表的，依据天文观测做成正确的历法，使祭祀等人的行为与此相协调和适应，也是史官的重要职务之一。如前所述，在《三德》篇中对昼夜交替和半月、满月等日月的周期运动十分关注，并要求人的行为与此相对应。从天发现其规律性并以此为规范，此思想是将根据天文观测庞大的记录集积和整理之后才能导出的。并且，将人的行为与天结合起来的思想可以说是史官特有的思想形态。这一点正是《三德》篇的思想与史官密切关联的部分，需要予以充分关注。

精通天文历法的史官，以其知识判断农事的时宜，进行农业指导。

古者，太史顺时覛土。阳瘅愤盈，土气震发，农祥晨正，日月底于天庙，土乃脉发。先时九日，太史告稷曰："自今至于初吉，阳气俱蒸，土膏其动。弗震弗渝，脉其满眚，谷乃不殖。"（《国语·周语上》）

　　太史依照天时观察农地的状态。阳气充满，土气在地面发散，预示着农耕吉祥的房宿在南方的天空闪烁，日月位于天庙，耕地沿着土脉开始活动。正月朔日之九天前，太史向稷官告曰："从今到正月朔日之前，阳气上升，耕地开始活动。假使土地没有活动，阳气也没有发生，则土脉不通，谷物不成熟。"

　　史官观察耕地的状态，将此对照天体运行而判断农耕开始的时宜。时宜到来时，向稷官发令。稷官从其指示给予农耕开始之指令。如前所述，《三德》篇中提到了植物的生长与天时有密切关系，并且再三强调勿失农事之时宜。这一点如与史官联系起来考虑就不难理解。

　　《三德》篇中屡见关于祭祀的记载，由此更能看出其与史官的关联。如"国之大事，在祀与戎"（《左传·成公十三年》）的记载表明，在古代祭祀和军事都是国家最重要项目之一。而由"我，大史也。实掌其祭"（《左传·闵公二年》）所述可见，主持一切祭祀的正是史官。①

　　　　大祭祀，与执事卜日。戒及宿之日，与群执事读礼书而协事。（《周礼·大史》）

　　祭祀之前，史官与执事占卜祭祀吉日。决定祭祀日之后，在祭祀之前的斋戒期间与群执事读礼法之书，而确认祭祀的过程。祭祀之日，如"祭之日，执书以次位常"（《周礼·大史》）所述，依照礼法典籍的规定，安排诸臣的席次等事宜并监督祭祀。史官即是从祭祀准备到当日主持等监督祭祀一切事宜的最高负责人。《三德》篇中记载，祭祀之际禁止穿着丧服或华丽服装。对服装的细节如此关注这一点也可认为与全权掌管仪礼的史官有深刻关联。②

　　更加值得注目的是《三德》篇中可见作为规律的天和人的仪礼相结合的思想。如上所述，史官熟知天，又精通仪礼。如"平旦毋哭，晦毋歌，弦望斋宿，是谓顺天之常"之记载，提到了天体运行与人的仪礼之一致，此思想可以说正是基于史官对天人关系的认识。此外，将人间的"礼"与天结合起来的

---

　　① 在《国语·楚语上》中，左史倚相曰："临事有瞽史之导，宴居有师工之诵。史不失书，蒙不失诵，以训御之。于是乎作懿戒以自儆也。"韦昭注云："事，戎祀也。瞽，乐太师，掌诏吉凶。史，太史也，掌诏礼事。"

　　② 如"大丧，执法以莅劝防。遣之日，读诔。凡丧事考焉。小丧，赐谥"（《周礼·大史》）。举行丧礼之仪式亦是史官重要任务之一。

"天礼"思想也是与史官一职有密切关系的。

上述诸点都表明《三德》篇的思想与史官有着不可分割的关系。虽然仅凭这些断片记述尚无法断定本篇作者即是史官。然而,本篇作者无疑是受到了史官思想的深刻影响。

《三德》篇的读者

最后,对作为《三德》篇著书对象的读者加以探讨。上文中业已论证,《三德》篇的著书对象为统治者,主要是位于君主地位者。而经常候在君主身旁记录其言行,并时常担任参谋者角色的即为史官。

> 故天子听政,使公卿至于列士献诗,瞽献曲,史献书。……瞽、史教诲。(《国语·周语上》)

执政之际,天子令公卿至士皆献诗,瞽官献曲,史官献书,以助政治。"瞽、史教诲",史官与瞽官都担任教导君主之任务。此处韦昭注云:"瞽,乐太师。史,太史也。掌阴阳、天时、礼法之书,以相教诲者。"《国语·楚语上》中,左史倚相又云:"临事有瞽史之导。"关于史官以其天文知识和历史知识为君主出谋划策一说,高木智见《先秦の社会と思想——中国文化の核心》第二部第一章第五节①、许兆昌《先秦史官的制度与文化》第三章第一节②等中已有详细分析。

更值得注目的是史官不仅辅佐现君主,也肩负着教育下一代君主(即太子)之重任。

> 及太子既冠成人,免于保傅之严,则有司过之史,有亏膳之宰。太子有过,史必书之。史之义,不得不书过,不书过则死。过书,而宰彻去膳。夫膳宰之义,不得不彻膳,不彻膳则死。……是殷、周所以长有道也。(《大戴礼记·保傅》)

成人之后,太子虽免受保傅的监视,但史官却时刻候在太子身旁。如若太子犯错史官必记录之,膳宰必定撤去食膳。玩忽职守则被处以死刑。

---

① 创文社 2001 年版。
② 黑龙江人民出版社 2006 年版。

史官记录太子的全部过失，严密监视太子。因此，太子须时刻注意自己的言行。史官不仅作为记录者候在太子身旁，有时向太子进谏言，有时向太子提供建议等，也担任教导者之任务。同篇中，曾列举辅佐年幼成王之召公、周公、太公三人，在此引用"明堂之位"之记载，补充史官史佚之名。

> 明堂之位曰：笃仁而好学，多闻而道慎，天子疑则问，应而不穷者，谓之道。道者，导天子以道者也。常立于前，是周公也。诚立而敢断，辅善而相义者，谓之充。充者，充天子之志也。常立于左，是太公也。絜廉而切直，匡过而谏邪者，谓之弼。弼者，拂天子之过者也。常立于右，是召公也。博闻强记，接给而善对者，谓之承。承者，承天子之遗忘者也。常立于后，是史佚也。（《大戴礼记·保傅》所引用的"明堂之位"）

周公立于前以道教导天子，太公立其左而鼓舞天子之志，召公立其右而拂拭天子之过失，史佚立于后而补加天子之遗漏。此四者立于前后左右全面辅佐，引之以正道。最后出现的史佚是周初的著名史官。如"博闻强记，接给而善对者"所述，以丰富知识和超群的记忆力能够应对万事，辅助天子以填漏补缺。

如上揭资料所表明，史官一方面担任现君主之辅佐，另一方面也负责下一代君主（即太子）之教育。由此，可认为史官所教导的对象，不但包含现君主也包含太子，即广义的统治者。如上文所述，虽然《三德》篇主要以统治者为著书对象，但其中也有看似是以臣下为对象的部分，如"仰天事君，严恪必信"。然而，如若作者是将太子纳为对象而著作此篇的话，就不难理解以统治者为对象的《三德》篇中为何有"事君"之记载。因为太子也是作为忠臣侍奉君主的。以血缘相续为主的社会中，为保证辈出英明的君主，必须从小进行教育和熏陶。《三德》篇作为对象的读者主要是将成为次代君主的太子，此篇的著作目的是太子之教育，根据此观点，也就能为全篇找到合理的解释。

结　语

本文作为探讨《三德》篇思想渊源的一种尝试，就《三德》篇的作者及其读者对象进行了分析。通过对其思想方面加以分析，使得史官的存在浮出水面。《三德》篇以太子为主要读者对象,可以说此篇极有可能是出自史官或出自受史官思想深刻影响下的人物之手。《三德》篇的思想渊源在于史官的思想。

《三德》篇中,可见强烈的上帝信仰,也可窥见与天文相关的知识,还可见对于祭祀等仪礼十分关注。甚至篇中也包含天人结合的思想。此思想渊源来自精通天文学和仪礼的史官的可能性是极大的。

笔者曾经提出《三德》篇与儒家思想有所相同,但是如曹峰所说,从用语、用韵、文章构成等方面,《三德》篇与《黄帝四经》之间具有一定的类似性。例如,《三德》篇"天供时,地供材,民供力。明王无思。是谓三德"。(简1)此处将世界分为天、地、人(民)三才。三才的思考亦见于《大戴礼记·四代》,并非独见于《黄帝四经》。但是,在《黄帝四经》中多见此思考,也是事实。同时,如"明王无思"所述,排除思虑的主张使我们联想起《老子》的无为思想。《老子》中,老子设置万物的根本为"道"。此"道"的统治万物之法就是"无为",因此老子主张君主亦必须模范"道"而以"无为"统治民众。《三德》篇的主张,乃是使天、地、民发挥三者的能力,则君主无需特别的思虑(无思)。虽然两者的理由不同,但废止有为而依靠超过人力的大力,这一点是相同的。

浅野裕一已指出:在《黄帝四经》中所见的范蠡型思想来自瞽、史之官的古代天道思想①。并且,王博及高木智见也指出《老子》思想与史官思想之很多共通性,并强调两者有密切关系②。如若这些书是基于同样的思想渊源的话(即史官思想),《三德》篇中在用语、用韵、文章构成等形式方面及有些其思想方面具有与《黄帝四经》、《老子》相类似的部分,也就并非不可思议了。在研究儒家和道家的思想关系上,《三德》篇是非常珍贵的文献。期待今后对《三德》篇有进一步的研究。

附记:本文得到平成20年(2008年)度日本学术振兴会科学研究费补助金(特别研究员奖励费)的赞助,特致谢意。

---

① 浅野裕一:《黄老道の成立と展开》,创文社1992年版。
② 王博:《老子思想的史官特色》,文津出版社1993年版;高木智见:《先秦の社会と思想——中国文化の核心》,创文社2001年版。

吕祖谦的《春秋》学探析

蔡方鹿

　　吕祖谦(1137—1181)在经学上提出"以理视经"的思想,①重视以理解经,批评章句训诂传注之学。以义理为指导,把《春秋》作为研究对象,予以高度重视。在经典诠释中,把经学与理学结合起来,这在当时南宋思想界产生了较大影响,而值得深入探讨。

以义理解《春秋》

　　作为理学思潮中婺学流派代表人物的吕祖谦,与宋代理学兴起和发展的时代大背景相关联,他以义理解《春秋》,把最能体现时代特色的天理人欲之辨运用于解《春秋》。他说:"学者当深观《春秋》,以察天理人欲之辨。"②通过观《春秋》来察天理人欲之辨,以理欲之辨来治《春秋》,为当时的学者如何解《春秋》,提供思想理论的指导。由此他随文解义,针对春秋史事,以天理为标准来加以解读。他说:

　　　　庄公怒其弟而上及其母,囚之城颍,绝灭天理,居之不疑,观其黄泉之盟,终其身而无可移之理矣。居无几何,而遽悔焉。是悔也,果安从而生哉?盖庄公自绝天理,天理不绝庄公,一朝之忿,赫然勃然,若可以胜天然忿戾之时,天理初无一朝之损也。特暂为血气所蔽耳。血气之忿犹沟浍焉,朝而盈,夕而涸,而天理则与乾坤周流而不息也。忿心稍衰,爱亲之念油然自还,而不能已。彼颍考叔特迎其欲还之端而发之耳,其于庄公之天理初无一毫之增也。③

---

① 《左氏博议》卷一三《晋文公秦穆公赋诗》,文渊阁四库本。
② 《东莱别集》卷一三《春秋讲义》,文渊阁四库本。
③ 《左氏博议》卷一《颍考叔还武姜》。

吕祖谦指出，郑庄公因怒其弟共叔段而将其母囚于城颍，并发誓曰"不及黄泉，无相见也"的行为是绝灭天理，但天理不因庄公的行为而有所增损。到后来庄公悔悟，思母之情油然而生，遂听从颍考叔的建议，掘地见水，进入隧道与母相见，母子和好，其乐融融。对此，吕祖谦以天理为标准来解读，认为天理与乾坤周流而不息，庄公虽自绝天理，然天理却不绝庄公，只是暂为血气所蔽。当忿心稍衰，爱亲之念体现为天理，就会纠正其所蔽，以恢复心中固有的天理。吕祖谦以天理来解说春秋史事，这是他以义理解《春秋》的表现。

以义理为标准，吕祖谦对《左传》所载汲汲于功利和权谋的行为提出批评。他说：

> 郑庄公聚权谋之臣于朝，虽可以立一时之功，快一时之意，然只庄公可制服之。才至庄公薨，百态交作，都无一毫节义。如渠弥之弑昭公，如祭仲之逐厉公，都不知义理所在。盖此曹平日只理会得权谋，上有人制服则为用而不敢肆，上既无人则自用其权谋，自择其便利，何所不至耶？君子非不欲快一时之意，用权谋之士也，所以独取忠厚长者，盖为长久之计耳。①

吕祖谦以义理解《春秋》，批评郑庄公聚权谋之臣于朝，只顾立一时之功，快一时之意。而当庄公一死，其权谋之臣便百态交作，无一毫节义。如渠弥弑昭公，祭仲逐厉公，都不知义理之所在。由此主张用人要独取忠厚长者，方为长久之计。

从以义理解《春秋》出发，吕祖谦探讨了孔子作《春秋》之寓意。他说：

> 故曰《春秋》之称微而显，婉而辨，上之人能使昭明，善人劝焉，淫人惧焉。《春秋》之作，当时权臣、强族在上，可以杀人，可以刑人。圣人欲使是非、善恶明白，故其辞所以微而显，婉而辨。若只为一匹夫而作，则定不如此婉晦。既如此，则能使上之人善恶昭明。且如齐桓、晋文当时不知其为假仁义也，惟《春秋》书之，则知其所以谲。季氏之强，当时不敢言其非也，惟《春秋》书之，则知其所以僭。此之谓上之人能使昭明，不是上之人能使《春秋》之法昭明，何故？《春秋》之作其法，便自昭明，

---

① 《左氏传续说》卷二《高渠弥弑昭公》，文渊阁四库本。

不待上之人使之昭明也。故孔子曰，我欲载之空言，不如见诸行事，深切著明也，《春秋》便是行事。①

指出《春秋》之辞之所以微而显，婉而辨，其原因就在于针对当春秋时权臣、强族在上，可以杀人，可以刑人的时代背景和客观情况，圣人为了使是非善恶明白，使善人劝，淫人惧，便在文辞上较为婉晦，而在意义上则微而显，婉而辨。表明《春秋》并不是只为一匹夫而作，而是为了昭明善恶，使在上之人明善恶是非。通过书写齐桓、晋文等当时的春秋霸主假仁义的行为，以及季氏家族势力强大，时人不敢言其非，而《春秋》书之，以此来批评其僭越篡权的行为。孔子所谓的我欲载之空言，不如见诸行事，便体现了其微言大义，即孔子作《春秋》之寓意，也即是以义理解《春秋》的体现。

在治《春秋》的过程中，吕祖谦辨叙事之体与论事之体的区别，认为叙事者，所载为春秋史实；而论事者，则要从历史事实中推出其事外之理。强调君子论事，应使事为吾用，从事中阐发其理，而不使吾为事用。并指出《左传》未言事外之理，这是其局限。他说：

> 君子之论事，必使事为吾用，而不使吾为事所用。古今之事所当论者不胜其多也，苟见事之难者，亦从而谓之难；见事之易者，亦从而谓之易，甚者反迁就吾说以就其事，岂非为事所用乎？所贵乎立论者，盖欲发未明之理，非徒议已见之迹也。若止论已见之迹，是犹言火之热，言水之寒，言盐之咸，言梅之酸，天下之人知之，何假于吾说乎。惟君子之立论，信己而不信人，信心而不信目，故能用事而不用于事，见在此之事，则得在彼之理；见在前之事，则得在后之理。众人徒知是事，而君子独知事外之理焉。试举一二以明之，春秋之初，郑之事周，其叛服不一，人之论者，亦不一。然皆随事立论，鲜有得事外之理者。郑伯朝周，桓王不礼之众人之说，不过以王不礼之为非，此左氏之所已言也。君子论之，则以为王纲既坠，傲固招祸。卑亦纳侮，如夷王下堂见诸侯，礼虽卑而周益衰，襄王从晋文之召，礼虽卑而晋益僭。是知威王之失不专在于不礼郑伯，而在于不能振王纲。此事外之理，左氏之所未言也。……大抵论事之体与叙事之体不同，叙事者，载其实；论事者，推其理。彼方册之所载，既序其事之实矣，论者又从而述其事，曾不能推事外之理，是与

---

① 《左氏传续说》卷一〇《昭公》。

序事者无以异也，非所谓论事也。况方册既已序之，何待吾复为赘辞以序之，虽削吾之论于彼之事，岂能有所损益乎？是吾之论反待彼之事而立，而彼之事不待吾之论而明也。故善论者，事随于论；不善论者，论随于事。善论者事资于论，不善论者论资于事。苟论资于事，是论反为事之累也。尚何以操笔为哉。①

提倡以义理为指导解《春秋》，从《春秋》所载之事中发未明之理。强调贵于立论，欲发其未明之理。指出论事之体与叙事之体的不同，认为叙事者，载其实；论事者，推其理。经书所载，既叙其事之实，论者又要从所述之事实中，推论其事外之理，而不必与叙事者相同。既然方册（经典）已序其事，何必再复为赘辞以序事，主张把吾之论与彼之事结合起来。指出善论者，事随于论；不善论者，论随于事；善论者事资于论，不善论者论资于事。批评论资于事，是论反为事之累。在吕祖谦看来，《左传》叙述了郑伯朝周，桓王不礼之众人之说，但却未言及振王纲的事外之理，即未从叙事中明其理，故与君子之论不同。

虽然吕祖谦重史，主张经史结合，但他不同意后世以史视《春秋》，只论其褒贬善恶而已，而是主张明《春秋》之大义，掌握其义理。他说：

后世以史视《春秋》，谓褒善贬恶而已，至于经世之大法，则不知也。《春秋》大义数十，其义虽大炳如日星乃易见也，惟其微辞隐意、时措从宜者为难知耳，或抑或纵，或与或夺，或进或退，或微或显，而得乎义理之安、文质之中、宽猛之宜、是非之公，乃制事之权衡、揆道之模范也。夫观百物，然后识化工之神；聚众材，然后知作室之用。于一事一义，而欲窥圣人之用心，非上智不能也。故学《春秋》者，必优游涵咏，默识心通，然后能造其微也。后王知《春秋》之义，则虽德非禹、汤，尚可以法三代之治矣。②

批评后世以史视《春秋》，只知其褒善贬恶，对于《春秋》之经世大法，则不知。指出《春秋》大义数十，虽然其义昭然易见，但其微言隐意和时措从宜之处却为难知。强调学《春秋》是为了知《春秋》之大义，得乎义理之安。通过把握

---

① 《左氏博议》卷二《郑伯朝桓王》。
② 《大事记·解题》卷一，文渊阁四库本。

义理之安、文质之中、宽猛之宜、是非之公来制事、揆道。认为一事一义之中，圣人的用心，须是上智之人才能掌握。所以读《春秋》之书，必须优游涵咏，默识心通，然后能观其微言大义。并认为后世之王者，掌握了《春秋》之义，那么虽然其德非禹、汤之可比，但也可以法三代之治。由此可见，吕祖谦是以得义理、明《春秋》大义作为治《春秋》的宗旨，而不认同于仅把《春秋》视为一部史书的观点。

重三纲，尊天子，抑诸侯

与以义理解《春秋》密切相关，吕祖谦进而提出治《春秋》以重三纲、尊天子、抑诸侯的思想，这体现了儒家政治治理的基本原则，亦是理学家治经与政治相结合的体现，在当时具有一定的必然性。他说：

> 呜呼！《春秋》，万世之书也，一鲁国之是非，一隐公之得失，岂大义之所存哉？虽使隐公果非摄，果非逊，果行践阼之礼，果正嫡庶之分，《春秋》亦将不书即位焉，是何也？治纲者目在所后，治源者流非所先。子受命于父，臣受命于君，诸侯受命于天子，此天地之常经，《春秋》之闳纲大原也。自周失政，诸侯私其土，专其封，父终子袭，莫知受命于天子，故《春秋》首夺隐公之即位，使万世之为子、为臣、为诸侯者，咸知身非己，有爵非己，有国非己，有三纲得存，五品得叙，皆夫子一削之力也。彼鲁国隐公之故，特万目之一目，众流之一流耳。岂足以尽《春秋》之大义哉？或曰：《春秋》十二公之即位，皆非受命于天子者，盍皆削之可也，何为有书，有不书？曰：夫子首削隐公之即位，端本正始，大义既已明矣。十二公虽均不受命于天子，然罪有轻重，情有浅深，……不辨则非子思所谓文理密察，足以有别者也。故曰：致广大而尽精微。[①]

强调《春秋》蕴涵着君臣父子之道，要求尊天子、抑诸侯。这里吕祖谦所强调的是"子受命于父，臣受命于君，诸侯受命于天子"，也就是父为子纲，君为臣纲，天子为诸侯之纲。吕祖谦认为这是"天地之常经，《春秋》之闳纲大原"，而予以高度重视。指出《春秋》为万世之书，《春秋》大义非存于鲁国一国之是非、隐公一人之得失。因为依据《春秋》重三纲、尊天子、抑诸侯的大义，隐

---

① 《东莱别集》卷一三《春秋讲义》。

公之即位，非受命于天子，故《春秋》不书其即位。正是由于周天子失政以来，诸侯私其土，专其封，父终子袭，而不知受命于天子，所以《春秋》首夺隐公之即位，目的是为了使万世之为子、为臣、为诸侯之人，明白父为子纲、君为臣纲、天子为诸侯之纲的道理，使父子君臣之道得以存，这都是孔子笔削《春秋》之力。并指出，虽然《春秋》十二公之即位，皆非受命于天子，但其罪有轻重，情有浅深，所以有书与不书之区别。要求人们加以分辨，以"致广大而尽精微"。

进而吕祖谦把有无三纲作为区分蛮荆与列国的标准，直把楚国看作蛮荆之国，尽管楚国的国力足以抗衡列国。他说：

> 楚子立商臣为太子，令尹子上曰："楚国之举，常在少者。"观此见蛮荆之与列国本不同。大抵列国之所以为列国，以其有三纲；蛮荆之所以为蛮荆，只缘无三纲。三纲者，君臣、父子、夫妇也。以楚甲兵之众，土地之广，固足以抗衡列国。至于传国立嗣之际，则失其大伦，乱其大本，所以多有戕弑之祸，正缘无三纲故。如此观其上有天王，而僭称王号，则无君臣之纲矣。立嫡以长，而常在少者，则无父子之纲矣。息妫绳于蔡哀侯，而息遂见灭，以息妫归，则无夫妇之纲矣。三纲既绝，此《春秋》所以摈之而不齿也。大抵看书其间有两句可以见得一国之风俗者，最当深考这一段，只看令尹子上说楚国之举，常在少者，便可见一国之风俗，学者不可不察。①

指出蛮荆之与列国不同，在于列国之所以为列国，以其有三纲；蛮荆之所以为蛮荆，只缘无三纲。虽然楚国在国力上，足以抗衡列国，但楚国僭称王号，无君臣之纲；当传国立嗣之际，则失其大伦，立少不立长，无父子之纲；并又失夫妇之纲。正因为楚国无君臣、父子、夫妇之三纲，所以多有戕弑之祸。三纲既绝，此乃《春秋》所以摈之而不齿。可见吕祖谦治《春秋》，是以三纲作为判断是非、区分夷狄与华夏的标准。并指出孔子作《春秋》，是以尊王为本。他说：

> 孔子之时，周虽衰，天命未改，先王德泽尚在，诸侯尚有尊王室之心，孔子出来多说尊王。至作《春秋》，以尊王为本。到孟子时，分周为

---

① 《左氏传说》卷四《文公·楚国之举常在少者》，文渊阁四库本。

东西,天命已改,孟子出来劝诸侯以王者,盖缘时节大不同了。大抵后世不考其时节不同,欲解说孟子不尊王,强取孟子一二事,终不能胜议论者之口。孔子时尚可整顿,天命未改。孟子时不可扶持,天命已去了,须如此看方公平。①

指出孔子所处的时代与孟子不同,孔子之时,周王室虽衰,然天命未改,先王之德泽尚在,诸侯亦尚存有尊王室之心,孔子出来多说尊王。故孔子作《春秋》,以尊王为本。而孟子之时,周分为东西,天命已去,故孟子出来则劝诸侯行仁政,以仁王天下,反对霸道。但后世之人不考察孔、孟所处的时代已有不同,遂有人指责孟子不尊王。吕祖谦认为,其实应从当时孟子所处时代天命已去的情况看,这样才公平。因时移而事异,不可拘泥。

从尊王出发,吕祖谦反对霸道,而提倡王道。他说:"盖五霸未出,先王之遗风余泽犹有存者,天下之人犹有可见者;霸主一出,则天下之人见霸者之功,而无复见先王之泽矣。"②正因为春秋时诸侯争霸,使得王纲隳灭,霸主横行,先王之道无复见。并指出:"大抵王之与霸论来,王者不计功谋利,霸者计功谋利;王者不求近功速效,霸者求近功速效。"③王与霸的区别在于:王者不计功谋利,霸者计功谋利;王者不求近功速效,霸者求近功速效。吕祖谦主张以行仁义反对只追求功利,以长远事业反对急功近利,并以王道反对霸道。他说:

> 盖春秋之初,王纲尚在,未至于甚坏。后来王室陵替,凡会盟,统天下之诸侯皆在焉。以齐一国论之,僖公霸业不如桓公;以天下之势论之,桓公之时却不如僖公之时。何故?王道霸业,相为消长。到得桓公,所以大国言齐、宋,远国言江、黄,其余莫不至,霸业盛处,便是王道消亡。齐僖公所以小霸,多是用私意,所谓诸侯会于稷以成宋乱,又与桓公会成鲁之乱,以至班爵不同,帅诸侯来战于郎,凡此类是私意,当时偶然得诸侯,此时才智无加于僖公,所以略霸。④

指出春秋之初,王纲尚存。到后来王室被诸侯所陵替,诸侯成了统天下之

---

① 《左氏传说》卷一七《晋顷公卒八月葬郑游吉吊且送葬》。
② 《左氏传说》卷二《庄公》。
③ 同上。
④ 《左氏传说》卷一《隐公》。

人。认为王道、霸业,互为消长。霸业盛处,便是王道消亡,表明王道与霸道不相容。并以是否合于礼作为褒贬春秋史事的标准。他说:

> 韩宣子来聘且告为政,此一段可见当时君弱臣强之渐。春秋时诸侯即位,则告政于邻国,为其继先君之政,不敢轻其事,且欲继旧好也。宣子,晋之大夫,为政之初,乃行诸侯朝聘之礼。及观书于太史氏,见《易》象与鲁《春秋》,则知周礼尽在鲁矣。此数句最要看。观《易》象、鲁《春秋》与《周礼》初无干预,须看得宣子善观书处,如《春秋》、《周礼》自易看,若《易》与《周礼》大不相干,此最难看。盖左氏所书,合于礼者褒之,不合于礼者贬之,此与《周礼》相去犹近。然左氏所释,乃鲁之旧史,未经夫子之笔削者,宣子但见夫子未笔削之《春秋》,不见夫子已笔削之《春秋》。夫子已笔削之后,抑扬高下,无非妙用所在,此非宣子所能见。《易》象之初,未有爻辞,至文王、周公始为之。大抵经礼三百,曲礼三千,吉、凶、军、宾、嘉皆寓于其中,故《易》之三百八十四爻,所以该在是礼,周公作《周礼》之书,所以具其条目。是以周公既作《易》之后,又作《周礼》,实相表里。如此,知周礼之所以尽在鲁也。宣子固不能知此,必其得于老师宿儒之传,故能言之。①

吕祖谦认为,韩宣子观书于太史氏,见《易》象与鲁国《春秋》,得知周礼尽在鲁国,这几句最重要,须看。观《易》象、鲁国《春秋》与《周礼》原初无甚关系,应看得韩宣子善观书处,如《春秋》、《周礼》自易看,若《易》与《周礼》不相干,此处最为难看。吕祖谦肯定左氏所书,合于礼者褒之,不合于礼者贬之。即以是否合于礼作为褒贬春秋史事的标准,认为这与《周礼》的原则比较接近。但又指出左氏所释,只是鲁国的旧史,尚未经孔子笔削,宣子只见到未经孔子笔削之《春秋》,未见孔子已笔削过的《春秋》。《春秋》经孔子笔削之后,加进了儒家思想,抑扬高下,体现了孔子之妙用所在。此非韩宣子所能见。并认为周公既作《易》之后,又作《周礼》,二书实相表里。如此,得知周礼之所以尽在鲁国的原因,而韩宣子则不知此,所以须从老师宿儒所作之传中掌握而言之。该段涉及《春秋》、《周礼》、《易》及其相互关系,而认同于以礼为标准,来褒贬春秋之史事,体现了儒家礼的思想原则。吕祖谦之所以认同左氏所谓的礼,是因为在他看来:"左氏所谓礼,非左氏自说,乃是周之典礼。盖夫子未笔削《春秋》时,鲁史本谓鲁《春秋》,鲁《春秋》之法合于周礼者则书,

---

① 《左氏传说》卷九《韩宣子聘于鲁见易象与鲁春秋曰周礼尽在鲁》。

不合于周礼者亦书,所以示劝诫也,故韩宣子适鲁,见《易》象与鲁《春秋》曰,周礼尽在鲁矣。今左氏所谓礼也之类便是。"①认为左氏所谓礼,即是周之典礼。鲁国是周公之后,周公长子伯禽被成王封于鲁。后来晋国的韩宣子代表晋侯到鲁国聘问,赞叹"周礼尽在鲁矣"。此时是鲁昭公二年,即公元前540年,这时孔子已出生在鲁国十一年。在这样的环境中成长起来的孔子,受周礼的熏陶和影响是自然的事。孔子以恢复周礼为己任,既然左氏所谓的礼,即是周礼,那么以礼为标准,来褒贬春秋之史事,自然受到吕祖谦的称许。

《左传》与《公》、《穀》各有短长

吕祖谦治《春秋》,主要是从事于《左传》的研究,从中表达他以义理解《春秋》,重三纲、尊天子、抑诸侯的《春秋》学思想。由此他重视《左传》的价值,通过解读《左传》来阐发义理。在这个过程中,他也比较了《左传》与《公羊传》、《穀梁传》各自的长短,同时也指出《左传》的不足之处,其衡量的标准仍是义理的原则。这亦是吕祖谦以理视经、以理解《春秋》思想的体现。

吕祖谦对《左传》的价值予以充分肯定,指出:"以此见《左传》,学者最不可不细看,此乃有用之书。"②盛赞《左传》为有用之书,学者不可不细看。他说:

> 一部《左传》都不曾载一件闲事,盖此书是有用底书,学者看得《左传》熟时,以下诸史条例亦不过如此。子贡曰,文武之道未坠于地,在人贤者识其大者,不贤者识其小者,莫不有文武之道焉。此数句便是看《左传》纲领。盖此书正接虞夏商周之末,战国秦汉之初,上既见先王遗制之尚在,下又见后世变迁之所因,此所以最好看,看《左传》须是看得人情物理出。③

认为子贡所言文武之道未坠于地,贤者识其大,不贤者识其小,莫不有文武之道,此数句便是看《左传》的纲领。指出《左传》所载,"上既见先王遗制之尚在,下又见后世变迁之所因",所以要求看《左传》须是看得人情物理出。

---

① 《左氏传续说》卷二《桓公》。
② 《左氏传续说》卷三《闵公》。
③ 《左氏传续说·纲领》。

从肯定《左传》的价值出发，吕祖谦主张从大处着眼看《左传》，从中把握时代之兴隆、国家之盛衰，朝廷之治乱，个人命运之变迁的脉络，即以义理作为衡量历史发展变化之根源的基本原则。他说：

> 看《左传》须看一代之所以升降，一国之所以盛衰，一君之所以治乱，一人之所以变迁，能如此看，则所谓先立乎其大者。然后看一书之所以得失。试以隐公六、七年间考之，事事皆备，所谓一代之所以升降者，春秋之际，三代之衰也，然去三代虽远，先王之流风遗制、典章文物犹有存者，礼乐征伐尚自天子出。……然则王纲解纽，委靡削弱，因以不振，皆是平王自坏了。所谓一国之所以盛衰者，试以鲁、卫、郑、宋言之，如臧僖伯谏观鱼，考其言而及典章文物之盛，孔子所谓一变至道者，于此可验。而韩宣子亦谓周礼尽在鲁，至于其后而犹有存。……读《左氏传》能如此看，则所谓先立乎其大者矣。……《左氏》一书接三代之末，流五经之余脉，学者苟尽心于此，则有不尽之用矣。故今特言其大概耳。①

主张读《左传》要"先立乎其大"，即探寻"一代之所以升降，一国之所以盛衰，一君之所以治乱，一人之所以变迁"的根源，掌握大的方面，即《春秋》大义，也就是立君臣之王纲，批评王纲解纽。指出周礼尽在鲁，其后亦有存，主张复三代，复周礼。认为《左传》一书接三代之末，流"五经"之余脉，如果学者能尽心于此，那么将用之不尽。所以吕祖谦特言《左传》之大概以教人，表现出对《左传》的重视。

对于《春秋》三传之关系，吕祖谦比较了《左传》与《公羊传》、《穀梁传》之长短。他说：

> "其处者为刘氏"，此一句本无，谓恐西汉人添入。盖《左氏》一书本无闲句，设有此句时，后面必有事相应。后面无一事应，所以见此句是添入。盖西汉时惟《公》、《穀》列于学官，《左氏》不曾立学官，到后汉因此立学官。②

---

① 《左氏传说》卷首《看左氏规模》。
② 《左氏传续说》卷六《文公下》。

认为《左传》中有西汉人添入之文，指出《左氏》一书本无闲句，设有此句时，后面必有事相应，如果后面无一事相应，表明此句是添入。在肯定《左传》一书无闲句之时，亦看到有西汉人添入之文。指出西汉列于学官的是《公》、《穀》，为今文经，而《左氏》不曾立学官，是古文经。到东汉时，《左传》被立于学官。把《春秋》三传在汉代的不同命运作了比较。并通过解读《春秋》史事，比较了《左传》与《公》、《穀》之短长。他说：

> "齐人执单伯"，此王室衰甚，齐君无道处。"又执子叔姬"，公羊子以为单伯淫叔姬。盖《公》、《穀》只是经生，不识朝廷大体，其间载事或有鄙俚，然其中说经旨处却与理合处甚明，不可不仔细看。盖缘他传得子夏学，所以识见至此。若载事则不比《左氏》，《左氏》是国史，识得朝廷大体。①

在这里，吕祖谦分析了《公》、《穀》与《左传》各自的短长。指出公羊子、穀梁子是经生，对于朝廷大体有所不识，所以在史事记载上或有鄙俚之处，这是其短；但《公》、《穀》说经旨处却与理相合处甚明，这是其长，故不可不仔细看。认为《公》、《穀》传得子夏之学，所以其识见至此，有其长处，但载事则不如《左传》，因《左传》是国史，识得朝廷大体。即《左传》说经旨处不如《公》、《穀》，而叙事则长于《公》、《穀》。吕祖谦的这一认识是较为客观的，把《春秋》三传各自的特点作了表述。

吕祖谦具体指出了《公》、《穀》在叙事上的不足。他说：

> 前人未决之讼，后人之责也；前儒未判之疑，后儒之责也。……此千载未断之狱，待后儒之阅实也。吾请以经为律，以传为按，以同时之人为左验，平反而昭雪之。今诉人之罪者，所诉之牒，其氏族爵位乡土犹不能知，则弗待讯鞫而知其为诬。单伯实周臣，而《公》、《穀》乃以为鲁之大夫。周、鲁之辨且复倒置，尚未辨其为何国人，则所言之罪，岂足信乎？吾非据《左氏》而指单伯为周臣也，《公》、《穀》方与《左氏》讼，《左氏》之言虽直，焉能折二家之口哉？吾之所以指单伯而为周臣者，盖以经知之，非以《左氏》知之。畿内诸侯见于经者多矣。祭伯之来隐元年，凡伯之伐隐七年，毛伯之锡命文元年，召伯之会葬文五年，考其书法与

---

① 《左氏传续说》卷六《文公下》。

单伯无少异，《公》、《榖》何所据而以彼为周，以此为鲁乎？自周之外，经未有书诸侯之臣为伯者。粗举内大夫以明之，翚、挟、柔、溺、豹、婼、意如之类，不氏而名者也。叔孙得臣、仲孙何忌之类，兼氏而名者也。公子庆父、公弟叔肸之类，配亲而名者也。仲遂、叔老、叔弓、叔谊之类，配仲、叔而名者也。二百四十二年之间，不书名者，独"季子来归"一语而已。曷尝闻内大夫不名，而书伯者乎？《公》、《榖》之诬了然矣。政使如《公》、《榖》之说以单伯为鲁大夫，则圣经不名，而书伯亦当如季子之比季友，有讨乱之略，有托孤之忠，以身为一国之安危。故《春秋》不名以贵之。若单伯果鲁大夫，圣经不名而书伯，必有大功大善居季子之右，安得反负淫齐之罪乎？负甚大之罪，而得甚美之褒，则何以为孔子？何以为《春秋》？孔子是，则《公》、《榖》非；孔子非，则《公》、《榖》是。持二说以诘二家，虽秦、仪、代、厉，亦未必能置对也。《左》、《公》、《榖》者曰，单伯之列于经，自请叔姬以前，如逆王姬，如伐宋，如会鄄，不绝于简。至请叔姬之后，则载于策者，有单子而无单伯，庸讵知书伯者非鲁？书子者非周乎？曰爵列升降，各随其时。如滕前侯，而后子，不闻其两滕也。①

吕祖谦指出，判定前儒未解决的疑问，是后儒的责任。为此他提出以经为律，以传为按，以同时之人为左验，来断定经书中存在的疑难。他具体考察了单伯究竟是周臣，还是鲁国大夫之事。认为单伯为周臣，而不是《公》、《榖》所说的是鲁大夫。吕祖谦此论是以经知之，非以《左氏》知之，即通过考察《春秋》经而得出这一结论。他以《春秋》经文为依据，指出"自周之外，经未有书诸侯之臣为伯者"。吕祖谦通过详考《春秋》经关于诸侯的记载，指出其书法与单伯无少异，自周之外，经没有书诸侯之臣为伯者。也就是说，《春秋》经没有把诸侯之臣称之为伯的，凡称伯，便是周臣，而不是诸侯之臣。故认为单伯为周臣，不是鲁大夫。以此批评《公》、《榖》之诬，而认同于《春秋》经和《左传》对此事的记载。

在肯定《左传》的价值和长处的同时，吕祖谦亦指出了《左传》的不足之处。他拿《左传》与《论语》作比较，指出《左传》所载孔子之事多失其实，而《论语》所载孔子之事则得其真。他说：

---

① 《左氏博议》卷二二《单伯请子叔姬》。

　　"孔文子将攻太叔,访于仲尼。仲尼曰,胡簋之事则尝学之矣,甲兵之事未之闻也。"此与《论语》对卫灵公问陈之语一般,恐当时只是一事,《论语》所载为得其真,大抵《左传》载孔子事多失其实,盖察不得圣人深,所以有欠精神处。

　　陈恒弑君一段恐记不出圣人之意。《左氏》于孔门事记多失实,惟孔门弟子记得其真。《论语》说夫子告三子,此却云不告,恐不如此。①

指出《左传》所记载的孔子之事多失其实,而《论语》由于是孔门弟子及后学所记录,所载孔子之事则得其真。左氏关于孔门之事的记载多失实,唯孔门弟子于《论语》中记得其真,较为可信。吕祖谦认为,《左传》所记孔子之事多失其实的原因与左氏本不曾登于孔子之门相关。他说:

　　左氏于定、哀之间,载孔子事甚多,其间皆传闻之失实,此以知左氏本不曾登圣门。使其得与闻孔子謦欬之末,则必不如是之讹错。观其载孔子对孔文子一段事,正是左氏不曾登圣人之门分明证据。盖左氏载孔子答孔文子之辞,与《论语》载卫灵公问陈孔子之对一般。若是对两人之问无缘句句相似,盖当时本是一事,唯弟子得其真,故言卫灵公。左氏不曾登圣门,故以孔文子载之。举此一事,则其他皆可知。②

指出《左传》于定、哀之间,载孔子事甚多,但其间皆传闻之失实,以此认定左氏本不曾登于孔子之门。

　　吕祖谦并批评《左传》有三病,除此之外,便十分好。他说:

　　《左氏》只有三般病,除却此三病便十分好。所谓三病者,左氏生于春秋,时为习俗所移,不明君臣大义,视周室如列国,如记周、郑交质,此一病也。又好以人事附会灾祥,夫礼义动作古人固是,于此见人吉凶,亦岂专系于此,此二病也。记管、晏之事则尽精神,才说圣人事便无气象,此三病也。③

认为《左传》有三病,一是由于左氏生于春秋,时为习俗所移,所以不明君臣

---

① 《左氏传续说》卷一二《哀公》。
② 《左氏传说》卷二〇《孔文子将攻大叔仲尼对以甲兵之事未之闻》。
③ 《左氏传续说·纲领》。

之大义;二是好以人事附会灾祥;三是说圣人事无甚气象,而把注意力放在记管、晏之事上。吕祖谦在对《左传》提出批评的同时,亦肯定除此三病之外,便十分好。对《左传》的长短之处作了辩证的分析。

质言之,吕祖谦的《春秋》学贯穿着重义理、以理释经思想的指导。其《春秋》学与他的整个经学思想相适应,主要通过以义理解《春秋》,重三纲、尊天子、抑诸侯,论《左传》与《公羊》、《穀梁》各有短长等方面体现出来。由此可见,吕祖谦在治经学上,与宋学以义理解经的经学变古的时代思潮相适应,明确提出"以理视经"的思想,跳出汉学烦琐释经的窠臼,而不以经视经,批评章句训诂之学;并贯穿着以义理解经的解经原则,体现出吕祖谦经学与理学相结合的思想特色,在宋代经学史和思想史上占有重要地位,其经典阐释学对后世产生了重要影响。

附注:本文为国家社会科学基金项目:"中国经学与宋明理学研究"(编号:04XZX001)的阶段性研究成果。

张九成的历史哲学与浙东学派

刘玉敏

关于浙东学派的历史渊源及思想研究,学术界已有很多成果问世。[①]至于张九成与浙东学派的关系,尚未引起学术界注意,一则可能因为张九成是杨时的弟子,研究者基本将关注点放在他与洛学的关系上,二则盖因张九成是浙西人,因此不在考虑之列。本文认为,首先,浙东、浙西只是地域上的划分,而思想的传播与交流却不受地域的限制。以地域界定一个学派(如浙东学派)可以理解,追溯其思想渊源若还限于一地,无异于画地为牢,不足以全面把握该学派思想。其次,浙东学术"言性命者必究于史"[②],悠远的史学传统对浙东学者的治学取向会产生一定影响,若论具体观点,则需考察其师承,确定其思想的前后相继性。

张九成(1092—1159)字子韶,号横浦居士、无垢居士,浙江钱塘人。有《孟子传》、《横浦集》、《中庸说》等传世。对其理学思想,学术界已有一定研究,但对其历史哲学却鲜有涉及。[③] 本文即在分析张九成历史观的基础上进一步考察其对浙东史学的影响,以就教于学术界。

道即日用

张九成之历史观是建立在其心学基础上的。他主张"经是法,史是断,

---

① 从早期何炳松的《浙东学派溯源》到最近董平先生的《浙江思想学术史——从王充到王国维》(中国社会科学出版社 2005 年版),还有大量论文,都对浙东学派的思想渊源进行了追溯和研究。

② 章学诚:《浙东学术》,《文史通义·内篇二》,上海书店 1988 年版,第 52 页。

③ 台湾邓克铭先生《张九成思想之研究》一书专列一章"张九成之史学"来介绍张九成的读史方法及其成就,并指出作此章的原因是"《宋史》张九成本传中,只载其'研思经学,多有训解',对史学方面的成就,略而不载,似有不足,爰述其要如上"(台湾东初出版社,第 146页)。邓先生的确是"述其要",介绍简明扼要,实不足以窥其全貌。但邓先生可说是注意张九成史学思想研究的第一人,足以启发后学。

我是守法断事者"①,即对历史事件作出什么样的判断,能从浩瀚的史书中总结出什么样的规律,取决于自己心中首先具备什么样的原则,否则看历史必然是盲目的、茫然的。张九成看史书,就是自己先持有一定的哲学原则,然后再运用这些原则来观察、解释和评判历史的,在他那,原则和历史是相融的关系,借史实证明哲学原则,而以哲学原则统驭史实。他的哲学原则概括起来有二:

第一,道即日用原则。他反对佛教视道为虚无的观点,主张"道非虚无也,日用而已矣"②,"道非虚无也,实用处通变者是"③。具体表现在两个方面:(1)道有体用,且体用一源。"道无形体,所用者是。苟失其用,用亦无体"。④ 体乃用之体,用乃体之用。(2)道器不离。"苟形器中非道,亦不能为形器,又安可辄分之? 形而上者无可名象,故以道言;形而下者散在万物,万物皆道,故不混言耳"。⑤ "道"不可见,但通过其"用"可以把握,这"用"就是日常的人情事理,所谓"理之至处亦不离人情……天理何自而见乎? 人情是也"⑥。人情事理,已经和正在发生的,都可以作为体"道"之资。

第二,天即吾心的原则。"天"在人们心目中一向具有最高的权威地位,汉儒更是将其神秘化,成为有人格意志的主宰。张九成做《西铭解》,认为天地万物与我并立,我之体、我之性皆与天地合而为一,所谓"天人一心,本无彼此"⑦。天是什么?"天止吾心而已矣"⑧,"天即是我,我即是天"⑨。可见这里的"心"已不再是认识功能意义上的个体之心,而是具有本体意义的宇宙之心。天即是我心,说明天理具在人心,那么只要尽我之心,便可体会天

---

① 于恕编:《心传录》卷中,第198页,四库存目丛书本。

② 于恕编:《日新·道》,第243页,四库存目丛书本。

③ 《心传录》卷中,第214页。

④ 《心传录》卷上,第182页。

⑤ 《心传录》卷下,第228—229页。

⑥ 《心传录》卷上,第207页。

⑦ 张九成:《书传统论·金縢论》,《横浦集》卷九,第352页,文渊阁四库全书本。

⑧ 黄伦:《尚书精义》卷三二,第493页,文渊阁四库全书本。据《宋史》,张九成有《尚书详说》五十卷,久已失传,却几乎被黄伦所撰《尚书精义》五十卷完整地保存了下来。黄伦,生卒年不详,字彝卿,闽县人。曾授左承务郎、太学录。其著《尚书精义》"荟萃诸说,依经胪载,不加论断,间有同异亦两存之"。该书几乎每条都首引张九成之说,"似即本九成所著《尚书详说》而推广之。故陈振孙颇疑其出于伪托。然九成《详说》之目仅见《宋志》,久经湮晦,即使果相沿袭,亦未尝不可藉是书以传九成书也。"(《四库全书总目》卷一一,第146页,中华书局1997年版)

⑨ 《尚书精义》卷四二,第609页。

道。事实上，"尧、舜、禹、汤、文、武、周、孔之道具在人心，觉则为圣贤，惑则为愚不肖。……千圣虽往，此心原不去；万变虽经，此心自有余"①。前圣后圣，心同理同。研究历史就是要以史为鉴，从以往之人情事理中体会古圣贤之心，如此方能尽我之心以体会天道。

但是，六经作为儒家之经典，同样体现了圣贤之心。如此还有必要读史书吗？张九成表达了他对六经的看法。

六经皆王道

人们早就认识到经具有史的性质，如《尚书》就是上古时期的历史，《春秋》是鲁国的历史。但因为科举考试的需要人们往往重视其经的功能，而忽视其史的方面。例如看《孟子》，就停留在它的仁义等思想上，看《春秋》则只看其褒贬之意。这样往往导致孤立地看待某个事件，从而得出不恰当的结论。如针对孟子劝齐伐燕、诛纣等言论，就出现疑孟、非孟、诋孟的情况。在张九成看来，这些都是没有做到经史结合的结果。

张九成认为，《诗》、《尚书》、《春秋》、《孟子》、《大学》等不仅是经书，且是寓褒贬于其中以垂法后世的王道之书。何以见得？就《春秋》而言，《春秋》开篇即讲"春王正月"，九成指出"圣心于《春秋》首笔'王'之一字，则知二百四十年之笔削皆王道之所寓也"②，所以"世之论者皆以《春秋》为褒贬之书，而不知其为王道之要"③。比如书"翚帅师"、"楚子麇卒"之类，都寓有深意。《尚书》是上古"政要之典"，所谓"政要"就是以阐述王道为主。如《尚书》最后两篇为《费誓》和《秦誓》，记载的是鲁国和秦国的事迹，鲁、秦是诸侯国，而《尚书》是帝王之书，为何将其系之于后？九成解释说："王者之迹熄，则《大雅》降而为《国风》；王者之道亡，故秦、鲁升而系三代。……取秦、鲁以补王道，所以深痛王道之不复兴也。"④从中也可看出，《诗经》也是体现王道变迁的经书。至于其他经书，"大学之道何道也？王道也"⑤，"孟子之学，学王道也"⑥。张九成几乎遍注群经，就目前所存的解《尚书》、《孟子》、《春秋》来看，

---

① 《海昌童儿塔记》，《横浦集》卷一七，第409页。
② 《春秋讲义·隐公元年春王正月》，《横浦集》卷一四，第390—391页。
③ 《门人陶与谐录》，《横浦集》卷一四，第391页。
④ 《书传统论·秦誓论》，《横浦集》卷一一，第365页。
⑤ 《春秋讲义·发题》，《横浦集》卷一四，第309页。
⑥ 张九成：《孟子传》卷二，第254页，文渊阁四库全书本。

他以"王道"为主线，贯穿经解的全过程，拳拳恳恳，大讲特讲王道的必要性，体现了他经世致用的思想。

儒家之经乃王道之书，而最能表现王道盛衰的莫过于历史。"以史为鉴，可以知兴替"，经史结合方更能体会"王道之要"。就个人问学而言，经史结合也是十分必要的：

> 学者苟专意于时文，不知研穷经史，则举业之外叩之空空，亦可耻矣。盖学经所以正吾心，观史所以决吾行，安可昧为不急之务？故前辈谓久不以古今灌溉胸次，试引镜自照，面目必可憎，对人亦语言无味，正谓此也。①

不读经固然使人无知浅陋，不读史则使人思想贫乏，语言无味。他指出，"六经皆尧、舜、禹、汤、文、武、周公、孔子所行所言"②，学者欲学圣贤，必当学六经。圣人之言行固然教给我们做人的道理，而史书中所呈现出来的正反两方面的行为和教训则显得更感性、生动。

那么该如何读史？

考时逆意，身预其中

体用一源的思想要求在读圣贤书时"即用以观体"，用即运用。"读圣贤书者，不当泥其言，当观其用。势有不同，用亦多变。以用观圣贤，圣贤虽往，其心常炯然无今古也。"③同样的语言在不同的时期，因为形势的变化而发挥不同的功用，如果只在语言上计较而不考虑变化的"势"和"用"，就会曲解圣贤之意，难以领略圣贤之心。如孔子言德政，孟子言仁政，其实一也。但孟子劝诸侯行仁政却是要统一天下，这不是要诸侯篡乱吗？九成认为这就是没有理解孟子之"用"的结果。如果有诸侯真实行了仁政而实力壮大，他会取周室而代之吗？"固将禀天子之命令以制服诸侯，朝觐会同以归事天子，以复文、武、成、康之业。"④如此理解方能见孟子真正的用意。

具体来说，首先，要把自己作为历史事件的当事人之一。

---

① 《日新·经史》，第 243 页。
② 《心传录》卷上，第 186 页。
③ 《孟子传》卷五，第 282 页。
④ 《孟子传》卷一，第 243 页。

如看唐朝事则若身预其中,人主情性如何,所命相如何,当时在朝士大夫孰为君子,孰为小人,其处事孰为当,孰为否,皆令胸次晓然,可以口讲而指画,则机会圆熟,他日临事必过人矣。凡前古可喜可愕之事,皆当蓄之于心,以此发之笔下,则文章不为空言矣。①

历史毕竟是发生过的事,还原历史非常困难,但如果仅看文字而不置身思考,也不会有太多收获。九成要求看史身临其境,如在当下,可说是一种客观的读史方法,避免离开客观的历史环境而仅凭想当然。但要对孰为君子孰为小人、当与不当这些事情做出正确的价值判断而不为史书所左右,却需要一定的原则,也需要具有很强的判断能力。张九成之所以能对史事随意摭取,运用自如,与他刻苦的参校、思考分不开:

予一日之间于家事——欲当理,及看经史,亦与古人商校议论,参之于心,稍得其理则此虑颇适,不然则寝食俱废,必思得其理而后已。孰谓古人所谓畎亩不忘君者,其行事施设非得之于平居乎!②

正是这样不断琢磨,反复比较,互相参验,才渐渐悟出其中的道理。他指出:"凡古人书中用得处便是自家行处,何问古今!只为今人作用多不自胸中流出,与纸上遂不同。"③古今一揆,心同理同,只要平时注意将自己的言行与古人进行比较,自然会有所获得。

不仅如此,他还主张在平时亲身实践圣贤之言,这样才能真正体会圣贤之心。

后之学者因禹克艰之言,皋陶允迪之言,心体而力行之,见天下万事往来今古皆不出克艰、允迪之中,则大禹、皋陶之心见矣。④

其次,考时逆意。即将古人放在他所处的那个时代中,不以今人的条件和标准评判、苛求古人。落在纸上的文字反映的是古人的言行,但我们研究历史不光是了解古人的言行,而是体会古人之"用心",考察其言行背后的

---

① 《日新·观史之法》,第 251 页。
② 《心传录》卷中,第 204 页。
③ 同上,第 199 页。
④ 《书传统论·皋陶谟论》,《横浦集》卷六,第 329 页。

东西。

> 学者之学圣贤,当以道观,不当以俗情观;当得以心,不可追其迹。①
> 读书者不当循其文,当观其时与夫利害可否,问对之当与未当,深求而力考之,乃可以见古人之用心。②
> 学者当考其时,逆其意,而勿以语言之间遽以私意议论圣贤可否,以获戾于天也。③

语言文字是不可缺少的,但那只是得鱼之"筌"、得兔之"蹄",要透过古人之言、古人之迹去考究古人之心、历史之道。比如非孟诋孟的人认为孔子之道甚严,而至孟子则变得甚宽,如他对齐王说"今之乐犹古之乐",然后又进田猎之说,这不是侈齐王之心吗?九成认为,"鲁人猎较,孔子亦猎较,固在用之如何耳。孟子善用圣人之道者也"④。当战国之时,人欲横行,各诸侯喜欢听的是杀人广地之说,孟子"特于当时人欲中开导其路,使骎骎入于先王之道而不自觉,如好勇不妨其安天下,好色好货不妨其与百姓同之,好麋鹿鱼鳖、好今之乐不妨其与百姓同乐。前挽后推,左支右捂,其意欲使入先王之道。既已入先王之道,自将尽变其所好而与圣王同矣。……故予以为善用圣人之道者,孟子也"⑤。如果能透过孟子的语言看到孟子良苦的用心,才算真正读懂了《孟子》。而孟子之所以有很多观点看上去与孔子相悖,⑥九成认为,实际上都是在特定历史条件下对孔子之道的变通,体现了权变的原则。之所以有人非孟诋孟,就在于只看到了言、迹,而没有考其时、逆其意。

正是在以上哲学原则和读史方法的指导下,张九成提出了"乘势行理"的历史观。

乘势行理

首先,既然天道、天理、天心、天命皆体现在人事中,就应当修人事以应

---

① 《孟子传》卷八,第319页。
② 《孟子传》卷一,第240页。
③ 《孟子传》卷四,第277页。
④ 《孟子传》卷三,第257页。
⑤ 《孟子传》卷三,第257—258页。
⑥ 李觏就认为孟子"名学孔子而实背之也",如"孔子之道君君臣臣也,孟子之道人皆可以为君也",再如孔子尚说"《武》尽美矣,未尽善矣",孟子则说汤武修仁义以取桀纣,这其实是以仁义为篡器等等。

天命。何谓修人事？就是正人心、行王道。何谓行王道？就是以民为主。

> 正心以成天下之本，行其正以成天下之务，此尧、舜、三代所以为盛也。①
>
> 孟子之学，学王道也。王道者何？以民为主也。②

但是修人事并不意味着人消极被动地适应天，恰恰相反，它说明天命掌握在人手中。天不可畏，可畏在人因为不修德、不修政而导致国破家亡、身败名裂。人主为什么要行王道？张九成大胆地指出，"天下非一人之天下，乃天下之天下也"③，所以天子无私事，"人君每事必与大臣谋，以不可私也"④。天子更不能穷奢极欲，恣意妄为，而要行王道，以民为主，否则，"有一桀必有一汤，有一纣必有一武王，此自然之理也。人主可不谨乎！"⑤

其次，"我心即天心"表明在对历史的评判中，"我"是裁判者；天命虽不可违，但人可以通过努力改变自己的命运。

董仲舒《春秋繁露》的目的是"屈民以伸君，屈君以伸天"，将"天"置于至高无上的地位，要求人应天命而修人事。至宋代，胡安国序《春秋说》则曰："君子以义断命而不委之于命，以理合天而不委之于天。"⑥九成对此深表赞同，评价说："此说又有造化，不止于能安分守而已。"⑦所谓"不止于能安分守"即是指人不再委之于命、委之于天，而是可以充分发挥主体能动性"以义断命"、"以理合天"。九成在此基础上进一步举例说：

> 死生一事，人之定分，不可易者。君子虽知其死之不可免，然求其所以善其久生而不止于速死者，无所不至。大抵君子不委之以命，而以理断命。⑧

---

① 《日新·正心》，第 242—243 页。
② 《孟子传》卷二，第 254 页。
③ 《尚书精义》卷二，第 162 页。
④ 《心传录》卷上，第 173 页。
⑤ 《书传统论·泰誓论上》，《横浦集》卷八，第 348 页。
⑥ 《心传录》卷中，第 188 页。
⑦ 同上。
⑧ 《心传录》卷上，第 185 页。

死生乃天命,不可改变,但君子却无需被动等待天命的决断,而可以通过种种方法延长自己的寿命。同理,贵贱穷达也"皆有定分",但人可以通过学习改变命运,不必固守贫贱。"以理断命"并不是要否定天的权威性,而只是要表明人在天面前已不再是被动的适应者,而是能动的创造者。也就是说,命运掌握在自己手中。这种思想充分反映在九成的理势观上。

第三,历史的发展有其必然性("势")和合理性("理"),但人可以"审处而为之谋",顺势而达到自己的目的。

> 天下之事有理有势,势胜则理亦不能行。乘其势以行其理,则理尤快意。不然势之方至,而吾怅怅唯理之徇,虽是非得失自定于后,然一时亦不能遽逆也。不若待之以久,徐徐而后应之为得也。①

对于理与势的关系,九成认为,历史发展之"势"有不可逆性,不能违背;理与势相比,有势方有理,只有乘势行理,理才显得更"合理"。张九成在此认识到了理与势的辩证关系,也认识到待机乘势才是最好的处事方式。

在必然性面前,人不必被动等待,而是可以发挥主体能动性抓住机遇来发展。

> 天下有所谓势,有所谓机,势在我,机在彼。在我者其势不可以不壮,在彼者机不可以不投。机得而势不壮,虽可以骤胜而不能全功;势得而机不至,虽可以立事而动之无名。故与其有可投之机,则不若先壮吾难拔之势。②

在此,九成论述了必然性("势")和偶然性("机")的辩证关系。有机遇而时机不成熟,虽一时成功但难以持久;时机成熟了但没有机会,也无处下手。所以他主张,与其等待机遇,不如发挥主体意志去促成时机的成熟。比如,西汉晁错建议削藩,有"势"但无"机",而晁错本人因为见识不高,谋划失当,没有提出像后来主父偃那样的"推恩"削藩的建议,所以失败了。唐代裴度平淮、蔡,则既是抓住了时机,又有周密的策划,所以成功了。可见,"势"不可改变,"机"难以预料,此"高见识深之士所以审处而为之谋也"③。但只

---

① 《心传录》卷中,第202页。
② 《心传录》卷下,第222页。
③ 《心传录》卷下,第225页。

要谋划得当,思虑周全,还是能够成功的。晁错之失败不是势与机的问题,而是"智所不及"①。

张九成经史融通的治学方法不仅使他解经的风格别具特色,而且自然形成了他特有的历史观。他的读史方法——"身预其中"、"商校讨论"、"考时逆意",即便在今天仍然具有借鉴意义。在当时更是被浙东学派,首先是吕祖谦所借鉴和阐发。

对吕祖谦史学的影响

吕祖谦曾直接受业于张九成,其心学和史学都不同程度地受到张九成的影响。② 对于吕祖谦的历史观,学术界论述已很多。本文兹就张、吕二人在历史观上的前后相继性做一阐述。

首先,对史书的看法,吕祖谦认为《春秋》乃"经世大法"。"后世以史看《春秋》,谓褒贬善恶而已,至于经世之大法则不知也。"③这"经世大法"实际上就是指王道。

> 春秋之时,人欲肆,天理灭,……夫子不得已而标"王"之一字出诸正月之上,然后天下知自隐至哀二百四十二年之间予夺褒贬,无非王道之流行;自岁首至岁穷三百六旬之间视听食息,无非王道之发见。④

可见,《春秋》实乃王道之书,与张九成的观点相同。

其次,观史的方法。吕祖谦主张读史当"揆之以理"、"体之以身",与九成"身预其中"、"胸次晓然"、"蓄之于心"的观点完全一致。

> 读史既不随成败以为是非,又不可轻立意见易出议论,须揆之以理,体之以身,平心熟看,参会积累,经历谙练,然后时势事情渐可识到。⑤
>
> 观史当如身在其中,见事之利害、时之祸患,必掩卷自思,使我遇此

---

① 《心传录》卷上,第173页。

② 参见拙文《吕祖谦学术渊源略考》,载《中国哲学史》2007年第三期。

③ 吕祖谦:《春秋》,《大事记解题》卷一,第125页,文渊阁四库全书本。

④ 吕祖谦:《春秋讲义·春王正月》,《东莱别集》,第324页,文渊阁四库全书本。

⑤ 《读史纲目》,《东莱别集》卷一四,第332页。

等事,当如何处之。如此观史,学问亦可以进,知识亦可以高,亦为有益。①

吕祖谦接着指出,除了对历史事件本身进行切己反思外,在阅读史书的过程中还应该主动思考,预料成败:

> 看史须看一半便掩卷,料其后成败如何。其大要有六:择善、警戒、闯范、治体、议论、处事。②

这既可以锻炼培养自己的判断力,又可深切体会古人之心。如何得古人之心? 他提出"于古圣贤之言行,考迹以观其用,察言以求其心"③,直接就是对张九成"不当泥其言,当观其用"思想的继承。就武王伐纣,伯夷、叔齐非之事,罗大经《鹤林玉露》引吕祖谦的评价说:"东莱吕先生曰:武王忧当世之无君者也,伯夷忧万世之无君者也。"④吕祖谦此语与张九成之"武王所见者当日天下之心,伯夷所见者后世乱臣贼子之心"⑤可谓异曲同工。

另外,吕祖谦也主张要注意把握历史人物所处的时代,"看史要识得时节不同处,春秋自是春秋时,秦汉自是秦汉时"⑥,时势不同,用亦多变,不与时代结合,就会出现泥古的现象。这与张九成的"考时逆意"思想是一致的。

第三,吕祖谦明确继承张九成"天下者,天下之天下也"的思想,提出共治天下的主张。

> 天下者,天下之天下也。⑦
> 天子亦不敢自有其天下,乃天下之天下也。⑧

---

① 吕祖谦:《门人集录史说》,《丽泽论说集录》卷八,第 421—422 页,文渊阁四库全书本。
② 《门人所记杂说二》,《丽泽论说集录》卷一〇,第 447 页。
③ 吕祖谦:《易说上·大畜》,第 41 页,中华书局 1991 年版。
④ 罗大经:《非孟》,《鹤林玉露·乙编》卷一,第 121 页,中华书局 1983 年版。
⑤ 《尚书精义》卷二五,第 422 页。
⑥ 吕祖谦:《左氏传续说纲领》,第 145 页,文渊阁四库全书本。
⑦ 吕祖谦:《尧典》,《增修东莱书说》卷一,第 148 页,文渊阁四库全书本。
⑧ 《舜典》,《增修东莱书说》卷二,第 153 页。

　　九成认为"人君有何职事？特知人为主而已"①，人君的职责就在于知人善任，集众人的智慧治理天下，吕祖谦在此亦认为人伦纲常、礼仪制度乃天下之公器，亦非人君一人所能建立、维护，应当集众人之力公治天下。

　　综上分析，张九成的历史观基本为吕祖谦继承发挥，唯一不同的是二人的治学重心。九成重在研经，而以史佐经，并没有有意识地做史学的研究工作，即便是作《尚书详解》，也首先是把《尚书》当作经书对待的。见于《心传》、《日新》中的史评，也是与学生随问随答，没有刻意成系统地著书立说。吕祖谦则不同，他专门研究了《左传》、《尚书》，写了《东莱博议》、《左氏传续说》、《东莱书说》等，又编写《大事记》，著《读史纲目》，门人集录有《史说》等，在他那里，研究史书是主业，研究经书反倒成为副业。因为研究侧重点不同，所以吕祖谦的历史观相比张九成更为系统，他在广泛吸取前人（主要是张九成）历史观的基础上进一步发挥、完善，从而使历史研究真正发展成为一个学派。但若追溯这个学派的思想渊源，张九成的历史观实是至关重要、不可忽视的一环②。

　　本论文得到浙江工业大学科技发展基金的资助。

---

①　《尚书精义》卷二，第 159 页。

②　范立舟先生《论两宋理学家的历史哲学》一文（载《哲学研究》2008 年第二期）考察了二程、张栻、吕祖谦、朱熹等人的历史哲学及其内在联系，实堪借鉴。本文认为若增加张九成一环，两宋的历史哲学论述会更完整。

叶適的士风与学风

何 俊

在南宋乾道、淳熙年间(1165－1190)道学运动兴起以后,随着张栻、吕祖谦的去世,道学的思想话语权与影响力分归朱、陆两家,而叶適作为相对晚起的思想家,以其思想与行动,使永嘉之学与之鼎足而三。

叶適(1150－1223),字正则,晚年定居温州城外水心村,学者称为水心先生。关于叶適的生平事迹,周学武的《叶水心先生年谱》与周梦江的《叶適年谱》已做了清楚的编年梳理,张义德的《叶適评传》①也有较详细的介绍,毋须赘述。然而,生平事迹往往只是勾勒出有形的过程,寓于其中的无形的精神气质与学术风格却容易被忽视,②而对于理解一个传统士大夫兼思想者的思想与行动来说,它们实在是不可或缺的重要参照,甚至直接构成了某些特征。③ 虽然"丹青难写是精神"④,但本文仍希望能从士风与学风两个维度尝试着勾勒作为士大夫兼思想者的叶適的精神气质与学术风格。

自负而理智

宋代士大夫的政治主体意识高度自觉与张扬,而且这种自觉与张扬并不限于少数理想高远的士大夫,而是宋代士阶层的一种集体意识;不仅于此,宋代士大夫高度自觉了的政治主体意识在现实的政治活动中是得到了

---

① 周学武《叶水心先生年谱》,台湾大安出版社 1988 年版;周梦江《叶適年谱》,浙江古籍出版社 1996 年版;张义德《叶適评传》,南京大学出版社 1994 年版。

② 此外,生平事迹所隐含着的历史信息也是有待发覆的。晚近关于南宋道学运动中的思想家们活动的重要研究范例,可见余英时《朱熹的历史世界》(三联书店 2004 年版),其中涉及叶適的,尤见第十章"孝宗与理学家",第 524—622 页。

③ 本尼迪克特在分析文化的形成时指出,只有首先理解了一个社会在情感与理智上的主导潮流,才得以理解各种行动所取的形式(《文化模式》,第 45 页,浙江人民出版社 1987 年版)。虽然这种分析是针对着文化这样一个大的对象而言,而对于理解个体也不无启发。

④ 王安石《临川文集》卷二五《读史》,文渊阁四库全书本。

有效释放的。因此,在这样的历史场域中,士大夫们不可能在政治识见上保持一致,而且,由于现实的利益因素渗透于其中,宋代的士大夫不可避免地形成不同的政治团体。① 毫无疑问,这些分属不同政治团体的士大夫,从其自身的政治识见和现实的利益考虑,自然会有不同的思考方式与处事态度,从而形成各不相同的士风。

　　从类型学的视角看,我们可以先对宋代士大夫进行类型划分,然后据此来说明叶适的士风。但是类型划分对于宋代士大夫的整体分析可能更有意义,施之于一个具体的人物也许并不有效,甚至会显得空洞。而且,对于一个具体的士大夫而言,他的士风在某种程度上也受到了他的个性的影响,尽管这种影响很难给予实证性的说明。因此,我们更希望从叶适具体的仕宦来体会他的士风,而类型上的划分充其量只是淡化了的背景。

　　《宋史·叶适传》称"适志意慷慨,雅以经济自负",这种"自负"可以说构成了作为士大夫的叶适一生的基本精神气质。早在淳熙元年(1174),二十五岁的叶适在京师呆了年余,以求出身,但没有结果,返乡前上书右相叶衡,就非常"自负"地对南宋的"国是"作了一番议论,甚至不免"狂妄"地以为,"今天下之事,非某谁实言之"。② 出仕以后,在政见相异的官员眼里,叶适同样表现得相当"矜己以傲人"。《四朝闻见录》载:

> 　　刘(德秀)为大理司直,会治山陵于绍兴,朝议或欲他徙。丞相留公正会朝士议于其第,刘亦往焉。是早至相府,则太常少卿詹体仁元善、国子司业叶适正则先至矣。詹、叶亦晦翁之徒,而刘之同年也。二人方并席交谈,攘臂笑语,刘至,颜色顿异。刘即揖之,叙寒温,叶犹道即日等数语,至詹则长揖而已。揖罢,二人离席默坐,凛然不可犯。③

晚年,叶适虽息影水心村,但这种"自负"的精神气质却似乎没有丝毫衰颓。嘉定十四年(1221),这年已是叶适致仕的第二年,后年他便去世了,叶适为他的学生宋驹撰写了墓志铭,铭文开篇有一段精彩的叙述:

---

① 　参见余英时《朱熹的历史世界》上篇的第三章与下篇的第八章的相关论述。
② 　《水心文集》卷二七《上西府书》,《叶适集》第二册,第 541 页,中华书局 1961 年版。
③ 　《四朝闻见录》丁集"考异"条,第 151 页,中华书局 1989 年版。这里称叶适"亦晦翁之徒",显然不应该理解为朱熹的门人,而宜从政治上的党徒来看。这种政治派系的区分实际上构成了南宋士林的一种分类背景。

时诸儒以观心空寂名学，徒默视危拱，不能有论诘，猥曰："道已存矣。"君（宋驹）固未信，质于余。余为言学之本统，古今伦贯，物变终始，所当究极。忽昂然负载，如万斛舟；如食九奏，大牢先设而醯酱不遗；如赐大宅，百室皆备，从门而入也。识益增，智愈长，千岁前成败是非之迹，纠结者条理，郁暗者昭灼，破竹迎判乎！伐柯睨远乎！常掩卷叹曰："世孰能为我师！"家居，或尽一史，露抄雪纂，逾月不出门。野宿，或专一经，山吟水诵，兼旬不返舍。每与余言，自谓乐甚，非人所知。且其趋舍不同流，知奚用为！盖余友如君比不过数人尔，数年间相继死。悲夫！无以寄余老矣。①

我们不嫌烦地照录这段文字，是因为这里所述的似乎是墓主的事迹，但真正彰显的却更是叶適对自己平生学问与立身的"自负"。

叶適这种"自负"的精神气质，其实是他特立独行性格的写照。对自己的这种性格，叶適是清楚了解的。由于特立而独行大抵是一种高标的性格，所以叶適尝以自谦否认的方式指出了自己的这种性格。嘉定五年（1212）在给夫人高氏所撰墓志铭的结尾处，叶適感慨言道：

余观自古特立独行之士，无所复望于世，而旅泊其身以苟免者，固已众矣，是不足悲也。然而岂亦不有夫顺亲和戚之属而为之托焉！今余非敢谓特立而独行也，然既老而休，且病且衰，旦暮且尽，而高氏迫不余待，遂弃余，以是使余无顺亲和戚而为之托也，是亦不足悲乎！②

而从叶適为母亲杜氏所撰墓志，大致可以看到，叶適的这种性格或与自幼所承母教不无关系。从曾祖父起，"叶氏自处州龙泉徙于瑞安，贫匮三世矣"，叶適母亲杜氏嫁入叶氏二十余年，始终处于困厄之中，甚至居无定所。在叶父"聚数童子以自给，多不继"的情况下，"夫人无生事可治，然犹营理其微细者"，虽亲戚共劝改业，但杜氏终持守本业，并以此训诫诸子，叶氏"得保为士人之家者，由夫人见之之明而所守者笃也"③。

不过，"自负"的精神气质在叶適身上虽然非常明显，而且终其一生都如此，但这种气质并非他独有，而是为同时代的许多士人，特别是道学人士所

① 《水心文集》卷二五《宋厩父墓志铭》，《叶適集》第二册，第490页。
② 《水心文集》卷一八《高令人墓志铭》，《叶適集》第二册，第355页。
③ 见《水心文集》卷二五《母杜氏墓志》，《叶適集》第二册，第509—511页。

共有。前文所引文献中与叶适同样"凛然不可犯"的詹体仁,即是一显例。此外,据宋人的观察,永嘉"士风任气而矜节"①,似乎在精神气质上还有着某种区域特征。

如果我们细心体会前引《四朝闻见录》中的那段记载,可以发现,虽然詹体仁与叶适同样是对有同年关系的刘德秀摆出了"凛然不可犯"的傲慢,但叶适似乎温和些,至少还寒暄数语。詹是朱熹门人,陆学中人更甚,不仅是自负傲慢,而是几近张狂,朱熹曾描写为"狂妄凶狠,手足尽露"②。这个区别,实际上真正反映出了叶适的士风特征,即在他"自负"的精神气质中涵有相当理智的成分。

我们试从叶适仕宦生涯中的两件大事来佐证这一点。第一件事就是淳熙十五年(1188)叶适独上封事为朱熹辩护。③ 叶适虽然比朱熹小二十岁,但思想却早熟,淳熙五年(1178)中进士以后,他的思想就渐有影响,淳熙十二年(1185)撰成的《外稿》更为士林所重,盛行于时。虽然朱熹在绍熙二年(1191)的《答叶正则》中才提及"但见士子传诵所著书"④,但在淳熙十二年的《寄陈同甫书》中,朱熹就已有"观其(指叶适)议论,亦多与鄙意不同"⑤云云,因此彼此思想的分歧那时双方即已知晓。然而,当林栗弹劾朱熹时,叶适并没有因为思想上的分歧而袖手旁观,在群臣表现出沉默状时,他独上封事为朱熹辩护,一方面固然是为包括朱熹、叶适在内的一批推动儒学发展的思想者的思想学术活动力争合法权利与生存空间,但更重要的一面却是坚持着道学一党的政治志业。叶适能够超越思想分歧而着眼于政治上的志业,正表明了他对主观自我的克制,反映出他士风上的理智。

第二件事则是开禧二年(1206)叶适在北伐问题上的语默进退。叶适宿有北伐志愿,因此韩侂胄决定北伐时,"以适每有大仇未复之言重之"⑥。然而叶适并没有因为自己的宿愿,以及长期以来因此而树立的形象,从而无视对时势的理性分析。针对当时的强弱之势,叶适明确表明不同意北伐。他

① 程俱《北山集》卷二二《席益差知温州》,文渊阁四库全书本。
② 《朱文公文集》卷五〇《答程正思》,《朱子全书》第贰拾贰册,第 2327 页,上海古籍、安徽教育出版社 2002 年版。
③ 详见《水心文集》卷二《辩兵部郎官朱元晦状》,《叶适集》第一册,第 16—20 页。关于叶适与朱熹的交往,详见何俊《南宋儒学建构》第 246—259 页,上海人民出版社 2004 年版。
④ 《朱文公文集》卷五六,《朱子全书》第 23 册,第 2651 页。
⑤ 《朱文公文集》卷三六,《朱子全书》第 21 册,第 1585 页。
⑥ 《宋史》卷四三四《叶适传》。

上书宁宗,主张以备边取代开边,①甚至为了拒绝起草北伐诏书,力辞兼任直学士院。而尤有意味的是,当他未能劝阻韩侂胄北伐,北伐却发生溃败,中外恐悚之时,叶适则又毅然受命于危难之际,出任宝谟阁待制、知建康府、兼沿江制置使,用以攻为守的策略取代据江而守的被动战术,从而为扭转战局立下了大功。②

对于叶适在北伐问题上的立场变化,《宋史》本传表达了一种委婉的批评,以为"第出师之时,适能极力谏止,晓以利害祸福,则侂胄必不妄为,可免南北生灵之祸,议者不能不为之叹息焉"。但这种批评实际上近于苛刻,因为韩侂胄北伐心意已决,包括叶适在内的任何人都不可能谏止。作为一个素主恢复的士大夫,叶适能够清醒地认识到开禧北伐是在不恰当的时候发动的一场不恰当的战争,而且不惜自我形象的否定,上疏陈其利害,力阻其事,直至力辞直学士院以拒绝起草北伐诏书,不仅是一种极其理智的举措,而且实已是勉为其难的行为。而当战事既起,出现危机之时,叶适竟然能够搁置自己在北伐问题上的看法,前往一线指挥,更属极具风险而难能之举。如果战败,叶适自然是没有好结果,而在当时战败的可能性极大;如果战胜,叶适似乎又表现出对韩侂胄北伐的认同,而韩侂胄执意北伐最终结局的不好,叶适是清楚的。事实上,次年韩侂胄被诛,御史中丞雷孝友劾叶适附韩侂胄用兵,叶适落职,此后便退隐水心村直至去世。

如果说,叶适为朱熹辩护,尚只是反映出他对共同的政治志业的坚持,那么在开禧北伐上的语默进退,则彰显了他作为一个士大夫对政治责任的承担。开禧年间,乾淳时代的老一辈已基本谢世,叶适已是当时士林最具思想号召力的士大夫,但是他的举措表明,叶适并不受累于这样的身份与名誉,甚至不顾个人的处境,而几乎完全是根据冷静而理智的认识,以负责的态度,做出语默出处的选择,有所为,有所不为。

徇于道与由于学

毫无疑问,自负而理智这一士风,固然有着个人习惯的可能,但同样也不免有主观努力的成分,而在叶适身上,却可以说是有着高度的自觉。叶适讲:

---

① 详见《水心文集》卷一《上宁宗皇帝札子》(开禧二年),《叶适集》第一册,第5—9页。
② 参见《宋史》本传;《水心文集》卷二《定山瓜步石跋三堡坞状》,《叶适集》第一册,第12—15页。

> 士在天地间,无他职业,一徇于道,一由于学而已。道有伸有屈,生死之也;学无仕无已,始终之也。集义而行,道之序也;致命而止,学之成也。①

"徇于道"与"由于学",正是令叶适自负又理智的内在依据与支撑。对于"学",下文详说。这里就"道"对叶适的士风再作申述。

叶适以为士的志业之一是"徇于道",这个"道"在叶适的思想中不是悬空了的虚设之路,而是存于历史现实中的诉求。具体地说,在叶适成长与从仕的年代里,一个真正"徇于道"的士,便是要对"凡天下之大政,师旅刑赋之本末,道德法制之先后,至于宫掖之议,民伍之情"②有深刻的了解,从而为南宋找到一条切实的"治道"。

淳熙十四年(1187)冬,叶适迁博士,获对孝宗,在他的《上殿札子》③中,叶适纲领性地表达了他对南宋"治道"的认识,提出了变国是、变议论、变人材、变法度,从而根本性地改变兵多而弱、财多而乏、不信官而信吏、不任人而任法、不用贤能而用资格的困局。值得注意的是,叶适指出,针对南宋"报二陵之仇、复故疆之半"的"国是",言者虽不否定,但却强调外虏强大而难攻、坚固而未动,因此南宋只能等待时机,其结果,"公卿大夫,私窃告语,咸以今之事势举无可为者,姑以美衣甘食、老身长子自足而已",实际上完全是"率易苟且,习闻卑论,而无复振起之实意"。由此可见,叶适的自负,在极大的程度上是源于他蔑视南宋士林这种因循苟且的士风,而自持求治愈新的理想主义情怀。

上述尚从大处而言。事实上,叶适的"徇于道"决不只是停于求治愈新的理想层面,而是见诸重大问题的处理上的,他在逼光宗内禅一事上的作用即是显例。吴子良《荆溪林下偶谈》云:

> 水心平生静重寡言,有雅量,喜愠不形于色,然能断大事。绍熙末年,光庙不过重华宫,谏者盈庭,中外汹汹。未几,寿皇将大渐,诸公计无所出。水心时为司业,御史黄公度使其婿太学生王棐仲温密问水心,曰:"今若更不成服,当何如?"水心曰:"如此却是独夫也!"仲温归,以告

---

① 《水心文集》卷一一《台州州学三老先生祠堂记》,《叶适集》第一册,第193页。
② 《水心文集》卷二七《上西府书》,《叶适集》第二册,第541页。
③ 详见《水心别集》卷一五,《叶适集》第三册,第830—836页。

黄公，公大悟，而内禅之议起于此。①

　　南宋沿习牵制，始终未能走向困局，但叶适的这种"徇于道"的经世情怀却一生不渝，并对自己的经世思想充满自信。嘉泰四年（1204），叶适在久病稍苏而未愈之时，取出近二十年前（淳熙十二年，1185）撰写的《外稿》进行修订，他在附记中讲：

　　　　取而读之，恍然不啻如隔世事。嗟乎！余既沈痼且老，不胜先人之丧，惧即殒灭，而此书虽与一世之论绝异，然其上考前世兴坏之变，接乎今日利害之实，未尝特立意见，创为新说也。惜其粗有益于治道，因稍比次而系以二疏（引按指《上殿札子》与《应诏条奏六事》）于后，他日以授寀、宓（引按：系叶适的儿子）焉。②

　　嘉定十三年（1220），叶适在跋学生周南的策文时，也忆及当年吕祖谦对自己治道思想的评价："往东莱吕氏评余《廷对》，谓自有策以来，其不上印板即不可知；已上印板，皆莫如也。"虽然他接着谦虚地表示，"嗟夫！予何足以及此"③，但自信是显见的。
　　对于自己关于治道的撰述，叶适标示"与一世之论绝异"，足见他的自负。但这种自负又非凭空而生。叶适曾在《上殿札子》为孝宗陈说，宋室南渡以来，小人之论一味偏安主和，不足以言，而即便是君子之议，同样不可期待。他分类指出：

　　　　为奇谋秘画者，则止于乘机待时；忠义决策者，则止于亲征迁都；沈深虑远者，则止于固本自治；高谈者远述性命，而以功业为可略；精论者妄推天意，而以夷夏为无辨。

与此相反，叶适强调自己的议论，虽然"未尝特立意见，创为新说"，但却是经

---

　　① 　吴子良《荆溪林下偶谈》卷三"水心能断大事"条，文渊阁四库全书本。另参见余英时《朱熹的历史世界》下册，第620—622页。
　　② 　叶适对于治道的认识，也为当时人所称誉，赵汝回《呈水心先生》诗云："外稿定于何日上，中兴只在十年间。"见《两宋名贤小集》卷二二九《东阁吟稿》，文渊阁四库全书本。
　　③ 　此系叶适佚文（周梦江《叶适年谱》，第171页），见周南《山房集》卷七《丁卯召试馆职策》所附跋语，文渊阁四库全书本。

过了"上考前世兴坏之变,接乎今日利害之实",即基于理性的智识主义立场,对南宋的政治经济提出的系统分析与对策。

换言之,叶适精神气质上的自负,固然源于他的"徇于道",但这个"道"本身却又是"由于学"的。这便意味着,叶适精神上因"徇于道"而滋生的自负气质,因其"由于学"而复有理性的成分。叶适曾评定友人黄度"公志在经世,而以学为本"①。这个评定其实也完全适用于叶适自己。

为学自善与唯道是求

纵观叶适一生,可以非常清楚地以嘉定元年(1208)五十九岁罢官息影水心村为界分成两个部分,此前主要是经世实践,此后则是系统地阐释与证明他对儒学的认识,"以斯文为己任"②。

叶适思想的最终确立虽然是在归隐以后的十六年中完成的,但他似乎自始就认为"重其任而轻其道,专其学而杂其施,此为政者所以谬于古而违于今也"③,因此在还没有进入仕途以前,他便对"治道"进行了"上考前世兴坏之变,接乎今日利害之实"的系统研究。实际上,正是这个研究,形成了他早期对儒学的独立认识,并受到了朱熹的质疑与批评。只是叶适没有像陈亮那样正面响应这些质疑与批评,④而是在归隐以后才如他的学生孙之弘所言,"间玩群书",将自己的实践与认识印证于经史,在以往学习摘录的基础上,撰成了他的思想代表作《习学记言序目》,从而完整地阐释与证明他所认定的儒学。概言之,为学构成了叶适一生的主轴与重心,而经世则表征着他的为学。

淳熙五年(1178年)二十九岁的叶适赐进士第二时,南宋士林已告别"绍兴以来,闻卑见陋;士失常心,颠错昏昼"⑤的局面,"东南之学起"⑥,南宋儒学正处在方兴未艾之中。五年前(乾道九年,1173年),朱熹已完成了《伊洛渊源录》的编撰,对南宋以来洛学分流所呈现出的"混乱"做了阶段性的清

---

① 《水心文集》卷二〇《故礼部尚书龙图阁学士黄公墓志铭》,《叶适集》第二册,第393页。

② 光绪《青田县志》卷八《官师志·名宦》。

③ 《水心文集》卷二六《蕲州谒先圣文》,《叶适集》第二册,第536页。

④ 参见何俊《南宋儒学建构》,第211—245页。

⑤ 《水心文集》卷二八《祭吕太史文》,《叶适集》第二册,第565页。

⑥ 《水心文集》卷一五《彭子复墓志铭》,《叶适集》第二册,第273页。

理；三年前（淳熙二年，1175 年），朱熹又与吕祖谦合编了《近思录》，旨在传播他所建构的道学。① 朱熹是如此，活跃于乾淳年间的南宋诸儒也都处于思想的交阐互畅之中，使后辈士子争相追随。这样的思想氛围，叶适曾有非常亲切的感受，他后来清晰地回忆道：

> 每念绍兴末，淳熙终，若汪圣锡、芮国瑞、王龟龄、张钦夫、朱元晦、郑景望、薛士隆、吕伯恭及刘宾之、复之兄弟十余公，位虽屈，其道伸矣；身虽没，其言立矣。好恶同，出处偕，进退用舍，必能一其志者也。②
>
> 乾道五六年，（道学）始复大振。讲说者被闽、浙，蔽江、湖，士争出山谷，弃家巷，赁馆贷食，庶几闻之。③

相对于上述人物，叶适晚出，他的思想正是在这样的氛围中形成的。在叶适的文集以及别人的文集中，记载了许多叶适请益的内容，譬如对永嘉前辈，于郑伯熊，叶适讲："某之于公，长幼分殊；登门晚矣，承教则疏。"④于郑伯英，叶适讲："我最晚出，公顾亦厚。"⑤于薛季宣，季宣云："（执事）听于途说，不以某之不肖，惠然肯顾，投以尺书，望我以急难，扣我以学问。"⑥于陈傅良，叶适讲："余亦陪公游四十年，教余勤矣。"⑦对浙学前辈，叶适不仅曾问学于吕祖谦，"昔从东莱吕太史，秋夜共住明招山"⑧；而且也相伴过陈亮，叶适讲："余蚤从子，今也变衰。"⑨即便是出道以后甚至很久，叶适仍然保留着向前辈陈说自己的心得而冀望有所承教的开放心态，如对朱熹，叶适深知"彼建安之裁量，外永嘉而弗同"⑩，但仍多次请教，朱熹文集中现存的四封《答叶正则》证明了这一点。大约在淳熙十二年（1185 年），叶适曾有书信请教于朱熹，叶适的信今佚，但朱熹在给陈亮的信中记录了这件事，并与门人论学时

---

①　参见何俊《南宋儒学建构》第 105—125 页、第 159—166 页。

②　《水心文集》卷一六《著作正字二刘公墓志铭》，《叶适集》第二册，第 306 页。

③　《水心文集》卷一三《郭府君墓志铭》，《叶适集》第一册，第 246 页。

④　《水心文集》卷二八《祭郑景望龙图文》，《叶适集》第二册，第 564 页。

⑤　《水心文集》卷二八《祭郑景元文》，《叶适集》第二册，第 569 页。

⑥　《浪语集》卷二五《答叶适书》，库本。

⑦　《水心文集》卷一六《宝谟阁待制中书舍人陈公墓志铭》，《叶适集》第二册，第 300 页。

⑧　《水心文集》卷六《月谷》，《叶适集》第一册，第 47 页。

⑨　《水心文集》卷二八《祭陈同甫文》，《叶适集》第二册，第 572 页。

⑩　《水心文集》卷二八《祭薛端明文》，《叶适集》第二册，第 586 页。

痛批了叶适的观点。① 直到绍熙二年(1191年),叶适还向朱熹陈述自己读佛经的心得,结果引来朱熹直接而尽兴的批评。②

但是,叶适并没有严格意义上的师承。③ 在问学上,叶适以为"力学莫如求师,无师莫如师心"。这个"师心",并不是指知识内容源于主观性的"心",而是指顺应"心"的动力来寻求知识,显然这是因为叶适认为,"心"是具有向学的内在主动性的。他引《易·蒙》"山下出泉"以喻心之向学:"泉之在山,虽险难蔽塞,然而或激或止,不已其行,终为江海者,盖物莫能御,而非俟夫有以导之也。"④因此,学贵自善,很自然地成为叶适治学的心得。他讲:

> 师虽有传,说虽有本,然而学者必自善。自善则聪明有开也,义理有辨也,德行有新也,推之乎万世所共由不异矣。谓必用一说一本者,以学为诿者也;不一说,不一本,而不至乎其所共由者,以学为私者也。⑤

所谓"所共由者",就是"道"。⑥ 换言之,叶适的"师心"与"自善"是有他的标准的,这就是把握"道";至于有传有本的师说,其取舍概以是否合乎道为准。这种唯"道"是求,不必用一说一本,亦不必弃一说一本的意识,正构成了叶适思想为后来黄宗羲所称誉的"异识超旷,不假梯级"⑦的风格。

释、老之妄与朱、陆之病

尤为难得的是,叶适的学风充溢着崇尚智识的理性精神。他在为陈傅

---

① 《朱文公文集》卷三六,《朱子全书》第21册,第1585－1586页;《朱子语类》卷一二三,第2966－2967页,中华书局1986年版。

② 《朱文公文集》卷五六《答叶正则书》之四,第2651－2652页。

③ 即使是叶适从游时间最长的陈傅良,也未曾称师(参见周梦江《叶适年谱》第17页),《水心文集》卷二七《与吕丈书》中有"同志林百顺,依君举兄为学"语(《叶适集》第一册,第548页),足可证之。

④ 《水心文集》卷一二《送戴许蔡仍王汶序》,《叶适集》第一册,第217页。

⑤ 《水心文集》卷二九《题薛常州论语小学后》,《叶适集》第二册,第592页。

⑥ 《水心文集》卷二二《故运副龙图侍郎孟公墓志铭》曰:"道者,天下共由之途也。"见《叶适集》第二册,第431页。

⑦ 《宋元学案》卷五四《水心学案上》,《黄宗羲全集》第五册,第172页,浙江古籍出版社1995年版。

良夫人张幼昭所撰的墓志中表彰陈夫人"不信方术,不崇释老,不畏巫鬼"①,实也反映了他本人的精神旨趣。宋人雅好风水,虽通人大儒如苏轼、朱熹亦不免,叶适却深不以为然,即便是不得已为友人的风水著作写序,仍讥讽其妄。②

叶适对释、老的批评,集中在二氏之说"怪神虚霍,相与眩乱"的反理性倾向上。③ 叶适并不全盘否定佛学。在淳熙十六年出任荆州,继而转任蕲州的二三年中,他因"无吏责,读浮屠书尽数千卷。于其义类,粗若该涉"。④ 他对佛教的认识且待后文述论,这里只就反理性一点略作申论。叶适认为,传入中国的佛学自有其经书,固有其智识,但是学佛的中国人难以理解;胡僧干脆弃书不用,以己为佛,却又遭到怀疑而被视为荒诞;禅风兴起,始自以为宗,"荡逸纵恣,终于不返",⑤其结果是:

> 举以聪明为障,思虑为贼,颠错漫汗而谓之破巢窟,颓弛放散而谓之得本心,以愚求真,以粗合妙,而卒归之于无有。⑥

叶适曾专门以"悟"为例更具体地指出佛老在智识论上与儒学的根本分歧,他讲:

> 昔孔子称愤启悱发,举一而返三,而孟子亦言充其四端至于能保四海,往往近于今之所谓悟者。然仁必有方,道必有等,未有一造而尽获也;一造而尽获,庄、佛氏之妄也。⑦
> 余每病学佛者徒守一悟而不知悟本,或外示超俗而实堕俗纷。⑧

甚至可以进一步指出,"乾淳诸老既殁,学术之会,总为朱、陆两派,而水心断断其间"⑨,其中一个非常重要的原因,就在于叶适对朱、陆两派学风上

---

① 《水心文集》卷一四《张令人墓志铭》,《叶适集》第一册,第263页。
② 见《水心文集》卷一二《阴阳精义序》,《叶适集》第一册,第206页。
③ 《水心文集》卷二九《吕子阳老子支离说》,《叶适集》第二册,第602页。
④ 《水心文集》卷二九《题张君所注佛书》,《叶适集》第二册,第599页。
⑤ 《水心文集》卷一二《宗记序》,《叶适集》第一册,第223页。
⑥ 《水心文集》卷九《觉斋记》,《叶适集》第一册,第142页。
⑦ 《水心文集》卷一七《陈叔向墓志铭》,《叶适集》第二册,第326页。
⑧ 《水心文集》卷二九《题端信师帖》,《叶适集》第二册,第602页。
⑨ 《宋元学案》卷五四《水心学案上》全祖望案语,《黄宗羲全集》第五册,第106页。

所表现出来的非智识倾向深为不满。叶适晚年批评近世之学：

> 古人多识前言往行，谓之畜德。近世以心通性达为学，而见闻几废，为其不能畜德也。然可以畜而犹废之，狭而不充，为德之病矣。①

宋儒的性命之学，究其本质，就是要确立起价值理念与伦理秩序，"畜德"即其表证。叶适所坚信的是儒家传统的思想，认为畜德的过程依赖于知识的增长，即所谓"多识前言往行"；而近世之学的弊病恰恰在于，或"见闻几废"如陆学，或"狭而不充"如朱学。

叶适甚少提及陆学，但对于陆学的出场、进路与影响，却是清楚的。他在为人撰墓志时言及：

> 初，朱元晦、吕伯恭以道学教闽、浙士；有陆子静后出，号称径要简捷，诸生或立语已感动悟入矣。以故越人为其学尤众，雨并笠，夜续灯，聚崇礼之家，皆澄从内观。②

由前文所述叶适对佛学"徒守一悟"的批评，我们便足可想见他对陆学的"径要简捷"也绝不会以为然。③ 可幸的是，我们在《习学记言序目》中读到了他对陆学切中要害的批评。在论及祭祀之礼时，针对"墟墓之间，未施哀于民而民哀；社稷宗庙之中，未施敬于民而民敬"的说法，叶适强调，作为内

---

① 《水心文集》卷二九《题周子实所录》，《叶适集》第二册，第 603 页。

② 《水心文集》卷一七《胡崇礼墓志铭》，《叶适集》第二册，第 338 页。

③ 后人如黄震以为，"先生于义理，独不满于陆氏，《胡崇礼墓志》讥陆学尤深"，（《黄氏日抄·读叶水心文集》，库本）但叶适对"以悟为宗"者并不全然否定，如他对徐谊的评价就很高。（参见《水心文集》卷二一《宝谟阁待制知隆兴府徐公墓志铭》，《叶适集》第二册，第 402—406 页）究其原因，心学所倡导的"悟"固然使之呈现出禅学的倾向，但心学所主张的道事合一、道器不二，却使之外拓求落实，与事功学有相同的一面。（参见拙书《南宋儒学建构》第四章第一节之二）对徐谊的肯定便着眼于心学与事功学相同的一面，而此处对陆学的批评，针对的则是陆学在智识论上流于禅学从而背离儒家的倾向。叶适对心学的这种一分为二的评定，在所撰《故运副龙图侍郎孟公墓志铭》中讲得非常清楚，叶适讲："（孟）良甫之学，以观省密察为主。外所涉历，皆切于心；身所觉知，皆反于性。凡情伪错陈，横逆忽来，几若无所撄拂，而筋骸之束，肌肤之会，常得由于顺正。其专悟独了，动用不穷，盖非简策所载，笺训所及。然余欲其博达伦类，尽究古今之变，以进于昔之所谓知道者，而良甫亦未能也。"（《水心文集》卷二二，《叶适集》第二册，第 431 页）

在精神的"哀"、"敬"与作为外在礼仪的"墟墓"、"社稷宗庙"原本是统一的，哀敬存于祭祀之中，祭祀的过程即是哀敬的过程，两者间并不存在且不应该存在着一个所谓的转进过程。由此，叶适转而引出他对陆学的批评：

> 余记陆氏兄弟从朱、吕氏于鹅湖寺，争此甚切。其诗云："墟墓生哀宗庙钦，斯人千古最明心，大抵有基方作室，未闻无址可成岑。"噫！徇末以病本，而自谓知本，不明乎德而欲议德，误后生深矣！①

陆学误导后生之处，在叶适看来，就在于将"墟墓"、"宗庙"的外在礼仪与"哀"、"钦（敬）"的内在精神，一起系于人心之明，以"明心"为"基"与"址"。这实与叶适的思想完全相反。叶适以为，人心之明恰恰来源于墟墓之间、社稷宗庙之中的礼仪，因为正是这个礼仪的过程培植了哀钦之德；而礼仪的实施有赖于相关的知识，因此，知识获求不仅是行礼的保证，而且同时也培植了行礼者的德性。陆学既以明心为本，甚而以为明心即等于践履，则有关礼仪的种种知识，不仅是次要的，甚至会产生负作用。由此，叶适所秉持的畜德有赖于多识前言往行、知识培植价值的理性主义立场与陆学"见闻几废"的非智识倾向②彰显得极为分明。

朱熹自然是非常重视道问学，极为关注思想理论的知识基础，③朱学何以会产生非智识的倾向尤需说明。叶适有一段话是很值得玩味的，他讲：

> 古圣贤之微言，先儒所共讲也；然皆曰"至二程而始明"。凡二程所尝讲，皆曰"至是止矣"。其密承亲领，游、杨、尹、谢之流，而张、吕、朱氏后时同起，交阐互畅，厥义大弘，无留蕴焉。窃怪数十年，士之诣门请益，历阶睹奥者，提策警厉之深，涵玩充溢之久，固宜各有论述，自名其宗，而未闻与众出之以扶翼其教，何哉？岂敬其师之所以觉我，而谦于我之所以觉人欤！④

---

① 叶适所论及引语见《习学记言序目》卷八《礼记·檀弓》，上册，第99页，中华书局1977年版。陆氏诗句前两句是九渊所写，其中"最明心"当是"不磨心"（《象山全集》卷二五《鹅湖和教授兄韵》），后两句是九龄所写（《象山全集》卷三四《语录》，文渊阁四库全书本）。

② 陆九渊非常强调"智识"，但所指向的是主观的明心，而不是客观的见闻，参见拙书《南宋儒学建构》第199页。

③ 详见《南宋儒学建构》第三章第一节。

④ 《水心文集》卷二九《题陈寿老论孟纪蒙》，《叶适集》第二册，第607页。

文中虽然并举张、吕、朱，但此文作于嘉定十一年（1218 年），①因此叶适所针对的主要是朱学当无疑。在这段文字中，叶适表面上质疑的是朱学后人缺乏创造，但实际上所含的批评则是程朱一系弃"先儒所共讲"而奉"二程所尝讲"为"始明"、为"止矣"。如此之结果，便是"虽争为性命之学，然而滞痼于语言，播流于偏末，多茫昧影响而已"②。朱熹本人固然是极为博学的人，以道问学为尊德性的基础，但道统的褊狭却足以使朱学产生"狭而不充"、权威取代理性的非智识倾向。

---

① 见周梦江《叶适年谱》第 168—169 页。

② 《水心文集》卷二一《宝谟阁待制知隆兴府徐公墓志铭》，《叶适集》第二册，第405页。

论佛道思想对浙中王门后学的影响

李 霞

引子:王学的分化

王阳明是明代哲学大师。明代中后期,他"门徒满天下",其心学"良知"说几乎成了当时的统治思想。但心学高潮并未持续很长时间,因为王学盛行不久,其内在思想矛盾便暴露了出来。尤其是,王阳明晚年对自己一生的为学作了总结,将其心学主旨归结为四句话:"无善无恶是心之体,有善有恶是意之动,知善知恶是良知,为善去恶是格物。"这就是有名的"王门四句教",也是引起王学分化的最直接根源,它使王学的内在矛盾集中体现出来,这就是"心体"与"心用"之间的矛盾。按照王阳明力图追求的"体用一源"的思想原则,有"无善无恶"之心体,就必然有"无善无恶"之心用,何以心之体是"无善无恶"的,而心之用却是"有善有恶"的呢?这不违背了王学"体用一源"的思想原则了吗?王学矛盾的存在促使王阳明的弟子们去解决。但不同弟子对"四句教"的理解又是有差别的,随着这种差别的突出以及争论的出现,终于导致了王学的分化。

从广义上说,王学的分化表现出明显的地域性,有所谓浙中王门、江右王门、南中王门、粤闽王门及泰州学派之分。这几派同承王门良知学,但由于对良知学的理解不同,对王门四句教的看法不同,故相互之间分歧很大。但另一方面,这几派思想也有一个共同的特征,就是都深受佛道思想的影响,本文专就佛道思想对浙中王门后学的影响作一粗浅的探讨。

浙中王门是王阳明最早的一批弟子,黄宗羲介绍了王学在浙中初传时的情况:"姚江之学,自近而远,其最初学者,不过郡邑之士耳。龙场而后,四方弟子始益进焉。郡邑士之以学鸣者,亦仅仅绪山、龙溪,此外则椎轮积水耳。然一时之盛,吾越尚讲诵、习礼乐,弦歌之声不绝,其儒者不能一二数。"①这说明,王阳明在浙中传学之时,弟子尚为数不多,学者有所成就者仅钱德洪(钱绪山)与王畿(王龙溪)等人。但另一方面,这为数不多的弟子在王阳明的传授指点下,却形成了一股影响颇大的学术气氛。

浙中王门后学承继了王阳明以儒学为宗、广纳佛道思想资料的学术传统,其受佛道的影响较其师尤甚。下面就浙中王门后学的突出代表钱德洪、王畿和王宗沐融合佛道的情况作一简要论述。

钱德洪"虚无良知"说及其对道禅思想的吸收

钱德洪(1496—1574),字洪甫,号绪山,浙江余姚人。他于嘉靖十一年(1532)中进士,任刑部郎中。钱德洪曾因事下狱,被削职为民,其后便云游四方,以讲学为务。从学术上说,钱德洪师事王阳明时间最久,是王学主要传人之一。王阳明逝世后,他又整理了其师的遗著,对王学的流传起过很大作用,故被人们认为极有功于王门。就其思想倾向来看,黄宗羲认为钱德洪与王畿作为王阳明最早的两大高足,各有特色:

> 龙溪从见在悟其变动不居之体,先生(指钱德洪——引者注)只于事物上实心磨炼,故先生之彻悟不如龙溪,龙溪之修持不如先生。乃龙溪竟入于禅,而先生不失儒者之矩,何也? 龙溪悬崖撒手,非师门宗旨所可系缚;先生则把缆放船,虽无大得亦无大失耳。②

的确,同王畿相比,钱德洪的思想较多保持了王学及儒学宗旨;但这并不等于说,他的思想中就没有禅学影响而全是儒学。事实上,钱德洪亦大量吸收了禅学及道家思想,这是明代学术的总体趋向,钱德洪思想也不例外,只是他在吸收道禅思想的同时,牢牢抓住了王学这根"缆",故未像王畿那样"入于禅"。

(一)钱德洪"虚无良知说"对禅道思想的吸收

倡导良知说,这是王阳明学说的最大特点,跟随王阳明最久的钱德洪无疑也是以此为学问下手处的。但在对"良知"的理解上,同王阳明相比,钱德洪的思想更表现出了对儒、佛、道思想进行综合的特征。

---

① ② 《明儒学案》卷一一《浙中王门学案一》。

一方面,钱德洪从儒家价值观念出发去理解"良知",认为"良知"是"至善",是"天理",这是从伦理道德角度去考察的,同王阳明所见一致。但王阳明既讲"良知"是"至善",是"天理",又讲"无善无恶者心之体"。这一矛盾在钱德洪的思想中体现得更加突出。钱德洪对"良知"的定义具有不确定性,他有时认为"良知"是纯善无恶的,有时又认为它是无善无恶的,有时则认为这些理解都不准确,只有他自己感觉到的善的东西才是"良知"。对此,罗洪先(念庵)曾作过总结。他说:

> 绪山之学数变。其始也,有见于为善去恶者,以为致良知也。已而曰:"良知者,无善无恶也,吾安得执以有而为之而又去之。"已又曰:"吾恶乎言之消,无善无恶者见也,非良知也。吾惟即吾所知以为善者而行之,以为恶者而去之,此吾可能为者也。其不出于此者,非吾所得为也。"又曰:"向吾之言犹二也,非一也。夫子尝有言矣,曰至善者心之本体,动而后有不善也。吾不能必其无不善,吾不动焉而已。"①

这说明,钱德洪对"良知"的理解时有出入,甚至自相矛盾。不过,他总体上还是把"良知"判定为"天理"。他在其《绪山会语》中说过这样两段话:"至纯而无杂者,性之本体也。""心之本体,纯粹去杂,至善也。良知者,至善之著察也,良知即至善也。"②黄宗羲在《明儒学案》中也引了钱德洪类似的话:"良知天理原非二义,以心之灵虚昭察而言谓之知,以心之文理条析而言谓之良;文理条析,无事学虑,自然而然,故谓之天然。"这几段话都旨在说明,心之本体"良知"是至善无恶的,"纯粹无杂"亦即纯于善而未杂于恶。

并且,这种至善之"良知"是本来如此,并非经过学习与思虑才是如此,它的善性是"天然"形成的。这样理解的"良知"既同王阳明的"良知天理"说一脉相承,亦同孟子所说的"良知良能"说无原则区别,它们都是"不学而知,不虑而能"的本然善性。所以,不管钱德洪怎么理解"良知"的属性,只要是着眼于从道德角度去立论,那就没有超出儒家价值观念的范围。并且他所持的儒家价值观念是先秦儒家孟子的观点,因此,钱德洪的"良知"说从一定意义上说是对孟子"良知"说的复归。

但另一方面,钱德洪对"良知"的理解又不仅仅是从道德角度着眼的,他还从哲学角度对"良知"的特质进行了考察。在作这一考察时,钱德洪深受

①② 《明儒学案》卷一一《浙中王门学案一》

佛道虚无学说的影响,他把"良知"的本质特征确定为"虚灵"、"虚无"乃至"虚寂"。王阳明在"四句教"中就明确说过"无善无恶是心之体",此"心之体"指的就是"良知",故王阳明的良知说亦有某些虚无主义色彩。不过,这一色彩在王学良知说中并不太浓,王阳明着重强调的是"良知"的至善性而非无善无恶性。但是,这种虚无主义色彩在钱德洪的良知说中却是非常浓厚的,他对"良知"之虚无本质的强调远远超过了他对"良知"之至善性的认识。这说明,他的良知说中佛道成分是相当多的。在《答聂双江》一书中,钱德洪说:"吾心良知,虚灵也,虚灵非物也,非物则斑垢驳杂停于吾心何所?而磨之之功又于何所乎?"①这是把"良知"说成是虚灵不动的本体,并且他所说的"虚灵"重在"虚"而不在"灵",故强调"虚灵非物",这与王阳明所谓良知虚灵而重在"灵"是不同的,其间的佛道虚无主义影响隐然可见。钱德洪不仅强调"良知"的虚无性,也强调其寂静性。在《绪山会语》中,有这么一段道禅味极浓的话:"圣人于纷纭交错之中,而指其不动之真体,良知是也。是知也,虽万感纷纭而是非不昧,虽众欲交错而清明在躬,至变而无迹者,良知之体也。太虚之中,而无一物之住,其有住则即为太虚之碍矣。人心感应,无时不有,而无一时之住,其有住即为良知之障矣。"②这里以"真体"喻"良知",同王阳明以"真己"喻"良知"一样,均是受庄子"守真"、"贵真"学说影响的表现;而他将"真体"即"良知"看做犹如不动之太虚,这一思想同样可以从庄子的心体虚无学说中找到较早的渊源。当然,这些思想也可以从王学中找到最近的来源。同时,以"虚"论"心",也是禅宗心性学说的一大特色。在儒、佛、道相互交融的时代,这些主要来自佛道的思想观念被王阳明及其弟子钱德洪吸收过来,这是完全可能的。前文说过,当钱德洪从道德角度考察"良知"时,得出了"良知"是至善的结论。虽然他对这一结论的理解时有摇摆,但总体上没有超出儒学范围。但当他换一个角度,从哲学本原上考察"良知"时,其思想显然已超出了儒学范围,而打上了佛道虚无主义的烙印,因为他最终以"良知无善恶"的命题否定了"良知即至善"的观念。他在《复杨斛山》中说:"良知之体本无善恶也","至善之体,恶固非其所有,善亦不得而有也。至善之体,虚灵也。"③既言"良知"为"至善",又言其无善无恶,那么这样的"至善"就不是原始儒家所说的无善无恶,而是类似于佛教所谓非善非恶的"真如"以及道家所谓不流于具体之善的"上善"。不仅如此,钱德洪还将虚无之"良知"产生的根源亦归结为虚无寂静。他在《绪山会语》中说:"此心

---

①②③　《明儒学案》卷一一《浙中王门学案一》

从无始中来，原是止的，虽千思百虑，只是天机自然，万感万应，原来本体常寂。只为圣人自有知识，便功利嗜好，技能见闻，一切意、必、固、我，自作知见，自作憧扰，失却至善本体，始不得止。须将此等习心一切放下，始信得本来自性原是如此。"①这是说，"良知"产生于"无始"即虚无，其本来状态是虚无常寂的，只因为后天的知识、闻见、嗜好、技能及主观成见所干扰，才变得不虚不寂了；若舍去这一切"习心"，则仍可恢复其虚寂的本来状态。这种说法同老子所说的通过"为道日损"、"绝巧弃利"的修养功夫而"复归其根，归根曰静"的逻辑如出一辙。而他所说的心体"本来如此"与禅宗所说的"本来面目"也极为相似。由此可见，钱德洪虽被黄宗羲视为"不失儒者之矩矱"，却也吸收了不少道、禅的"矩矱"。

不仅如此，钱德洪还将此虚无之"良知"提到了独立于天地万物包括"我"自身而存在的本体地位，这一点与王学是有所区别的。王阳明虽也认为"良知"是万物的本原和主宰，但同时也认为这个"良知"是属于"我"的，它并非完全独立的精神实体。而钱德洪则指出，"良知"不仅脱离天地万物而存在，也脱离"我"而存在，天地万物乃至于"我"都只是"良知"的不同体现。他在其《绪山语录》中说："充塞天地间只有良知。天只此知之虚明，地只此知之凝聚，鬼神只此知之妙用，四时只此知之流行，人与万物只此知之合散，而人只此知之精粹也。此知运行万古有定体，故曰太极。原无声无臭可即，故曰无极。"②说"良知"是天地万物的本原，这还不能排除其主体性；但说"良知"也是人的本原，这就剔除了其主体性，而变成绝对独立的本体了。本来，说人是"良知"的"精粹"，就有违常理了。但他强调的是"良知"本体的绝对独立性、无对性，而不是其是否与常理相违背。他还进一步指出，"良知"本体不仅完全独立于天地万物、日月星辰及人自身，而且也超越了一切变化之外：四时在运行，而产生四时的"良知"却是寂静的；意念有动静，而产生意念的"良知"却是只静不动的；万物有生灭，而产生万物的"良知"却是常存不灭的。这样一来，钱德洪所谓的"良知"就由王学中的主体范畴变成了绝对独立的本体范畴，它与道家的本体"道"及禅宗的本体"心"已无多大差别，这是他所受道、禅影响的另一方面表现。

（二）钱德洪的"无为真功"说及其对道禅"无为"、"无念"说的吸收

黄宗羲认为，钱德洪与王畿在修行问题上对王学均作了片面的发挥：

①② 《明儒学案》卷一一《浙中王门学案一》

"龙溪从见在悟其变动不居之体，先生只于事物上实心磨炼，故先生之彻悟不如龙溪，龙溪之修持不如先生。"①意即王畿重本体，重"未发"；钱德洪重功夫，重"已发"。他们各有所得，亦各有所失，故"在师门之旨，不能无毫厘之差"。②这种评价只能从总体上去理解。就钱德洪来说，他并未放弃对本体的体认，只是他缺少王畿那样高的悟性，故不免在"功夫"上强调得多一些。

钱德洪所谓"功夫"究竟是指什么呢？考察他的言论，我们可知这指的就是洗心、惩忿、窒欲等，这些功夫显然仍属于伦理学范畴，而不是指真正在事上磨炼。他曾批评杨简（慈湖）否认自我修养的说教，认为"慈湖欲领悟太速，遂将洗心、惩忿、窒欲等语，俱谓非圣人之言"。③他以镜喻"良知"，认为镜子本是明净的，但有斑垢驳杂积于其上，便变得不明不净了。要恢复它的明净，就必须"加磨去之功"。人心"良知"当然不是物体，故非真有斑垢驳杂停于上面，但它会受到气拘物蔽的影响而同样变得不明不净；欲复其虚灵明净的本来面目，同样必须加以"磨去之功"，这种功夫指的就是洗心、正心、惩忿、窒欲等。他在《绪山会语》中说："夫镜，物也，故斑垢驳杂得积于上，而可以先加磨去之功。吾心良知，虚灵也，虚灵非物也，非物则斑垢驳杂停于何所？而磨之之功又于何所乎？今所指吾心之斑垢驳杂，非以气拘物蔽而言乎？"④由于"良知"有被"斑垢驳杂"蒙蔽的危险，必须先将覆盖在上面的斑垢驳杂除去，体悟功夫才有成效。正是从这一角度考虑，钱德洪反对只重本体、不重功夫的片面学问。他曾自我反省曰："日来论本体处，说得十分清脱，及征之行事，疏略处甚多。此便是学问落空处。"⑤他指出，所谓"致良知"，其目的当然在于究透"良知"本体，但脱离了"良知"本体的发用，则本体自身亦无可究透。因为本体是一种无物无形的存在，看不见，摸不着，若不从其发用处入手，何以能把握本体？"未发而从何处觅？离已发而求未发，必不可得。"⑥所以，同王畿相比，钱德洪确实比较重视"已发"即"良知"本体的发用。他说："致知之功，在究透全体，不专在一念一事之间。但除却一念一事，又更无全体可透耳。"⑦有人问："致知存乎心悟？"钱德洪说："灵通妙觉，不离于人伦事物之中，在人实体而得之耳，是之谓心悟。世之学者，谓斯道神奇秘密，藏机隐窍，使人渺茫恍惚，无入头处，固非真性之悟。若一闻良知，遂影响承受，不思极深研几，以究透真体，是又得为心悟乎？"⑧

但钱德洪所谓"一念一事"，所谓"事物"与"实体"，并非指对客观事物的思虑与实践，这里的"事"仍是指主观的东西；他所谓在事物上磨炼，仍是指

①②③④⑤⑥⑦⑧　《明儒学案》卷一一《浙中王门学案一》

在心理、伦理上进行道德修养，也就是传统儒家及宋儒所说的"正心"、"诚意"。他说："人心感应，无时不有"，"其有住则即为太虚之碍矣。故忿憶、好乐、恐惧、忧患，著于有心，即不得其正矣。故正心之功不在他求，只在诚意之中，体当本体明彻，止于至善而已矣。"①这里所谓"正心"、"诚意"，就是指克除"良知"已发之后因受物欲的干扰而产生的不善之心、不诚之意以及种种不良的情绪，由此功夫而恢复本体之至善。强调这一套功夫的必要性，确实是钱德洪有别于王畿之处。但是，钱德洪并非因此而轻视本体，他认为为学的最终目标在于"究透本体"；只是要"究透本体"，就必须首先重视"功夫"。对于本体与功夫，钱德洪认为过分强调任何一方都有失偏颇：过分强调"功夫"，会流于"强制之劳"；过分强调本体，又会流于"虚狂之见"。只有重本体不废功夫，重功夫亦不废本体，才是真正的为学之道。他说："至纯而无杂者，性之本体也。兢兢恐恐有事勿忘者，复性之功也。有事勿忘而不见真体之活泼焉，强制之劳也；恍见本体而不加有事之功焉，虚狂之见也。"②为了避免"强制之劳"，就必须透悟本体；为了避免"虚狂之见"，又必须施以正心、诚意的功夫。

　　但在功夫问题上，钱德洪认为诸如洗心、正心、惩忿、窒欲等只是格物之功，严格说只是格"恶"之功，而并非最根本最上乘的功夫。因为这些都是有为之功，不是无为之功，真正的功夫应是无为之功。在这一问题上，钱德洪深受道家无为思想的影响。他提出了"施功于无为，乃真功也"的主张，将"无为"看作是"究极本体"的真功夫。而钱德洪对"无为"的理解，又受到了禅宗"无念"思想的影响。他认为"无为"就是"正念"，而"正念"也就是"无念"。因为心之本体是无善无恶的"未发之中"，既是未发，便是无念；一有念，便有了善恶分别，这是王门四句教的精神。所以，究极本体的最好方法就是能保持这一本体的本来状态，故无善可为，亦无恶可去，这就是无为、无念的功夫。钱德洪说：

　　　　去恶必穷其根，为善不居其有，格物之则也，然非究极本体，止于至善之学也。善恶之机，纵其生灭相寻于无穷，是藏其根而恶其萌蘗之生，浊其源而辨其末流之清也。是以知善、知恶为知之极，而不知良知之体本无善恶也；有为、有去之为功，而不知究极本体，施功于无为，乃

────────────

①② 《明儒学案》卷一一《浙中王门学案一》

真功也。正念无念。正念之念,本体常寂,才涉私邪,憧憧纷扰矣。①

当钱德洪提出以"无为"、"无念"之"真功"去究极本体"良知"时,他的修养论终于走向了"于事上磨炼"的反面。因为这种"无为"、"无念"的方法说到底是一种直觉之悟,这种"悟"要排除一切"功利嗜好"、"技能见闻"、"意必固我"以及一切"知识"、"知见"的干扰,"须将此等习心一切放下",才能保持心体的虚灵明净状态,在这种状态中才能体悟本然不动之"良知"。他说:"良知不假于见闻,故致知之功从不睹不闻而入。但才说不睹不闻,即著不睹不闻之见矣。今只念念在良知上精察,使是是非非无容毫发欺蔽。"②这种"无为"、"无念"之功实是道、禅合流的产物。

王畿"现成良知"说及其对道禅虚无主义
与自然主义的吸收

王畿(1498—1583),字汝中,号龙溪,学者称为龙溪先生,浙江山阴人,浙中王门的主要代表人物。王畿于嘉靖十一年(1532年)中进士,任南京职方主事,又迁至武选郎中,但不久即辞归。此后四十余年,他一直讲学于东南各地。王畿口才极好,所到之处,皆听者云集。在学术上,王畿是王阳明最得意的弟子之一。但他虽学宗王门,却又不拘于王门,而是广泛涉猎儒、道、佛各家,其思想具有明显的综合性。他继承了王阳明的"良知"学说,同时又用道、禅的虚无主义和自然主义对其进行了大胆改造,这一改造成果集中体现在其"现成良知"学说之中。

(一)"现成良知",惟虚惟无

王阳明认为,"良知"既是至善,也可能意发为恶;既是天理,也可能被物欲所引。要保持"良知"的至善状态或是复归于天理,就必须"致良知",即通过一定的修行功夫,弃末返体。对于其师这一学说,王畿有所肯定,也有所否定。他所肯定的是"良知"的先天道德属性,他所否定的是"良知"在后天发用过程中"受蔽"的可能性。他认为,"良知"不仅是先天自足的,而且也是当下现成的。他说:"良知在人,不学不虑,爽然由于固有;神感神应,盎然出于天成。本来真头面,固不待修证而后全。"③这是说,"良知"是先天自足的

---

①②③　《明儒学案》卷一一《浙中王门学案一》

圆满本体,它不须学亦无须虑便天然地存在着;不仅天然地存在着,而且在任何时候,"良知"都是"当下现成"的,不存在修证体悟的问题。王畿说:"良知当下现成,不加功夫修证而后得。致良知原为未悟者设,信得良知过时,独往独来,如珠之走盘,不待拘管,而自不过其则也。以笃信谨守,一切矜名饰行之事,皆是犯手做作。"①这是说,"良知"的本然状态就是"良知"在当下的现存状态,对"良知"的体证仅靠对"良知"的信念并加以谨守就足够了,无须再施以致知之功。王畿将自己对"良知"的这种理解说成是王阳明原本就有的思想。他说:

> 先师良知之说,仿于孟子不学不虑,乃天所为自然之良知也。惟其自然之良,不待学虑,故爱亲敬兄触机而发,神感神应。惟其触机而发,神感神应,而后为不学不虑,自然之良也。②

这实际上是对王阳明"良知"说的误解。王阳明的"良知"说从其产生来说,是他从"千死百难"中体悟出来的,而不是"仿于孟子之说";从其内涵来说,王阳明所谓"良知"也不是"神感神应",它也有被物欲蒙蔽的时候。所以,王畿在这里是将自己的"现成良知"说加在其师头上。王畿认为,这天然自足、当下现成的"良知"是一切事物的准则,一切事物的流行皆是"良知"准则的体现,所谓"天生蒸民,有物有则。良知是天然之则,物是伦物所感应之迹"。③进而,"良知"不仅是事物运行的准则,也是事物得以产生的根据,是宇宙的得以存在的本体。

　　"良知"何以具有如此的功能呢? 在这一问题上,王畿大量吸收了道家的虚无思想以及佛禅的般若空观,赋予"良知"本体以虚无的特性,并以此来解释它何以能成为万物之原以及万事之则的原因。王畿指出,从其存在形态上说,"良知"就是"虚无",它"惟其自然之良,不待学虑。……自然之良,即是爱敬之主,即是寂,即是无声无臭,天之所为也。若更于其中有物为主,欲从事于所主以充满其本然之良,而不学不虑为坐享其成,不几于测度渊微之道乎"?④这是说,心体之知之所以叫做"良知",其"良"即表现为自然性,即不待学虑而自然天成。这种自然天成的"良知"是以一种虚无寂静的自然状态存在的,它超越物质实体,亦超越具体的有无动静,它是一个无体无物、无善无恶、无动无静的绝对虚无。唯其为虚无,它才蕴涵了一切实有得以产生

---

　　①②③④　《明儒学案》卷一二《浙中王门学案二》。

的根据。因为任何具体的"有"都不能产生"有"本身或其他的"有","有"的根据只能是"无"。这是先秦老庄及魏晋王弼哲学的根本观念。王畿引用这一观念来改造王阳明的"良知"学说,将"良知"变成了类似于道家之"道"或"无"的先验性、虚无性存在。他说:"良知惟虚才能集道,惟无才能生有。"①这显然是对道家"有生于无"思想的再现。对于"良知"的虚无性是其成为万物之原以及万事之则的观点,王畿作了反复的论证。他首先以人们易于理解的耳目之官虚以受物的道理来说明"良知"之虚能备万物的道理:"夫目之能备五色,耳之能备五声,良知之能备万物之变,以其虚也。至虚,则自无物欲之间,吾良知与万物相为流通而无所凝滞。"②他又以日月之光为虚而能照物来说明"良知"之虚能"入微而成德业"的道理:

> 夫心性虚无,千圣之学脉也。譬之日月照焰,万变纷纭而实虚,万象呈露而实无也。不虚则无以周流而适变,不无则无以体寂而通感。独知之体,不虚不无则无以入微而成德业。③

"良知"的虚无性来自它的与物无对的绝对性,它无任何具体内容,连善恶属性也没有,所以是虚无。对于虚无"良知"能成为万物万事之原,王畿又从抽象的思辩哲学角度作了论证,其论证方法及运用的观念与老庄的"有生于无"及王弼的"以无为本"说正相一致。他说:

> 良知是造化之精灵,吾人尚以造化为学。造者自无显有,化者自有而归于无。吾之精灵生天生地生万物,而天地万物复归于无,无时不造,无时不化,未尝有一息之停。④

这里是说,通过"良知"之"造"的功能,万物从"无"(良知)至"有";通过"良知"之"化"的功能,万物又复归于"无"(良知)。造化的起点与终点均为吾心之"良知",故曰"如此则造化在我乎?"⑤这个万物生成与演化的轨迹与道玄所谓"无→有→无"的宇宙生成图式论极为相似。唯一不同的是,道玄之"无"是客观精神,而王畿之"无"则是主观精神即"良知"。对于"良知"的虚无性问题,王畿与聂双江曾反复讨论过,他们都认为这是儒学传统,并认为儒学这一传统与佛、道二教的虚寂说同出一源,即均出于《周易·咸卦》。聂

---

①②③④⑤　《明儒学案》卷一二《浙中王门学案二》。

双江说:"夫子于《咸卦》特地提出'虚寂'二字,以立感应之本,而以至神赞之。盖本卦德之止而说以发蕴,二氏得之而绝念,吾儒得之以通感,毫厘千里之差,又自可见。"①对这一见解,王畿深表赞同。聂双江又说,孔子在教人授知时,也主张保持心体的虚无状态,所以当别人求教于他时,他就说:"空空焉,无所知,我必叩两端而竭焉。"②聂双江由此知道"心与耳、目、口、鼻以空为体是也"。③但他不知道"空空"与"虚寂"有何不同,便向王畿请教。王畿解释说:

> 空空原是道体。象山云:"与有意见人说话,最难入,以其不空也。"鄙人之空,与圣人同,故能叩其两端而竭。盖是非本心,人所固有,虽圣人亦增减他一毫不得。若有一毫意见填实,即不能叩两端矣。心、口、耳、目皆以空为体,空空即是虚寂,此学脉也。④

王畿认为,"空空"与"虚寂"是一回事,都是指心体的虚灵无成见状态。这一状态先前儒家虽然也提出过,但以"空空"、"虚寂"之词来表述,却是佛教与道家的做法。佛教重"空",道家、道教重"虚",空虚之说正是宋儒所反对的,他们对佛道的批判也主要集中在这一点上。而王畿却将佛教的"空"观以及道家、道教的"虚寂"说引入其"良知"学说中,将其视为"良知"本体的本来状态以及认识主体应有的心态,这表现出了他对儒、佛、道的综合。王畿还进一步引用佛、道的空虚观念来解释心体的虚空性,说:"当下本体,如空中鸟迹,水中月影,若有若无,若沉若浮,拟议即乖。趋向转背,神机妙应。当体本空从何处识他?于此得个悟入,方是无形象中真面目,不着纤毫中大着力处也。"⑤这样理解心体,佛、道影响的痕迹已是非常明显的了。

(二)正心之学,随顺自然

黄宗羲曾概括王畿、钱德洪之学与王门四句教的关系,认为钱德洪由四句教而推出"四有"说,王畿由四句教而推出"四无"说;这一区别使得钱、王二人的修养论大异其趣:钱德洪主张于事上磨炼,王畿则强调要正心诚意。而王畿所谓正心诚意,实际上是否定功夫,故近于禅;实际上是"悬崖撒手",故近于老。由于近于禅、近于老,故黄宗羲认为王畿"于儒者之矩矱,未免有出入矣"。⑥这一评价是比较符合实际的。王畿思想近于老的特征在其本体

---

①②③④⑤⑥ 《明儒学案》卷一二《浙中王门学案二》。

论中有明显反映,在其修养论亦有明显反映。

诚如黄宗羲所言,王畿从王门四句教的第一句即"无善无恶者心之体"出发,推导出心体的发用即意、知、物亦是无善无恶的结论,故倡导"四无"说。他说:"悟得心是无善无恶之心,意即是无善无恶之意,知即是无善无恶之知,物即是无善无恶之物。"①既然心、意、知、物都是无善无恶的,那么传统儒学所谓"戒慎恐惧"、"格物致知"等修养功夫便是多余的,唯一要做的就是"正心",即保持先天圆满具足的"现成良知"。所以黄宗羲说:"自此印证,而先生之论大抵归于四无。以正心为先天之学,诚意为后天之学。从心上立根,无善无恶之心即是无善无恶之意,是先天统后天。"②事实正是如此。王畿自己也说:"正心,先天之学也;诚意,后天之学也。良知者,不学不虑,存体应用,周流万物而不过其则,所谓先天而天弗违,后天而奉天时也。"③他认为,"正心"的先天之学较之"诚意"的后天之学更"易简省力",因为这是在"心体上立根",即一下子触及到心体本身,所以是根本性的功夫。只要这一功夫做到了家,那么心体的至善状态就能保持下去,恶念也就无由产生了。王畿说:"心本至善,动于意始有善;若能在先天心体上立根,则意所动自无不善,世情嗜欲自无所容,致知工夫易简省力。"④

那么,"正心"这先天的致知功夫是如何"易简省力"的呢? 王畿指出,这一功夫的省力之处就体现在,它不包含任何具体的手段,它就是指顺其自然,随其所为。由此,王畿触及了他所谓"正心"之功的实质,这就是实行自然主义。他说:

> 人心虚明,湛然其体,原是活泼,岂容执得定。惟随时练习,变动固流,或顺或逆,或纵或横,随其所为,还他活泼之体,不为诸境所碍,斯谓之存。⑤

王畿用自然主义的态度剔除了先前儒家所谓"正心"的内容,这就是"戒慎恐惧"。他认为戒慎恐惧不仅无助于"正心",相反,它恰恰有碍于人心之正。因为以戒慎恐惧之心理去正心,就是有意正心;而有意正心已属意念,此意念的产生必然妨碍心体的至虚至寂。所以正心必须放弃戒慎恐惧,连有意正心的念头也不能有,彻底地放任自然。他说:"心体本正,才正心便有正心之病,才要正心,便已属于意。"⑥这段话的禅学及道学味相当浓。由此,王畿

---

① ② ③ ④ ⑤ ⑥　《明儒学案》卷一二《浙中王门学案二》。

一反儒家的修养论传统,而改宗道禅的自然主义修养论。他主张"以自然为宗",说"大学当以自然为宗,警惕者自然之用。戒慎恐惧,未尝致纤毫之力,有所恐惧便不得其正"。① 王畿还进一步指出了戒慎恐惧之功的危害性,认为它的运用有碍于"真性流行",其结果"不惟辜负自然,亦辜负乾坤"。② 在否定了先前儒家的修养原则之后,王畿又反过来将他的自然主义正心说说成是儒家自颜渊以来就坚持的为圣之学。他说:"良知一点虚明,便是入圣之机。时时保住此一点虚明,不为旦昼牿亡,便是致知。盖圣学原是无中生有,颜子从里面无处做出来,子贡、子张从外面有处做进去。"③ 王畿认为,这两种为圣之学,前者能保持心体之正,而后者由于为见闻觉知所蔽,反而不得正心。他指出,若说"正心"功夫有什么要求的话,那就是"日减",即逐日消减见闻觉知,逐日复归虚无本体。他说:

> 良知不学不虑。终日学,只是复他不学之体;终日虑,只是复他不虑之体。无工夫中真工夫,非有所加也。工夫只求日减,不求日增,减得尽便是圣人。后世学术,正是添的勾当,所以终日勤劳,更益其病。果能一念惺惺,冷然自会,穷其用处,了不可得,此便是究竟语。④

从这一段话中,我们不难发现道禅方法论的影子。老子说:"为学日益,为道日损。损之又损,以至于无为。"⑤ 王畿说:"工夫只求日减,不求日增,减得尽便是圣人。"又说:"寡之又寡,以至于无,是之谓格物。"⑥ 两者多么相似!这说明王畿所谓"工夫"并非为学之功,而是类似于老子所说的"为道"之功。它在本质上是一种直观体悟,这种体悟不仅无须借助于任何手段,相反还必须剔除一切手段,使主体在极度虚明状态中反观自悟,洞见自体。所以在这一问题上,王畿又汲取了禅宗顿悟说的某些内容,认为"无工夫中真工夫",这个"真工夫"指的就是"悟"。他说:"良知二字,是彻上彻下语。良知知是知非,良知无是无非。知是知非即所谓规矩,忘是非而得其巧,即所谓悟也。"⑦ "悟"的前提是要"忘是非",即除却主观成见与分别之心;进而还要"忘能所",即排除来自主客体之分的干扰,使主客体融为一片,由此实现直觉之悟。他说:"若忘得能所二见,自无前识,即内即外,即念即虚。"⑧ "能所"乃是佛家用语,王畿将其拿过来,用以指称认识主体与客体。他认为只有主客

---

①②③④⑦⑧ 《明儒学案》卷一二《浙中王门学案二》。
⑤ 《老子》四八章。

内外没有间隔,才能悟见心体。关于"悟",王畿还提出了三种境界:

> 师门当有入悟三种教法:从知解而得者,谓之解悟,未离言诠;从静中而得者,谓之正悟,犹有待于境;从人事练习而得者,忘言忘境,触处逢源,愈摇荡愈凝寂,始为彻悟。①

王畿对"言诠"的否定同道家的"道可道,非常道"及"得意忘言",同禅宗的"不落言诠"、"第一义不可说"的认识方式如出一辙;他所谓"忘言忘境"的"彻悟"亦是道家"忘己"、"忘言"与禅宗直觉顿悟说合流的产物。它在实质上贯彻了道禅"即体即用"、"触处即真"的自然主义精神。

(三)调息之法,有补于学

黄宗羲说:"二溪学问不同处,近溪入于禅,龙溪则兼乎老,故有调息法。"②这段话意思是说,罗近溪(罗汝芳)思想中有大量的禅学因素,王龙溪(王畿)思想中既有禅学因素,又有老学影响。王畿"兼于老"突出表现在他对道教调息法的崇尚。他著有《调息法》一书,专门研究了道教调息方法及其作用。

在对调息问题的看法上,王畿与罗汝芳分歧很大。黄宗羲在《明儒学案》中记载了二人的一段对话:

> 有问近溪守中之诀者,罗子曰:"否否。吾人自咽喉以下是鬼窟,天与吾此心神,如此广大,如此高明,塞两间,弥六合,奈何拘囚于鬼窟中乎?"问:"调息之术如何?"罗子曰:"否否。心和则气和,气和则形和,息安用调?"问:"何修而得心和?"罗子曰:"和妻子,宜兄弟,顺父母,心斯和矣。"先生(指王畿——引者注)曰:"守中原是圣学,虞廷所谓道心之微,精者精此,一者一此,是谓允执厥中。情反于性,谓之还丹,学问只是理会性情。吾人此身,自顶至踵,皆道体之所寓,真我不离躯壳。若谓咽喉以下是鬼窟,是强生分别,非至道之言也。调息之术,亦是古人立教权法,从静中收摄精神,心息相依,以渐而入,亦补小学一段工夫,息息归根,谓之丹母。若只以心和、气和、形和世儒常谈笼统承当,无入悟之机。"

---

① ② 《明儒学案》卷一二《浙中王门学案二》。

在这段对话中，罗汝芳对道教的"守中"、"调息"之术一概否定。道教的"守中"主张是指守住人体中的精、气、神及虚、无、空等，认为这对人修炼成仙有至关重要的作用。

至于"守中"之"中"具体所指的对象，在不同道经中说法不尽相同。《三洞神经》有所谓"守三一"之说，认为修炼者若能守住形体中的虚、无、空，则为大乘；若能守神炼形，则为中乘；若能守气含和，则为小乘。《玄门大论三一诀》又说："今三一者，神、气、精；希、微、夷；虚、无、空。"此书又引《释名》的解释："希，疏也；微，细也；夷，平也。夷即是精；希即是神，微即是气。"此书还列举了洞真、洞玄、洞神、皇人、太清、太平、太玄、正一、自然等九经对"三一"的解说，如有的经典将"三一"解释为"三神"、"三光"、"三色"及身中"三宫"神名。"三神"是指意神、志神、念神；"三光"是指虚赤光、元黄光、空白光；"三色"是指始青、元白、玄黄。身中"三宫"神名为，上元泥丸宫天帝帝卿、中元绛宫丹皇辅皇卿、下元丹田宫黄庭元王保镇弼卿；又指上丹田赤子、中丹田真人、下丹田婴儿。对于"守三一"的作用，《三一九宫法》说，"夫三一者，乃一身之灵宗，百神之命根"，故深受道教重视。罗汝芳与王畿在这里所说的"守中"主要是指守住身中之心、神、气。罗汝芳认为，人自咽喉以下皆是"鬼窟"，不存在什么"丹田"，人心就是被囚困于鬼窟之中，修行的关键是要保持心和，因为心和则气和，气和则形和，无须通过"守中"、"调息"之法以使气和形和。并且对于心和，他完全用儒家的道德观念来解释，认为心和就是指人伦关系和谐而产生的心理和顺状态。在罗汝芳看来，有了这种心理状态就自然会形气和顺，故无须再修什么"调息"、"守中"之术。但王畿却持见不同，他认为"守中"是一种"圣学"。不过，王畿对"守中"的理解与道教有所不同，他将其理解为"守道心"、守"道"之精微，这是用儒家修养论来改造道教修养论。他认为能守住"道心"，就能使"情"返于"性"，恶返于善，这就是"还丹"。他说学问只是理会性情，也就是理会如何返情于性、如何"还丹"的问题。虽然王畿在道教的内丹说及调息说中注入了儒学的内涵，但这种说法本身毕竟表现出王畿深受道教的影响。

那么，学问为什么只是理会"还丹"的问题呢？王畿指出，因为人的一身从头到脚都充满了"道心"，这个"道心"构成了人的"真我"，"真我"不会脱离人的躯壳而存在，有躯壳之处便有"真我"亦即"道心"。调息炼丹的作用就在于，它能使人"从静中收摄精神"，使道心与气息相通相依，从而达到息息归根即归于"道心"的目的。这个"道心"就是"丹田"，息息归根就是"还丹"，也就是"反情于性"。王畿指出，这种调息术是有助于人的道德的修养的，可以视其为古人立教的"权法"，它可以"补小学一段工夫"。他还认为，如果没有调息这一具体的修行方法，只像世儒那样笼统地讲心和、气和，那么一切的修养均无凭借处，因而也就"无入悟之机"。王畿又指出，调息之术不仅能使人收摄精神，反情于性，而且也是"归根复命之要"，对生命本身尤为有益。从这些论述来看，王畿是将调息法视作一种体悟心体和修身益命的方便之术。

由于王畿认识到了调息法在修身养性中的作用，所以他对此法术进行了认真的研究。在《调息法》中，王畿对调息的内容、方法、作用及地位作了集中论述：

> 息有四种相：一风，二喘，三气，四息。前三为不调相，后一为调相。坐时鼻息出入，觉有声，是风相也。息虽无声，而出入不细，但气相也。坐时无声，不结不粗，出入绵绵，若存若亡，神资冲融，情抱悦豫，是息相也。守风则散，守喘则戾，守气则劳，守息则密。前为假息，后为真息。欲习静坐，以调息为入门，使心有所寄，神气相守，亦权法也。调息与数息不同，数为有意，调为无意。委心虚无，不沉不乱。息调则心定，心定则息愈调，真息往来，呼吸之机自能夺天地之造化，心息相依，是谓息息归根，命之蒂也。一念微明，常惺常寂，范围三教之宗，吾儒谓之燕息，佛氏谓之反息，老氏谓之踵息，造化阖辟之玄枢也。以此征学，亦以此卫生，了此便是彻上彻下之道。

在这里，王畿将"息"分为四种"相"，即四种类型：风相、喘相、气相、息相。人入坐以后，鼻息出入时，感觉到有声音，好像风声一样，这就是"风相"；"喘相"就是指鼻息出入虽无声音，但却断断续续，结滞不通；"气相"较之"喘相"又高了一个层次，它是指鼻息出入时既无声音，亦无结滞，而是比较均匀，但比较粗；只有"息相"才没有上述三相的所有缺陷，它既无声音，亦不结滞，不粗糙，而是出入绵绵，若有若无。王畿认为，只有这种息才是"真息"，前三者均为"假息"。我们调息的对象应是"真息"而非"假息"，因为调假息不仅无益于身心，反而有害于身心。至于调"真息"，王畿认为这与佛教所说的"数息"不同，"数息"是一种有意识的行为，而"调息"则是一种无意识的"委心虚无"的行为。他认为调息的作用很大，一是"使心有所寄，神气相守"，即由调息而达到固神气、定心性的目的；二是调息能使心定，而心定又能促进调息，两者良性循环，由此而使真息源源不断地往来于体内，人的呼吸之机就能与天地的造化之机相一致，就能延年益寿，巩固命根。王畿对调息的作用就说到这一步，而没有再往下说了。因为再往下说，就会像道教徒那样得出肉体成仙的结论。作为一个儒者，他是不会这么说的。但既然他认为调息能使人的呼吸之机"夺天地之造化"，能巩固人的命根，这里是否暗含着人能由此而长生的结论呢？王畿还指出，这一念微明之真息太玄妙了，它是"造化阖辟之玄枢"，所以儒、佛、道三家都很重视它，只是说法有所不同而已：儒家谓之"燕息"，佛教谓之"反息"，道教谓之"踵息"。他认为，这一念真息既是为学的根本，亦是生命的根本，所以调息之法乃是"彻上彻下之道"。如此说来，道教的调息法又不仅仅是修持之"权法"，而是与"致良知"同等重要的彻上彻下之功了。

王宗沐的三教融合论

王宗沐，字新甫，号敬所，浙江临海人。他早年醉心于佛道，以后改习儒学，师宗王阳明，但仍以儒、佛、道之合为指归，其思想特色是以儒融合佛道，这一特色集中体现在其宇宙论中。

（一）对王学心本论与道家道本论的融合

在宇宙论上，王宗沐首先对王阳明的心本论与道家的道本论进行了融合。同其师一样，王宗沐亦以"心"为宇宙之本，但同时又引入了道家的"道"，在"心"与物之间加上了"道"这一因素。他说："无物不有者，道之体也；无物不包涵者，心之体也。"①"道"被引入心学本体论之后，便失去了它在老庄哲学中的本体地位，而被降到本体与现象之间的中介位置，其本体地位被儒家之"心"所取代。由于"心"被置于本体地位，它便具有了无对性与至高至大性："夫天下莫大于心，心无对也。博厚高明，配于天地；而弥纶参赞，际于六合。虽尧、舜之治与夫汤、武之烈，皆心之照也。"②这样的"心"既是自然万物产生的本根与统一的基础，也是社会现象得以发生的根据，它超于万物之上而又贯于万物之中，是一种绝对的存在，因而是永恒的。"心"本是一个主体范畴，但王宗沐如此理解的"心"却具有了客观的意义，它实际上已融入了道家之"道"的某些特性，这便是超感觉性、超主体性和绝对永恒性，这显然反映了王宗沐以儒合道的思想倾向。

---

①② 《明儒学案》卷一五《浙中王门学案五》。

（二）"心不息"命题的提出及其对佛教"真如"、"本心"说的吸收

王宗沐又将佛教的"真如"说或"本心"说引入其宇宙论之中，用以解释"心"，提出了"心不息"的命题。他说："心不息，则万古如一日；心不息，则万人如一人。"①他认为"心"既是不息的，便是无起无灭的；"心"既是绝对的，便是无内无外的："盖本体不息，不贰者也。不息则常，无起无灭；不贰则一，无内无外。"②所谓"无起无灭"、"无内无外"，这本是佛禅对"真如"及"本心"的理解，王宗沐将其吸收过来，用以解释其本体之"心"，这便使得他的心本论打上了佛禅的印记。在"心"派生万物的机制问题上，王宗沐援用佛教的"心生种种法生，心灭种种法灭"的思想来改造其师王阳明的"心外无物"与"感应之几"说，以其"即心即物"的结论彻底消除了阳明学中心与物的对立。他接受了佛教的缘起论，认为物无自性，不能独立产生，必须由"心"而生起；心生物的机制是一有"心"，便有物，"心"与物是相即关系，这便是所谓"即心即物"说。这一观点与佛教天台宗的"一念三千"说、华严宗的"法界缘起"说及禅宗的"即心即法"说已无本质区别。王宗沐自己也认识到了这一点，他说："佛氏专于内，俗学驰于外，圣人则合内外而一之。"③他所谓"合内外而一之"，实际上是以"心"合内外或曰以内合外，与佛教"专于内"形式有异，实质却同，无怪乎黄宗羲评价说："先生之所谓'不息'者，将无犹是释氏之见乎！"④从这一佛教化的宇宙观出发，王宗沐对王阳明的"感应之几"说进行了修正，认为此说有拖泥带水之蔽，心生物无需感应，有心之处即有物。他说："然阳明谓心之应处为物，而门下欲正'应处'二字，以为即心即物，此又门下之所以异于阳明先生者。"⑤二王宇宙观之所以有异，原因在于王宗沐在吸收佛教思想改造儒家宇宙观方面做得比王阳明彻底。

（三）王宗沐思想的庞杂性

由于大量引入了佛道宇宙观的基本观点，所以王宗沐的宇宙观呈现出庞杂性。他将道家之"道"引入其中，视其为"心"与物之间的一个因素；又将佛教的"即心即物"思想吸收过来，从而使其心本论表现出一定的模糊性："心"究竟是如何派生物的？是通过"道"派生的，还是由"心"直接产生的？如果是借助于"道"，那么"即心即物"之说如何解释？如果不通过"道"，那么"道"被引入其中又有何用？其含义究竟是什么？这些问题，王宗沐均未说

---

①②③④⑤　《明儒学案》卷一五《浙中王门学案五》。

明。不仅如此,王宗沐的宇宙观还存在着严重的矛盾:他既以"心"为万物之本,又提出万物最终都复归于"无无"。造成这一矛盾的原因在于,王宗沐一方面将儒家的"心"佛家化,另一方面又用道家的"道"或"无无"观念对其加以改造,从而使得他的宇宙论典型地体现了儒、佛、道综合的特征。不过,儒、佛、道思想在王宗沐的宇宙观中不是并列的,他的基本立场是倾向于儒学的。譬如,在儒家之"心"与道家之"道"的关系问题上,王宗沐认为"心"是"道"之本,"道"乃"心"之所生,所谓"夫心本生道,常应乃其体段,而物无自性,待心而后周流"。① 这就把"道"置于"心"之下,把道家的道本论纳入儒家的心本论之中。在儒家心学与佛禅心学的关系问题上,王宗沐是以后者修正、充实前者的,如以佛禅的"即心即物"说修正王阳明的"感应之几"说,用"真如"、"本心"说充实其心本论,而不是相反。这说明,王宗沐的宇宙观虽有大量的佛、道思想成分,但其立足点仍是儒学而非佛、道,他对三教的融合是基于儒学的融合,他的三教融合论是一个深受佛、道思想影响的儒家知识分子对三家思想进行融合的产物。

---

① 《明儒学案》卷一五《浙中王门学案五》。

阳明学与白沙学

——以江右为媒介的浙学与粤学之互动

钱　明

　　阳明学是以浙江余姚人王守仁(号阳明)为代表的心学思潮,又称王学或姚江学;白沙学是以广东江门人陈献章(号白沙)为代表的心学思潮,又称陈学或江门学。

　　《明史·儒林传》云:

　　　　学术之分,则自陈献章、王守仁始。宗献章者曰江门之学,孤行独诣,其传不远。宗守仁者曰姚江之学,别立宗旨,显与朱子背驰,门徒遍天下,流传逾百年,其教大行,其弊滋甚。嘉、隆而后,笃信程、朱不迁异说者,无复几人矣。①

　　全祖望《陆桴亭先生传》云:

　　　　当明之初,宗朱者盖十八,宗陆者盖十二,弓冶相传,各守其说,而门户不甚张也。敬轩出,而有薛学;康斋出,传之敬斋,而有胡学;是许平仲以后之一盛也。白沙出,而有陈学;阳明出,而有王学;是陈静明、赵宝峰以后之一盛也。未几,王学不胫而走,不特薛、胡二家为其所折,而陈学亦被掩,波靡至于海门,王学之靡已甚。敬庵出于甘泉之后,从而非之,而陈学始为薛、胡二家声援。东林顾、高二公出,复理格物之绪言,以救王学之偏,则薛、胡二家之又一盛也。蕺山出于敬庵之后,力主慎独,以救王学之偏,则陈学之又一盛也。②

---

① 《明史》卷二八二。
② 朱铸禹汇校集注:《全祖望集汇校集注》上,上海古籍出版社 2000 年版,第 512—513 页。

上述史料有两点值得注意:其一,就像称阳明学为"王学"一样,称白沙学为"陈学"亦为晚明以降学界之通称。其二,《明史》作者及全祖望皆视陈、王为一路,二人皆为陆学之传承,然陈、王二学又非同道,陈氏"孤行独诣",王氏"别立宗旨",两人甚至有此消彼长、相互倾轧之迹象,即王学"靡甚"而陈学"被掩",对王学"非之"而陈学"声援",陈学之盛乃出于"救王学之偏"。如果说其一只是称谓上的区别,那么其二便是实质上的定位。本文即拟随其二而展开,以考量明代浙学与粤学的互动关系。

众所周知,在中国学术思想史上,明朝是个思想活跃、名家迭出的时代,然真正能够作为划分时代之标志者,却唯有薛敬轩、陈白沙和王阳明三人。三人在思想个性、致思趣向和为学宗旨上均有自己的独特风格,其中王阳明与陈白沙较为相近,[①]故皆以"心学"称之。然王、陈二人又有较大差异,尤其是他们的门人后学,既有彼此倾心者,又有相互攻讦者,后人将此现象称为"江门、会稽之辨"[②],实非虚言。故此,本文既欲述其"同",又要辨其"异",而目的无非是想厘清这样三个问题:即阳明是如何看待白沙的? 王门与陈门是如何相互评说的? 王、陈之辨与王、湛(甘泉)之辨有怎样的关系?

阳明、白沙是否同道

王阳明是吴康斋弟子娄一斋的门人,陈白沙亦曾师从吴康斋,故而从师承关系上说,王、陈二人应属于同一圈子的人,若论资排辈的话,阳明算是白沙的学生辈。然中明以后,白沙、阳明是否同道的问题,即所谓陈、王异同之辨,便一直困扰着他们的门人后学,即使对像王龙溪这样的王门"教授师"来说,也是个相当棘手的问题,绝非三言两语所能说清,诚如龙溪本人所言:"白沙静中端倪之见乃是尧夫一派,与先师(指阳明)致知格物之旨,微有不同。此非副墨所能尽,何时与兄山堂对晤,究竟此言也!"[③]

其实,这个问题涉及王、陈二人在明代学术思想史上的定位问题。对

---

① 阳明在世时,就有人将其视为"今之白沙",如其私淑弟子罗洪先说:"当阳明先生以提督之节驻赣也,常聚四方君子论学。君(何善山)闻黄君所闻于先生者,慨然曰:'吾恨不及白沙之门,先生,今之白沙也。刻期往谒,又可失耶?'"(《石莲洞罗先生文集》卷二〇《善山何公墓志铭》,明万历四十四年陈于廷叙刻。以下简称《念庵集》)。

② 翁方纲:《陈白沙先生集序》,《陈献章集》,中华书局1987年版,第913页。

③ 王畿:《王龙溪先生全集》卷一〇《答冯纬川》,清光绪七年重刻本。以下简称《龙溪集》。

此,中明以后乃至清初的著名学者屡有评说,最集中的看法,便是认为王、陈二人虽学脉略异然志同道合,所不同的是,有人强调分异处,有人关注会同处。如果说浙中王门的王龙溪代表的是前一种意见,那么江右王门的聂双江便可以说是后一种观点的主要代表。

王龙溪在充分肯定白沙之思想史地位的同时①,又基于王学的根本立场,对白沙的为学宗旨略有微词,如称白沙"终身学尧夫、明道",其学虽有自得发明处,但与"圣门动静合一宗旨微隔一层"②。故而在龙溪写的一些重要作品如《抚州拟岘台会语》《致知议辨》中,曾对白沙的"静中养出端倪"说多次提出批评。同时他还针对门生中关于"白沙教人静中养出端倪何如"的提问,明确指出:"不如直指良知真头面,尤见端的无动无静,无时不得其养,一点灵明照彻上下,不至使人认光景意象作活计也。"③表现出明确的推高阳明而轻视白沙的情感诉求。后来他又在其他场合进一步阐释了自己的这一立场:

> 君即以白沙之学师门同异之旨叩予。予曰:白沙是百原山中传流,亦是孔门别派,得其环中,以应无穷,乃景象也。盖缘世人精神,泼煞向外驰求,欲反其性情而无从入,只得假静中一段行持,窥见本来面目,以为安身立命根基,所谓权法也。④

这就是说,在龙溪眼里,阳明的悟入法乃"正法眼藏",而白沙的悟入法则不过是"孔门别派",是在特定条件下不得已而为之的权宜之计。

王龙溪还曾针对颜冲宇所发的"我朝理学正传,惟薛文清、阳明先生二人。文清之学切问近思,似曾参;阳明之学直捷简要,似曾点"之议论发表过如下评论:

> 若论千圣学脉,自有真正路头,在于超悟。……愚谓我朝理学,开端还是白沙,至先师(指阳明)而大明。白沙之学以自然为宗,从静中养

---

① 如王龙溪说:"明兴以来,学术渐著,肇于薛敬轩,沿于吴康斋、胡敬斋,而阐于陈白沙。敬轩以修行,康斋以悟入,敬斋祖薛而得证于吴,白沙宗吴而尤主于自得,学术的归矣。"《龙溪集》卷一三《国琛集叙》)
② 《龙溪集》卷一六《书陈中阁卷》。
③ 《龙溪集》卷七《南游会纪》。
④ 《龙溪集》卷一六《留别霓川漫语》。

出端倪，犹是康节派头，于先师所悟入处，尚隔毫厘。此须面证默识，非言说可尽也。①

他虽不同意颜冲宇把白沙完全排除在明学之外的偏激做法，但抬高阳明而压低白沙的企图还是非常明显的。

王龙溪的门人周海门的立场亦与其师基本一致。尽管在海门看来："本朝理学，至白沙自凿一户窗，其精神命脉全吐露于诗句中，亦可谓无待之豪杰也。"②但他对白沙的"静中养出端倪"之旨却始终抱有几分警惕：

> 一生问："现在此心便是，白沙又要静中养出端倪，何也？"（海门）先生曰："现在此心说不是固非，别有说是则又全非。静中养出端倪，善用之亦自得力，不善用之，养出二字反成大病，皆不可徒泥成言，须自体认，所谓'丈夫自有冲天志，不向如来行处行'。"③

不难看出，海门所谓的"自凿一户窗"，已略异于龙溪所言的"开端"之义。这说明，对白沙地位的评估，以海门为代表的晚明浙中王门不仅明显低于江右王门（详见后述），而且较之他们的导师王龙溪，也有了下降。

江右王门的聂双江在陈、王之辨上所持的立场与王龙溪有所不同，他更强调阳明、白沙的共同处。如其曰："周、程以后，白沙得其精，阳明得其大，而予与殿学少湖徐先生妄意砥砺三十余年而卒无所得。"④又曰："此学自岭南（指白沙）一倡之，至阳明而后大，即如《大学古本》之复，真是取日虞渊手段。"⑤"大"即发扬光大，与龙溪所说的"大明"基本同义，但双江不像龙溪那样明白道出陈、王之间的差异，而是反复强调他们的会同处，以图把白沙学提升至与阳明学平起平坐的位置。

从表面上看，双江、龙溪的陈、王评价论似无二致，但实际上龙溪的潜台词是：白沙只开其端，阳明却有大发明，故王可视为明代理学的真正代表；而双江的潜台词是：白沙与阳明，一"精"一"大"，虽有先后之分，然无轻重之

---

① 《龙溪集》卷一〇《与颜冲宇》。

② 周汝登：《东越证学录》卷三《武林会语》，台北：文海出版社 1970 年版，第467页。

③ 《东越证学录》卷二《东粤会语》，第 450 页。

④ 聂豹：《聂双江先生文集》卷四《留别殿学少湖徐公序》，《四库全书存目丛书》集 72，第 308 页。以下简称《双江集》。

⑤ 《双江集》卷八《答唐荆川》，第 412 页。

别,两人实交相辉映,不分上下。于是故,黄宗羲在引述双江之言后曾为其总结道:陈、王"两先生之学,最为相近"(详见后述)。这可以说是阳明、龙溪最不想说而双江最想说的话。

与聂双江的立场最为接近的是后期江右王门的领袖王塘南,他认为:"本朝白沙、阳明两先生,学脉虽稍不同,然于道皆卓然独悟,挽末学之支离而扶乾坤于再造,可谓有大功于圣门矣。"①他还对陈、王二人的为学方法作了比较:"阳明先生之学,悟性以御气者也;白沙先生之学,养气以契性者也;此二先生学所从入之辨也。"②同时他又将《周易》"潜龙勿用",孔子"退藏于密",濂溪"主静",程门"主一无适",白沙"静中端倪"、"致虚立本"与阳明"以收敛为主"、"从心髓入微处致力",罗念庵"吃紧于未发"、"收摄保聚"等命题串通在一起,借以阐发自己所主张的"慎独之功"③。因此,在王塘南的相关论述中,除了推崇阳明,还特别关注白沙,有时甚至故意把天平的砝码向白沙倾斜,声称:"今谈学者纷纷,不无以多言混淆。本朝白沙先生以致虚立本为教,最为近之,执事可取白沙先生集细心一阅,亦悟入之梯航也。"④

不过,王塘南所阐发的陈、王同道论,主要还是通过与聂双江同属王学"归寂派"的罗念庵才得以实现的。他先把阳明之学与念庵之学相等同,然后又通过念庵之学而把阳明学与白沙学画上等号。⑤一般来说,"归寂派"的主张实质上是从阳明的早中期思想中衍化出来的。对王门内部的这一演变轨迹,塘南无疑是心知肚明,所以他所主张的陈、王、罗三人同调的理论,其实就是建立在王学"归寂说"或者阳明前期思想的基础之上的。而王门中强调"归寂主静"的代表人物所主张的陈、王同道论,又与明初以降活跃于江右的吴与弼、罗伦、李中等人的思想有很深的关联。⑥甚至还应与北宋周敦颐在

---

① 王时槐:《友庆堂合稿》卷四《三益轩会语》,明万历三十八年邹元标序刊本。

② 《友庆堂合稿》卷四《三益轩会语》。

③ 参见《友庆堂合稿》卷五《石经大学略议》。

④ 《友庆堂合稿》卷二《答刘用平》。

⑤ 参见《友庆堂合稿》卷二《答许旬南》。

⑥ 吴与弼是白沙的老师,据白沙《复赵提学书金宪》:"仆才不逮人,年二十七始发愤从吴聘君学。其于古圣贤垂训之书,盖无所不讲,然未知所入。"(《陈献章集》,第145页)白沙年青时在京师与罗伦结识,两人旨趣相同,遂成莫逆之交,白沙对罗伦很是推崇,罗死后为之作传。而李中的思想与白沙亦颇为相近,与阳明则不仅一致(参见拙著:《阳明学的形成与发展》,江苏古籍出版社2002年版,第187页)。

赣中南的传道活动合在一起考量。①

此外，在主张"归寂说"的学者中，也有人突出的是从象山经白沙再到阳明、甘泉的一脉相承之学脉，如江右儒者李经纶说：

> 乃若象山之学则不然，谓求放心即可以扩充知识，则信己不求中庸之病根也，犹未以明善为非也。再传而为白沙，则知一已矣，守一已矣，圣人之教，事物之理，不言明矣。三传而阳明子、甘泉子也，则趋中而未尽者也。②

总之，在主张"归寂说"的江右学者看来，江右、岭南、浙中三地是学问相同、学脉相通的"近亲"关系，无论粤学还是浙学，其源头都出于江右的陆象山、吴康斋等人。

从地理上看，赣南与粤北比邻，粤中学者赴江南、入中原，必须首先经过赣南，这就使粤中与江右两地的学者有了频繁近亲交流的机会。白沙、甘泉的主要追随者，除了粤地，就数江右地区为多为强。是这些追随者与陈、湛二人共同构筑起一条从粤中到赣中的学术走廊。在这条颇具特色的学术走廊上，"北上"的白沙学与"南下"阳明学不仅找到了契合点，而且还在一定程度上使白沙学与阳明学达到了中和，使江右、粤中王学在与浙中王学的互动过程中逐渐显示出自己的地域文化特色。

就陈、王学说而言，如果说阳明的前期思想尚与白沙学有不少共通之处，那么到了后期，阳明学便与白沙学明显拉开了距离；一动一静，一用一体，使阳明对白沙越来越漠视，以至以我为宗，而根本不把白沙放在眼里。在这种情况下，王学"归寂派"在延续阳明前期思想的基础上，继承和弘扬白沙学说，便有了非同寻常的意义。在王塘南的著述中，白沙的出镜率要高于阳明，引用白沙之言也要多于阳明之言，即使引用阳明之言，亦以《传习录》上卷为是而批评《传习录》下卷，这些都在一定程度上反映了"归寂派"学者在承续阳明前期思想的同时使白沙学获得传承发展的致思趣向。

---

① 周敦颐(1018—1073)生于湖南道县，但他24岁便在江西分宁任主簿，后又先后出任南安参军、南昌县令、虔州通判等职，最后退居庐山，终老于斯。可以说他的大半生是在江西度过的，与江右之学有着千丝万缕的联系。诚如归有光所言："周子家道州，二程子从受学焉，即今江西之南安。其后象山、草庐相望而出，俱在大江之西。"(《震川先生集》，上海古籍出版社2007年版，第31页)

② 《黄宗羲全集》第8册，浙江古籍出版社1992年版，第584页。

也许是出于对浙中王学超强门户意识的折冲，"归寂派"的致思趣向虽受到王门内部多数学者的批评，但它会通陈、王的主张和努力，却被多数王门学者所认可。也就是说，在陈、王是否同道的问题上，除了部分王学传人承袭了王龙溪的观点，即尊重白沙而信奉阳明（譬如耿天台说："窃惟明学自江门开先，至姚江而浸以章明矣。"①耿定向的弟子焦竑说："盖国朝理学开于白沙，大明于文成。文成之后一再传，而遂失之。"②）多数王门学者都把赞成票投给了"归寂派"。譬如罗近溪虽出于政治目的而把朱元璋誉为明代直承孟子性善说的头号功臣，但仍把陈、王二人视为"直指人心"的"作圣规矩"的创设者："至我太祖高皇帝挺生圣神，始把'孝顺父母'六言，以木铎一世聋聩，遂至真儒辈出，如白沙、阳明诸公，奋然乃敢直指人心固有良知，以作圣规矩。"③其弟子杨复所虽视近溪为圣人，但在复所看来，近溪之学只是陈、王学问的"会合"："我朝学问，自白沙、阳明二先生而来，至于先师（指近溪）始觉会合。"④后来东林学派的领袖们又延续了近溪所谓"阳明多得之觉悟，心斋多得之践履"的思路，认定"本朝之学，惟白沙、阳明为透悟"⑤，借以对陈、王二人偏离孔门圣道的思维向度进行矫正。

与阳明门人略显不同的是，甘泉弟子在肯定白沙开启明朝理学之先的同时，又有意无意地或者把甘泉与阳明并列齐观，视二人为白沙的同继者；或者试图拉开三人尤其是阳明与甘泉的距离，以示阳明学与白沙学之异趣。前者如钱海石："国朝正学，白沙倡明东广，继以甘泉先生，在浙有阳明先生。吾惧不能振三先生之教也。"⑥后者如许敬庵："我国朝之学，至王文成先生而

①　耿定向：《耿天台先生文集》卷一二《稚川王先生神道碑》，台北，文海出版社刊《明人文集丛刊》本，第1264页。

②　焦竑：《澹园集》卷三三《天台耿先生行状》，中华书局1999年版，第532页。按：焦竑又另有"国朝理学开于阳明先生"（《澹园集》卷十四《刻传习录序》，第132页）之说法，或曰："我明之学，开于白沙、阳明两公，至心斋则横发直指，无余蕴矣。一再传而顾为浮游诞妄者之所托，何教之难欤？"（《澹园集》，第410页）澹园显然是在抬高阳明的同时，欲拔高其先师王心斋的地位。

③　罗汝芳：《耿中丞杨太史批点近溪罗子全集》，《四库全书存目丛书》集130，第175页。

④　杨起元：《续刻杨复所先生家藏文集》卷七《管东溟》，《四库全书存目丛书》集167，第398页。

⑤　顾宪成语，见《小心斋札记》卷一八，成都，四川人民出版社1998年版，《诸子集成续编（六）》。

⑥　钱薇：《海石先生文集》卷一八《送学宪张蒙溪序》，《四库全书存目丛书》集97，第273页。

一明,亦至王文成先生而一 变 。"①钱、许二人皆属甘泉在吴地浙西之传人,
他们对陈、王、湛的态度,明显受到江右学者的影响。唯有同为浙西湛门弟
子的唐一庵,因受王龙溪的影响较深,故在此论题上亦表现出追随龙溪的倾
向,强调"此学(指陈学)缠绵至阳明夫子,然后大明"。尽管唐一庵对"甘泉
先生辈,蜂涌而至广"②,即纷纷投奔白沙门下的举动赞许备至,但却闭口不
谈甘泉对陈学的发扬光大,其立场似有偏离湛门而宗归王门之迹象。

　　浙西湛门学者的态度到了清初还影响到该区域的其他理学家,如张杨
园在比较陈、王之学时说过:

　　　　而陈、王则天资高敏,初以文学起家,简易直截之途已有所得,于
　　程、朱文理密察之学,竟若傲然不以屑意。⋯⋯特于濂溪、明道,间有服
　　膺,则以其言包涵宏阔,高朗要约,易以附托之故。然其所言之当于理
　　者,固皆周、程之本有,其为周、程所无者,则皆出入佛、老,杂以私智,使
　　先代遗经驱率由己。⋯⋯至王则尤甚矣。③

杨园虽对陈、王二人的"放旷"之学皆有批判,但主攻目标却是阳明,对白沙
则不仅网开一面,而且时有好评。比如他曾以赞赏的口吻酷评白沙的孝母
行为,认为"白沙云:'名节者,道之藩篱。'藩篱二字下得极好";并称赞钱海
石之孙钱太常为"贤大夫也。其学问功夫,则白沙、甘泉一种,不涉姚江
派"④;显示出近陈(湛)远王的矫正姿态。

　　在笔者看来,浙西学者对陈、王的态度乃是两浙学者学术分歧的必然反
映。盖明代浙东乃王学之天下,而浙西则属于朱学的势力范围。甘泉学在
心学倾向上具有修正王学、折中朱、陆的倾向,所以浙西学者中甘泉信徒要
明显多于阳明信徒。而从推崇甘泉学到赞美白沙学,再到批评阳明学而滑
回朱子学,乃是一个自然而然的发展过程,不少浙西学者都有过这样的心路
历程。张杨园所谓的"惟论学未免白沙、甘泉一派,盖当时习尚如此。然其
有不同者,未尝不可见也"⑤,便是对晚明浙西学术界倾陈媚湛、批王入朱之

　　① 许孚远:《敬和堂集》卷九《祭耿楚侗先生》,明万历二十三年叶向高序刊本。按:方
框中字为笔者根据文义补。·
　　② 唐枢:《木钟台再集》利卷《国琛集》,明万历元年朱柄和序刊本。
　　③ 张履祥:《杨园先生全集》,中华书局 2002 年版,第 98 页。
　　④ 《杨园先生全集》,第 1245、1143、1146 页。
　　⑤ 《杨园先生全集》,第 135 页。

思想潜流的真实概括。

除了宁、绍地区,浙江的温、台、金、衢地区亦因距离王学中心不远和地域文化传统的关系,而在一定程度上表现出轻陈重王的倾向,温州阳明学者项瓯东便是一个最好的例证。瓯东虽为内江萧世延重刻的《白沙陈先生全集》本写过后序,但却认为:

> 我朝理学名臣杨廉先生录取薛公瑄……十五人。虽此十五人者力行之功大率卓越,其所立论惟宗依朱传者居多。间有陈白沙独能妙悟而又失之禅。若四教不违,三立不朽,能为朱子正讹救弊者,阳明以前,莫如正学方先生希直。自先生以后,学术益大坏矣。阳明始扩朱子所未发而极言之以明格物、尊德性、求放心之要旨。……此阳明之学所以独见重于今也。①

同时,瓯东又严厉批评了白沙学:"盖熟于参禅、抛佛偈之说,故不觉其言之伤于巧也。惟学无头脑,自应如此。""其所以致病为害者,非读书即能为病,实以读书不能从容涵咏而后病也;非戒惧反能为病,实以过于矜持已藏正助之根在其中而足以为病也。"在瓯东看来,白沙不仅沾不上圣学之边,甚至连一个真正的道学家都算不上,而至多只是个"多有意趣"的诗人:"谓其纯心论道、以为圣门人物则不足论;若论文,则多有意趣,而诗为优焉。"②可以说,像项瓯东这样一边抬高阳明学一边抨击白沙学以至认定岭南"人物未见其盛者"的学者,在王门中也是很少见的。这与瓯东的挚友罗念庵的立场有明显区别。究其原因,恐怕还得到浙南地区特殊的文化土壤中去寻找。对此,笔者已另有专论,兹不赘述。

倒是阳明的三代传人山阴人张阳和,为了达到从祀阳明的目的,在抬高阳明的同时,还大大赞扬了白沙一番。他说:

> 我明理学则必称白沙、阳明两先生矣。两先生之学皆直悟本体,不落蹊径。……兹且请告归,将习静山中,益寻究竟,吾意振江门之遗响者,必斯人(指杨贞复)也。③

---

① 项乔:《论古今诸儒理学》,《项乔集》,上海社会科学院出版社 2006 年版,第709页。
② 项乔:《读陈白沙全集》,《项乔集》,第122—124页。
③ 张元忭:《张阳和先生不二斋文选》卷六《别杨贞复漫语》,《四库全书存目丛书》集154,第456页。

　　乃今陈(白沙)、胡(居仁)两先生同然无议,而文成蒙訾特甚,此何以故?学之砥行饬名不离绳尺者,其取信恒易,而直指本心,扫除一切,固世之所骇而疑,疑而诋也。……若夫学其学者,但知心之有知,而不求其知之所以良;但知知之本良,而不求其良知之所以致。此在文成盖尝谆谆言之,而严其防矣。……忟生也晚,不获抠侍于文成,而幸生其乡,窃闻其绪余。每读其书,不知手之舞之、足之蹈之也。今是编也,誉之毁之具在,藉令文成复起,当不置喜愠于其间。①

　　张阳和如此强调陈、王二人之共同性的真实动机,就是想为不能崇祀文庙的王阳明鸣冤叫屈,以达到平衡江左江右、浙中粤中的政治目的。在他看来,既然陈、王同属"直悟本体"者,那么有什么理由只崇祀陈而不崇祀王呢?况且王学之错,责任在其后学,而非阳明本人,所以他坚决主张把阳明列为崇祀对象。对此,浙西阳明学者沈懋孝亦有同感,他说:

　　自王先生(阳明)倡致良知之学,以救朱学末流泛滥之弊。此是主张斯文大剖判处,为功甚伟。盖渊源于象山、慈湖,证发于白沙、甘泉,不谓无所本。其于孔孟之指,荡然朗然,推之何所不合。而世之哗者,至今未已。今王先生虽从祀在庭乎。②

关于遴选崇祀对象与陈、王之辨的关系,笔者想在结束语部分再作补充和详述。

　　综上所述可以看出,在陈、王是否同道的问题上,凡重其"异"者,大都是为了凸显二人之间的独立性即地域性特征。认为陈、王之间虽有承继关系,但后者对前者有大发明、大突破,王学的思想高度远远超出了陈学所能达到的水准。凡重其"同"者,则大都是为了凸显二人之间的连续性即时代性特征,认为阳明学说乃是对白沙学的继承和发扬。如此一来,在如何看待陈、王关系的问题上,便渐渐形成了两大潜流:一脉是双江式的主静主义向度,一脉是龙溪式的主动主义向度;前者将陈、王视为宋儒周、程主静理念的继续,后者将陈、王视为有明学术自得创新的旗帜。因此,龙溪对陈、王二人的相异点说得十分清楚,并且表现出对双江所坚持的白沙之"静中养出端倪"

---

① 《张阳和先生不二斋文选》卷四《崇祀疏议后序》,第398页。
② 《沈太史全集》所收《长水先生文钞·刻蔡氏蒙引补正序》,引自吴震:《明代知识界讲学活动系年》,学林出版社2003年版,第191页。

说的严重担忧和不满,而双江则在私淑阳明的同时,对白沙亦是喜爱有加,尤其赞赏白沙的主静说,这从双江所刻的《白沙先生绪言》及其序文中可以也看得相当清楚:

> 予尝与士友谭学,言必称白沙先生,并歌咏其诗以自娱,叹曰:此周、程之坠绪也。或谓白沙禅学也,子何慕之深耶?予曰:夫谓白沙之学为禅者,非以其主静虚乎?阳明先生之诗曰:"静虚匪虚寂,中有未发中。中有亦何有,无之却成空。"若是,即谓阳明之学为禅亦可也。……予于是纂其绪言,僭为之注,使后之辨儒释者,得有所考,而静虚之学不因噎而废食也。①

对双江之立场深有同感的陈明水即称赞双江"归寂"说为"深取白沙致虚所以立本之说"。②这说明,在双江心目中,白沙的地位要高于阳明,至少是与阳明平起平坐。明水是阳明的高足、双江的好友,连他都有这样的看法,更遑论白沙传人呢?比如白沙后学王安舜就在《重刻白沙先生全集序》中说过:

> 积百余年,始有江门,洗从前安排之障,得趣于六经,超然顿悟,直以一身荷斯文之统,为世盟主。厥后数十年,姚江继起,后先发明,孔孟之宗风又复大畅。
> 朱子而后,江门得其宗,至姚江而始著。③

又是"后先发明",又是"又复大畅",而且强调"为世盟主"的白沙是"得其宗",阳明不过是继白沙"而始著";这些都代表了白沙传人在对待陈、王是否同道、阳明是否传承白沙衣钵等问题上所持的共同立场,而这些立场事实上也影响到了阳明传人所作的判断和评价。

黄梨洲的学术史观是以王学为明代理学之主轴,故其以龙溪的陈、王之辨为基石也就不足为怪了。譬如梨洲曾照搬龙溪的话说:"有明学术,白沙

---

① 《双江集》卷三《白沙先生绪言序》,第281—282页。
② 陈九川:《明水陈先生文集》卷一《答聂双江》,《四库全书存目丛书》集72,第113页。
③ 《陈献章集》,第905页。

开其端，至姚江而始大明。"①然梨洲在重王的同时又不轻陈，在本之龙溪说的同时又辅之双江的陈、王之辨。所以他又照搬双江的话说："有明之学，至白沙始入精微。……至阳明而后大。两先生之学，最为相近。"②只是在梨洲的心目中，有明学术的根本精神还是在阳明那儿，这也是他编纂《明儒学案》的指导原则。而梨洲的这一立场，后又为其继承者所坚持，如莫晋《明儒学案序》云：

> 至白沙静养端倪，始自开门户，远希曾点，近类尧夫，犹是孔门别派。自阳明倡良知之说，即心是理，即知是行，即工夫是本体，直探圣学本原。前此诸儒，学朱而才不逮朱，终不出其范围；阳明似陆而才高于陆，故可与紫阳并立。③

梨洲弟子陈奕昌在为刘蕺山《阳明传信录》所作的跋语中则说得更加直率："有明之学，白沙开其端，至阳明而闻性道之蕴。今日学脉续而不绝者，伊谁之力欤？阳明其人也。"④这一评论无疑是对龙溪等人陈、王评价论的继承与概括，代表了当时浙江学人的基本看法。

阳明何故"不言"白沙

众所周知，阳明、白沙在思想上有共同之处，两人的爱好也有些一致，如阳明喜爱琴棋书画，白沙亦然，⑤况且在阳明尚未出道前，白沙即已"名震京

---

① 《黄宗羲全集》第10册，浙江古籍出版社1994年版，第213页。按：当然，梨洲并未忽略从白沙到阳明思想发展过程中所滋生的弊端，所以他又说："故有明儒者不失其矩矱者亦多有之，而作圣之功，至先生（指白沙）而始明，至文成而始大。……罗文庄（罗钦顺）言：'近世学道之昌，白沙不为无力，而学术之误，亦恐自白沙始。'"（《黄宗羲全集》第8册，第81页）

② 《黄宗羲全集》第7册，浙江古籍出版社1992年版，第78页。

③ 沈芝盈点校：《明儒学案》，中华书局1985年版，第15页。

④ 《刘宗周全集》第4册，台北：中央研究院文哲所1996年版，第108页。

⑤ 陈白沙是明代广东较有影响的琴家之一，他喜欢藏琴，对书画也情有独钟，尤擅画梅，其书法植骨于欧阳询，又参以米、苏之势，自成一体，早岁作书，皆用毛笔，最擅草书，晚年喜用茅草捆扎制成的"茅龙笔"，下笔挺健雄奇，一洗元代以来柔弱萎靡的书风，代表作有《自书诗卷》、《种蓖麻诗卷》等。

师"，①其诗文上的名声更是人所共知："明兴，不以取士顾学，士大夫往往喜为诗，遍布海内，无虑千百，一时所推名家，未易悉数，然语其至者必曰陈白沙、庄定山二先生。"②因此可以肯定地说：阳明对白沙绝不陌生。在笔者看来，比白沙小44岁的阳明当时至少可以从以下三个渠道认知白沙：

第一，白沙著作。阳明在世时，白沙著作已有二十卷本的《白沙先生全集》行于世，即"吉水罗侨始刊于弘治乙丑（1505）"、"正德戊辰（1508）莆田林齐重订而补刻之"的"诗文各十卷"本。阳明殁后五年，又出现了"嘉靖癸巳（1533）西蜀高简刻于维扬，有所增删，并为八卷"的后世通行本。③这表明，白沙著作在阳明生前便已为世人所喜读，曾被多次刊刻、重订和补刻。而且白沙著作从初刊到重订补刻的三年间，正好是阳明思想的探索形成期，广泛阅览宋代和包括白沙在内的明初心学家的著述，无疑是其最佳的创设途径和必然选择。

第二，白沙门友。成化十九年（1483）正月，白沙赴京途中会上饶娄谦于白马庵，娄谦之兄娄谅与白沙同事吴与弼，白沙抵京后，娄谅之子进士娄性及其门人蒋世钦与之往还。④五年后，阳明过上饶谒见娄谅，与论朱子格物之学，有可能谈及白沙。此后，阳明与白沙门人的交往渐趋频繁，如许璋、姜麟、湛若水、雀子钟、杨琠、陈东川、林光、余善等皆与他有往来，其中与他一起在阳明洞修炼问道的许璋和传白沙衣钵的湛若水无疑最为关键。明儒陈懋德说："然其先尝谒娄一斋，娄故游吴聘君门，与语深契。又时与一布衣许璋相朝夕。璋尝蹑履走岭南，访白沙，故取其资益。而阳明亦言有志之士，未有不求助于师友。夫两公皆天授瑰资，为千古自立汉子，尚如此，况余人乎？"⑤近人章太炎说："（阳明）初在京师，尝与湛原明（甘泉）游，以得江门陈文恭（白沙）之绪言。"⑥两位分别认定阳明曾通过许璋、甘泉而有资于白沙。此说虽显武断，但却道出了阳明学与白沙学的因缘关系。

第三，其父王华。王华与白沙曾在北京共事多年，对白沙可谓耳熟能详。据文献记载，1466年，39岁的白沙复游太学，"飏言于朝，以为真儒复出，由是名动京师。罗一峰、章枫山、庄定山、贺医闾，皆恨相见之晚，医闾且

①　《明史》卷二八三《陈献章传》。

②　王叔杲：《王叔杲集》，上海社会科学院出版社2005年版，第197页。

③　《陈献章集》，第895页。

④　《陈献章集》，第828—829页。

⑤　《刻罗明德先生遗集序》，方祖猷等编校整理：《罗汝芳集》下，第971页。

⑥　《章太炎全集》第5卷《太炎文录续编》卷二上，上海人民出版社1985年版。

禀学焉"。1467 年，白沙自京师南归，次年复入京师。1469 年，白沙复会试下第归，林光以会试入京，见白沙于神乐观，语大契，遂从归江门筑室深山。①1481 年，王华赴京廷试，位列第一甲第一人，授翰林院修撰，其父王伦随即带十岁的阳明进京。1483 年，白沙复应荐入京，令就试礼部，辞疾不赴，疏乞终养，授翰林院检讨，次年归，与王华同朝共事近两年。因阳明入京时尚年幼，不可能直接问学于白沙，即使有这方面的意愿，也会通过王华来实现。而王华虽对名动京师的白沙颇为不满，但似无必要将他彻底封杀，阳明完全有可能从王华那里获得带有明显倾向性的有关白沙的各种资讯（详见后述）。

正因为此，今人杜维明遂根据阳明佚文《批改周道通问学书》而判断说："白沙之学阳明一定也下过工夫。本卷周冲提出有关白沙从静中养出端倪来的教言，可见阳明晚年仍讨论白沙之学。"②姜允明则根据阳明赴龙场前答甘泉诗而推测说："甘泉赠与白沙著作，并授'云锦裳'，象征阳明亦为白沙衣钵传人，阳明曾'誓言终不渝'，即发誓终生不改。"③对于杜、姜二说，笔者以为，杜说尚属公允，而姜说显属武断。

需要究明的是，黄宗羲在强调"两先生之学最为相近"后，为什么又要加上一句"不知阳明后来从不说起，其故何也"的判断性质疑。④梨洲是学术史大师，对笔者以上所述的学术背景肯定了如指掌，加上他自己所作的"两先生之学最为相近"的逻辑判断，所以他才会以这样的语气提出质疑。然而梨洲的这一判断，实源出于王龙溪的弟子查毅斋和东林党魁顾泾阳。查毅斋说：

> 生尝疑，我朝理学自白沙公首开，乃今阳明录（按：泛指《传习录》、《文录》、《诗录》和《续录》）中，无一言道及，盖其入处尚不能无几微

---

① 《黄宗羲全集》第 7 册，第 80 页；《陈献章集》，第 820—828 页。

② 杜维明：《王阳明讲学答问并尺牍》，《中国哲学》第 5 辑，三联书店 1981 年版，第 543 页。按：依笔者之见，阳明此遗文似可名为"批改周道通问学书"，因此文是阳明在周道通的问学书上所作的"改除"和批语。此批改书作于阳明《与道通书》前，故后者有"记稿改除数字，奉还"（见《王阳明全集》，第 1206 页）几个字。

③ 姜允明：《王阳明何以不提陈白沙——"儒佛会通"在明代心学史的实例》，《第三次儒佛会通学术研讨会论文选辑》，华梵大学哲学系 1998 年 12 月发行。按：阳明诗云："忆与美人别，惠我云锦裳。锦裳不足贵，遗我冰雪肠。寸肠亦何遗，誓言终不渝。珍重美人意，深秋以为期。"（《王阳明全集》，第 679 页）。

④ 见《黄宗羲全集》第 7 册，第 78 页。

之分。①

顾泾阳说：

> 阳明目空千古，直是不数白沙，故生平无一语及之。②

事实上，阳明不仅"说起"过白沙，而且还评论过白沙，对此海内外学者已有指正，现将有关材料及笔者的评语概述如下：

首先，《阳明全书》中有两条证据可以证明阳明曾两次"说起"过白沙：一是正德九年阳明在《湛贤母陈太孺人墓碑》中称颂湛母"教其子以显，尝使从白沙之门"，并肯定湛母此举及所谓"宁学圣人而未至也"为"不亦知乎"。说明阳明至少也把入白沙之门作为学圣的途径之一。二是正德十一年至十四年间阳明在写给白沙门人陈东川的诗中所言及的"白沙诗"。③这说明，阳明对作为诗人哲学家的白沙还是比较了解的。不过以上两次，都是面对白沙门人时说的话，它最多只能证明阳明与白沙门人频繁往来的事实，而并不能反映阳明对白沙学说的基本态度。因为也就在这一时期，在薛侃的引见下，曾从游白沙的潮州人余善与阳明相会于赣南，阳明"闻其笃行，待以殊礼，坐有顷而别"④。然传中却没有阳明向余善询问白沙学说的任何记载，这似乎能从一个侧面证明笔者有关阳明虽敬重白沙，欣赏白沙诗，但对其学说却不屑一顾的推断是能够成立的（详见后述）。

其次，《阳明全书》及杜维明辑录的阳明批改周道通问学书中尚有两条证据可证明阳明曾两次"评论"过白沙：一条是正德十年阳明在为白沙弟子杨景瑞写的《谨斋说》，文曰："吾友侍御杨景瑞以'谨'名其斋，其知所以为学之要矣。景瑞尝游白沙陈先生之门，归而求之，自以为有见。又二十年而忽若有得，然后知其向之所见犹未也。……君遗其子思元从予学，亦将别予以归，因论君之所以名斋之义以告思元，而遂以为君赠。"⑤这接近于对白沙的"评说"，从中似可看出阳明对杨景瑞入白沙之门而"犹未所见"抱有幸灾乐祸的心态，并且说明这样的结果对阳明来说是意料之中的。另一条是嘉靖

---

① 查铎：《刻毅斋查先生阐道集》卷二《再上龙溪师书》，明万历三十七年序刻本。
② 顾宪成：《小心斋札记》卷一八，四川人民出版社 1998 年版，《诸子集成续编（六）》。
③ 《王阳明全集》，上海古籍出版社 1992 年版，第 942、753 页。
④ 薛侃：《薛中离先生全集》卷一○《余土斋传》，民国四年公昌印务局铅印本。
⑤ 《王阳明全集》，第 264 页。

六年阳明在为周冲书写的批语，①其中对白沙学说有明确点评。如道通书："闲居中静观时物生息流行之意，以融会吾志趣，最有益于良知。昔今康节、白沙二先生故皆留情于此，但二先生又似耽着有不欲舍之意，故卒成隐逸，恐于吾孔子用行舍藏之道有未尽合。"阳明评："静观物理，岂非良知发现流行处？不可又作两事看。"道通又书："白沙先生云'学以自然为宗'，又云'为学须从静中养出端倪来方有商量处'；此盖就涵养说，固是有理。但恐初学未从实地用工来，辄令如此涵养，譬诸行路之人未尝陟历险阻，一旦遇险便怯，能保其不回首乎？窃记明道先生有言：'造诣得极，更说甚涵养。'云造诣，则克己在其中矣。须尝克己造诣上用过工来，然后志意坚忍，久而不变，此意何如？"阳明又评："知得致良知工夫，此等议论自然见得他有未尽处。"②杜维明解读说："从本卷周冲所提有关白沙之学的问题以及阳明用致良知一观念轻轻带过的回答，可以领会出阳明重视先贤教言而又不能不坚持自己立场的苦心。"③其实，阳明的这些评语发于晚年，当时其思想体系已日渐成熟，对白沙学说的利弊得失也已看得相当清楚，所以评论起来亦是得心应手，表面上是"轻轻带过"，实质上却反映了阳明的自信与傲气。阳明的评语实质上是冲着白沙、周冲二人去的。在他看来，只要提"致良知"三字，任何议论都有未尽处，因而都是多余的。

既然阳明曾如此明白地"说起"甚至"评论"过白沙，那像顾泾阳、黄梨洲这样的大学者为什么还要说阳明"不言"白沙呢？难道他们真的不知道这些史料或者知道了而故意视而不见？果真如此，其中的隐情又是什么呢？

实际上，我们即使指正了阳明"说起"甚至"评论"过白沙，也还是证明不了阳明对白沙所持的真实立场。阳明对白沙的立场或态度，可用回避、排斥四个字来概括。对此，我们可从尤时熙的《拟学小记》和董澐的《从吾道人语录》中找到部分证据。如《拟学小记》卷八第二十条曰："一日尚论白沙先生。云野说：'老师（指阳明）曾说：譬如这一碗饭，他人是不曾吃，白沙先生是曾吃来，只是不曾吃了。'"第二十四条曰："云野遂歌少陵、白沙七言律各一章，

---

① 周道通名冲，字静庵，江苏宜兴人。周"不但师事阳明而且也是湛甘泉的及门弟子。因此他曾扮演了疏通王湛两家学术的角色"（杜维明：《王阳明讲学答问并尺牍》，《中国哲学》第5辑，第541页）。所以对道通问学，阳明颇不以为然："若见未莹澈，而辄有议论，反以晦道，不若此说之浑成，不失为真实语也。"（同上，第548页）并批评说："道通在诸友中最为温雅近实，乃亦驰骛于此等不急之事，疑未之思欤！"（《王阳明全集》，第1205页）

② 引自杜维明：《王阳明讲学答问并尺牍》，《中国哲学》第5辑，第546页。

③ 《王阳明讲学答问并尺牍》，《中国哲学》第5辑，第543页。

为阳明先生调。予(尤时熙)时忽觉身心洞然,真有万物一体之意,向来问答
豁然无影响矣。乃知歌诗于学更是直截不涉阶级,愧未能缉熙耳。"《从吾道
人语录·日省录》第一条曰:"从吾道人(董澐)曰:'吾昔侍先师阳明夫子于
天泉楼,因观白沙先生诗云……遂稍有悟,千圣相传之机,不外于末后一句,
因又号天泉缍翁云。'"①《拟学小记》第二十条实质上是阳明对白沙的评说,
说明阳明虽肯定白沙在超越理学方面的努力,但认为白沙并未完成这一使
命,真正吃下这碗大餐的是他自己。第二十四条和《从吾道人语录》第一条
都涉及对白沙诗的评价以及诗与学的关系问题。王云野、董澐皆属阳明门
下的诗人哲学家,所以对白沙诗情有独钟,并当着阳明的面吟诵白沙诗,而
阳明则对云野主张的"知歌诗于学更是直截不涉阶级"说,以及董澐从白沙
诗中悟出"千圣相传之机"的做法不置可否。这是因为,阳明虽早年对诗赋
辞章颇有兴趣,但中年以后即把主要精力投于圣学,所以在这里他有意想回
避白沙,遗憾的是像王云野、董澐这样的门人却并不深察阳明的这一苦衷。

那么,为什么我们在指正阳明"说起"、"评论"过白沙的同时,又要指出
他对白沙所采取的回避、排斥之立场呢?这两个看似矛盾的说法,又是怎么
统一在阳明的白沙观里的呢?

在笔者看来,无论阳明"说起"还是"评论"白沙,都是无意识的、被动的,
与其主动、积极地评论象山、慈湖等心学家有天壤之别,在阳明的内心深处,
回避、排斥白沙始终占据其意识层面的主要位置。若再联系到阳明思想形
成发展的不同阶段,则不妨可以说:"说起"、"评论"白沙是阳明早年思想情
感和未成熟立场的体现,回避、排斥白沙是阳明晚年思想性格和成熟立场的
反映。换言之,是阳明思想发展的前后变化才导致了他对白沙立场的改变。
查毅斋的"无一言道及"说、顾泾阳的"生平无一语及之"说和黄梨洲的"从不
说起"说,其实都是指阳明晚年对白沙的态度和立场,所谓"从不说起",不过
是用一种极端的表述方式来说明阳明对白沙的回避与排斥,并借以凸现阳
明学的独立创设过程和超越前人的首创意义。

至于阳明晚年的思想性格和成熟立场,顾泾阳的"目空千古"说和查毅
斋的"几微之分"说,实际上已为我们提供了部分答案。近人姜允明、陈郁
夫、袁钟仁等人又在此基础上,进一步从白沙晚年受人非议、阳明主动白沙
主静、阳明不愿称颂对手以免贬低自己等角度分析了阳明"不言"白沙的深

---

① 见《黄宗羲全集》第 7 册,第 754 页;钱明编校整理:《徐爱·钱德洪·董澐集》,凤凰
出版社 2007 年版,第 248 页。

层次原因。①笔者认为，前人的这些答案和分析皆有可取之处，但须作如下补充和纠正。

第一，说阳明"不言"白沙的原因是其"目空千古"，应该是特指而非泛指，是指古人（即阳明前辈）而非今人（即阳明同辈），这只要从阳明对意见相异者湛甘泉的同情性理解和对"兼收朱、张、吕、陆之长"者杨镜川的肯定性评价中即可看出。

阳明是这样解读甘泉学说的：

> 甘泉之学，务求自得者也。世未之能知其知者，且疑其为禅。诚禅也，吾犹未得而见，而况其所志卓尔如此。则如甘泉者，非圣人之徒欤！多言又乌足病也！夫多言不足以病甘泉，与甘泉之不为多言病也，吾信之。吾与甘泉友，意之所在，不言而会；论之所及，不约而同；期于斯道，毙而后已者。②

阳明辩甘泉非禅，意在辩自己非禅，故而一般来说也会容忍白沙入禅，而肯定不会因忌讳白沙入禅而"从不说起"他。更何况王时槐尝曰："濂溪、象山，宋人诋之为禅；白沙、阳明，近世诋之为禅；皆世儒之瞽谈也，何足计哉？"③说明陈、王二人当时皆被世人诋为禅，阳明不可能也用不着通过与白沙划清界限的办法来表明自己的清白。从这一意义上说，阳明是不会太在意世人对白沙的非议的。

其实在笔者看来，阳明对甘泉多有溢美之辞，除了两人同时同地倡导圣人之学外，可能还出于以下两点的考虑：其一，阳明的影响力在当时已大大

---

① 参见姜允明：《王阳明何以不提陈白沙——"儒佛会通"在明代心学史的实例》；陈郁夫：《江门心学》，（台湾先生书局 1984 年版）；袁钟仁：《陈白沙与王守仁》（章继光等主编：《陈白沙研究论文集》，湖南大学出版社 2001 年版）。按：被郑寅普视为"不容置疑"的韩国阳明学者张维（1586—1647）对陈、王二人的看法亦颇有参考价值，他说："阳明、白沙，论者并称以禅学。白沙之学，诚有偏于静而流于寂者。若阳明良知之训，其用功实地，专在于省察扩充，每以喜静厌动为学者之戒，与白沙之学绝不同。但所论穷理格物，与程、朱顿异，此其所以别立门径也。"（张维：《溪谷集》附《溪谷漫笔》卷一，首尔：景仁文化社 1999 年版，《韩国文集丛刊》第 92 册，第 579 页）

② 《王阳明全集》，第 231 页。

③ 《友庆堂合稿》卷一《答周守甫》，《四库全书存目丛书》集 114，第 163 页。

超过甘泉,所以他乐得大度待之,尤其当甘泉视阳明为兄长时,①阳明对他的溢美之辞其实就已涵盖了"同道"之情与"提携"之义,名为褒奖甘泉,实质是对共同追求的美好愿景。反倒是甘泉对阳明的批评,不仅持续时间长,而且力度也不小,这是因为甘泉的知名度要远低于阳明,出于文人相轻的原因,他也会有意无意地增加对阳明的质疑与批判。而白沙则不然,他是阳明老师娄谅的座上宾,可谓阳明之前辈,其学术地位当时也要明显高出阳明一头。而阳明在内心深处,又是极不情愿称谁为师的,所以他有意回避白沙,的确与"目空千古"的思想个性有关。这也是为什么他一去世,桂萼等人即上疏抨击其"事不师古,言不称师,欲立异以为名,则非朱子格物致知之论"的重要原因。②而白沙在当时的影响力,虽比不上正统的朱子学,但亦足以成为阳明"立异以为名"的绊脚石,于是阳明便将他一脚踢开,哪怕被后人误解为"从不说起"也在所不顾。其二,在阳明眼里,甘泉似乎算不上得白沙真传的陈门高足,这点后来全祖望看得很清楚,他说:

> 白沙之学,非可轻议,而甘泉则后人不能无疑之者。……因谓白沙弟子,特以位望,则甘泉为先,而能得白沙之传者,则推林辑熙,或曰当推张东所、李子长、谢天锡。③

若以甘泉、东所为例作一比较即不难发现,两人对师说曾产生过理解上的分歧,东所的立场可从其所撰的白沙行状中窥见一斑,而甘泉则把东所视为引白沙入禅的罪魁祸首,好像只有他继承了白沙学说中的儒佛分别意识,并且是他把白沙的"随处体认"说引向了儒家实践论。④对此,阳明虽表示怀疑,但对甘泉超越白沙,强调动静相宜、知行并进的为学取向还是颇有认同感的。于是笔者据此推定:在思想倾向上,与其说浙中心学与粤中心学相近,不如说是浙中的阳明学与粤中的甘泉学相近。至于白沙学,在阳明看来,则是落

---

① 甘泉尝曰:"吾与阳明,斯文共起,有如兄弟,异姓同气。"(《湛甘泉先生全集》卷三〇《奠欧阳南野文》,见智贺一朗:《湛甘泉の研究》,东京:风间书房1980年版,第519页)"且仆获交于兄,十有七年矣,受爱于兄,亦可谓深矣。"(卷七《答阳明王都宪论格物》,同上,第135页)

② 邓士龙辑:《国朝典故》卷三五《世宗实录一》甲戌年,北京大学出版社1987年版,第644页。

③ 《全祖望集汇校集注》,上海古籍出版社2000年版,第1852页。

④ 参见荒木见悟:《湛甘泉と王阳明》,日本《哲学年报》第27辑,1968年3月刊。

伍于时代的；执时代之牛耳的，除了自己，甘泉可以算半个。从这一意义上说，阳明称颂甘泉而回避白沙，乃是为给自己脸上贴金，甚至有将粤学纳入浙学之范畴或用浙学来涵盖粤学的意图。这也是阳明与甘泉会成为好友，然对甘泉之师白沙却极力回避、排斥的根本原因。

阳明对杨镜川的称颂则是由浙南学者项乔在评论阳明学说时披露的：

> 日间柯双华谓：阳明于我朝理学，独称杨镜川守陈公，而苦未见其书。及参知广东，伏承黄泰泉借之《学庸私抄》，见公于《大学》再为分经分传，不待补缀而传义灿然，《中庸》不分章而更定其序，庶几二书端绪相承，血脉通贯，始知《学》、《庸》古本实在于此。①

杨镜川（1425—1489），讳守陈，字维新，谥文懿，浙江鄞县人，举明景泰进士，改庶吉士，授编修，迁吏部右侍郎，卒谥文懿，有《杨文懿公文集》三十卷（明弘治十二年杨茂仁刻本）。其子明右侍郎杨茂元曾为其父建镜川书院于鄞县学宫右，以作归里退休之所。后镜川未及归里卒于京，书院遂成为曾受业于他的士人聚业讲学之所，明末圮。全祖望曾作《城北镜川书院记》，记其始末，并评论镜川说：

> 颇类吴草庐，兼收朱、张、吕、陆之长，不墨守一家，要其胸中精思深造以求自得，不随声依响以为苟同，至期所著诸经私钞，吐弃先儒笺疏，则于草庐更过之，盖公但质诸心之所安，固非好奇以眩俗也。②

也许有人会问，阳明排斥白沙而推赞镜川，是否与其家乡情结有关？笔者却认为，即使有，也是微乎其微。阳明对镜川的称赞，实源自于镜川"兼收朱、张、吕、陆之长，不墨守一家"的学术精神，尤其是其与阳明相似的心学化的经学观。阳明一生对《礼记》中的《大学》、《中庸》、《孝经》比较青睐，著有《大学古本旁释》、《大学问》、《孝经大义》等书。镜川亦复如此，他不仅著有《孝经私钞》八卷，③而且著有《学庸私抄》，对《大学》、《中庸》古本皆有深研，而阳明正是通过阅读镜川的《学庸私抄》才"始知《学》、《庸》古本实在于此"的。所以从根本上说，阳明推尊镜川而排斥白沙，是由于学术之分而非门户

---

① 项乔：《项乔集》，上海社会科学院出版社，2006 年，第 241 页。
② 《全祖望集汇校集注》中，第 1852 页。
③ 此书书目与王阳明的《孝经大义》一卷，皆见于《明史》卷九六《艺文一》。

之见。

第二,说阳明"不言"白沙是由于陈、王存有"几微之分",应该是指根本精神而非枝节上的区分,是指阳明本人而非指阳明传人。因为与阳明不同的是,其传人对白沙学大都抱有较大兴趣,他们不仅言及白沙其人,而且还在深究白沙学的基础上会通王、陈,并举浙、粤。可以说,在如何对待白沙的问题上,阳明不仅未对其门人后学产生太大影响,而且还在一定时空范围内被其门人后学所完全抛弃。在前一种情况下,其门人后学实际上已超越了阳明的白沙观,而采取了客观评价、深入分析的立场;在后一种情况下,其门人后学则采取了认同甚至倾心推崇白沙的立场。如果说前者是以浙学为主、粤学为辅的话,那么后者便是并重浙粤、会通陈王;而无论哪一种立场,阳明所秉持的回避、排斥态度都已荡然无存,陈、王间的"几微之分"也已让位于同道之论。

阳明传人之所以会与阳明有不同的白沙观,一是因为他们具有与阳明不同的时代关切。如果说在阳明时代,搬开包括白沙在内的阻碍阳明"立异以为名"的绊脚石是首要任务的话,那么在后阳明时代,辨析异同、会通陈、王便成了阳明传人的必须工作。二是因为阳明那种"事不师古,言不称师"的勇气与睿智在其传人身上已大为减弱,后者尤其缺乏像阳明那样能够回避、排斥白沙的资历和能力,加之他们要比阳明具有更强的门户意识,①"喜为党同伐异之论,稍有可假之端,则科道诸曹哗然交章,辨难蜂起,横议滋而门户立,朋党众而权奸炽"②;所以在湛甘泉"平生足所至,必建书院以祀白沙,从游者殆天下"的门户竞争下,③他们亦不能不改变阳明之立场,去认真对待陈、王之辨,进而深入解读白沙、究明粤学。

当然,阳明的白沙观,除了前人所列之原因外,白沙学的诗学特质,王华对白沙的消极看法,以及浙粤两地的相互排斥,也是不可忽视的重要原因。

众所周知,阳明早年曾"泛滥于词章,驰骋于孙、吴",从弘治十二年至十八年间,他通过对词章之习的多次反省自责,最后才在京师首倡"身心之学","使人先立必为圣人之志",后又与甘泉等人"共以倡明圣学为事"。④而

---

① 按:当时不唯阳明门户意识不强,即使白沙也可谓明儒中门户色彩最弱的思想家(参见姜允明:《王阳明何以不提陈白沙——"儒佛会通"在明代心学史的实例》)。所以阳明"不言"白沙,绝非出于门户之见,而是因为其思想立场和为学宗旨的转变。

② 翁方纲:《陈白沙先生集序》,《陈献章集》,第 912 页。

③ 见《黄宗羲全集》第 8 册,第 140 页。

④ 参见拙著:《儒学正脉——王守仁传》,浙江人民出版社 2006 年版,第 67—71 页。

白沙则始终是诗胜于学，直到晚年仍以诗为世人所重。阳明三传弟子陶望龄在《与焦弱侯年兄》中即曰：

> 弟闲时颇以古今诗集妄加校勘，益信何、李诸人直是浅陋，欲拣择数篇以备一代之作，而难于下手，乃知白沙、荆川辈真可人也。①

其实，明中叶以后，这种视白沙为诗人、白沙学为诗学的看法已经十分流行，《陈献章集》中诗赋的比例也的确要大大高出其他文体，差不多占了三分之二。用现在的话说，白沙虽可称作诗人哲学家，但在阳明心目中，白沙可能根本算不上立圣人之志的学者，所以白沙学进不了圣学之殿堂也是理所当然的。因此，在阳明的学术视野里，不给白沙留有席位，并非他的疏忽大意，而是其有意所为。

阳明父亲王华私下熟识胡居仁，对胡说相当推崇，而胡居仁对白沙的抨击在当时可谓最为激烈。比如他说："见得此心光明，亦是佛学之低者，若高底连心都无了。今陈公甫已到高处，（娄）克贞未到。""陈公甫云'静中养出端倪'，又云'藏而后发'，是将此道理来安排作弄，都不是顺其自然。""自家大本不立，见得道理不分明，未有不入异教者。如陈公甫、娄克贞皆是儒者陷入去。""陈公甫旷大，今有才气底人多喜之，所以鼓动得人，又气魄大，中人以上为其所引，中人以下为其所驱，为实尤甚。"②胡的这些批评，总的来说还是比较理性，王华受其感染，亦在情理之中。据王华《定山先生集序》载：王华早年"已知定山之工于词翰"，后又知"定山盖直节敢言之士"，于是"心益趋向之"。然王华"于定山虽甚爱慕，定山亦往往勤诗札之通，而竟莫得与之上下其论于一日"。当时"定山始与白沙陈公甫为友，齐名于时，人莫得而低昂之。其后定山复起，而公甫老于白沙，世遂以是为优劣"。③定山即庄昹，字孔旸，江苏江浦人。与白沙一样，定山亦是"形容道理，多见之诗"的诗人"心学"家。但在定山眼里，白沙却是那种令人讨厌的"孤峰峭壁之人"，是故白沙赴江浦与他"论及心学"时，"先生（白沙）不以余（定山）言为谬，亦不以余言为是"；而"白沙言定山人品甚高，恨不曾与我问学，遂不深讲"；两人"其

---

① 陶望龄：《歇庵集》卷一六，台北：伟文图书出版社1976年版，第2376—2377页。
② 胡居仁：《居业录》第七《老佛》，《四库全书》子20儒家类，第70页。
③ 吴格整理点校：《嘉业堂藏书志》，复旦大学出版社1997年版，第719页。按：此部分内容应根据董澐论文。

不甚契可知矣"。①所谓"世遂以是为优劣",乃是当时尊定山而鄙白沙的社会舆论环境的真实反映。王华因受胡居仁影响,本来就对白沙的处世态度比较反感,因而理所当然地会站到社会主流一边,而王华的立场和态度又不能不对阳明产生潜移默化的作用。

尤其需要注意的是,王华对白沙的态度可能还与当时浙人对粤人的总体看法有关。明代中叶以后,主流文化与地域文化交融的速度大大加快,而伴随着主流文化之强势地位的,则是地域文化对主流文化的反制态势和地域文化之间的主辅之争。于是,彼此轻视、互不承认,似乎成了当时的学术生态。诚如江右王门的胡直所言:

> 夫阳明不语及白沙,亦犹白沙不语及薛敬轩,此在二先生自知之,而吾辈未臻其地,未可代为之说,又代为之争胜负,则凿矣。历观诸评中,似不免为白沙立赤帜,恐亦非白沙之心也。②

胡直的这番话,一方面凸显了白沙不立门户的为学精神,另一方面又隐约反映出当时南方瞧不起北方、浙人瞧不起粤人的文化生态。王华尊定山而轻白沙,除了思想立场上的原因,是否还与这种文化生态有关,确实值得我们深思。浙南阳明学者项乔就明确说过:

> 东广山川之奇秀,或不后于江浙也,而人物未见其盛者,何耶?岂发之尚有时耶?自三代以至于唐,人才之生,盛在江北。开元、天宝以前,南士来见,以科第显者,曲江张九龄始以相业、文学有声于天下。后四十余年,浙士始有陆敬舆(陆贽),闽士始有欧阳行周(欧阳詹)。又二百四十余年,江右始有欧阳永叔,则虽谓岭南首出人物亦可也。③

粤学在浙人心目中的地位之低下,由此可见一斑。这也是阳明欲把浙学上

---

① 《黄宗羲全集》第 8 册,第 376、378、375 页。按:然白沙弟子甘泉为把白沙抬高到"我明正学之宗"(《湛甘泉先生全集》卷一八《白沙书院记》)的地位却强调说:"白沙先生之诗,有曰千炼不如庄定山,盖尊庄公也。……故世之君子欲知定山先生者,观诸白沙先生之诗可也;欲知白沙先生之诗者,观诸定山先生之诗可也。"(同上卷一六《重刻定山先生诗集序》)

② 《黄宗羲全集》第 7 册,第 611 页。

③ 项乔:《拟广东乡试策问》,《项乔集》,第 174 页。

升为圣人之学,成为主流意识形态,从而将粤学纳入浙学之范畴,或用浙学来统领粤学的重要原因。包括阳明在内浙人的这一意图,到全祖望时都未消失,全氏尝曰:

> 粤中先师如唐之赵,如宋之梁与陈,筚路蓝缕,以启山林,尚未登大儒之坛也。白沙陈文恭公者出,超然自得,其学虽出于吴康斋,而别为一家,粤中学统,殆莫之或先也。白沙授之甘泉,其门户益盛,受业著录四千余人,当时称为"广宗"。同时与阳明分讲席,当时称为"浙宗"。终明之世,学统未有盛于二宗者,而河、汾一辈之学,几至遏而不行。然浙宗与广宗,亦极有异同,互相可否。以广人而为浙学者,薛中离、杨复所其魁也。浙宗至是始并行于广中。掌教,浙人也;诸生,广人也。①

以阳明为代表的"浙宗"与以白沙为代表的"广宗",彼此抵牾,"互相可否",目的已不是简单地为了争夺话语主导权,而是欲争夺明学的正宗地位。结果是"掌教,浙人也;诸生,广人也",即"浙宗"最终超越"广宗",而取得了明代学术的宗主地位。然在笔者看来,无论是阳明对白沙的回避、排斥,还是其门人后学对王、陈之学的会通、融合,其真实目的都是冲着这个宗主位置去的。稍有不同的是,阳明的粤中传人和部分江右传人,在为阳明争夺宗主地位的同时,并没有像阳明那样把白沙一脚踢开,或者像阳明的浙中门人那样把白沙作降格处理。

结束语

古代的越文化属于吴越文化圈,而粤文化属于楚文化圈。"吴、粤于三代,不在五服之内,《春秋》于吴犹夷之"②。然越国早在公元前 333 年就已败于楚国,楚人从西向东、从北向南逐渐占领吴越之地;"赫赫楚国,而君临之,抚有蛮越,奄征南海"③;是故越文化又与粤文化一起被纳入以老庄思想为代表的南方楚文化的范畴。浙中、粤中虽皆"僻陋"于蛮夷,民情物态与"中原

① 《全祖望集汇校集注》中,第 1056 页。
② 归有光:《震川先生集》,上海古籍出版社 2007 年版,第 47 页。
③ 《春秋左传·襄公十三年》,《十三经注疏》,中华书局 1980 年版,第 1955 页。

上国"大异其趣,①然浙之民风早在秦汉即已开蒙,而粤地"秦汉虽郡县之,而终属羁縻。……唐宋以来,风气渐开,至我国家(指明代),而人文益著,名世间出,遂为天下名藩"②。宋明时,"会稽、南海,其文物常胜于河、雒、齐、鲁……则知今吴(越)、粤之盛,不可泥古而论也"③。概而言之,浙、粤两地的文化特质不像中原文化那么严肃有余、奔放不足。历史上释、道名家皆有在两地修炼传道之经历——天台宗、禅宗南派分别产生于天台山和南华寺,葛玄、葛洪先后修炼于赤城山和罗浮山,皆非偶然。粤中文化中奔放自在、虚静自得之精神与浙中文化中超然自得、务实怀疑之性格,④正好形成亲近互补之关系。白沙学与阳明学先后在两地创生,并非历史之巧合。

如果说,阳明学能为粤中人士所广泛接受,既与唐宋以来理学家被贬岭南,推行儒家教育,传播中原文化密切相关,⑤又与禅宗南派的开创者惠能的主要活动区域在粤地密不可分,更与白沙学的前期预设、甘泉学的后续跟进紧密相连。因此,王阳明与包括粤中在内的岭南各地的关系皆十分密切。他曾数次到过广东,晚年又赴广西征讨,其本人或弟子都在两广讲过学、传过道,⑥所以其门人道友中有不少是岭南人,其中尤以潮中弟子为多,只是这些弟子的思想深处都不同程度地烙有白沙学或甘泉学的印记,这与地处政治文化中心的吴地浙西颇为相似。所不同的是,岭南粤地是用白沙学或甘泉学来吸收和消化阳明学,而浙西吴地则是立足正统朱子学来吸收和消化白沙学和甘泉学,进而修正阳明学;前者有地缘文化的深刻背景,而后者则是政治文化作用的必然结果。

如果说,阳明学、白沙学分别占据有明一代浙、粤两地学术思想的主导地位,那么介于浙、粤之间的南赣地区便是两大学术思潮的交汇地。在阳明

---

① 王临亨《粤剑编》卷二《志士风》:"百粤之民,喜于为盗,见利如膻,杀人如饴,其天性也。""志称粤夫尚鬼神,好淫祀,病不服药,惟巫是信。"(中华书局 1987 年版,第 74、77 页)百粤又称百越、诸越,王临亨之说实泛指南方诸族。

② 《王叔杲集》,第 201 页。

③ 《震川先生集》,第 47 页。

④ 按:从某种意义上说,浙中文化属于越楚超越文化与秦汉实学文化的复合型态。前者使之具有超越性之传统,而后者使之具有实学之传统。浙中阳明学可以视为这两种传统有机结合的产物。

⑤ 按:比如韩愈被贬到潮州虽不足一年,但影响却是相当深远的,而当地人对于这位大师的最高回报便是"山河为之易姓",今之韩山、韩江即为明证。

⑥ 按:如嘉靖七年阳明讲学羊城,潮州人陈明德尝专程前往拜师;而揭阳人吴继乔"闻王守仁讲学苍梧,往从之游"(参见黄挺:《明代潮州儒学概说》)。

学横扫江右之际,白沙学的先发优势也日渐显露。地处粤东的潮州地区,在"留学"江右、师从阳明以及白沙、甘泉势力的双重夹击下,①显示出与浙地王学不同向度的学术个性。通过比较王学与陈学、越州与潮州的学术性格及其形成机制,不仅可勾勒出明代浙、粤两地学术思想发展之脉络,还可大致把握明代南方学术互动共进之关系。

因此说,研究明代浙、粤两地的心学思潮,不能离开介于两地之间的江右地区。江右是浙中学者南下、粤中学者北上的必经之路,也是阳明学与白沙学或甘泉学发生碰撞的最大舞台,故而也成为沟通浙粤两地学者、会通两地学术的缓冲区域。江右的心学传统,既不同于浙中,又有异于粤中。比较而言,粤中的心学传统较接近于赣南的濂溪之学,白沙学、甘泉学皆具有"静"的向度,其因盖出于此;而浙中的心学传统除了有来自抚州象山之学的影响,还与浙中本土的经世事功之学有内在联系。如果说在白沙学那里可以隐约看到濂溪学的影子,那么在阳明学那里便可以感受到事功学的气息。前者趋"静"而后者趋"动",前者重自我之心即"小心"而后者重内外之心即"大心",乃两地心学之个性的根本特征。

阳明本人对白沙不屑一顾,却与甘泉彼此尊重、互称道友。与王、湛形成三驾马车之一黄岩人黄绾,对白沙的态度则可谓先贬后扬,这与其试图矫正阳明学的立场有密切关系。据黄绾《寄阳明先生书》:"近世如白沙诸公之学,恐皆非圣门宗旨。宋儒自濂溪、明道之外,惟象山之言明白痛快、直抉根源,世反目之为禅而不信,真可恨也。"②这与阳明的白沙观基本一致。黄绾对白沙所持的立场还与其对甘泉的态度密切相关,他曾说:"往年见甘泉颇疑先生(指阳明)拔病根之说,凡遇朋友责过及闻人非议,辄恐乱志,只以静默为事。殊不知无欲方是真静,若欲无欲,苟非勇猛锻炼,直前担当,何能便得私欲净尽、天理纯全?此处若不极论,恐终为病。绾近寄一书,略论静坐无益,亦不敢便尽言及此。"③黄绾在王、湛之间选择阳明,倒向阳明,完全站在阳明的立场上说话,这其中既有思想上的共鸣关系,又有地缘上的感情因

---

① 按:从正德十二年(1517)薛侃从学阳明于赣州开始,潮州学者就掀起了赴江右从学阳明的高潮,如薛俊、薛侨、薛宗铠、林文、杨鸾、杨骥等人(参见黄挺:《明代潮州儒学概说》)。

② 黄绾:《石龙集》卷一七,明嘉靖十二年王廷相序刻本。按:如果说白沙学传播入潮为阳明学风行潮州作了准备,那么象山学传播入越则为阳明学风行越地创造了条件。换言之,潮州的阳明学者是借助白沙学才踏进阳明学之门,而越地的阳明学者是借助象山学才迈入阳明学门槛的。

③ 《石龙集》卷一七《寄阳明先生书》。

素。但后来黄绾又逐渐改变了自己立场,与"尝讲于白沙之门"的潘南屏等人过往甚密,并产生了研读白沙学之意向:"不肖不自量力,窃尝有志于斯道,但不知执事(指从学于白沙的林南川)所以得于白沙者何如,倘不吝教,斯道之幸当何如也?"①这种改变,无疑起因于他对阳明学的怀疑与动摇。

　　黄绾的白沙观,在浙江的阳明学界具有一定的代表性。浙中阳明学者虽然不像江右阳明学者那样暗恋白沙学,表现出游离于阳明与白沙之间,甚至有将天平倾斜于白沙的倾向,但大都亦未像阳明那样对白沙不理不睬、唯师独尊。他们或者推崇白沙的致思趣向,或者推崇白沙的诗文情怀。而自视高明的王龙溪则欲借助白沙学而担当起牵手粤中学者振兴粤地阳明学风之重任,便是最好的证明:"粤自先师(指阳明)既没,讲学之风渐微。予不自量,与二三同志砥切濯磨,妄意联属,期于不坠。"②至于地处钱塘江以北的所谓浙西地区,更是有相当一部分学者在甘泉学的引导下,采取了调和阳明与白沙的立场,与粤中的白沙学者彼此倾心、相互汲取,从而使该地区成了明代浙、粤两地学术思想互动交融的试验场。

　　然而,学术思想上的会通融合并不能掩盖其他方面的矛盾冲突,有些时候,政治权力的分割和地方利益的驱动还会大大超过并左右思想的分歧和学派的对立,这从明中后期出现的关于陈、王从祀问题的争议中即可看出。隆庆元年,徐阶当国,御史耿定向、给事中魏时亮提议从祀王守仁,朝中的浙籍人士纷纷附和,然遭到大学士高拱(河南新郑人)等人的反对,结果薛瑄从祀,而阳明未果。万历十二年,御史詹讲事请从祀王守仁、陈献章,认为王有"功烈、文章",陈有"出处、大节"。然唐伯元于次年在南京抗疏,认为如果王守仁从祀,必将导致学术分裂、思想混乱,主张只从祀白沙而不祀阳明。后沈鲤曾把提议从祀的各方意见整理成审议报告上交朝廷,从该报告中可以看出,除薛瑄、胡居仁外,陈献章、王守仁的票数最多。但对于王的从祀,则出现了北方反对而南方赞成的现象。如反对者中沈鲤是河南归德人,石星是河北东明人,丘橓是山东诸城人,王家屏是山西山阴人,赵思诚是山西人;赞成者中詹讲事是江西乐安人,申时行是江苏苏州人,舒化是江西临川人,赵锦是浙江余姚人,徐杖是江苏苏州人,赵参鲁是浙江鄞县人,陈赞是江苏常熟人,曾同亨是江西吉水人,何源是江西广昌人,萧廪是江西万安人,吴中行是江苏常州人,齐世臣和喻文炜是江西南昌人,周子义是江苏无锡人,陈

①　《石龙集》卷一五《寄潘南屏书》、《寄林南川书》。

②　《龙溪集》卷二一《刑科都给事中南玄戚君墓志铭》。

于陆是四川南充人，罗应鹤是安徽歙县人。①这一方面固然与"北方之为王氏学者独少"②，王氏门人多数出生于浙江、江西、江苏、安徽等南方诸省有关，但另一方面也与当时强大的地方利益集团有一定关系。

众所周知，从祀文庙的好处极多，比如可使被从祀者的子孙"沾褒崇之泽"，"免其差役，有俊秀子弟，具名提学道送学肄业"③；还可使被从祀者的地方在科举政策上获得倾斜。除了这些直接好处，还有间接的，比如可使被从祀者的地区获得较高的知名度，一如当下的名人效应，进而推动当地的文化发展和社会进步。然明朝钦定从祀对象，标准极高，控制甚严，在名额有限的情况下，各地都会竭尽全力甚至不择手段地推出自己的候选人，而通过打击别的候选人来提高本地候选人的成功率，无疑是最有效的办法之一。所以当时除了南北方的从祀之争，在南方内部亦是意见纷呈。在南方文化已明显超过北方的情况下，其从祀者多于北方似无可厚非，然而南方若以三比一的比例超出北方，不要说北方不会接受，即使南方内部也会出现新的矛盾。这便是在山西的薛瑄和江西的胡居仁已无争议的情况下，使王守仁与陈献章孰上孰下的问题成为关注的焦点，进而引发浙、粤、赣三地学者的过度热心，使王、陈之辨取代薛、王之争的重要背景之一。

在当时的情况下，浙、粤两地的在朝人士出于维护本地利益之考虑而提出偏向性意见，似无可厚非。如嘉靖九年广东揭阳人薛侃在奏疏中即提请从祀陆九渊、陈献章说：

> 翰林院检讨陈献章，博而能约，不离人伦日用，而见鸢飞鱼踊之机。虽无著述，其答人论学等书，已启贤圣之扃钥。伏乞将陈献章赐谥从祀，以彰我皇之盛。④

结果，陆九渊从祀被允许，而陈献章从祀问题则被"待公论定后再议"。薛侃是阳明的高足，按理他应提请从祀阳明，至少是陆、陈、王三人同时提请才是。而他只提请陆、陈二人，这一方面是因为阳明从祀的问题当时尚未被

---

① 参见中纯夫：《王守仁の文庙从祀问题をめぐって——中国と朝鲜における异学观の比较》，载奥崎裕司：《明清はいかなる时代であったか——思想史论集》，汲古书院2006年版。
② 《黄宗羲全集》第7册，第739页。
③ 《王阳明全集》，第1297页。
④ 《薛中离先生全集》卷七《疏陈阙里孔子庙七事》。

提到议事日程,另一方面是对陆的提请,其实就是在落实阳明的遗愿,同时也在为彰显王学做了很好的铺垫。黄宗羲曾说过:"薛中离,阳明之高第弟子也,于正德十四年上疏请白沙从祀孔庙,是必有以知师门之学同矣。"①换言之,作为阳明弟子的薛侃,其提请从祀白沙,并不以排斥阳明为前提,这与后来的唐伯元有根本的不同。

不过薛侃以后,浙、粤两地的王、陈之辨便与从祀之争很难分开了,比如当时编纂陈、王著作的人就多多少少带有彼此倾轧、相互抵牾的目的,诚如胡直所言:"盖先此有睹见是编(指《白沙文集》)者,谓此书题评,虽扬白沙,其实抑阳明。即语不干处,必宛转诋及阳明,近于文致。不縠不肯信,已而得来编,读之良然。"②而这种情况在介于两地之间的江右学者身上,就很少发生。

犹如前述,江右一方面是阳明学的重镇,另一方面又是白沙学的源地,所以江右无论在朝或在野人士大都表现出对阳明、白沙不偏不倚的态度,在浙、粤两地为从祀发生争议的时候,他们更是以陈、王同道论来宣示自己的中立立场,其中最具代表性的便是江西永丰人宋仪望:"时方议从祀阳明,而论不归一,因著《或问》,以解时人之惑。其论河东、白沙,亦未有如先生之亲切者也。"③《或问》即《阳明从祀或问》,是宋仪望"为守仁配享事作,故史称守仁从祀,仪望有力焉"④。《或问》的内容非常丰富,其中有不少涉及陈、王之辨,譬如:

> 或曰:"子谓我朝理学,薛、陈、王三公开之,然其学脉果皆同欤?"予答之曰:"三子者,皆有志于圣人者也。然薛学虽祖宋儒居敬穷理之说,而躬行实践,动准古人,故其居身立朝,皆有法度,但真性一脉,尚涉测度。若论其人品,盖司马君实之流也。白沙之学,得于自悟,日用功夫,已见性体,但其力量气魄,尚欠开拓。盖其学祖于濂溪,而所造近于康节也。若夫阳明之学,从仁体处开发生机,而良知一语,直造无前,其气魄力量似孟子,其斩截似陆象山,其学问脉络盖直接濂溪、明道也。虽然今之论者,语薛氏则合口同词,语陈、王则议论未一,信乎学术之难明也已。"……或曰:"近闻祠部止拟薛文清公从祀,王、陈二公姑俟论定,

---

① 《黄宗羲全集》第 7 册,第 78 页。
② 《黄宗羲全集》第 7 册,第 610 页。
③ 《黄宗羲全集》第 7 册,第 640 页。
④ 《四库全书总目》,中华书局 1965 年版,第 1596 页。

何也?"予答之曰:"当时任部事者,不能素知此学,又安能知先生?……
有明理学,尚多有人如三公者,则固杰然者也。欲进薛而迟于王、陈,其
于二公又何损益? 陆象山在当时皆议其为禅,而世宗朝又从而表章之。
愚谓二公之祀与否,不足论,所可惜者,好议者之不乐国家有此盛
举也。"①

宋仪望的态度非常明确,陈、王学问、性格虽有差异,然"皆有志于圣人者
也";既然同样杰出,就当一同配祀。

　　需要指出的是,在从祀陈、王之争中,广东澄海人唐伯元的表现可谓最
为极端。唐是湛甘泉门人吕怀的弟子,他褒扬白沙而贬斥阳明,既有受罗钦
顺思想影响的因素,②又有受地方势力左右的可能,而其背后则存在着浙、粤
两地在朝学者为争夺政治控制权与在野学者为争夺学术话语权所展开的明
争暗斗。作为教育文化发展边缘地区的在朝代表,唐伯元用贬低阳明的办
法来褒奖提升白沙,进而为岭南学术争得话语权,应该说是无可厚非的。尽
管最后的结果是在北方理学家薛瑄之后,江西、广东和浙江各从祀一人(即
胡居仁、陈献章和王守仁),三省取得平衡,可谓皆大欢喜,但为争夺从祀对
象而在朝野内外引发的争辩与冲突,还是在一定程度上挫伤了浙、粤两地学
术的亲缘关系。而这种微妙的变化,或许还影响到近代以后教育、文化、学
术界广东籍与浙江籍之间分分合合、若即若离的隐秘关系。从一定意义上
说,明代浙、粤两地学术界的近亲接触,乃是近现代两地学者彼此竞争、互动
共进的序曲前奏,甚至两地学界在中国近代史上所扮演的领军角色,也可谓
导源于明代的阳明学与白沙学的对峙和并举。

---

　　①　《黄宗羲全集》第7册,第652—654页。
　　②　嘉靖十六年(1537),潮州知府郑宗古在潮刊刻罗钦顺的《困知记》。这部书的刊刻
对潮州思想界的影响甚大,唐伯元对阳明的批判,与此背景有关(参见黄挺:《明代潮州儒学
概说》)。

黄宗羲杂论

——兼论清代浙东经史学派

吴　光

黄宗羲的名字与别号

黄宗羲(1610－1695)，字太冲，号南雷，世称梨洲先生。这是他的正式称呼。但他还有乳名和许多别号，了解一下其含意也不失为一件趣事。

宗羲之名与太冲之字是其父祖辈定的。据《竹桥黄氏宗谱》记载，宗羲之"宗"是黄氏(李家塔支)第十七世的排辈，宗羲是尊素长子，其弟为宗炎、宗会、宗辕、宗彝。"羲"取"羲和"之意，在古代传说中，"羲和"或指太阳，或指驾驭太阳车的神，"冲"与"和"相配，"太冲"是最高的和谐境界。语出《庄子·应帝王》"太冲莫胜"之句。《淮南子·诠言训》亦曰："聪明虽用，必反诸神，谓之太冲。"总之，黄宗羲的名与字蕴涵着对神仙境界与社会和谐境界的向往。

另据宗羲七世孙黄炳垕所著《黄梨洲先生年谱》(以下简称《梨洲年谱》)记载，当黄宗羲出生前夕，父亲黄尊素曾为他推算生辰八字的"禄命"，认为"配合极佳"，母亲姚氏则梦见了象征富贵吉祥的瑞兽——麒麟，故为他取个乳名叫"麟"。然而，黄宗羲一生千灾百难，祸患不断，哪儿谈得上什么富贵吉祥！母亲那个瑞梦并没有在儿子身上得到预期的感应。所谓"八字"，所谓"祥瑞"，无非是望子成龙的父母的美好愿望，甚至是一种可望不可及的幻觉罢了，人生的命运并非是老天爷(或曰佛祖或上帝)的先天赐予，而是后天的际遇，还得靠自己去把握。

对于自己出生时就确定的名字虽然作不了主，但在人生经历中确定若干与自己命运相联系的字号、别号则是可以自我作主的。黄宗羲在一些重要著作中除以南雷为号外，还为自己起了一些有趣的别号，例如梨洲老人、梨洲山人、鱼澄洞主、蓝水渔人、双瀑院长、双瀑院住持、古藏室史臣，等等，这些倒是颇能反映他的人生真实经历及其性格志趣的。这些字号，就像近现代高压政治下某些名人的笔名一样，大都其来有自、寓意深刻。上述别号，除了古藏室史臣外，都与黄宗羲家乡所在的四明山及其神仙、隐士传说有关。今作择要介绍。

根据黄宗羲《四明山志》的描述，四明山又名句（音 gōu）余山、鬼藏山。其称四明山，首见于《唐书·地理志》，其地理位置在余姚县南，"（有）二百八十峰，西连上虞，东合慈溪，南接天台，北包翠竭。中峰最高，上有四穴，若开户牖以通日月之光，故号四明。"①这里所谓"中峰"，即余姚境内的大俞山，峰顶石岩旧称"石窗"，今称"四窗岩"，可通日月之光，"四明山"的名称即由此而来。

在黄宗羲以前，虽然有不少文人、隐士、高僧、道士为四明山吟诗作赋，撰文立记，但无人为四明山写过山志。黄宗羲于明崇祯十五年（1642）偕弟宗炎、宗会遍游此山，寻觅古迹，考稽事实，乃博采前人记载，订伪存真，充实新闻，辑成《四明山志》初稿。三十一年后，重新修改定稿，成《四明山志》九卷，次年又作自序一篇。所以，他对四明山的历史、景观烂熟于心。他以四明山地名、景物乃至仙真隐逸为号也就不足为怪了。

"南雷"之号，源于四明山的大雷、小雷二峰及山下的"南雷里"村落。宗羲记南雷山来历说：

> 南雷：有山曰大雷、小雷。唐陆龟蒙（字鲁望）曰："谢遗尘者，有道之士也，尝隐于四明之南雷。一旦访余来，语不及世务，以山中之奇者，令各赋诗，余因作《九题》。"盖鲁望因遗尘而知有四明，后人则因鲁望而知有遗尘。四明山之大雷峰有三处：一鄞，一奉化，一余姚。鲁望言遗尘隐于南雷，不言隐于大雷。唯余姚雷峰之下名南雷里，其可证者，宋之《会稽志》晋咸宁间南雷庙碑是也。……大小雷峰在余姚邑南，故曰南雷。②

黄宗羲还曾在《老母八旬谢祝寿诸君子》一诗有"前朝忠节数南雷"句，下注曰："余所居乡名。"③可见，清朝所称通德乡，在明朝以往是称南雷乡或南雷里的。此地曾是唐代名士谢遗尘隐居之地，宗羲也曾长期避居于此，故

---

① 黄宗羲：《四明山志》卷一，沈善洪主编·吴光执行主编：《黄宗羲全集》第 2 册，浙江古籍出版社 2005 年版，第 283 页。

② 《四明山志》卷一，第 330 页。

③ 黄宗羲：《南雷诗历》卷二，《黄宗羲全集》第 11 册，第 267 页。

以南雷为号。其文集名自定为《南雷文案》、《南雷文定》,诗集则称《南雷诗历》。其中即隐含着"前朝忠节之士"的深意。

"梨洲"别号的渊源,则比"南雷"之号更加复杂而有趣。黄宗羲在其名作《留书·题辞》和《明夷待访录·题辞》中署名"梨洲老人",在《女孙阿迎墓砖》、《怪说》以及《南雷诗历》之《题简石骑虎图》诗中皆自称"梨洲老人",在为祭奠夫人叶氏而写的《庭诰》中则自称"梨洲山人",其时间段在清顺治十年(1653)至康熙十五年(1676)前后,即宗羲四十四岁至六十七岁之间,就宗羲享寿八十六岁而言,其时正当盛年,何以自称"梨洲老人"呢?原来"梨洲老人"之名,也与四明山密切相关。据《四明山志》之《自序》、卷一《名胜》、卷七《诗括》等篇记载,四明山号称(道教)"第九洞天",其南有梨洲山,号称"第五十九福地",而"梨洲"之名,则因传说中晋朝孙绰兄弟拾得仙人遗留的仙梨而来。黄宗羲记其来历说:

> 梨洲山:晋孙兴公与兄承公同游于此,得梨数枚。人迹杳然,疑为仙真所遗,故名其地曰梨洲。兴公《天台赋》曰:"涉海则有方丈、蓬莱,登陆则有天台、四明,皆玄圣之所游化,灵仙之所窟宅也。"是盖身逢玄怪,非虚言也。杜光庭《福地记》曰:"四明山在梨洲,魏道微上升处,为第五十九福地也。"四明既在第九洞天之数,而又列福地者,此专指梨洲为言也。①

宗羲又录明人汪纶《梨洲山》诗来加强神仙传说,诗云:

> 莲花纷向日边开,云影长依斗柄回。
> 北引群峰朝禹穴,南分诸岭上天台。
> 梨因孙绰来时见,桃是刘纲去后栽。
> 风景恍然人世外,但闻鸡犬石岩隈。②

但黄宗羲自号"梨洲老人"、"梨洲山人",最直接的灵感应当是来源于唐代文人施肩吾的《宿四明山》诗和《忆四明山人》诗。宗羲《四明山志·灵异》卷记曰:

---

① 《四明山志》卷一《名胜》,第298—299页。
② 《四明山志》卷七,第434—435页。

施肩吾,分水(今属桐庐)人。(唐)元和中举进士,退隐洪州之西山,终身不仕。尝游四明山,与其隐士道流相习。后遇旌阳,授以丹方,仙去。《登四明山诗》:"半夜寻幽上四明,手攀松桂触云行。相呼已到无人境,何处玉箫吹一声?"《宿四明山诗》:"梨洲老人命余宿,杳然高顶浮云平。下视不知几千仞,欲晓不晓天鸡声。"《忆四明山人》诗:"爱彼山人石泉水,幽声夜落虚窗里;至今忆得卧云时,犹自涓涓在人耳。"①

这里的"元和"是唐宪宗李纯的年号,是一个藩镇作乱的年代。看来施肩吾是厌恶战乱而"终身不仕"并与隐士道者为伍的,黄宗羲或出于对施肩吾人格的欣赏与结局的感慨,而自比于指点迷津的"梨洲老人"与"四明山人",因而为自己起了"梨洲老人"、"梨洲山人"的别号,以表达自己宁居山林、不仕新朝的气节。对于"梨洲老人"别号的政治含义,全祖望《书〈明夷待访录〉后》引黄宗羲孙女婿万承勋的话解释说:梨洲著《明夷待访录》时,"是岁为康熙癸卯,年未六十,而自序称'梨洲老人'。万西郭为予言:'征君自壬寅前,鲁阳之望未绝;天南讣至,始有潮息烟沈之叹;饰巾待尽,是书于是乎出。盖老人之称所自来已。'"当然,以"梨洲老人"为号的另一个原因,则是由于他家居梨洲山下,其父黄尊素在四十三岁便撒手人寰,自己则超过了父亲的年寿,故愧称"梨洲老人"了。这从其《四十初度》与《书年谱上》两首诗可知其愧恨之情,在此恕不赘述。

"荻湖鱼澄洞主"的别号,直接取自于四明山"荻湖渔澄洞"之名。黄宗羲于康熙十二年癸丑岁(1673)改定《四明山志》之后,于次年甲寅岁补写了《四明山志自序》序曰:四明山为"第九洞天,丹山赤水。其中福地,重书叠纪,荻湖北矗,梨洲南峙,大隐东面,姚江之砥",落款自署"甲寅岁花朝荻湖鱼澄洞主黄宗羲书"。这里的荻湖、梨洲、大隐都是四明山的山峰名称,在余姚境内。《四明山志》卷一《名胜》记曰:

荻湖山:《云笈七籤》曰:"第六十三福地荻湖渔澄洞,在古姚州西。始,皇先生曾隐此处。"而后知即余姚之荻湖也。……荻湖为山名,鱼澄为洞名。……元王孚避地于此。②

---

① 《四明山志》卷三,第372页。
② 《四明山志》卷一,第331页。

这个"皇先生"即指汉代从牧羊童得道成仙的金华人皇初平（一作黄初平，俗称黄大仙）。王孚无考，大概是一位避地隐居的文人。黄宗羲以"菱湖鱼澄洞主"自号，当有隐居之意。

双瀑院长、双瀑院住持。黄宗羲在其地理著作《今水经序》落款自署"甲辰除夕双瀑院长黄宗羲书"，在其政治史著作《汰存录·题辞》落款自署"双瀑院住持识"。这个"双瀑院"，因余姚境内化安山（属四明山脉）有瀑布"双瀑泉"而得名，黄宗羲曾长期在此读书写作。《四明山志·名胜》记其胜曰：

> 化安山：古谓之剡中。……其僧寺即化安寺也。余祖元州判茂卿府君，读书寺中，乃吴草庐之弟子。……有搌水，宋《会稽志》所谓"化安瀑布"也。其流悬空而下，有石隔之，分为二道，各十余丈，汇为池，曰喷珠池。……余有诗云："古寺荆榛灭旧蹊，近来一字出新泥。秦山鹅鼻无消息，犹胜秦碑没处稽。"（原注：山僧掘地得碎石中有"院"字，乃古碑也。）①

据此，可知"双瀑院"者，并非一个正式的书院，而是古化安寺的遗迹所在，因山里和尚挖出一块带有"院"字的残碑，故梨洲命名为"双瀑院"，并自封为"双瀑院长"、"双瀑院住持"，实有自嘲之意。宗羲还在其诗文中多次记述了他在"双瀑院"读书论道、会见同志朋友的情景。如《邓起西墓志铭》曰："当辛丑，余读书双瀑院，起西来访。双瀑万山之中，人迹殆绝。"按：邓起西名大临，别号丹丘。江苏常熟人。曾参与江阴人民抗清斗争，失败后遁入道门。辛丑岁即顺治十八年（1661）。其《送万季野贞一北上》诗云："不放河汾声价倒，太平有策莫轻题！……重阳君渡卢沟水，双瀑吾被折角巾。"②按：此诗作于己未岁（康熙十八年，1679），时逢梨洲弟子万斯同、万言应征北上纂修《明史》，黄宗羲虽支持他们"以布衣参史局"，但告诫弟子不要折节降志，向新王朝进献治国良策，并表示自己宁愿在双瀑院当一书生，读书终老。他作为康熙二十年（1681）的《二欠诗》曰："昔住双瀑院，烟火无交涉。……终朝不破口，天然自妥帖。……我意清如许，僧笑藏书箧。……丈夫足与目，岂为城市设！……拟将一笠去，鹤影横江嶒。……归来再读书，眼界自然别。此愿不能果，吾母年已耋。……不幸母弃养，老矣吾躃薜。"③此诗也反

---

① 《四明山志》卷一，第 329 页。
② 《南雷诗历》卷二，第 282 页。
③ 《南雷诗历补遗》，《黄宗羲全集》第 11 册，第 338 页。

映了黄宗羲清贫自守不与世俗同流合污的高洁品格。

"蓝水渔人"的别号,见于宗羲著作《冬青树引注》重注本的"题辞"落款,云"癸卯中夏蓝水渔人识"①。可知,黄宗羲的《冬青树引注》重注本"题辞"作于康熙二年癸卯岁(1663),当时,宗羲居住在蓝水之畔(作于同年的《明夷待访录自序》有"今年自蓝水返于故居"的文字)。按:蓝水又名蓝溪,源出于四明山之三女峰。《四明山志·名胜》记曰:

> 三女山:相传有三女浴于水滨,为雷所击,化为三峰,亭亭相望。此臆说也,以三峰妩媚,故名三女耳。余尝有阁对之,题其柱曰:"清溪千顷开妆镜,晴虹万丈作缠头。"可想其景矣。其水为蓝溪,自龚村会大兰三十六岙之水,出杨洋黄竹浦,注于江。②

这便是"蓝水渔人"别号的来历。

"古藏室史臣"的别号,见于宗羲著作《弘光实录抄·自序》,其落款为"古藏室史臣黄宗羲识,时戊戌冬十月甲子朔"。按戊戌岁即顺治十五年(1658),其时据浙东抗清斗争彻底失败已经五年,黄宗羲曾在监国鲁王麾下官至"左副都御史",是忠于前明王朝的史官,故自号"古藏室史臣"。他在另一部记载南明史迹的专著中自署"左副都御史某书",并在每篇卷末评语中冠以"史臣曰"三字,也表明了他忠于前朝的政治立场。

总之,黄宗羲为自己取的这些别号,虽然颇有些仙风道骨,或者隐晦曲折,但却表达了他宁居山林为隐士、不仕新朝做贰臣的民族气节,以及清贫自守、锐意读书著述以为后世留书立言的高尚情操。

黄宗羲新民本思想的理论结构与现实意义

诚然,了解黄宗羲各种自号的具体含义固然有助于解剖其思想活动的轨迹,但思想史研究的根本任务是要客观地揭示出其思想的性质、结构和具

---

① 据笔者考证,黄宗羲的《冬青树引注》始注于崇祯十一年戊寅岁,改定于康熙二年癸卯岁。今《黄宗羲全集》本仅收录《冬青树引注》初注本,其卷首"题辞"无落款。其重注本今存浙江图书馆所藏康熙四十一年壬午平湖陆大业所刻谢翱《晞发集》附卷,落款如上述。请参阅拙著:《黄宗羲著作汇考》之十六《〈西台恸哭记注〉与〈冬青树引注〉合考》,台北:学生书局 1990 年版,第 118 页。

② 《四明山志》卷一,第 328 页。

体内容。

作为一名思想家,黄宗羲思想中最有价值的东西即其"天下为主,君为客"①命题所反映出来的民本思想。

关于黄宗羲民本思想的性质,学界存在一些争议。有人认为黄宗羲的民本思想无非是《尚书》"民惟邦本"思想和孟子"民贵君轻"思想的延续,是"以君权为核心"的儒家民本思想的"极限",因而是"前近代"甚至是"反近代"的,不具有民主启蒙性质。② 对此,许多前辈学者都不同意上述看法,而明确地认为黄宗羲的民本思想已经具有民主启蒙的性质。例如,著名思想史家侯外庐先生在其专著《中国早期启蒙思想史·黄宗羲的思想》一章中就设专节论述"黄宗羲的近代民主思想",明确指出:黄宗羲的《明夷待访录》"此书前于罗梭《民约论》三十多年,类似《人权宣言》,尤以《原君》、《原臣》、《原法》诸篇明显地表现出民主主义思想"③。先师郑昌淦先生在其专著《中国政治学说史》一书中指出:

> 从周代到明代,许多学者在论述天下治乱和国家安危问题时,大多归结为君主个人品质关系。是贤君、明君还是暴君、昏君?是治乱安危之所系。他们也论及君民和君臣关系。然而,如何对待民众?是采纳贤臣的忠谏,还是远君子而亲小人?仍然由君王作主。于是,学者们又提出失民心失天下以及载舟覆舟等学说,无非是陈述利害,警告或劝告之意。但是否认识这些历史教训,……起决定性作用的是君主。在君主专制政治制度之下,势必如此。这些学者没有从这一根本性问题进行探讨。……到了十七世纪后期,黄宗羲等人否定君主专制制度,论证了他的危害性,提出了进步的民主学说。④

我是同意"民主启蒙"说的。我认为,黄宗羲的民本思想已经超越孟子以来"由君王作主"的"尊君重民"式民本思想的旧范式,创立了"由民作主"

---

① 《明夷待访录·原君》,《黄宗羲全集》第1册,第2页。下引《明夷待访录》诸篇均见本册第2—43页,不另列注。
② 张师伟:《民本的极限——黄宗羲政治思想新论》,中国人民大学出版社2004年版,第2、5、15页。
③ 侯外庐:《中国早期启蒙思想史》第三章第二节,人民出版社1956年版,第155页。
④ 郑昌淦:《中国政治学说史》第八章第二节:《十七世纪民主政治学说·对君主专制制度的批判》,文津出版社1995年版,第300页。

的"民主君客"式的新民本理论,其思想已具有朴素的民主启蒙性质,因而不是传统民本思想的"极限",而是中国近代民主思想的"开端"。

黄宗羲的新民本思想集中体现在其355年前(1653年)写下的《留书》和10年后(1663年)在《留书》基础上扩充而成的《明夷待访录》。这两部堪称姐妹篇的政论专著,从政治、法律、经济、军事、文化、教育等各个方面阐述了作者的新民本思想,从而奠定了黄宗羲作为我国明清之际伟大启蒙思想家的历史地位。在此,笔者不拟展开对《留书》与《明夷待访录》所包含的民主启蒙政治思想内容的全面叙述,而着重谈谈黄宗羲新民本思想的理论结构及其现代意义。

黄宗羲新民本思想的理论结构主要由五个部分构成:一是政治模式。他在《留书·封建》篇指出,自秦以来中国政治"有乱无治"弊病的根源在于秦"废封建之罪",进而以"托古改制"的方式主张效法古代"封邦建国"的诸侯自治制度,退而求其次,则应效仿唐初设置"方镇"以屏藩中央的制度。这实际上是一种制衡中央集权的地方自治制度。在《明夷待访录》中,黄宗羲破天荒第一次提出了"为天下之大害者君而已矣"的思想命题。他所谓的"天下"指的就是人民(万民)。这个命题可以概括为"君为民害"论。进而,他又提出了"天下为主,君为客"的思想命题,确认人民是国家的主人,君是由民请出来办事、为民服务的客人,这可以概括为"民主君客"论。他还提出了"君与臣,共曳木之人也"的思想主张,实际上是坚持君臣共治天下的治权平等思想。这个政治模式显然已经包含了反对君主专制、主张"民主"、"民权"的思想内容,因而具有朴素的民主性。二是法制模式。他以"托古改制"笔法,肯定"三代之法"是"天下之法",而批评三代以下之"法"为帝王"一家之法"、是"非法之法",主张用"天下之法"取代"一家之法",并提出了"藏天下于天下"、"有治法而后有治人"的思想命题。这些思想主张,已经明确的包含了天下是人民之天下、应由人民共同治理的民治思想,包含了以万民之公法治理天下的法治思想。三是经济模式。他对不断加重农民负担、造成"积累莫返之害"的历代封建王朝的赋税制度进行了深刻批判,并提出了一系列有利于发展商品经济、发展工商业的思想主张,如"工商皆本"的政策主张,"废金银"而"通钱钞"的币制改革主张,"均田"、"齐税"而又不排斥富民占田的"井田制"构想。这些主张虽不免有空想成分,但在客观上是顺应资本主义经济关系产生和发展的历史要求的,因而具有启蒙意义。四是教育模式。一方面,黄宗羲特别重视学校的作用,把学校的功能定位为指导政治、引导舆论的场所,提出了"必使治天下之具皆出于学校"、"公其非是于学校"的政治主张,实际上提出了"以学术指导政治"的启蒙思想;黄宗羲还力主改革以科举取士的教育制度,提出了培养、选拔人才应坚持"宽于取而严于用"的原则,提出了不拘一格选人才的"取士八法"。这是改革教育制度的新思维。五是哲学思维模式。他既继承又超越了其前辈王阳明的"心学"思想与乃师刘宗周的"诚意慎独"之学,将王阳明的"致良知"说解释为"'致'字就是'行'字"的"行良知"说①,将刘宗周立足于至善之"意"的"改过"说发展为基于"工夫"实践的"力行"哲学,提出了"心无本体,工夫所至即其本体"和"必以力行为工夫"②的重要哲学命题,还提出了"一本而万殊"与"会众以合一"③辩证统一的认识方法论。这为纠正当时流行的空谈学风、倡导社会改革提供了新思维。

黄宗羲民本思想的来源是多方面的。其思想渊源,就广义而言,主要来自于中国传统文化中的儒家"民本"、"仁政"思想以及道家的"无君论"。具体而言,《尚书》中"民惟邦本,本固邦宁"的思想、孔子的"仁爱"理论、《孟子》的"民贵君轻"论与"残贼独夫"论、鲍敬言的"无君"论、范仲淹"先天下之忧而忧,后天下之乐而乐"的忧民思想、邓牧《伯牙琴》中的反君忧民与举贤重士主张、王阳明的"致良知"与"知行合一"论、黄省曾《难柳宗元〈封建论〉》中所谓"封建郡县仁不仁"之辨、刘宗周的"诚意、慎独"思想等等,都在不同程度上为黄宗羲的民本思想提供了直接或间接的思想资源。但黄宗羲的民本思想较其往圣先贤已有了实质性的超越。而最大的不同,就在于黄宗羲从明朝灭亡"天崩地解"的惨烈事实、从中国两千年君主专制残害人民的严重弊端中反思总结出了历史的经验与教训,他深刻地认识到尊重人们"自私自利"生活权利的重要,认识到天下应是人民共有共享的天下而非帝王一家一姓之私产的道理,进而提出了比较系统地批判君主专制、倡导民主启蒙的思想理论。从这个意义上说,黄宗羲新民本思想最重要也是最直接的来源,乃是源自于中国两千多年君主专制的负面实践。而黄宗羲新民本思想之"新",就新在超越了传统民本思想的"君以民为本"、"臣为民请命"的"为民作主"旧范式,而提出了"民为主,君为客"的主权在民、君须为民服务的新思想,提出了以"天下之法(公法)治天下"的民治主张,而这是"以君权为核心"

---

① 黄宗羲:《明儒学案·姚江学案》之"叙录",《黄宗羲全集》第7册,第197页。

② 分见于《明儒学案自序》与《明儒学案·姚江学案》之"王阳明先生传",《黄宗羲全集》第7册,第3、202页。

③ 黄宗羲"一本万殊"说见《明儒学案自序》与《明儒学案发凡》,载《黄宗羲全集》第7册,第3、6页。其"会众合一"说见《万充宗墓志铭》,载《黄宗羲全集》第10册,第417页。

的传统民本思想所无法企及的。

当明王朝被农民起义的烽火摧毁以后，中国并未能走上建立民主政治、发展资本主义的道路，而是被一个正从野蛮走向文明的边远落后民族武力征服，建立了甚至比汉、唐、宋、明还要专制、腐败的清王朝。其后，中国又饱受帝国主义侵略、瓜分之苦，从而大大延缓了中国近代化与现代化的进程。在经历两千多年的君主专制政治、当代中国已走上社会主义现代化道路的今天，我们仍然可以深切感受到黄宗羲新民本思想的深远意义与现实价值，可以得到多方面的借鉴与启迪。

黄宗羲新民本思想尽管有历史局限和空想成分，但其所体现的人文精神是历久弥新的。我们至少可从五个方面理解其现代意义：第一，黄宗羲的"民主君客"论和"万民忧乐"论，伸张了主权在民、君须为民服务、以万民忧乐为治乱标准的思想观念。当今时代虽然已非君主专制时代，但永远存在一个政府与人民、领导者与被领导者的关系问题。作为现代社会的领导者，必须明白权力来自人民的道理，坚持"以民为本、为民服务"的根本立场，始终以"万民之忧乐"为头等大事，把广大人民的利益放在第一位。第二，黄宗羲关于"治法"与"治人"的讨论，有助于我们正确认识"法治、德治、人治"的关系及其利弊，促使我们为建立基于民主政治的现代法治社会而作出不懈的努力。第三，黄宗羲的"工商皆本"与税制改革等经济思想主张，可以启发我们深刻认识保持产业结构和谐平衡的重要意义，深刻认识不断减轻或调整人民税务负担对于保持社会稳定的重要意义。第四，黄宗羲关于学校功能和改革取士制度的理论观念，可以启迪我们正确认识学术对于政治的引导作用，深刻认识不拘一格选用人才的重要意义。在"官本位"歪风相当兴盛、"长官意志定是非"的情形下，我们尤有必要大力宣扬黄宗羲关于"公其是非于学校"的思想主张，提倡用"学本位"取代"官本位"，使"长官意志"服从"公民意志"。第五，黄宗羲提倡的"必以力行为工夫"、"工夫所至即其本体"的哲学思想，是一种重视实践的哲学，它对我们在实践中探索建设中国特色社会主义的道路也有借鉴意义。而黄宗羲在其哲学探索中总结出来的"一本万殊，会众合一"的辩证思维方法，更具有开放性、兼容性思维的特征，它对我们在全球化背景下促进异质文化交流、推动文化创新、提升人文精神具有积极的指导作用。

黄宗羲的学术成就

黄宗羲的成就是多方面的。他作为一名伟大的启蒙主义思想家，其思

想富有创见、影响深远,一如上述。而作为一名贡献卓著的学者,其学术成就也是丰富多彩、领袖群伦的,其中最重要的是以下三点:

第一,他通过孜孜不倦的著书活动,为总结历史经验、保存历史文献作出了重要贡献。

黄宗羲一生著作弘富,用他自己的话来说是"自料不下古之名家"。根据我的考证,其著作共计112种,1300余卷,2000多万字。其中有专著,有编著,有文集,涉及到政治、经济、哲学、史学、文学、宗教、历法、数学、地理、方志、文字、音乐等众多领域,有力地证明了黄宗羲不愧为博学多才的国学大师、学术名家。而在其百余种学术著作中影响最大的,首推《明夷待访录》,其次是《明儒学案》、《宋元学案》、《明文海》、《行朝录》、《弘光实录》和《南雷诗文集》。《明夷待访录》是一部振聋发聩、具有民主启蒙性质的政治思想名著。《明儒学案》则是一部系统总结明代学术思想演变状况的学术专著,在中国学术史上开创了"学案体"的著作体例,被当时大儒汤斌推崇为"儒林之巨海,吾党之斗构",又被《四库全书总目提要》的作者称之为"千古之炯鉴"。《宋元学案》虽不成于梨洲之手,却是由黄宗羲起例发凡、粗定规模的,是后学了解宋、元两朝学术发展演变概貌的必读之书。《明文海》是一部巨型文选,凡482卷,其学术意义在于保留了有明一代数千家文集的精华,记录了明代"三百年人士之精神"。《行朝录》、《弘光实录》等十多种史学著作,则比较客观地记载了弘光、隆武、永历、监国鲁王等南明小朝廷以及郑成功的抗清历史,反映了黄宗羲以史学经世应务的史学思想与重视当代史的治史风格。黄宗羲的诗文集《南雷文案》、《南雷文定》、《南雷杂著》、《南雷诗历》等,记录了黄宗羲"濒于十死"的人生经历,也凝聚了梨洲先生不同凡响的才气学识与苦心孤诣的心路历程,对于我们深入了解和研究黄宗羲的生平、著述与思想极有价值。

第二,他在自然科学方面不但写了许多重要的研究性和实用性著作,而且提出了兼容务实的科学思想,倡导破除迷信、移风易俗的科学精神。

黄宗羲不仅是一位伟大的政论家、杰出的哲学家、史学家和文学家,而且是一位有影响的自然科学理论家。他在历学(天文学)、算学(数学)、地理学领域均有重要的研究成果,而他的科学思想,也在中国科学发展史上占有一席之地。堪称我国第一部科学家传记总汇的阮元《畴人传》一书,就收录了《黄宗羲传》,并著录了黄宗羲《大统历法辨》、《勾股图说》、《测圆要义》等8种重要的历算学著作。而据笔者考证,黄宗羲的自然科学著作有20种之多,其中算学著作总计有6种,历学著作10种,地理学著作4种,可惜大多已经亡佚。今存者有《西洋历法假如》、《授时历法假如》、《授时历故》、《今水经》、《四明山志》、《易学象数论》等8种。① 他在历算学方面的成就尤其令人瞩目,堪称清代历算学的先驱。《畴人传》称黄宗羲"博览群书,兼通步算"②,全祖望称其开梅文鼎算学先河,并赞颂"黄氏最精历学,会通中西"③,梁启超《中国近三百年学术史》也说黄梨洲"最喜历算之学,著有《授时历故》、《测圆要义》等书,皆在梅定九文鼎之前,多所发明"④,如此等等,都是对黄宗羲科学成就的应有肯定。

黄宗羲科学思想颇具特色,大致有三点:一是主张会通古今、融合西学,归于一家,提出了"会通归一"的兼容多元思想主张;二是坚持"实得实用"的实学学风,提出了"穷理者必原其始"的科学研究方法论;三是富有怀疑、批判精神,批判了各种宗教邪说与世俗迷信,认为佛教蛊惑人心,危害民生,其"地狱"轮回之说制造恐怖,违背儒家的仁心、仁德,所以主张"投巫驱佛",予以禁绝。他还用"不用棺椁,不作佛事"的临终遗嘱,实践了自己破除迷信、移风易俗的科学精神。⑤

第三,他通过在浙江宁波、绍兴、余姚、海宁、桐乡等地的长期讲学活动,逐步形成了自己的思想体系,并且开创、培植了一个以他为首的浙东学派。这个学派的特色是经史并重、强调经世应务,提倡豪杰精神,可称之为清代浙东经史学派。这个学派"上承王(阳明)、刘(宗周),下开二万(万斯大、万斯同)",绵延至于清末,与一味钻研故纸堆甚至皓首穷经的乾嘉考据学派大不相同,它重视的是"经世应务",关心的是"万民忧乐",对于清代乃至近现代的士风、学风与政风都产生了重要影响。对此,我们将在下文进一步论述。

为清代浙东经史学派正名

浙江向称人文荟萃之地,又有"文献名邦"的美誉,历来有深厚的经史之

---

① 参见拙著《黄宗羲著作彚考》,台北:学生书局1990年版,第133、265页。

② 阮元:《畴人传·黄宗羲附子百家》,北京商务印书馆1955年铅印本。

③ 全祖望:《梨洲先生神道碑文》、《残明东江丙戌历书跋》,《鲒埼亭集》外编卷一一、卷二九。

④ 参见梁启超:《中国近三百年学术史》之第五节《阳明学派之余波及其修正》,载《梁启超论清学史二种》,复旦大学出版社1985年版,第145页。

⑤ 本段引文散见于黄宗羲:《明夷待访录》、《孟子师说》、《破邪论》及《叙陈言扬勾股述》、《答万贞一论明史历志书》、《陈乾初先生墓志铭》、《获麟赋》等文,载《黄宗羲全集》第1、10、11诸册。

学传统。从东汉王充、袁康,到魏晋时期的虞翻、虞喜,乃至于南宋吕祖谦、叶适、陈亮、王应麟,明代的宋濂、王守仁、刘宗周等等,都是学术名家,可谓浙东经史学派的先驱。

"浙东学派"的名称最早是由黄宗羲提出来的。他在《移史馆论不宜立理学传书》一文中批驳了明史馆臣所谓"浙东学派最多流弊"①之说,认为馆臣的批评未免刻薄。但黄宗羲所谓"浙东学派",指的是明初以来今绍兴、宁波地区学术发展的主要脉络,即浙东学统,或曰浙东学脉,而非现代意义的学派。该文在评论明代学术发展脉络时说:"有明学术,白沙开其端,至姚江而始大明。……逮及先师蕺山,学术流弊救正殆尽。向无姚江,则学脉中绝;向无蕺山,则流弊充塞。凡海内之知学者,要皆东浙之所衣被也。今忘其衣被之功,徒訾其流弊之失,无乃刻乎?"②可见黄宗羲是将阳明学和蕺山学一起归入浙东学脉的。从学派意义上说,阳明学派与蕺山学派分属于两个宗旨有别的学术派别,而从学脉意义上说,阳明心学与蕺山慎独之学在浙东学术传统中是一脉相承的。黄氏还汇编过一部集数十名浙东学者著作于一编的《东浙文统》,③也可证明黄氏所谓"浙东学派"与今人所谓"浙东学派"的含义是有所不同的。

然而到了黄宗羲及其弟子后学,确实形成了一个现代意义上的"浙东学派"。这个学派有领袖、有骨干、有渊源、有传承、有宗旨、有特色。其学术领袖是黄宗羲,学术骨干是黄宗炎、黄百家、万斯大、万斯同、万言、李邺嗣、郑梁、陈夔献、董允瑶、陈訏、邵廷采等。其渊源远绍南宋"浙学",近承阳明、蕺山。其传承弟子众多,载于《南雷诗文集》者约有三十多人,而下及后裔、后学如黄璋、黄炳垕、郑性、全祖望、邵晋涵、章学诚、王梓材等,皆可视为梨洲学术传人。其学术宗旨即黄宗羲所提倡的"经世应务",其学风特色即明经通史,会众合一,重视"力行"。

关于清代浙东学派之缘起与规模,从黄宗羲所撰南雷文中可以探知一二。他在《翰林院编修怡庭陈君墓志铭》中说:"甬上有讲经之会,君与其友陈赤衷等数十人,尽发郡中经学之书,穿求崖穴,以立一闻之平……甬中多志行之士,由此会为之砥砺耳。"④而在《陈夔献墓志铭》中更加具体地写道:"丁未、戊申间,甬上陈夔献创为讲经会,搜故家经学之书,与同志讨论得

---

① 黄宗羲:《移史馆论不宜立理学传书》,载《黄宗羲全集》第 10 册,第 221 页。
② 同上。
③ 参见拙著《黄宗羲著作汇考》,台湾学生书局,1990,第 244 页。
④ 黄宗羲:《翰林院编修怡庭陈君墓志铭》,《黄宗羲全集》第 10 册,第 445 页。

失。……数年之间，仅毕《诗》、《易》、《三礼》，诸子亦散而之四方，然皆有以自见。如万季野之史学；万充宗、陈同亮之穷经；躬行则张旦复、蒋弘宪；名理则万公择、王文三；文章则郑禹梅清工，李杲堂纬泽，董巽子、董在中函雅，而万贞一、仇沧柱、陈匪园、陈介眉、范国雯准的当时，笔削旧章，余子亦复质有其文。呜呼盛矣！"①这个甬上讲经会的成员，即以黄宗羲为领袖的清代浙东学派的主力。至于其宗旨、学风，则如全祖望所述，强调"以六经为根柢"、"受业者必先穷经；经术所以经世，方不为迂儒之学，故兼令读史"、"公以濂、洛之统综会诸家，横渠之礼教，康节之数学，东莱之文献，艮斋、止斋之经制，水心之文章，莫不旁推交通，连珠合璧，自来儒林所未有也"②，强调"学必原本于经术而后不为蹈虚，必证明于史籍而后足以应务"③。简言之，清代浙东学派的学风特色，就是明经通史，经世致用。

现代意义上的"浙东学派"概念，是由近现代学术大师梁启超首先提出的。梁氏在 1902 年所撰《中国学术思想变迁之大势》一文中说："浙东学派……其源出于梨洲、季野而尊史，其巨子曰邵二云、全谢山、章实斋。……吾于诸派中，宁尊浙东。"又在 1923 年所著《中国近三百年学术史》中说："明清嬗代之际，王门下惟蕺山一派独盛……而梨洲影响于后来者尤大。梨洲为清代浙东学派之开创者。"可见梁启超是十分推崇由黄宗羲开创的清代浙东学派的。

但梁氏之论却存在一个偏颇，即把浙东学派仅仅看作一个史学流派。他在《清代学术概论》中论清代学术说："大抵清代经学之祖推（顾）炎武，其史学之祖当推宗羲。……宗羲以史学为根柢，故言之尤辩。"又在《中国近三百年学术史》中说："梨洲学问影响后来最大者，在他的史学。"自梁氏以后，学者论及清代浙东学派者，例如何炳松的《浙东学派溯源》（1932 年版），陈训慈的《清代浙东之史学》（1931 年刊），杜维运的《清代史学与史家》（1984 年版）等，大多受梁氏影响，而称名"浙东史学"或"浙东史学派"。④

---

① 黄宗羲：《翰林院编修怡庭陈君墓志铭》，《黄宗羲全集》第 10 册，第 453 页。
② 全祖望：《梨洲先生神道碑文》，《鲒埼亭集》外编卷一一。
③ 全祖望：《甬上证人书院记》。
④ 关于"浙学"与"浙东学派"之名称及其内涵的讨论与梳理，参见吴光：《试论"浙学"的基本精神——兼论"浙学"与浙东学派的研究现状》，载台北：《中国文哲研究通讯》1994 年第 1 期、杭州大学出版社 1994 年版《陈亮研究论文集》；简论"浙学"的内涵及其基本精神，《浙江社会科学》2004 年第 6 期；董平：《浙东学派之名义及其内涵》，载南京大学《思想家》II（江苏教育出版社 2002 年版）。

其实,我们从上引南雷文已经可以证明浙东学派的学术特色是经史并重的。正因如此,其弟子在宁波创设"讲经会",以辩论五经、阐扬经学为宗旨。黄宗羲自己的学术成就,不仅有《明儒学案》、《行朝录》一类史学著作,而且有《易学象数论》、《孟子师说》、《授书随笔》、《春秋日食历》一类经学著作。他对"明经通史"这个学术特色,曾在多篇书函、序跋、墓志铭中予以揭示。例如,在《冯留仙先生诗经时艺序》中明确反对士子"专读时文"而主张"根柢经史",抨击了当时"时文充塞宇宙,经史之学折而尽入于俗学"的流弊;在《万充宗墓志铭》中批评了"科举之学"崇尚片言只语、不讲"大经大法"的弊病,而主张"会众以合一,由谷而之川,川以达于海"的"穷经"方法;在《万祖绳墓志铭》中自述"余于经、史、诗、文多所钞节",在《补历代史表序》中则抨击了"崇科举而废史学"的学术偏向,并讲述了自己刻苦攻读二十一史的经历。可见黄宗羲是主张经史并重不可偏废的。而其弟子与后学虽然各有侧重,却都不曾偏废经学,而是兼治经史。如宗羲之弟黄宗炎,其经学专著《周易象辞》、《寻门余论》、《图学辨惑》在清代经学史上的地位举足轻重。宗羲弟子万斯同,除了《明史稿》、《补历代史表》等史学名著外,还有《庙制图考》、《群书疑辨》、《讲经口授》等经学著作,而其兄万斯大则是著有《经学五书》的著名经学家。全祖望也兼治经史,其名著《经史问答》10 卷,即有 7 卷讲经、3 卷论史。被视为"浙东史学"传人的邵晋涵,虽然一生主要从事史书编纂整理,但其最重要、最有影响的著作却是经学专著《尔雅正义》20 卷。这说明黄宗羲及其学派并非偏重史学而是经史并重。正如近代学者刘师培《全祖望传》所论:"浙东学派承南雷黄氏之传,杂治经史百家,不复执一废百。"[1]

关于清代浙东学派的学术特色与定位,笔者在 20 年前发表的《黄宗羲与清代学术》一文就对梁氏之说提出异议,拙文指出:"关于清代浙东学派,前人往往作狭义的理解,称之为浙东史学派,并以章学诚为其殿军,恐怕有失偏颇。愚意以为,浙东学派是一个包括经学、史学、文学、自然科学在内的学术流派,虽然史学成绩显著,但不应仅仅视作一个史学流派。"[2]二十年来,我的上述看法日臻明晰,并且自信可以成立。我认为,以黄宗羲为首的清代浙东学派,是一个崛起于清初、延续至清末、涵括经学、史学、文学、科学等多个领域而以经史之学为主体的学术流派。该学派的活动区域,以浙东的宁

---

① 刘师培:《全祖望传》,转引自董平撰《浙东学派之名义及其内涵》文。

② 吴光:《黄宗羲与清代学术》,原载《孔子研究》1987 年第 2 期。收入吴光论文集《儒道论述》,台北:东大图书公司 1994 年版。

波、绍兴为中心而扩展于浙西，影响于全国；其主要代表人物，以经学为主兼治史学的有黄宗炎、万斯大，以史学为主兼治经学的有万斯同、邵廷采、全祖望、章学诚，经史兼治而偏重文学的有李邺嗣、郑梁、郑性，偏重于自然科学的有黄百家、陈订、黄炳垕，偏重考据的有邵晋涵、王梓材。这个学派的正式名称，应当称之为"清代浙东经史学派"，而非"清代浙东史学派"。

章学诚的"道论"思想及其学术理想

吴根友

由山口久和的近著《章学诚的知识论》说起

近代以来,研究章学诚的论著与论文层出不穷,对于章学诚思想的多层面意思及其内在矛盾均有较好的揭示。时至今日,章学诚研究是否就可以暂告一段落了呢? 我觉得并不尽然,有些问题还是有讨论的余地。日本学者山口久和曾在其近著《章学诚的知识论》一书提出了这样的问题:章学诚在"考证学全盛时期的清代学术界作出了什么样的贡献?"①我觉得这个问题提得好,它可以有助于我们从整体上来考察章学诚的学术问题意识。受此问题意识启发,我进一步追问:章学诚的学术问题意识究竟是什么? 这一问题可以从历时性的角度出发将其分为两个问题:第一,章学诚的学术问题意识是如何产生的? 第二,贯穿于章学诚一生的根本性的学术问题意识是什么? 对于前一问题,余英时先生似乎已经回答了,他认为章学诚的学术问题意识是受戴震的刺激而产生。对于第二个问题,余先生似乎也提出了自己的观点,认为章学诚的学术是要解决"道问学"问题。② 我现在要继续做的研究是:章学诚是如何来解决"道问学"的问题的。换句话说,他的"道问学"的"专家"、"独断"之学的内在体系及其逻辑次序究竟是怎样的?

山口久和先生认为,章学诚在清代考证学全盛时代的贡献是:"他在'道问学'的土壤之中滋养了'尊德性'的精神,一面被'尊德性'所引导,一面进行'道问学'。"换句话说,章学诚"主张在知识活动中承认必须被承认的主观性契机的固有价值,恢复被那文献的客观处理为金科玉律的考证学者不合

① 山口久和:《章学诚的知识论——以考证学批判为中心》,王标译,上海古籍出版社,第21页。

② 参见氏著:《论戴震与章学诚——清代中期学术思想史研究》,东大图书股份有限公司1996年版。

理地贬低了的知的主观性"。①

山口先生的说法非常有启发性。与现行的很多论著相比,该著作集中而又鲜明地阐发了章学诚学术思想的个性,亦即章学诚自己所说的"独断"之学的特征。然而,他认为章氏恢复了"知的主观性"的说法,如果不是翻译的问题,我认为这是一种比较容易产生误解的观点。因为"主观性"一词在现代汉语里与客观性相对,是随意性、不准确性、情绪性的代名词。章学诚一再反对学术的门户之见。他虽然也讲学术研究中的"性灵"问题,但都不是"知的主观性",而只是依照个人的性情做适合自己的学问,从而在一个侧面实现对"道"的追求。山口有感于目前日本汉学界仍然恪守"乾嘉学术"追求客观知识的学风,无视日本汉学研究的文化使命,以章学诚为契机来表达自己的汉学研究理想,有其独特性之处。与其说章氏学术恢复了"知的主观性",不如说章氏在学术研究的领域彰显了研究者个人的独立理性与判断精神,是中国传统社会里近代性因素的鲜明体现。②

章学诚学术思想的内在结构及其终极追求

山口久和在论章学诚与桐城文派思想的异同问题时,比较精辟地概括了章氏思想的几个面向。他认为章氏表达的"独断"之学是"通过文献媒介来主张自己的独断"的,因而与桐城派"不以经书理解为媒介,将自己的哲学(义理)用赤裸裸的语言来表达"的方式与态度是"无缘的"。章氏的思想可以从以下三个方面来理解:"以《周礼》的官师合一为基础来纠弹知识的变质,遵循《尚书》的'因事命篇'来称扬超越既存知识框架的主观知性;重视司马迁《史记》、郑樵《通志》的'通(通史)',主张历史记述不应该停留在过去史实的记述之上,而应该是以现在未来为志向的'知来'之学;模仿刘向、刘歆的《七略》制定透视知识整体的俯瞰图(以未完成而告终的《史籍考》的巨大尝试相当于这个)。"而以上三个面向的知识体系集中表现为:"带有浓厚的在道问学中恢复尊德性契机特性",从而与"通过'文以载道'的古文创作以

---

① 山口久和:《章学诚的知识论——以考证学批判为中心》,第21页。

② 参见拙著《中国现代价值观的初生历程——从李贽到戴震》第四章,武汉大学出版社 2004 版,第 277—280 页。当时未涉及章学诚,仅论述了以戴震为代表的考据学在理性研究过程中表现出的个性精神。其实,章学诚的"独断"之学,对性灵的追求,更为明显地体现了学者以理性的方式彰显个性的历史要求。

阐明义理的桐城派宋学家之间显然有着大相径庭的差别。"①山口先生出于对目前日本汉学界仍然重视乾嘉考据学的客观求知方法的不满,主张学术研究应当表达研究者个人独立思想、见解,在基本上同意余英时先生的观点基础上,着重发掘章学诚学术思想中的"独断"、"专家"之学性格,具有极大的启发意义,而且也的确彰显了章氏学术的某一方面性格。

然而,章学诚学术、思想的特征是否就完全如山口先生所说的那样呢?我看未必全是。按照现代学术的分类方法来看,作为思想家的章学诚,其思想内容大体上可以从三个大的方面去理解,一是其道论思想,二是其史学理论或曰历史哲学,三是学术史观。从现代学科分类的角度看,"道论"是其哲学的形上学部分,历史哲学是其哲学的形下部分,而又是历史学,更确切地说是其文化史的哲学思考,而学术史观则是其思想的最基础部分——历史学部分。这种分类有着现代学术的简明性,但其缺点是将章学诚的思想品格过分地现代化了。如果以经史子集的四库分类法来理解章学诚的思想特征,则章氏的思想特征可以这样来描述:即透过"文史"作品的表象寻求其背后的"通义",而所谓的通义其实就是现代学术的哲学和文化哲学的工作。章学诚所说的"文史"即是历史的经史子集作品的总称,颇类似今日学术所讲的广义"文献",因而都是其思想的材料,而要在这些材料中寻找一种共通的精神——章学诚所说的"通义"才是章学诚学问的目的。这样的学术目标决定了章学诚的思想家品格而非史学家的品格,这正如戴震要在音韵、训诂、制度的考据学之中寻求"道"决定了戴震是哲学家而不是考据学家一样。然而,在章学诚的时代,考据学成为该时代的学术主潮,而且该时代的一流大家都不喜欢广义的"宋学",包括他的老师朱筠在内。像章学诚这样一个不喜欢也不擅长考据学的人文学者,如何面对时代的压力而能独辟蹊径,自成一家之言呢?这是一个巨大的精神困惑!也是一种巨大的精神压力!也正是这种巨大的精神压力,他引思想家的戴震为同调,而将作为考据学专家的戴震视为敌手。更有一层,作为思想家的章学诚,他不愿意批评精神权威朱子的学术思想及其所阐发的伦理原则,即使他本人内心里更喜欢陆王心学的"学贵自得"的学术主张,而是努力调停朱子与陆王之学,批评朱学与陆王学之末流。在这一点上,他与戴震完全不同。晚年的戴震公开地宣称自己的学问与思想是"空无所依傍",而章学诚到晚年则依照自己的思想原则构造出一个"浙东学术"的学术流派,将自己放入这个学派之中,从而为自己

----

① 山口久和:《章学诚的知识论——以考证学批判为中心》,第249页。

的学术寻找到思想史的支持。章学诚这样做的原因可能是多方面的,但有一点可能是这样的,即他在世时的学术地位不及戴震在世时的地位高,必须要在学术史的背景下来彰显自己的学术地位与价值。

根据前人的研究成果来看,《文史通义》内外篇的主要文字都在乾隆五十四年写成的,该年章学诚五十二岁,其系统的"道论"思想与"六经皆史说"都形成于此时,而对"浙东学术"的看法的形成则更晚,大约在六十岁以后。

从其思想构成的逻辑结构来看,"道论"是章学诚所追求的"通义"的核心内容及基本形态,"六经皆史"说则是其思想的方法论原则,表明他是从历史的路径来通达大道的,从而形成与当时考据学以经学为对象的不同学术路数。这样一个独特的学术路数有没有学术史的支持呢?为了回答这个问题,他构造了一个"浙东学术"的学术史流派,为自己的方法寻求学术史的支持,以对抗当时的考据学风气的压力。如果这一理解大致不错的话,那么我们就可以很好理解,他一方面要极力表彰作为思想家的戴震,一方面又要批评作为考据学大家,而且在他看来具有霸气的经学专家的戴震。因为,作为思想家的戴震在乾嘉考据学盛行而普遍轻视思想价值的时代里,可以引为同调,相互支持;而作为经学专家的戴震,因为在考据学方面取得的巨大成就而傲然于世,领袖群伦,让章学诚无法超越。章学诚拿什么样的工具来与戴震抗衡呢?他最终找到"文史"这样的思想史、文化史工具。经学家的戴震擅长于音韵、训诂、制度考订等语文学(Phiology)工具,但他并不擅长文献、文章与历史学,而这是一个领域更为广阔的学术天地,又是极符合章氏本人"性情"的另一个学术世界。在文史领域里,章学诚从三个方面做了排拒工作,一是要将历史上擅长于文史而弱于思想的博学家地位加以降低,从而突出自己所从事的"文史通义"工作的独创性,二是要以"文史"为工具来抗拒擅长于考据的当世学者给他施加的精神压力;同时(也是第三个方面的原因)又要将自己的思想风格与当世所一致批评的宋学的空疏学风区别开来。这种精神动机既可以从其晚年的《浙东学术》一文中将自己归类于思想类而不归类于文献学类的学术流派史中可以看出,也可以从其严厉批评戴震以考据学"概人",特别是对戴震的方志学的学术批评和对宋学中"离事言理"、"离器言道"的思想方法的批评中可以看出。章学诚要在三个维度的排拒中确立自己的学术风格,思想压力之大可想而知。也正因为他是在三个维度的排拒中来确立自己的学术风格,从而也就在一定程度上模糊了自己的学术风格,给后人理解他的学术与思想风格制造了很多障碍。

历史学家往往将《浙东学术》一文看作是一篇勾勒学术流派史的文章,

并因此而仔细分辨章学诚所说的"浙东学术"究竟能否成立的真实性问题。①
如果从思想家的角度看,《浙东学术》一文其实是晚年的章学诚为自己的学术寻找精神归宿的"言志"之作,正如王阳明在晚年作《朱子晚年定论》一样,是要将自己的思想纳入一个强大的历史统绪里,从而获得一个学术史的地位。如果说,自孟子到宋代理学,部分知识分子通过构造道统来确立儒家学者在政治生活中的崇高地位,从而对抗现实的王权;那么,章学诚的《浙东学术》则是在构造"学统",从而为自己的学术风格寻找历史的支持。在该文中,章学诚为"浙东学术"提炼出了一个非常哲学化的命题:"言性命必究于史。"这一学术与思想的命题其实包含了三个方面的内容:第一,浙东学术是以探讨抽象的"性命"问题为自己学术的宗旨的;第二,其探讨"性命"问题的方法是史学而非时流的考据学;第三,这一性命之学与"离事言理"、"离器言道"的空疏宋学的"性命之学"不同。然而大家非常明白,朱熹不擅长史学,陆王也不擅长史学,唯有黄宗羲、万斯同、全祖望擅长史学。因此,将"浙东学术"的性格归纳为"言性命必究于史"的特征,在很大程度上是夫子自道而已。他以学术史的方式向世人表明:我章学诚所讲的一套"天人性命之学",是通过文史研究的"实学"途径来完成的,既不同于戴震的"由字以通词,由词以通道"的考据学与语言学路径,也不同于以往历史上"空言性命"的宋学,更与斤斤计较于细枝末节、有博无约的传统文献学——如王应麟之类,以及时下流行的考据学之学有本质的区别。因此,《浙东学术》一文是在多维度的"辨似"过程中确立章学诚自己学术面貌的一篇文章,而非是一篇真正梳理浙东学术发展史的历史学文章。然而,这并不是说这篇文章没有学术的客观性。在我看来,章学诚的这一说法恰恰以一种无意识的方式揭示了他自己学术风格与乾嘉学术的内在一致性,即通过人文主义的实证方法来表达抽象的哲学思想。只是其所使用的实证工具不是音韵、训诂等语文学,而是广义的文献学而已。因而在思维方式上走的是"即事以穷理"的经验论的道路,与宋学的"立理以限事"的先验论道路截然相反。

章学诚"道论"思想的发展过程及其对 "道源"的分析、道的本质的界定

晚明以降的绝大多数有创见的思想家,大体上都走过一条依傍宋明理

---

① 参见何炳松《浙东学派溯源》第六章,广西师范大学出版社 2004 年版;仓修良、叶建华著《章学诚评传》第十一章,第 434—455 页,南京大学出版社 1996 年版;陈祖武主编的《明清浙东学术文化研究》一书中的相关文章,中国社会科学出版社 2004 年版。

学，最终又背离宋明理学的学术与思想的过程，正如宋学的绝大多数有创见的思想家都走过依傍佛老，而最终走向批判佛老的学术与思想道路一样。章学诚"道论"思想的形成大体上也走过依傍朱子理学到摆脱朱子理学，最后形成基本上以他自己理想中的史学为基础，以人类社会生活实践为内容的"新道论"思想历程。按照前贤的研究成果看，章学诚写作《文史通义》的时间大约在 35 岁，而其论道的文字，较早出现 40 岁左右。① 其时"道论"思想还很传统，很抽象，并没有形成自己的真正见解。在《定武书院教诸生识字训约》（此文作于 1777 年春，属早期思想，40 岁）中说："夫道者，仁者见之谓之仁，知者见之谓之知，百姓日用而不知，无定体者皆是也。" ②

　　五年之后，章学诚的"道论"思想在主观意识上虽然力图摆脱宋代道学的影响，提出了"道不离器"的观点，但在具体内容上仍然没有摆脱朱子理学思想的影响。在《与朱沧湄中翰论学书》中，章学诚说：

　　　　盖学问之事，非以为名，经经史纬，出入百家，途辙不同，同期于明道也。道非必袭天人、性命、诚正、治平，如宋人之别以道学为名，始谓之道。文章学问，毋论偏全平奇，为所当然而又知其所以然者，皆道也。《易》曰："形而上者谓之道，形而下者谓之器。"道不离器，犹形不离影。日月光天，终古不变，而群生百物，各以质之所赋而被其光，谓其所和光影各有大小高下之不齐则可矣，谓尽去形质而始为日月之光，不知光将何附也！以所得之大小高下而推测日月之光则可矣，以谓光即在此大小高下而不复更有中天之日月焉，不知争此大小高下将何用也！由此观之，学术无有大小，皆期于道。若区学术于道外，而别以道学名，始谓之道，则是有道而无器矣。学术当然，皆下学之器也；中有所以然者，皆上达之道也。器拘于迹而不能相通，惟道无所不通，是故君子即器以明道，将以立乎其大也。③

　　七年之后，章学诚 52 岁，思想已经成熟、定型，他的"道论"思想也更具有自己的特色了。在这一时期所创作的《原道》上中下三篇，以及相关的《易教》、《诗教》、《说林》、《与陈鉴亭论学》等文章与书信中，集中而又系统地阐

---

① 参见仓修良、叶建华：《章学诚评传》第二章。

② 下面引文均以仓修良编注的《文史通义新编新注》为底本，浙江古籍出版社 2005 年版。

③ 章学诚：《文史通义新编新注》，第 708－709 页。

述了他自己的"道论"思想。概而言之,这一时期的"道论"思想有三点新的内容,其一是"以三人居室而成道"的人道论。其二是仅以"所以然"来规定"道",提出了道体不可见,而可见者为道之迹的说法,深化了 40 岁时"道无定体"的说法。其三,深化并丰富了"道不离器"的思想,提出了道在六经之中又在六经之外的思想,从而将"六经皆史"旧命题赋予了新内容,使历史学成为面向现实与未来,并鼓励人们从事创造性事业的"经世"新史学。与其时的考据史学所具有的追求普遍的、确定的历史知识的旧史学品格区别开来了。下面就具体来看看其道论思想的新内容:

章学诚一反历史上一阴一阳之谓道的说法,着重从人类文明形成的历史角度来描述道的形成过程及其所具有的客观性特征,不再从自然哲学或气化论的角度来讨论抽象的哲学之道。他说:

> "道之大原出于天",天固谆谆然命之乎? 曰:天地之前,则吾不得而知也。天地生人,斯有道矣,而未形也,三人居室,而道形矣,犹未著也;人有什伍而至百千,一室所不能容,部别班分,而道著矣。仁义忠孝之名,刑政礼乐之制,皆其不得已而后起者也。(《原道上》)

在章氏看来,那种根源于天的抽象之道,他无法知晓。他只是谈论天地生人之后的"人道"的形成过程及其必然性。所谓"仁义忠孝之名,刑政礼乐之制,皆其不得已而后起者也"。其实是在阐述人类的文明制度虽出于人的思想构造,但有其"不得已"的客观、必然性的道理,看似主观的文明构造其实有其客观的、必然性内容。所以,人文世界其实也有如同天地运行的自然而然的特性。如章学诚说:

> 人之生也,自有其道,人不自知,故未有形。三人居室,则必朝暮启闭其门户,饔飧取给于樵汲,既非一身,则必有分任者矣。或顺中有降司其事,或番易其班,所谓不得不然之势也,而均平秩序之义出矣。又恐交委而互争焉,则必推年之长者持其平,亦不得不然之势也,而长幼尊卑之别形矣。至于什伍千百,部别班分,亦必各长其什伍而积至于千百,则人众而赖于干济,必推才之杰者理其繁,势纷而须于率俾,必推德之懋者司其化,是亦不得不然之势也;而作君、作师、画野、分州、井田、封建、学校之意著矣。故道者,非圣人智力之所能为,皆其事势自然,渐形渐著,不得已而出之,故曰"天也"。(《原道上》)

在魏晋玄学的自然与名教的争论过程中,以嵇康为代表的"越名教而任自然"的反名教一派,也有郭象、裴頠等人的"名教即自然"的混同儒道的一派。章学诚在此处所言的当然不是魏晋玄学的翻版,但他的确是从新角度论证了儒家名教的客观必然性与历史合理性,他虽然不像程朱理学以独断论的方式论断的那样:"君臣父子,无所逃于天地之间。"①但他其实是以历史学的方式论证了名教的必然性与历史合理性。虽然他并没有黑格尔那样的抽象哲学命题:"凡存在的即是合理的。"但他"道论"里的确对历史上各阶段出现的规范与制度的客观性、历史合理性进行了论述。

章学诚虽然重视名教之总称(或别称)的道,却对圣人与道的关系作了新论述。他认为,圣人可以体道,但不能等同于道。圣人与道的关系还不如众人与道的关系更亲近。圣人所见之道只是众人"不知其然而然"的"道之迹"。因此,圣人所遗传下来的"六经"只是对"道之迹"的描述,而不是对"道"本身的规定,这就使得"经学"的地位有所下降。章学诚这样论述道与圣人、众人,以及众人与圣人的关系的:

> 道有自然,圣人有不得不然,其事同乎? 曰:不同。道无所为而自然,圣人有所见而不得不然也。故言圣人体道可也,言圣人与道同体不可也。圣人有所见,故不得不然;众人无所见,则不知其然而然。孰为近道? 曰:不知其然而然,即道也。非无所见也,不可见也。不得不然者,圣人所以合乎道,非可即以为道也。圣人求道,道无可见,即众人之不知其然而然,圣人所藉以见道者也。故不知其然而然,一阴一阳之迹也。(《原道上》)

章氏"道论"在此所论的思想突破意义甚大! 一方面,他找到了批评戴震"经之至者道也"的"经道合一论",另一方面,他将学术求道的活动从纯粹的历史研究引向了对变动不居的生活现象本身的研究,从而蕴含着使历史研究摆脱对纯文献考订的新倾向,从而包含对了当世制度的研究,使历史研究保持一种古今贯通的"通史家风"。章学诚在其给友人的信中详细地解释

---

① 此语原出《庄子·人间世》,是庄子借孔子之口说出来的,然被宋代理学家借用过来了。

了自己的"道论"思想，①但其内容基本上没有超出《原道》上中下三篇。章氏"道论"思想从思想形式上看，与朱子的理学思想有内在的一致性，如他说："道者，万事万物之所以然也，而非万事万物之当然也。人可得而见者，则其当然而已矣。"（《原道上》）但是，章氏的"道论"思想毕竟又不同于朱子理学思想中的"理"论，因为他并没有将"道"看作是先于天地之先的存在，而只将"道"看作是一种不可见的"所以然"。这与他 40 岁时所说的"道无定体"的说法是一致的。但是内涵更加丰富而且更加具体，具备自己的思想特征。

"道器关系论"：章学诚论形上之道与形下世界的关系

可以这样说，"道器关系论"是章学诚"道论"思想的重点，内容最为丰富。在我们假定他没有阅读王夫之的相关著作的前提下，我个人认为，其"道器关系论"代表了"乾嘉时代"对这一问题论述的最高理论水平，亦是他个人的理论独创。②

在章学诚看来，道器相即不离是这是道器关系的最为理想状态。他认为，上古时代道与器是相即不离的，他说："《易》曰：'形而上者谓之道，形而下者谓之器。'道不离器，犹影不离形。后世服夫子之教者自六经，以谓六经载道之书也，而不知六经皆器也。……三代以前，《诗》、《书》、六艺，未尝不以教人，非如后世尊奉六经，别为儒学一门而专称为载道之书者。"（《原道中》）在这样的道器不分离的时代里，"官师治教"合为一体，没有所谓的私人著述，如他说："盖官师治教合，而天下聪明范于一，故即器存道，而人心无越思；官师治教分，而聪明才智不入于范围，则一阴一阳入于受性之偏，而各以所见为固然，亦势也。"

而且，在章学诚看来，只有理解"道器"相即不离的原初状态，才能真正

---

① 在《与陈鉴亭论学》（1789 年）一信中，章学诚向友人陈鉴亭进一步解释了其"道论"思想的基本逻辑思路，认为道无处不在，无所不包，"道无不该，治方术者各以所见为至。"而且说，由于一般人认为，他的"道之大原出于天，其说甚廓"，所以，他以"三人居室"而成道的历史过程来"切证"道的历史过程，从而推论"道体之存即在众人之不知其然而然"的自然历史过程之中。

② 戴震有"道论"但无"道器关系论"，其对道与气的关系、道与分理的关系的论述颇为简略。钱大昕对此问题几乎没有涉及，焦循有道论而无"道器关系论"，阮元的"道器关系论"有新意，但缺乏理论的思辨性。参见拙文《乾嘉时代的"道论"思想及其哲学的形上学追求》，《儒教文化研究》（国际版）第九辑，主编：崔英辰，韩国成均大学校 2008 年版。

理解学术的真谛。在《与陈鉴亭论学》(1789 年)的长信中,他这样说道:"故知道器合一,方可言学;道器合一之故,必求端于周、孔之分,此实古今学术之要旨,而前人于此,言议或有未尽也。"

而且认为,"六经未尝离器言道,道德之衰,道始因人而异其名,皆妄自诩谓开凿鸿蒙,前人从未言至此也。"可见,章学诚心中理想的历史情境是"道器合一"的状态。不过,在实际的历史过程中,"道器"毕竟是分离了。作为一个历史哲学家,他是如何解释这一道器分离的历史原因的呢?

章学诚是从如下三个方面来探讨道器分离的原因的。首先,他认为是因为政治自身的变化,圣王的隐没导致了道器分离的。如他说:"夫子述六经以训后世,亦谓先圣先王之道不可见,六经即器之可见者也。后人不见先王,当据可守之器而思不可见之道,故表章先王政教,与夫官司典守以示人,而不自著为说,以致离器言道也。"(《原道中》)

其次,在圣王隐没之后,各大学派的分裂导致了道器的分离。他说:

> 《易》曰:"仁者见之谓之仁,智者见之谓之智,百姓日用而不知。"道之所由隐也。夫见亦谓之,则固贤于日用不知矣。然而不知道而道存,见谓道而道亡。大道之隐也,不隐于庸愚,而隐于贤智之伦者纷纷有见也。……而诸子纷纷则已言道矣,庄生譬之为耳目口鼻,司马谈别之为六家,刘向区之为九流,皆自以为至极,而思以其道易天下者也。由君子观之,皆仁智之见而谓之,而非道之果若是易也。夫道因器而显,不因人而名也。自人有谓道者,而道始因人而异其名矣。仁见谓仁,智见谓智是也。人自率道而行,道非人之所能据而有也。自人各谓其道而各行其所谓,而道始得为人所有矣。墨者之道,许子之道,其类皆是也。① (《原道中》)

再次,由于儒家内部的分派导致"道器"的分离。如他说:

> 夫六艺者,圣人即器而存道,而三家之《易》,四氏之《诗》,攻且习者,不胜其入主而出奴也。不知古人于六艺,被服如衣食,人人习之为

---

① 同篇中,有关道的变化、发展特征的论述还有:"夫道自形于三人居室而大备于周公、孔子,历圣未尝别以道名者,盖犹一门之内不自标其姓氏也。至百家杂出而言道,而儒者不得不自尊其所出矣。一则曰尧、舜之道,再则曰周公、仲尼之道,故韩退之谓'道与德为虚位'也。夫'道与德为虚位'者,道德之衰也。"

固然，未尝专门以名家者也。后儒但即一经之隅曲，而终身殚竭其精力，犹恐不得一当焉，是岂古人不相及哉？其势有然也。古者道寓于器，官师合一，学士所肄，非国家之典章，即有司之故事，耳目习而无事深求，故其得之易也；后儒即器求道，有师无官，事出传闻而非目见，文须训诂而非质言，是以得之难也。夫六经并重，非可止守一经也；经旨闳深，非可限于隅曲也。(《原道下》)

最后，他从自己所处时代的问题出发，提出了由学科分治而导致"道器"分离的说法。他说：

训诂名物，将以求古圣之迹也，而侈记诵者如货殖之市矣；撰述文辞，欲以阐古圣之心也，而溺光采者如玩好之弄矣。异端曲学，道其所道而德其所德，固不足为斯道之得失也。(《原道下》)

而要对治因这一因学科分立而导致"道器分离"的现象，必须是兼而治之。他说：

训诂章句，疏解义理，考求名物，皆不足以言道也。取三者而兼用之，则以萃聚之力补遥溯之功，或可庶几耳。(《原道下》)

又说：

夫道备于六经，义蕴之匿于前者，章句训诂足以发明之。事变之出于后者，《六经》不能言，固贵约《六经》之旨而随时撰述以究大道也。(《原道下》)

不过，章学诚所设想的"道器合一"状态与他重新要恢复的"道器合一"理想之间有一个非常大的裂痕。他所设想的"道器合一"状态是一种社会政治理想，而他要恢复的"道器合一"理想是一种学术状态。这一思想的裂痕恐怕连章学诚自己也未必意识到了。由于在"乾嘉时代"传统士人在实际政治与社会生活中的地位的下降，他们连两宋时期士大夫与天子共治天下的政治理想都没有，①这一时代的士人多是在不自觉从事着类似现代知识分子所做的纯粹学术工作，与现实的政治生活相距甚远。然而他们又深受传统士人文化传统中经世致用思想的影响，总以为自己的学术研究有关于现实政治，以一个业余政治家的身份参与从事学术研究，实在是一厢情愿。在这一点上，作为考据学思想旗帜的戴震与作为新史学理论代表的章学诚，在思想基础上是相同的。所不同的是戴震站在下层民众的立场，要求在上位者关怀下层民众的饥寒愁苦；而章学诚则要求当时的士人，其著述应当有裨于风俗教化、世道人心。

"道器"论的合理延伸："言性命必究于史"与
"道公而学私"的学术理想

与章学诚的"道器论"相关，章学诚在晚年论述"浙东学派"的学术精神时，提出了"言性命必究于史"的著名命题，在学术理想方面，提出了"道公而学私"的命题，反对学术研究过程中的门户之见，要求学者以追求千古不易之道（类似今日所说的"真理"）为己任，在一定程度上体现了传统士人向现代知识分子转化的历史趋向。

（一）"言性命必究于史"——章学诚的学派精神论及其哲学的实证品格

学术界有关"浙东学派"的讨论已经有很多文章了，②本文不再对此进行论述。在我看来，章氏的"言性命必究于史"的命题，其实是"道不离器论"的哲学思想在学术史领域的具体化表现而已，其所体现的思想倾向仍然是"即事以穷理"的经验论。章氏认为：

> 天人性命之学，不可以空言讲也，故司马迁本董氏天人性命之说而为经世之书。儒者欲尊德性，而空言义理以为功，此宋学之所见讥于大雅也。夫子曰："我欲托之空言，不如见诸行事之深切著明也。"此《春秋》之所以经世也。……故善言天人性命，未有不切于人事者。三代学

---

① 参见余英时《朱熹的历史世界》上篇"通论"绪说部分所论，北京三联书店 2004 年版。

② 参见仓修良、叶建华著《章学诚评传》第十一章，第 434—455 页。另参见陈祖武主编的《明清浙东学术文化研究》一书中的相关文章，中国社会科学出版社 2004 年版。

术,知有史而不知有经,切人事也。后人贵经术,以其即三代之史耳。近儒谈经,似于人事之外别有所谓义理矣。浙东之学,言性命者必究于史,此其所以卓也。(《浙东学术》)

在章氏看来,他理想中的"浙东学派"之所以在各学派中卓然而立,就在于能够从具体的历史经验中探索"天人性命"的抽象义理,既避免了徒知文献与考据的弊病,也避免了空谈性理的弊病,最能代表学问中的"中道"一派。在考据学盛行的"乾嘉时代",章学诚特别重视抽象的"性命之学",这是他的"别识心裁",值得称道。然而,他也不可能脱离时代风气,在谈性命的问题时必征于实际经验,故他在《书孙渊如观察〈原性〉篇后》中说道:"昔夫子罕言命,子贡以性与天道不可得闻,夫子自谓无行不与,又谓时行物生,天何言哉,乃知性命非可空言,当征于实用也。"

章学诚很少讨论宋明理学的"理"字,然在《朱陆》篇还是谈到了理与事、理与器的关系,以"理水事器"的譬喻说明理抽象哲理与不离具体经验的道理。如他说:

> 天人性命之理,经传备矣。经传非一人之言,而宗旨未尝不一者,其理著于事物而不托于空言也。师儒释理以示后学,惟著之于事物,则无门户之争矣。理,譬则水也;事物,譬则器也。器有大小浅深,水如量以注之,无盈缺也。今欲以水注器者,如置其器而论水之把注盈虚,与夫量空测实之理,争辨穷年未有已也,而器固已无用矣。

在我个人看来,章氏这一"理水事器"的譬喻非常蹩脚,不能非常周延地说明理事关系,但从这一譬喻中可以看出章学诚哲学重视实证的思想品格。从这一点看,章学诚其实是戴震的同路人,只是他们用来实证自己哲学思想的工具不同,戴震运用的是广义的语言学工具,而章学诚运用的是广义的文献学工具。

(二)"道公而学私":章学诚的学术理想论

与"道器论"相关,章学诚还提出了"道公而学私"的学术理想。他认为,只要是自己的学术能够揭示出公共之"道",就不必在意所言之道的"言"的冠名权问题。他以惯用的托古方式说道:"古人之言,所以为公也,未尝矜于文辞而私据为己有也。志期于道,言以明志,文以足言。其道果明于天下而

所志无不申，不必其言之果为我有也。"（《言公上》）

他感叹后各家之言在明"道"方面的缺陷，从而陷入了无谓的门户之争。他说：

> 呜呼！世教之衰也，道不足而争于文，则言可得而私矣；实不充而争于名，则文可得而矜矣。言可得而私，文可得而矜，则争心起而道术裂矣。古人之言，欲以喻世；而后人之言，欲以欺世。非心安于欺世也，有怕私而矜焉，不得不如是也。古人之言，欲以淑人；后人之言，欲以炫己。（《言公中》）

他提出解决门户之见的方法是：立言求道，而不在乎是否要求立言的冠名权。

> 若夫道之所在，学以趋之；学之所在，类以聚之。古人有言，先得我心之同然者，即我之言也。何也？其道同也。传之其人，能得我说而变通者，即我之言也。何也？其道同也。穷毕生之学问思辨于一定之道，而上通千古同道之人以为之藉，下示千古同道之人以为之辅，其立言也不易然哉！（《言公中》）

又说：

> 立言之士，将有志于道而从其公而易者欤？抑徒竞于文而从其私而难者欤？公私难易之间，必有辨矣。呜呼！安得知言之士而与之勉进于道哉！（《言公中》）

这种以追求真理为目标的学术价值理想，其实与戴震的学术理想在精神是相通的。在《与姚孝廉姬传书》[①]中，戴震批评当时很多人满足于前辈的学术成果，缺乏求道之心，结果导致学术上的皮相之见：

> 故诵法康成、程、朱不必无人，而皆失康成、程、朱于诵法中，则不志

---

① 《戴震全书》（六），张岱年主编，黄山书社1995年版。下所引文献皆出于此集。不另注。

乎闻道之过也。诚有能志乎闻道,必去其两失,殚力于其两得。

所谓"两失",即是戴震在该文中批评的不明学术渊源和不能亲自从第一手资料出发理清学术发展过程的歧变这两种过失;所谓"两得",即是所择取之义高远和资借之理闳阔两种好处。

作为考据学大家的戴震,同样严厉地批评了同时代人中丧失了追求真理的精神,而玩弄"考据学"的猥琐态度。他说:"今之博雅文章善考核者,皆未志乎闻道,徒株守先儒而信之笃,如南北朝人所讥'宁言周、孔误,莫道郑、服非',亦未志乎闻道者也,私智穿凿者,或非尽掊击以自表襮,积非成是而无从知,……故学难言也。"(《答邓丈用牧书》)

这些批评性的言论与章学诚若出一辙。只是戴震没有采用"立言为公"的传统表达方式而已。戴震要求人们以一种不计功利的态度来追求真理,其实也即是章学诚提倡的"见道之言不必冠以己名"的另一种表达。在《答邓丈用牧书》一文中,戴震自述自己的"求道"态度道:"其得于学,不以人蔽己,不以己自蔽,不为一时之名,亦不期后世之名。"

这种纯粹的"求真"精神,虽不以公命名,其实表达的正是"学术乃天下之公器"的学术理想,与章学诚的崇公学术理想在精神上具有高度的契合性。

戴震还进一步阐明了学术为什么不能求名的道理。在该文中,他继续说道:"有名之见其弊二:非掊击前人以自表襮,即依傍昔儒以附骥尾。二者不同,而鄙陋之心同,是以君子务在闻道也。"这与章学诚批评立言者为自表其学,坚持门户之见而不以得道为指归的思想高度一致。

戴震曾向世人敞开了他本人追求真知的纯粹学术态度:"不入四者之弊(即上文所说的"不以人蔽己"等四种弊端),修辞立诚以俟后学。其或听或否,或传或坠,或尊信或非议,述古贤圣之道者所不计也。"(《答邓丈用牧书》)

这种不计利害得失的"求道"精神与章学诚所提倡的"道公而学私"的学术理想,以不同言语方式展示了中国传统学术向近代纯知识论方向转向的新趋势。

附注:本文为教育部重点基础研究重大项目"戴震、乾嘉学术与中国文化"(项目编号为 01JA720043)的阶段性成果。

中国信仰观念成型时期
的知识与思想界

吾敬东

战国中期以前的知识与思想界：由迷信而理性

从西周末年一直到战国后期，中国社会主要是知识界和思想界中出现了一个理性或无神论思潮的进步过程。这样一个进步是缓慢发生发展的，它伴随着思维的进步，也伴随着知识的进步。相关文献记录了这一进步的过程。

《左传》庄公十四年记载：

> 初，内蛇与外蛇斗于郑南门中，内蛇死。六年而厉公入。公闻之，问于申繻曰："犹有妖乎？"对曰："人之所忌，其气焰以取之。妖由人兴也。人无衅焉，妖不自作。人弃常，则妖兴，故有妖"。

申繻在这里回答鲁庄公"犹有妖乎"的提问时说："妖由人兴"，也即是说，妖是由人决定的，这是理性的表现。但申繻却也并没有否定妖的存在，所谓"人无衅焉，妖不自作。人弃常，则妖兴，故有妖"。

又《左传》庄公三十二年记载：

> 秋，七月，有神降于莘。惠王问诸内史过曰："是何故也？"对曰："国之将兴，明神降之，监其德也；将亡，神又降之，观其恶也。故有得神以兴，亦有以亡，虞、夏、商、周皆有之。"王曰："若之何？"对曰："以其物享焉。其至之日，亦其物也。"王从之。内史过往，闻虢请命，反曰："虢必亡矣。虐而听于神。"神居莘六月。虢公使祝应、宗区、史嚚享焉。神赐之土田。史嚚曰："虢其亡乎！吾闻之：国将兴，听于民；将亡，听于神。神，聪明正直而壹者也，依人而行。虢多凉德，其何土之能得？"

史嚚讲："国将兴,听于民;将亡,听于神。"这是理性的表现。但他又说："神,聪明正直而壹者也,依人而行。"如同申𬙂一样,这也为神的存在留出了余地。

相比之下,以下这些论述中,无神论思想是比较彻底的。《左传》僖公十六年记载:

> 十六年春,陨石于宋五,陨星也。六鹢退飞,过宋都,风也。周内史叔兴聘于宋,宋襄公问焉,曰:"是何祥也? 吉凶焉在?"对曰:"今兹鲁多大丧,明年齐有乱,君将得诸侯而不终。"退而告人曰:"君失问。是阴阳之事,非吉凶所生也。吉凶由人。吾不敢逆君故也。"

在这里,周内史叔兴将陨石坠落和六鹢退飞都看作是纯粹的自然现象即"是阴阳之事,非吉凶所生也"。显然,理性精神在叔兴上述这段话里是比较彻底的。同样,《左传》昭公元年记载:"晋侯求医于秦,秦伯使医和视之,曰:'疾不可为也,是谓近女室,疾如蛊。非鬼非食,惑以丧志。良臣将死,天命不佑。'"医和在这里讲疾病与鬼神无关。又《孙子兵法·用间篇》讲:"先知者,不可取于鬼神,不可象于事,不可验于度,必取于人,知敌之情者也。"孙子也讲战事的判断只能是"知敌之情"而"不可取于鬼神"。从以上的记载中我们也可以看到这一时期知识的进步,这包括对天象、病情的解释。特别是医疗和军事活动,在这些活动中除了尊重客观规律外,没有任何其他方法可以遵循。换言之,一味地取决于鬼神,只能导致相应活动的失败。

值得注意的是,有关天道的知识的增加在无神论思潮的发展中起着重要的作用。例如《左传》昭公十八年记载:

> 夏五月,火始昏见。丙子,风。梓慎曰:"是谓融风,火之始也;七日,其火作乎?"戊寅,风甚。壬午,大甚。宋、卫、陈、郑皆火。梓慎登大庭氏之库以望之,曰:"宋、卫、陈、郑也。"数日皆来告火。神灶曰:"不用吾言,郑又将火。"郑人请用之,子产不可。子大叔曰:"宝以保民也,若有火,国几亡。可以救亡,子何爱焉?"子产曰:"天道远,人道迩,非所及也,何以知之? 灶焉知天道? 是亦多言矣,岂不或信?"遂不与。亦不复火。

面对当时一般的占星知识,子产坚持了自己对天道问题的理解和判断。

又如《左传》昭公二十六年：

> 齐有彗星，齐侯使禳之。晏子曰："无益也，只取诬焉。天道不诌，不贰其命，若之何禳之？且天之有彗也，以除秽也。君无秽德，又何禳焉？若德之秽，禳之何损？《诗》曰：'惟此文王，小心翼翼。昭事上帝，聿怀多福。厥德不回，以受方国。'君无违德，方国将至，何患于彗？《诗》曰：'我无所监，夏后及商。用乱之故，民卒流亡。'若德回乱，民将流亡，祝、史之为，无能补也。"公说，乃止。

晏子认为"天道不诌"，因此没有禳的必要，这样一种天道观无疑充满了理性的精神。

正是在这样一个背景中，就有了春秋末年至战国时期像孔子和老子以及庄子和孟子、荀子这样一群富于无神论观念或色彩的思想家。

孔子对于鬼神的态度为我们所熟知。例如"未能事人，焉能事鬼"（《先进》）、"敬鬼神而远之"（《雍也》）、"子不语：怪、力、乱、神"（《述而》）。这些记载清楚地反映出孔子对于鬼神采取的疏远的立场。当然，孔子对于"命"这一远古遗存的观念是保留并张扬的。这其实也是先秦儒家的普遍立场和态度：对"命"这一观念给予继承，对鬼神观念则自觉疏远。孟子显然继承了由孔子所开创或建立的这样一种立场。《孟子》一书中与命运以及"天命"有关的"命"概念共有二十处，其中有六段论述计十三处"命"有明确或比较明确的命运、命数含义。相比之下，《孟子》一书讲到神的地方却只有三处，而鬼则更是只字未提。由此我们不难看出由孔子而孟子的越来越明显和坚定的无神论倾向。

老子和庄子的道家哲学以其自然主义的立场而闻名于世。《老子》一书中神一词共出现于四章八处，鬼一词仅出现于一章两处。例如其《六十章》是鬼神这一语词出现最集中的地方："以道莅天下，其鬼不神，非其鬼不神，其神不伤人；非其神不伤人，圣人亦不伤人。"在这里，其"道生万物"而"道法自然"的自然主义的立场表现得非常清楚。庄子思想的泛神论特征是众所周知的，如"水有罔象，丘有莘，山有夔，野有彷徨，泽有委蛇。"（《达生》）但庄子也像老子一样，坚持一种以道为本根的自然主义的立场，例如"夫道，……自本自根，未有天地，自古以固存；神鬼神帝，生天生地"。（《大宗师》）又如"一而不可不易者，道也；神而不可不为者，天也"。（《在宥》）总之，老庄的哲学同样具有无神论的色彩。

荀子对于鬼神问题的态度，既秉承了自孔子以来的以疏远或淡化为原则的理性主义传统，也在很大程度上吸取了老子所开创的自然主义态度或观念。这使得其无神论思想具有新的特点，而这样的思想以及特点在《天论》中得到清晰地反映：

> 列星随旋，日月递照，四时代御，阴阳大化，风雨博施，万物各得其和以生，各得其养以成，不见其事，而见其功，夫是之谓神。（《天论》）
>
> 星坠木鸣，国人皆恐。曰：是何也？曰：无何也！是天地之变，阴阳之化，物之罕至者也。怪之，可也；而畏之，非也。

当然，我们须看到，理性精神的增长在社会的层面是非常艰难的，它绝不像在纯思想领域中这般简单，因为这涉及到与传统巫术之间的斗争。战国时期西门豹的故事为我们所熟知。魏文侯时，西门豹为邺令。豹往到邺，会长老，问之民所疾苦。长老曰："苦为河伯娶妇，以故贫。"于是就有了以下这段著名的故事。

> 至其时，西门豹往会之河上。三老、官属、豪长者、里父老皆会，以人民往观之者三二千人。其巫，老女子也，已年七十。从弟子女十人所，皆衣缯单衣，立大巫后。西门豹曰："呼河伯妇来，视其好丑。"即将女出帷中，来至前。豹视之，顾谓三老、巫祝、父老曰："是女子不好，烦大巫妪为入报河伯，得更求好女，后日送之。"即使吏卒共抱大巫妪投之河中。有顷，曰："巫妪何久也？弟子趣之！"复以弟子一人投河中。有顷，曰："弟子何久也？复使一人趣之！"复投一弟子河中。凡投三弟子。西门豹曰："巫妪弟子是女子也，不能白事，烦三老为入白之。"复投三老河中。西门豹簪笔磬折，向河立待良久。长老、吏傍观者皆惊恐。西门豹顾曰："巫妪、三老不来还，奈之何？"欲复使廷掾与豪长者一人入趣之。皆叩头，叩头且破，额血流地，色如死灰。西门豹曰："诺，且留待之须臾。"须臾，豹曰："廷掾起矣。状河伯留客之久，若皆罢去归矣。"邺吏民大惊恐，从是以后，不敢复言为河伯娶妇。（《史记·滑稽列传》）

由这个故事我们可以看到无神论观念在古代与巫术斗争的艰难以及所要付出的代价。

我们知道，雅斯贝斯曾对公元前 8 世纪至公元前 3 世纪这 500 年左右的人类诸文明做过考察,得出其著名的轴心期理论。根据这一理论,公元前8世纪至公元前3世纪这500年对于人类,确切地说,是指对于古代中国、印度、希腊以及希伯来具有重大的意义,因为理性的"精神"这一时期在上述不同的文明那里几乎"同时"产生了。为什么理性"精神"会在这些文明中几乎"同时"产生,这是一个"谜",但它确是事实,是一个可以用现象加以证明的事实。因此,中国的知识与思想界在这一时期所出现的理性趋势首先应当放到这一大的背景中来理解。

但具体来说,雅斯贝斯的观察与结论是可以修正的,至少在中国是这样。事实上,中国知识与思想界的理性化进程早在西周初年就已经开始了,这就是周公所考虑的宗教与道德的关系。也就是说,就过程而言,中国社会或文明的理性过程比起雅斯贝斯所看到的要更加漫长或久远。当然,就涉及或影响范围而言,周代初年所透露出的理性精神毕竟是十分有限的,它更多地具有周公个人的特征,并且主要是局限于一个狭小的王族集团。不过,尽管如此,其意义显然是重大的。这是一个重要的起点,正因这样一个起点,以后理性的扩展方有可能。

所以,前面所看到的春秋以后的理性趋势就是奠立在这一基础之上的。我们看到,由于知识的积累,道德的泛化,到了春秋时期,知识与思想界的理性意识已经形成了一定的趋势。表现在与宗教的关系上,已经有越来越多的智者对传统的迷信提出了质疑,过去那种习以为常的巫术思维与视界受到了前所未有的挑战。以快速增长的知识和广泛普及的德性作为依托,越来越多的智者采取理性而非迷信的看待与解决问题的态度或方式,于是,理性精神得到高扬。而这样一种持续的发展一旦有一个合宜的社会氛围便势必会造就一个伟大的时代的到来。结果,到了春秋末年,也就是雅斯贝斯所说的轴心期的核心时段,由于思想被提供了一个空前活跃和自由的空间,我们终于看到了老子、孔子、墨子、孟子、庄子这样一些伟大的智者纷纷出场。这是整个人类相同的理性出场的一个组成部分。

理性出场的显著或典型标志就是哲学的诞生,它或者是对某种根本性问题的认识,或者是对德性问题的深入思考,或者关心人生的意义与价值问题,或者体现为对社会与历史的重大关怀。此外,理性的出场也体现为无神论思潮成为时代精神活动的主流,疏忽神、远离神、抑制神以及贬低神的地位或泛化神的存在都在一定程度或从不同角度使得无神论观念(在这里,我们对于无神论应当做比较或更加宽泛的理解)汇聚成为知识与思想界的公共的意识与语言。而这样一个理性的出场同时也意味或伴随理性的对立面——迷信信仰的退场，至少是局部或暂时的退场。从文献中我们也可以看出，在高度的理性精神面前，从春秋末年到战国中期甚至晚期的这样一个区间，愚昧、迷狂已经退避三舍。所有这些大致就是我们在这一时期所看到的图景。这的确是一个理性胜利和高奏凯歌的时代。

战国中期以后的知识与思想界：由理性而迷信

但是，上述这种现象很容易给我们一种假象：巫术迷信在理性面前已经彻底溃退。事实上，考察以往的研究就会发现，的确有相当多的学者以为由哲学而建立起来的理性精神已经真正或完全成为我们整个民族与文化的核心，能够充分体现理性精神的无神论思潮似乎已经具有击溃巫术迷信的雄厚力量。如果我们真是这样认为，那我们就过于天真和幼稚了。其实，由早期知识与思想界建立起来的理性氛围或环境远不如我们想象的那般壮大或牢固，并且情况还恰恰相反，在宗教或有神论信仰的社会大背景中，在巫术与迷信的回潮中，建立在哲学与无神论根基上的理性很快便"烟消云散"。

我们看到，从战国末年起，知识与思想界似乎普遍出现一种迷恋象、类、数，同时将其结构化并用以推演宇宙万物万事的倾向。这其中一个深刻的背景就是春秋以来在天文、数学以及生物、医疗等知识领域方面的快速增长。从某种意义上说，这也是一种理性的自负和狂妄，以为某些结构是可以一以驭万的。但虚妄和自大的理性却由此导致了神秘或迷信的产生。这也正是理性的弱点，过分的自信便会招致谬误。当然，理性的迷失一般不会导致普遍的思维偏向。因此，就神秘倾向或迷信思潮而言，其作为普遍的思维偏向，背后还一定应当有更为深刻的信仰根源或宗教因素。而这就是中国宗教或信仰的连续性的反映。由于没有经过宗教革命，原始的巫术信仰在一定的时候便重新复萌，也即是返祖。其实，这样一种神秘倾向在春秋与战国之际或者稍晚一些的时间就已经出现了，例如《墨子·贵义》中说：

> 子墨子北之齐，过日者。日者曰："帝以今日杀黑龙于北方，而先生之色黑，不可以北。"子墨子不听，遂北，至淄水不遂，而反焉。日者曰："我谓先生不可以北。"子墨子曰："南之人不得北，北之人不得南，其色有黑者，有白者，何故皆不遂也？且帝以甲乙杀青龙于东方，以丙丁杀赤龙于南方，以庚辛杀白龙于西方，以壬癸杀黑龙于北方，若用子之言，则是禁天下之行者也。是围心而虚天下也，子之言不可用也。"

在这里，天干、方位与神兽之间有了神秘的联系。这也可以视作是墨家的看法。

在战国末年与西汉初期的文献中，杂家对于此类神秘内容的记载无疑是十分丰富的，而杂家所记录下的东西在当时又主要是阴阳五行家的学说。例如《吕氏春秋》：

> 凡帝王者之将兴也，天必先见祥乎下民。黄帝之时先见大螾大蝼。黄帝曰：土气胜。土气胜故其色尚黄，其事则土。及禹之时，天先见草木，秋冬不杀。禹曰：木气胜。木气胜故其色尚青，其事则木。及汤之时，天先见金，刃生于水。汤曰：金气胜。金气胜故其色尚白，其事则金。及文王之时，天先见火，赤乌衔丹书，集于周社。文王曰：火气胜。火气胜故其色尚赤，其事则火。代火者必将水。天且先见水气胜。水气胜故其色尚黑，其事则水。水气至而不知，数备将徙于土。（《应同》）

又如《淮南子》：

> 东方，木也，其帝太暤，其佐句芒，执规而治春；其神为岁星，其兽苍龙，其音角，其日甲乙。南方，火也，其帝炎帝，其佐朱明，执衡而治夏；其神为荧惑，其兽朱鸟，其音徵，其日丙丁。中央，土也，其帝黄帝，其佐后土，执绳而制四方；其神为镇星，其兽黄龙，其音宫，其日戊己。西方，金也，其帝少昊，其佐蓐收，执矩而治秋；其神为太白，其兽白虎，其音商，其日庚辛。北方，水也，其帝颛顼，其佐玄冥，执权而治冬；其神为辰星，其兽玄武，其音羽，其日壬癸。（《天文训》）

从上述两段内容看，其所反映的主要是一种五行思想。其中《吕氏春秋》所记载的主要是邹衍的五德终始说，这是一种以五行学说为依据的循环论的历史观，历史按照某种直觉的生克秩序必然地演替。而《淮南子》所记载的则是典型的以五行学说为核心的比类学说，其中充满了荒诞但却是那个时代的人们颇自以为是的比附，一切事物都被分门别类地扔进五行的篮筐里。这样一种迷信是这一时代宗教与知识奇妙结合的产物。

即便是儒家这样一个被我们认为是高度理性的学派也不例外。例如《易传》：

> 大衍之数五十,其用四十有九。分而为二以象两,挂一以象三,揲
> 之以四以象四时,归奇于扐以象闰;五岁再闰,故再扐而后挂。天数五,
> 地数五,五位相得而各有合。天数二十有五,地数三十,凡天地之数五
> 十有五,此所以成变化而行鬼神也。乾之策二百一十有六;坤之策百四
> 十有四。凡三百有六十,当期之日。二篇之策,万有一千五百二十,当
> 万物之数也。是故四营而成《易》,十有八变而成卦,八卦而小成。引而
> 伸之,触类而长之,天下之能事毕矣。(《系辞上》)

《易传》上述这段话正是后世象数学的直接源头,数在这里具有神秘的特征。
再如《礼记》的《月令》:

> (孟春之月)其日甲乙,其帝大暤,其神句芒,其虫鳞,其音角,律中
> 大蔟,其数八,其味酸,其臭膻。……(孟夏之月)其日丙丁,其帝炎帝,
> 其神祝融,其虫羽,其音徵,律中中吕,其数七,其味苦,其臭焦。……
> (孟秋之月)其日庚辛,其帝少暤,其神蓐收,其虫毛,其音商,律中夷则,
> 其数九,其味辛,其臭腥。……(孟冬之月)其日壬癸,其帝颛顼,其神玄
> 冥,其虫介,其音羽,律中应钟,其数六,其味咸,其臭朽。

其实,《月令》的这些话也见之于《吕氏春秋》的《十二纪》,它是五行学说
的典型思想及其表述,由此可见这一学说或思想在当时的广泛影响。当然,
由于《礼记》乃是作为儒家的经典或典籍,它对于后世的影响较之《吕氏春
秋》自然又应深刻得多。

儒家思想的神秘化倾向还在一个时代最为重要的思想家那里清楚地反
映出来,这尤以两汉为突出,如董仲舒参杂了阴阳五行学说的目的论:

> 木生火,火生土,土生金,金生水,水生木,此其父子也。木居左,金
> 居右,火居前,水居后,土居中央,此其父子之序,相受而布。……诸授
> 之者,皆其父也。受之者,皆其子也。常因其父以使其子,天之道也。
> (《春秋繁露·五行之义》)

王充参杂着骨相说和星气说的命定论:

> 天有百官,有众星。天施气而众星布精。天所施气,众星之气在其

中矣。人禀气而生，含气而长，得贵则贵，得贱则贱。贵或秩有高下，富或资有多少，皆星位尊卑小大之所授也。（《论衡·命义》）

研究表明，从战国到汉代，中国知识界与思想界最迷恋或最热衷的主要就是比类的思维，它甚至开始深刻社会底层。《史记·天官书》中这段以太白星与用兵相比的记载就是此类思维及其能够产生广泛影响的典型：

> 用兵象太白：太白行疾，疾行；迟，迟行。角，敢战。动摇躁，躁。圆以静，静。顺角所指，吉；反之，皆凶。出则出兵，入则入兵。赤角，有战；白角，有丧；黑圆角，忧，有水事；青圆小角，忧，有木事；黄圆和角，有土事，有年。其已出三日而复，有微入，入三日乃复盛出，是谓耎，其下国有军败将北。其已入三日又复微出，出三日而复盛入，其下国有忧；师有粮食兵革，遗人用之；卒虽众，将为人虏。其出西失行，外国败；其出东失行，中国败。其色大圆黄滜，可为好事；其圆大赤，兵盛不战。太白白，比狼；赤，比心；黄，比参左肩；苍，比参右肩；黑，比奎大星。五星皆从太白而聚乎一舍，其下之国可以兵从天下。居实，有得也；居虚，无得也。行胜色，色胜位，有位胜无位，有色胜无色，行得尽胜之。出而留桑榆闲，疾其下国。上而疾，未尽其日，过参天，疾其对国。上复下，下复上，有反将。其入月，将僇。金、木星合，光，其下战不合，兵虽起而不斗；合相毁，野有破军。出西方，昏而出阴，阴兵强；暮食出，小弱；夜半出，中弱；鸡鸣出，大弱：是谓阴陷于阳。其在东方，乘明而出阳，阳兵之强；鸡鸣出，小弱；夜半出，中弱；昏出，大弱：是谓阳陷于阴。太白伏也，以出兵，兵有殃。其出卯南，南胜北方；出卯北，北胜南方；正在卯，东国利。出酉北，北胜南方；出酉南，南胜北方；正在酉，西国胜。

总之，从战国中后期开始，中国的知识与思想界便沉浸在一片宗教巫术的氛围之中，它为某些象数"结构"所迷恋，以为这就是宇宙的基本图式，并且，这是如此普遍现象。诚如顾颉刚所言："汉代人的思想骨干，是阴阳五行。无论在宗教上，在政治上，在学术上，没有不用这套方式的。推究这种思想的原始，由于古人对宇宙间的事物发生了分类的要求。他们看见林林总总的东西，很想把繁复的现象化作简单，而得到它们的主要原理与其主要成分，于是要分类。但他们的分类法与今日不同，今日是用归纳法，把逐件个别的事物即异求同；他们用的演绎法，先定了一种公式而支配一切个别的事物。其结果,有阴阳之说以统辖天地、昼夜、男女等自然现象,以及尊卑、动静、刚柔等抽象观念;有五行之说,以木、火、土、金、水五种物质与其作用统辖时令、方向、神灵、音律、服色、食物、臭味、道德等等,以至于帝王的系统和国家的制度。"①并且,顾颉刚特别以谶纬为例分析了阴阳五行学说是如何贯穿汉代始终的:"谶纬的内容,非常复杂:有释经的,有讲天文的,讲历法的,有讲神灵的,有讲地理的,有讲史事的,有讲文字的,有讲典章制度的。可是方面虽广,性质却简单,作者死心眼儿捉住了阴阳五行的系统来说话,所以说的话尽多,方式只有这一个。我们只要记得了汉初的五色天帝,转了几转的王莽的五德说中的人帝,又记得了阴阳五行的方位和生克,就好像拿了一串钥匙在手里,许多的门户都可以打开了。"②

正因如此,或正因阴阳五行学说有如此的神通和魅力,或正如顾颉刚所说,阴阳五行学说是一串可以无所不开的万能钥匙,于是各家各派便没有一个"愚蠢"到不抱住阴阳五行这对宝贝大做文章的。我们看到,首先,阴阳五行家就是这样一种观念的始作俑者。这样一种观念或思想反映在邹衍的历史观中,也反映在《黄帝内经》的医学理论中,还反映在这一时期相关的天文学和地理学知识与理论中。并且事实上,历史上阴阳五行学说的普及与影响程度可能远较我们今天所知道的要广泛和深刻得多。其次,儒家也已经广泛接受了这种观念。思孟学派一直被认为与阴阳五行学说有密切的关系,尽管这种论断并非得到强有力的材料的支持。但是从《易传》到《礼记》再到董仲舒,阴阳五行学说或者象数理论的影响却都是十分明显的。明显接受阴阳五行观念与学说的还有这一时期的杂家,无论是战国末年的《吕氏春秋》,还是西汉初期的《淮南鸿烈》,其中所记载或保留的阴阳五行思想都是非常明显和充分的,这表明了这一学派对该学说的认同。从表面上看,并没有十分丰富的材料能够证明道家与五行家的关系,但老子是阴阳学说的创始者,《易传》在很大程度上也融入了道家的思想,此外,杂家的相关思想中也有道家的内容,因此,道家特别是战国以后的道家同样也应当与阴阳五行学说有关。这里要说明一点,即在信仰问题上,汉代的儒家与道家其实是基本合流的。关于这一点,顾颉刚在他的《秦汉的方士与儒生》中已经论述得非常清楚。这种情况一直要持续到儒家学说或思想完全定于一尊,而真正成为统治者的意识形态,同时道家彻底蜕变为具有明显巫术性质的道教,

---

① 顾颉刚:《秦汉的方士与儒生》,上海古籍出版社 1978 年版,第 1 页。

② 《秦汉的方士与儒生》,第 129 页。

并且还时常为民间信仰所利用才有所变化。只有到这时,儒家与道教在宗教态度或立场上才"真正"地"分道扬镳"。

上述现象背后值得关注和思考的问题

那么这样一种状况又说明了什么呢?包括为什么会出现以上这种状况?这种状况又带来什么样的结果?它对我们又有什么样的启示?

首先,如前所述,按照雅斯贝斯,在所谓"轴心期"时代(即公元前 8 世纪至公元前 3 世纪)出现了一场精神运动,或者说人类文明精神化了,这是一种意识的自觉,并且是人类意识的全面自觉。当然,确切地说,这种意识的自觉主要是发生于古代中国、印度、希腊以及希伯来。它的特点是:上述不同地区的"人类全都开始意识到整体的存在、自身和自身的限度"。并且,"通过在意识上认识自身的限度,他为自己树立了最高目标"。而"这一人性的全盘改变可称为精神化"①。雅斯贝斯指出:"在所有地方,轴心期结束了几千年古代文明,它融化、吸收或淹没了古代文明。"不仅如此,"直至今日,人类一直靠轴心期所产生、思考和创造的一切而生存。每一次新的飞跃都回顾这一时期,并被它重燃火焰"。② 总之,包括中国在内的"轴心期"时代的人类精神高度地理性化了。

毫无疑问,"轴心期"时代的理性化精神为整个中国文化奠定了十分坚实的基础或提供了十分积极的成果,这特别体现在以儒家为代表的思想传统中。如我们所知,在中国古代,以儒家为代表的一大批思想家或先进的知识分子一直与迷信或巫术作着不懈的斗争;我们也知道,在延绵不断的儒家文化中不断有后继者维系和接续这一优秀的传统,同时将这一优秀的传统最大限度地影响整个中国社会和文化。对此,我们可以从一代接一代的思想活动中看到,也可以从宋代以后大量的族训、族规中读到。当然,这并不是说,儒家完全抛弃了宗教传统,恰恰相反,儒家保留了一些必备的宗教生活与观念,例如天命观以及各种对神祇和祖先的祭祀方式。但总的来说,儒家是将宗教生活置于理性的控制范围,或者说赋予宗教生活以理性的性质与意义。尤其是伦理与道德的生活态度,它给整个中国文化提供了一种崭新的生活方式,它能够填补在驱逐迷信或巫术后所形成的精神空间。而这样一种模式正是孔子、孟子与荀子这些儒家的创始性人物所提供的。当然,

---

① (德)卡尔·雅斯贝斯:《历史的起源与目标》,华夏出版社 1989 年版,第 8、9 页。
② 《历史的起源与目标》,第 13、14 页。

就思想而言,包括老子、庄子在内的先秦时期绝大多数思想家都提供了这样一种十分优秀的思想资源。并且这些资源又共同合成了中国文化的根基,正如雅斯贝斯所说,它一直滋养和照耀着后代或后人。所有这些,正是"轴心期"时代理性化精神的意义所在。总之,这种理性化精神的意义对于中国文化而言无论如何是不能低估的,在距战国一千余年的宋代之所以能够重振以儒学为代表的理性传统,并将之普及化就得益于这种精神的滋养与照耀;即便是处在两千年后的今天的我们,在更大范围的全球文化交往中又何尝不是以这种长期滋养与照耀中国文化的精神为骄傲的资本。

但我们要思考和发问的是,在中国,先秦时期如此盛极一时的理性精神为什么又会为迷信所替代呢?特别是高度发展的无神论思想甚至思潮为什么又会为巫术的气氛所淹没呢?我以为:从根本上说,这就在于中国宗教始终保持着一种原生形态也即原始信仰的传统!用张光直的话说就是始终保持着一种连续性而未曾发生中断或断裂!或者说,宗教观念与生活没有理性化!这里所说的宗教的理性化就是指亚伯拉罕宗教系统那种在整体上对多神信仰和巫术崇拜的拒斥,以及在此基础上形成的更多地对伦理或道德生活的依附。由于没有发生宗教断裂或革命,思维仍具有某种原始的结构和状态,或很容易回到某种原始的结构和状态;由于没有发生宗教革命,有关神的观念必定是原始的多神信仰,包括知识与思想界从曾经取得的无神论立场集体倒退;由于没有发生宗教革命,随着而来的宗教信仰或生活必定更多地具有巫术气氛,无论此前理性曾经达到怎样的高度。其现实结果就是我们所看到的:从战国起,各种原始巫术信仰方式的重新浮现。

这其中,知识与思想界的作用是十分深刻的。中国的知识与思想界并未能像亚伯拉罕宗教系统那样与原始巫术传统"彻底决裂"。事实上,我们看到这一时期相当多带有原始巫术性质的思维、知识、观念与思想以及它们的主人——知识分子或思想者对后世所产生的十分巨大的影响。邹衍的五德终始学说、《易传》、《月令》、《吕氏春秋》、《淮南鸿烈》、从战国末年到汉代各种各样方士与儒生的思想与社会活动、董仲舒的目的论和王充的命定论。于是,原本较为简单的占卜方式通过知识与思想界魔术般的变换已经发展出令人眼花缭乱的形式,这其中,儒家命定论起着十分重要的作用;与命观念相关,经术士与学者之手,占星知识也与风角、云气、骨相理论等相结合而逐渐落入民间;五行学说虽然在汉末起逐渐遭到知识与思想界的批判,但它对于医学在内的部分知识系统的影响是深刻的,并且在大众层面也有久远的影响力;原本《易经》这一占卜用书终至发展出《易传》这一理论著述,且在

《易传》基础上所形成的象数学从此成为中国学问与思想界的一门显学，并深刻影响了后来的哲学；大量的儒生参与到谶纬活动中，使整个汉代的学术思想弥漫着一片荒诞的气氛，同时也深刻地影响了日后的民间生活；至于方士，则更以神仙长生之说作为骗取统治者的工具，我们清楚地看到它对中国社会的深刻影响，事实上，它成了道教具有实践意义的鼻祖。凡此种种，都直接或间接地影响到中国未来宗教、知识与思想的发展。

总之，由于春秋战国以及两汉时期是整个中国精神文化的成型时期，因此众多的观念、思想都在这一时期发育、形成、定型，并且成为之后中国社会整个精神文化的模板。理性精神是如此，迷信与巫术也是如此。所以在今天，我们一方面享受着以春秋和战国时期儒家、道家等为代表的理性与无神论思想的优秀传统，但另一方面我们也同样接受和继承着来自秦汉时期的大量具有巫术气氛的思想成果。这正是这一时期知识与思想界所留给我们的双重资源，它为我们整个民族的理性与信仰生活提供了一个基本的范型。

董仲舒与儒家和谐思想的新开展

魏义霞

董仲舒用"人副天数"和阳尊阴卑构架了天人之间的预设和谐,并使这种预设和谐通过天与人之间的相互感应进行着。按照他的说法,意志之天不仅塑造了人的形体,而且赋予人以精神、情感和道德。因此,人是天的副本和模仿者,人的一切行为都应与天相符。同时,天有意志,施德刑,直接影响甚至决定人类社会的兴衰。人类社会的政治原则和统治方案都是化天数而来的,王者的治国路线和行政措施必须循天之道。这是作为今文经大师的董仲舒所阐发的《春秋》的微言大义,更是先秦儒家和谐思想的新开展。

天与宇宙的预设和谐

董仲舒认为,天至高无上、广大无极、亘古亘今,是宇宙的本原和依托。正是在这个意义上,他断言:"天地者,万物之本,先祖之所出也。广大无极,其德昭明,历年众多,永永无疆。天出至明,众知类也,其伏无不炤也。地出至晦,星日为明,不敢暗。"①这就是说,天地是生物之本,世界万殊和人都是天地之气杂合、化生的结果。显然,这种说法在推崇天的权威上,与孔孟等人的观点并无根本区别。所不同的是,董仲舒吸收了阴阳家和自然科学的思想要素,用以论证四季和四方的形成,把上天生养万物的过程描述得具体详尽、绘声绘色。例如,他宣称,天有阴阳,化生出四季、四方和五行。这便是:"天地之气,合而为一。分为阴阳,判为四时,列为五行。"②四季、四方为万物的生长提供了时间和空间,五行更是通过参与四季和四方的形成推动了万物的化生。有了天地、阴阳、四时、四方和五行,也就有了自然万物的繁衍生息。于是,董仲舒断言:"故天地之化,春气生而百物皆出,夏气养而百物皆长,秋气杀而百物皆死,冬气收而百物皆藏。是故惟天地之气而精,出

---

① 《春秋繁露·观德》。
② 《春秋繁露·五行相生》。

入无形,而物莫不应,实之至也。"①

总之,"天者其道长万物"②。天不仅生养了宇宙万物,而且创造了人类;万物和人都沐浴了天的恩德才得以产生和存在,天是宇宙万殊的本体依托和终极本原。离开了天,便没有了万物,没有了人类,没有了宇宙。正是在这个意义上,董仲舒断言:"无天而生,未之有也。天者万物之祖,万物非天不生。"③

董仲舒进而强调,上天生养万物和人类的过程既不是无为而为的,也不是自然而然的。这是上天有意作为的过程,体现了上天的意志和好恶。

其一,上天对万物的生养有序有时、有条不紊,蕴涵着和谐法则。董仲舒宣称:

> 天之道,有序而时,有度而节,变而有常,反而有相奉。微而至远,踔而致精,一而少积蓄,广而实,虚而盈。④

这就是说,上天之道体现着变与常、微与远、实与虚的和谐。正是这种和谐法则使上天在创造万物时四时交替、五行和合,从而使万物共生共长而处于和谐之中。例如,对于季节,上天在一年中的不同时期赋予其不同的功能和作用,进而区分出春、夏、秋、冬之四季,并且使春、夏、秋、冬相辅相成,共同组成一年。这便是:"天之道,春暖以生,夏暑以养,秋清以杀,冬寒以藏。暖暑清寒,异气而同功,皆天之所以成岁也。"⑤

其二,上天在创造宇宙万物时,奉行差分原则,协调各方面的利益关系。董仲舒宣称:"天不重与,有角不得有上齿。故已有大者,不得有小者,天数也。"⑥这就是说,上天创造万物时合理地实行予与夺,使万物之间呈现出差异和分殊。例如,上天已经赋予羊、鹿以利角,便不再给它们以爪牙;赋予飞鸟、家禽以翅膀,便不再给它们四足(只给它们两只脚)。上天对人也是如此——如果让某人靠爵禄生活,就不再让他靠劳动吃饭。这样,通过上天的予与夺,万物都有所长,都有所短,从而共同生活在宇宙中而不至被它物灭

---

① 《春秋繁露·循天之道》。
② 《春秋繁露·天地阴阳》。
③ 《春秋繁露·顺命》。
④ 《春秋繁露·天容》。
⑤ 《春秋繁露·四时之副》。
⑥ 《春秋繁露·度制》。

绝或灭绝它物。这表明，上天的意志就是保证宇宙万物的和谐，使它们和谐相处。当然，董仲舒所讲的公正、公平是儒家特有的宗法观念下的等级秩序，而不是墨家、法家一视同仁的无差别的公平。下面所讲的上天对人的关照也是如此。

其三，上天对人格外偏爱和关照，具体表现为让人身心和谐、利义统一。董仲舒断言："天之生人也，使人生义与利。利以养其体，义以养其心。心不得义不能乐，体不得利不能安。"①由于上天在造人之初不仅给人以身，而且给人以心，这使人生来就具有利与义的双重需要。不仅如此，为了满足人的双重需要，上天尽显其仁慈之德：第一，上天创造了五谷、丝麻和禽兽来满足人衣、食方面的需求。正是在这个意义上，他不厌其烦地告诉人们：

> 五谷，食物之性也，天之所以为人赐也。②
>
> 天地之生万物也以养人，故其可适者以养身体。③
>
> 天覆育万物，既化而生之，有养而成之，事功无已，终而复始，凡举归之以奉人。察于天之意，无穷极之仁也。④

第二，为了满足人的精神追求和道德需要，上天为人制定了礼义，即"其可威者以为容服，礼之所为兴也"⑤。按照董仲舒的说法，人与万物同禀天地之气而生，由于人禀得的是天地之精气，最为高贵，天对人总是格外关照和偏爱。上天的格外关照和偏祖使人无所不备、无憾无缺，也远远地拉开了人与宇宙万殊之间的距离。

总之，在董仲舒看来，上天具有意志，因循和谐法则创造了人和天地万物，并使人与万物生来就处于和谐之中。上天的意志和好恶是协调各种事物之间的关系，使它们和谐相处。从这个意义上说，上天生养万物也就是对宇宙的预定和谐的设计。这使他的天论成为上天创造万物的预定和谐论。

同时，董仲舒强调，尽管创造万物的过程体现了上天的意志和好恶，然而，上天无形而难察，其化生万物的过程"出入无形"，没有形迹可寻。这个说法使天成了深藏不露的神秘存在，也拉开了天与人之间的距离。同时，天

---

① 《春秋繁露·身之养重于义》。
② 《春秋繁露·祭义》。
③ 《春秋繁露·服制像》。
④ 《春秋繁露·王道通三》。
⑤ 《春秋繁露·服制像》。

与人之间的这种距离感反过来又增强了天的神秘性和神圣性。正是在这个意义上，他声称："天高其位而下其施，藏其形而见其光。高其位，所以为尊也；下其施，所以为仁也；藏其形，所以为神；见其光，所以为明。故位尊而施仁，藏神而见光者，天之行也。"①在此基础上，董仲舒进而指出，天不仅"出入无形"，不泄露其行踪，而且从不通过言语阐明其意，这给人知天、察天之意带来了极大的难度。同时，他断言："天不言，使人发其意；弗为，使人行其中。"②在这里，董仲舒表达了这样的意思：尽管上天不言、行踪难察，然而，有意志的上天却希望人能发其意、行其中。现在的问题是，既然天"出入无形"、不露形迹，却对人提出了"发其意"、"行其中"的要求，那么，人能够完成这个任务吗？他用"人副天数"回答了这个问题。通过阐释"人副天数"，董仲舒不仅将人与天归为同类，进一步彰显了人与上天之间的预定和谐，而且通过让人调整自身行为而副天数，制定了一套人与上天合一的原则方向和行为路线。

"人副天数"与天人之间的预设和谐

对于天人关系，董仲舒指出："为人者天也。人之人本于天，天亦人之曾祖父也。"③在这里，他一面强调上天的本原身份和至尊地位，一面将天归为人的同类。这便是："以类合之，天人一也。"④这个说法引申出天人关系的两个观点：第一，由于与天是同类，人便具有了特殊性。具体地说，人与天是同类，两者的结构、特征是一样的——天有什么，人就有什么；天怎么，人就应该怎么。第二，由于天是万物本原、生人之本，人与天虽然是同类，却是不平等的；在天人同类中，天是人的原型，人是天的副本。这就是所谓的"人副天数"。

（一）人的形体和生理现象副天数

董仲舒认为，人的形体和生理现象副天数而来，故而与天数偶合。这具体表现在三个方面：

其一，人的生长周期与天相副。董仲舒认为，天的大数是十旬（旬指旬

---

① 《春秋繁露·离合根》。
② 《春秋繁露·深察名号》。
③ 《春秋繁露·为人者天》。
④ 《春秋繁露·阴阳义》。

月,十旬即十月),天生养万物使之由无至成的周期恰好十旬。人从受胎到出生也是十旬,说明人与天具有同样的生长周期。对此,他宣称:"天之大数,毕于十旬。旬天地之间,十而毕举。旬生长之功,十而毕成。十者,天数之所止也……人亦十月而生,合于天数也。是故天道十月而成,人亦十月而成,合于天道也。"①

其二,人的身体结构与天相副。董仲舒指出,人的身体结构处处显示了与天的奇妙和谐,"求天数之微,莫若于人。人之身有四肢,每肢有三节。三四十二,十二节相持而形体立矣。天有四时,每一时有三月。三四十二,十二月相受而岁数终矣。"②在他的视界中,人的身体结构无不副天数而来:人的骨骼有三百六十节,副一年之天数;人的形体有骨有肉,副地之厚;人有耳目聪明,副日月之象;人体有空穴理脉,副川谷之象。总之,人的一切都是仿摹天数而来的,人的身体结构、生理特征与天类似之处比比皆是。例如,"耳目戻戻,象日月也;鼻口呼吸,象风气也;胸中达知,象神明也;腹胞实虚,象百物也……身犹天也,数与之相参,故命与之相连也。天以终岁之数,成人之身,故小节三百六十六,副日数也;大节十二分,副月数也;内有五脏,副五行数也;外有四肢,副四时数也;乍视乍瞑,副昼夜也;乍刚乍柔,副冬夏也;乍哀乍乐,副阴阳也。"③

其三,人的生理现象和规律与天相副。董仲舒指出,人的生理现象和运作规律与天相符。人们夜寝昼作,与天相类,日出而作、日落而息的作息习惯源于一昼一夜的自然节拍。同时,人的各种生理现象和生理规律源于上天,故而与自然现象之间具有微妙的内在联系。例如,阴天下雨,阴气滋盛,人的各种风湿偏疾等阴性病便会发作;久旱不雨,阳气强盛,人就会生各种毒疮火疖等阳性病。

(二)人的情感和心理现象与天相副

董仲舒断言,人的形体与上天相副,人的精神包括情感、道德和意志等等也都化天数而来。其中,最典型的表现是,天有春夏秋冬四时,人有喜怒哀乐四情。进而言之,既然人的情感是化天数而来的,那么,情感的发泄就应该与天时相副。正是在这个意义上,他一再强调:

---

① 《春秋繁露·阳尊阴卑》。

② 《春秋繁露·官制象天》。

③ 《春秋繁露·人副天数》。

人之好恶，化天之暖清；人之喜怒，化天之寒暑；人之受命，化天之四时。人生有喜怒哀乐之答，春秋冬夏之类也。喜，春之答也；怒，秋之答也；乐，夏之答也；哀，冬之答也。天之副在乎人。人之情性有由天者矣。①

喜气取诸春，乐气取诸夏，怒气取诸秋，哀气取诸冬。四气之心也。四肢之答各有处，如四时寒暑不可移。②

在董仲舒看来，正因为人的喜怒哀乐等情感都是化四时而来的，与春夏秋冬一一对应，所以，情感的发泄必须应时而行。正如天道春应暖、夏应热、秋应凉、冬应寒一样，人的各种情感应按其阴阳与四时相符，不同情绪、情感的发泄必须选择与其相符的季节进行。具体地说，喜取于春之暖，应该在春天进行；乐取于夏之热，应该在夏天表达；怒取于秋之清，应该在秋天发出；哀取于冬之寒，应该在冬天宣泄。有鉴于此，他又说：

夫喜怒哀乐之发，与清暖寒暑，其实一贯也。喜气为暖而当春，怒气为清而当秋，乐气为太阳而当夏，哀气为太阴而当冬。四气者，天与人所同有也，非人所能蓄也。故可节而不可止也。节之而顺，止之而乱。③

董仲舒进而指出，喜怒哀乐四情源于天道之四时，其产生、发泄取决于天。因此，对于四情，人们既不能蓄而不发，又不能随时乱发，只可节制而不能止息。不仅如此，只有使喜怒哀乐随春夏秋冬四时应时而发，才能和谐而顺；否则，将导致失调而引发混乱。这不仅是个人情感发泄的指导纲领，而且是王者颁布、实施庆赏罚刑等行政措施的最终依据。

(三)人性与天数相符

董仲舒宣称，天在造人之初，就让人的一切属性都与天相副。这不仅表现为人之形体、生理特征、心理现象和情感与天相合，而且包括人性副天数而来。具体地说，天有阴阳，表现在人性上就是人有性情，人性之贪仁是天之阴阳的具体表现。于是，他反复声称：

① 《春秋繁露·为人者天》。
② 《春秋繁露·王道通三》。
③ 同上。

　　人之诚,有贪有仁。仁贪之气,两在于身。身之名,取诸天。天两有阴阳之施,身亦两有贪仁之性。天有阴阳禁,身有情欲栣,与天道一也。①

　　情亦性也。谓性已善,奈其情何? 故圣人莫谓性善,累其名也。身之有性情也,若天之有阴阳也。②

　　在这里,循着人性化天数而成的思路,董仲舒不仅断言人有性情,而且将人性之善恶与天道之阴阳联系起来。更有甚者,鉴于人性之善恶化天数而来,他断言人性不可更改,善恶之性犹如天赋之命一般。正是在这个意义上,董仲舒一再声明:

　　人受命于天,有善善恶恶之性,可养而不可改,可豫而不可去,若形体之可肥臞,而不可得革也。是故虽有至贤,能为君亲含容其恶,不能为君亲令无恶。③

　　天地之符,阴阳之副,常设于身,身犹天也,数与之相参,故命之相连也。④

(四)人的道德观念源于上天

　　与人性之善恶源于上天的观点类似,董仲舒认为,人的道德观念和行为规范是副天数而来的,三纲五常和忠孝等等道德观念和行为规范都来源于天。例如,对于王道之五常可求于天,他解释说,人类社会的仁、义、礼、智、信来源于天道的五行,五常与五行一一对应。为此,董仲舒还以五行之间的关系伸张孝和忠的合法性。为了论证孝的天经地义,他把木、火、土、金、水说成是五行相生的父子关系,并把这种父子关系解释为授受关系。对此,董仲舒写道:

　　木生火,火生土,土生金,金生水,水生木,此其父子也……是故木受水,而火受木,土受火,金受土,水受金也。诸授之者,皆其父也;受之

① 《春秋繁露·深察名号》。
② 同上。
③ 《春秋繁露·玉杯》。
④ 《春秋繁露·人副天数》。

者,皆其子也。常因其父以使其子,天之道也。①

在董仲舒看来,"木生火"表明木火是父子关系,木为父、火为子。那么,"木已生,而火养之",就是父生子养。这要求子对父尽"厚养之"的孝道。"金生水"表明金已死而水藏之,即父死子葬。这要求子对父尽"谨送终"之孝道。可见,"夫孝者,天之经也"。② 因为孝源于天道,于是,他断言:"《孝经》之语曰:'事父孝,故事天明。'事天与父,同礼也。"③对于忠,董仲舒同样以五行关系予以辩护。为此,在五行之中,他特别赞美土德。按照董仲舒的说法,土虽然不像木、火、金、水那样主管四时的一方,却兼管四时。因此,"土者,五行之主也"。土居中央,是"天之股肱","其德茂美"。在此基础上,他进而指出,土德是忠。土事奉天竭尽其忠,臣民事奉君主也应像土之敬天那样尽忠,"是故圣人之行,莫贵于忠,土德之谓也"④。

(五)人的言语和概念发于天意

董仲舒断言,人的言语和概念不是随意的,而是圣人发天意的结果。对此,他反复宣称:

> 名者,大理之首章也。录其首章之意,以窥其中之事,则是非可知,逆顺自著,其几通于天地矣。是非之正,取之逆顺;逆顺之正,取之名号;名号之正,取之天地,天地为名号之大义也。古之圣人,謞而效天地谓之号,鸣而施命谓之名。……名号异声而同本,皆鸣号而达天意者也。⑤
>
> 是故事各顺于名,名各顺于天。天人之际,合而为一。⑥

在董仲舒那里,名号、语言由于发天意而来具有了权威性,因此,人们都应该按照自己的名分行事。只有这样,才能各正其事、各尽其职,从而更好地与上天相符。

---

① 《春秋繁露·五行之义》。
② 《春秋繁露·五行对》。
③ 《春秋繁露·尧舜不擅移汤武不专杀》。
④ 《春秋繁露·五行之义》。
⑤ 《春秋繁露·深察名号》。
⑥ 同上。

如上所示，为了阐发"人副天数"，证明天与人之间的预定和谐，在汲取阴阳家、医学和天文学思想资料的基础上，董仲舒对人的生理现象、心理现象以及社会行为与自然界之间的联系做了淋漓尽致的阐释和比附。在此，他看到了人作为整个宇宙大系统中的一个要素对自然的依附，从而为天与人的和谐做了种种设想和猜测。自古及今，人们总是习惯于日出而作、日落而息。这表明，人的行为与自然界保持着和谐的节拍。人的生理现象和周期与自然界具有某种必然联系，这已被现代医学和科学研究所证实。各种季节病、地方病的发生也证明人的生理现象与大自然之间存在着某种微妙关系。此外，谁也无法否认，自然的变迁、天气的流转会影响人的情绪。从这个意义上说，董仲舒的观点包含一定的合理因素。

进而言之，在董仲舒那里，如果说上天派生万物注定了宇宙的预定和谐的话，那么，"人副天数"则侧重人与天的预定和谐。在他的哲学中，"人副天数"不仅加固了天人之间的预定和谐，而且使人与天合一有了可能和前提保障。在此基础上，通过天人感应，董仲舒进一步使天人合一具有了强制性。

天人感应与天人和谐的互动机制

在董仲舒那里，上天的至上权威决定了人同于天的必然性，"人副天数"不仅重申了天人的预定和谐，而且指出了人上同于天的可行性。在此基础上，通过天人相与、天人感应，他进一步加大了对人与上天合一的强制性，同时使人与天合一的方法具体化。

（一）同类相动——天人感应的哲学依据

董仲舒指出，调奏琴瑟时，击打宫声，其他宫声与之相应；击打商声，其他商声与之相应。这说明，事物与事物之间，异类相互排斥，同类相互感应。之所以如此，是因为同气相合，同声相应。这使同类事物之间相附相从、相互沟通和相互感应。对此，他解释说：

> 今平地注水，去燥就湿，均薪施火，去湿就燥。百物去其所与异，而从其所与同。故气同则会，声比则应，其验皦然也。试调琴瑟而错之，鼓其宫则他宫应之，鼓其商而他商应之，五音比而自鸣，非有神，其数然也。美事召美类，恶事召恶类，类之相应而起也。如马鸣则马应之，牛鸣则牛应之。帝王之将兴也，其美祥亦先见；其将亡也，妖孽亦先见。

物故以类相召也。故以龙致雨，以扇逐暑。①

按照董仲舒的说法，不仅五音与五音之间、牛马与牛马之间同类相动，天与人之间也因为是同类而彼此同类相动。更为重要的是，由于"人副天数"，天与人是同类，两者之间同样存在着相互感应。对此，董仲舒解释说，天有阴阳，人也有阴阳，阴阳之气便是天与人之间同类相动的中介和媒体。例如，天地之阴气起，人之阴气会应之而起；而人之阴气起，天地之阴气亦应之而起，"其道一也"。这便是："天有阴阳，人亦有阴阳。天地之阴气起，而人之阴气应之而起；人之阴气起，而天地之阴气亦宜应之而起，其道一也。"②人与天地之阳气之间的感应大抵也是如此。

在此基础上，董仲舒指出，天与人之间的相互感应是通过宇宙的混沌之气来实现的。对此，他写道：

> 天地之间，有阴阳之气，常渐人者，若水常渐鱼也。所以异于水者，可见与不可见耳，其澹澹也。然则人之居天地之间，其犹鱼之离水，一也。其无间若气而淖于水。水之比于气也，若泥之比于水也。是天地之间，若虚而实。人常渐是澹澹之中，而以治乱之气，与之流通相殽也。故人气调和，而天地之化美。殽于恶而味败，此易之物也。推物之类，以易见难者，其情可得。治乱之气，邪正之风，是殽天地之化者也。生于化而反殽化，与运连也。③

这就是说，天地之间弥漫着阴阳之气，此气渐浸人如同水渐浸鱼一般；人离不开天地之气，正像鱼离不开水一样。在宇宙的大系统中，以天地之气为介质，天与人共存互动：人感染天，天也感染人。更为重要的是，有了这种天地之气，也就保证了天与人之间的和谐：一方面，通过阴阳之气的渐浸，上天将其预定和谐传递给人，甚至对人君的行为予以奖赏或者谴告。另一方面，有了这种天地之气，人的行为会反馈给上天；当然，上天有了人的行为记录也就有了对人的行为的调整和赏罚。在董仲舒那里，天与人之间的相互感应注定了天人和谐的强制性。作为天与人相互感应的两个方面，他既宣称天地之气影响人类，又断言人类社会的治乱之气反过来会影响天地之气。

---

① 《春秋繁露·同类相动》。
② 同上。
③ 《春秋繁露·天地阴阳》。

于是,董仲舒指出:

> 以此见人之超然万物之上,而最为天下贵也。人,下长万物,上参
> 天地。故其治乱之故,动静顺逆之气,乃损益阴阳之化,而摇荡四海之
> 内……而人主以众动之无已时,是故常以治乱之气,与天地之化相殽而
> 不治也。世治而民和,志平而气正,则天地之化精,而万物之美起。世
> 乱而民乖,志僻而气逆,则天地之化伤,气生灾害起。①

在此,董仲舒强调,宇宙间一切现象的发生都看似自然,实则使然,实际
上都是同类相动的结果。正是在这个意义上,他断言:

> 非独阴阳之气可以类进退也。虽不祥祸福所从生,亦由是也。无
> 非己先起之,而物以类应之而动者也……此物之以类动者也。其动以
> 声而无形,人不见其动之形,则谓之自鸣也。又相动无形,则谓之自然。
> 其实非自然也,有使之然者矣。物固有实使之,其使之无形。②

同类相动是天人感应的哲学依据。正是通过同类相动的证明,董仲舒
不仅肯定了天人之间的相互感应,而且为"人副天数"指明了方向。

(二)符命祥瑞和灾异谴告——天人感应的表征

循着天人感应的逻辑,人通过阴阳之气与上天相互感应。以此看来,各
种自然现象便不再是纯粹的自然现象,而与人类行为密切相关,是人与天相
互感应的结果。由此,董仲舒得出了这样的结论:各种祥瑞或自然灾害的出
现都出于上天的故意有为,是对人之行为的或赏或罚。

首先,董仲舒认为,人世间的一切都是上天的有意安排。例如,上天如
果想使某人称王,一定会有一种不以人力所获而自然到来的征兆,这就是受
天符命。他说:"有非力之所能致而自至者,西狩获麟,受命之符是也。"③之
所以如此,是因为天下人都诚心归服于他,精诚所至,感动了上天,上天才降
祥瑞而使之受命称王。同样的道理,如果明君推行王道治理天下,便会元气
和顺,风调雨顺,并常伴有种种祥瑞出现。于是,董仲舒又说:

---

① 《春秋繁露·天地阴阳》。
② 《春秋繁露·同类相动》。
③ 《春秋繁露·符瑞》。

> 王者，人之始也。王正则元气和顺、风雨时、景星见、黄龙下。王不正则上变天，贼气并见。五帝三王之治天下……故天为之下甘露，朱草生，醴泉出，风雨时，嘉禾兴，凤凰、麒麟游于郊。①

按照董仲舒的说法，圣王总是与神兽、祥瑞和珍物如影随形、同时出现，这便是"帝王之将兴也，其类祥亦先见"。这种现象的出现没什么神秘之处，归根结底是"物故以类相召"的缘故。② 此外，他强调，王和君主都是天之子，要期待祥瑞的出现，必须事天如父，每逢岁首、月首或征伐等大事之时都要祭以告天。基于这种认识，董仲舒一再宣称：

> 为人子而不事父者，天下莫能以为可。今为天之子而不事天，何以异是？是故天子每至岁首，必先郊祭以享天，乃敢为地，行子礼也；每将兴师，必先郊祭以告天，乃敢征伐，行子道也。③
>
> 不祭天者，乃不可祭小神也。郊因先卜，不吉不敢郊。百神之祭不卜，而郊独卜，郊祭最大也。④

其次，董仲舒指出，如果统治者奢侈荒淫、道德堕落，滥用刑罚残害百姓，就会产生邪气。民怨积多，上下不和，便会阴阳失调而发生灾异。其实，各种自然灾害都不是无缘无故发生的，都是上天对人间君主的惩罚。具体地说，天地万物突然发生的变化叫怪异，怪异之中较小的叫灾害；两者的关系往往是灾害先到，怪异随之而来。之所以如此，原因在于，灾害是天对人君的谴告，怪异是天对人君的威慑。换言之，如果国君失道，天便会拿灾害来谴告之；如果谴告之还不知悔改，天便会以怪异来恐吓之；如果恐吓之还不知畏惧，天就会降下种种祸殃。由此可见，灾异的出现既是上天对人君的警告和惩罚，又是挽救人君过失的仁慈之举。

进而言之，按照董仲舒的逻辑，既然一切灾异都是天人相与的结果，便都可以在天与人的相互感应中找到原因和解释。正是根据这套理论，他从人（以王、君为代表）的行为中为自然界的一切变异找到了依据。董仲舒写道：

---

① 《春秋繁露·王道》。
② 见《春秋繁露·以类相召》。
③ 《春秋繁露·郊祭》。
④ 《春秋繁露·郊祀》。

王者与臣无礼,貌不肃敬,则木不曲直,而夏多暴风。风者,木之气也,其音角也,故应之以暴风。王者言不从,则金不从革,而秋多霹雳。霹雳者,金气也,其音商也,故应之以霹雳。王者视不明,则火不炎上,而秋多电。电者,火气也,其阴征也,故应之以电。王者听不聪,则水不润下,而春夏多暴雨。雨者,水气也,其音羽也,故应之以暴雨。王者心不能容,则稼穑不成,而秋多雷。雷者,土气也,其音宫也,故应之以雷。①

按着董仲舒的说法,种种灾变都是人(具体地说,是王、君)的行为引起的,归根结底是天人不和谐所致。因此,要补救和避免之,人必须调整自身的行为,以期与上天相符。于是,董仲舒便开出了补世救道的药方,并且提出了一套系统的求雨和止雨方法。

"以君随天"与天人和谐的具体操作

在董仲舒那里,不论是"人副天数"还是同类相动都决定了人必须与上天相符,与上天合一、发天意是人的行动原则。受制于这一原则,他对《春秋》的诠释独辟蹊径:"《春秋》之法,以人随君,以君随天。……故屈民而伸君,屈君而伸天,《春秋》之大义也。"②

这是董仲舒发挥的《春秋》的微言大义,也是他和谐建构的基本原则。这条基本原则和行为路线的实质——"以人随君,以君随天"是"人副天数"、天人感应在政治领域的落实和贯彻。正因为如此,通过对《春秋》的阐发,董仲舒在尊天的同时推出了王者随天的主张,试图经过王者将天人合一具体落实到国家的政治生活中。

作为经学大师,董仲舒对孔子的《春秋》情有独钟;作为今文经大师,他关注《春秋》的微言大义。在阐释《春秋》时,董仲舒把《春秋》的微言大义说成是"屈民而伸君,屈君而伸天"。根据这一原则,对于天人合一以及天人感应而言,君显得至关重要。与天合一不仅是百姓的个人行为,更主要的是君主代表的国家行为和行政举措。为了适应这一需要,他专门对王予以界定,在"深察名号"的名义下,强化王者与天合一的责任和使命,致使王成为人与上天合一的代言人乃至第一责任人。受制于这一初衷,董仲舒对王进行了如此界定:"三画而连其中,谓之王。三画者,天地与人也,而连其中者,通其

---

① 《春秋繁露·五行五事》。

② 《春秋繁露·玉杯》。

道也。取天地与人之中以为贯而参通之,非王者孰能当是?"①这就是说,王者之名即贯通天道与人道,王者对于天人合一具有不容推诿的义务和责任。在此基础上,董仲舒指出,为了与天合一,王者必须按照自己的名分行事,在以孝事天的同时,根据天道、天数确立治国的基本方针和行政措施,安排各种政治活动,力求从政治原则到官员选拔统统与上天相合。

(一)治国之道源于天道

董仲舒指出:"道之大原出于天。"②这就是说,人类社会的统治秩序出自上天,统治措施源于天意。这要求王者的治国方针必须与天意相符。进而言之,天意究竟如何呢?他宣称:"仁之美者在于天。天,仁也。"③在董仲舒看来,上天具有至仁至善的美德,天的仁德集中表现在"覆育万物"上——上天既化生万物,又养成万物,生生不息,终而复始。同时,天"泛爱群生,不以喜怒赏罚"。④ 这一切表明,上天好德而不好刑,生养万物时"任德不任刑"。由此,他推断,"任德不任刑"是天的意愿。基于这种认识,董仲舒宣称,既然"任德不任刑"是天意,那么,按照"王者承天意以从事"的原则,君主应该凭借道德教化万民、治国安邦。于是,他不遗余力地强调:

> 国之所以为国者德也。⑤
> 故以德为国者,甘于饴蜜,固于胶漆。⑥

按照董仲舒的说法,由于"察于天之意,无穷极之仁也",王者必须以德为国;同时,上天在任德时辅以刑罚,王者在以德治国时辅以刑法。显然,这是一条德主刑辅的治国路线。正是在这个意义上,他断言:"教,政之本也。狱,政之末也。"⑦在此,通过上天之贵阳贱阴,董仲舒揣摩出上天具有"任德不任刑"之意,由是推出了德本刑末,进而为儒家的德主刑辅找到了上天的庇护。

---

① 《春秋繁露·王道通三》。
② 《举贤良对策三》。
③ 《春秋繁露·王道通三》。
④ 《春秋繁露·离合根》。
⑤ 《春秋繁露·保位权》。
⑥ 《春秋繁露·立元神》。
⑦ 《春秋繁露·精华》。

（二）国家的行政措施与上天相符

董仲舒宣称："王者配天，谓其道。"①作为国家行政措施的制定者和实施者，王者的一切行为都出于天意，与天道相符。具体地说，人类社会的行政措施从天道而来，天有春夏秋冬四时，王有庆赏罚刑四政。天以春夏秋冬四季成就万物，贤明的君主循天道治理国家就应该以庆赏罚刑四政对应春夏秋冬四时；四季的功能是春生夏长秋杀冬藏，王者应该以庆功与春暖相副，以赏赐与夏暑相副，以惩罚与秋杀相副，以刑杀与冬寒相副。对此，董仲舒解释并强调说，王道的庆赏罚刑与上天的春夏秋冬之间"以类相应"，如符节相合。因此，四政缺一不可，犹如四季不可或缺；四政之间不可以相互干扰，正如四时不可易处一般。这个原则决定了王者在施政的过程中既要使庆赏罚刑四政相辅相成、缺一不可，又要适时而发、避免四政相互干扰。正是在这个意义上，他再三申明：

> 庆赏罚刑与春夏秋冬，以类相应也，如合符。……天有四时，王有四政，四政若四时，通类也，天人所同有也。庆为春，赏为夏，罚为秋，刑为冬。庆赏罚刑之不可不具也，如春夏秋冬不可不备也。庆赏罚刑，当其处不可不发，若暖暑清寒，当其时不可不出也。庆赏罚刑各有正处，如春夏秋冬各有时也。四政者，不可以相干也，犹四时不可相干也。四政者，不可以易处也，犹四时不可易处也。②

> 天之道，春暖以生，夏暑以养，秋清以杀，冬寒以藏。暖暑清寒，异气而同功，皆天之所以成岁也。圣人副天之所以为政，故以庆副暖而当春，以赏副暑而当夏，以罚副清而当秋，以刑副寒而当冬。③

> 行天德者谓之圣人。为人主者，居至德之位，操生杀之势，以变化民。民之从主也，如草木之应四时也。喜怒当寒暑，威德当冬夏。冬夏者，威德之合也；寒暑者，喜怒之偶也。喜怒之有时而当发，寒暑亦有时而当出，其理一也。当喜而不喜，犹当暑而不暑；当怒而不怒，犹当寒而不寒也；当德而不德，犹当夏而不夏也；当威而不威，犹当冬而不冬也。喜怒威德之不可以不直处而发也，如寒暑冬夏之不可不当其时而

---

① 《春秋繁露·四时之副》。
② 同上。
③ 同上。

出也。①

（三）官员的选拔和设置依天数而来

董仲舒认为，作为王者配天的具体表现和基本原则，不仅国家的行政措施与天相副，而且，官员的选拔和设置也依据天数而来。具体地说，为了与天相副，王者选拔官员的时间和数量要符合天数。因为天有四时，故而王有四选；因为每季三月，故而每选三人。这便是：

> 天有四时，时三月；王有四选，选三臣。是故有孟、有仲、有季，一时之情也；有上、有下、有中，一选之情也。三臣而为一选，四选而止，人情尽矣。人之材固有四选，如天之时固有四变也。②

按照董仲舒的说法，官员的选拔与天数相符。根据天有四季、每季三月的法则，王者每年选拔官员四次，每次的名额为三人。在此基础上，董仲舒进一步指出，不仅王者选拔官员的时节、名额与天数相符，而且，官员的设置及其相互关系也是由天道而来的。拿五官来说，天道有五行，人道有五官；正如天道在五行的辅佐下成就万物一样，王者只有在五官的辅助下才能成就王者事业。可见，人类社会的五官源于天道之五行，是依据天数而来的。基于这一理念，他以人类社会的五官比附天道的五行：其一，五官皆依五行而来，各有自己所对应的一行：木是司农，火是司马，土是司营，金是司徒，水是司寇。其二，五官的职责、行为规范以及其间的关系遵循五行之间的运行规律。对此，董仲舒解释说："行者行也，其行不同，故谓之五行。五行者，五官也，比相生而间相胜也。故为治，逆之则乱，顺之则治。"③这就是说，五行之间的关系包括相生与相胜两个方面：第一，比邻的两行相生，如木生火、火生土、土生金、金生水、水生木等。第二，间隔的两行相胜，如木胜土、火胜金、土胜水、金胜木、水胜火等。既然人类社会的五官依据天道的五行而来，便应遵循五行之间的关系。只有五官都恪守自己的职责，五行相生，社会才能治理。

基于这种认识，董仲舒把五官之间的关系说成是或相生或相胜的关系，

---

① 《春秋繁露·威德所生》。
② 《春秋繁露·官制象天》。
③ 《春秋繁露·五行相生》。

由此推导出人类社会的治乱机制:第一,将五官相生说成是社会和谐、天下大治的保证。按照他的观点,司农(木)尚仁,劝农事,司农利于本朝(火),称为"木生火";司马(火)尚智,举贤诛暴,安定天下,司马安定君官(土),称为"火生土";司营(土)尚信,忠信事君,威镇四方,司营完成大理,称为"土生金";司徒(金)尚义,尊卑有等,各尽其事,司徒履行亲安执法(水),称为"金生水";司寇(水)尚礼,君臣有位,长幼有序,百工成器,司寇供给田官(木),称为"水生木"。第二,断言五官相胜必然导致天下大乱。董仲舒认为,五官为奸、为谗、为神、为贼、为乱,必将导致社会混乱,这是五行相胜。具体地说,司农为奸,不劝农事,农民为叛,司徒(金)诛民(木),称为"金胜木";司马为谗,专权擅势,执法(水)者诛杀司马(火),称为"水胜火";司营为神,导主以邪,陷主不义,民(木)叛其君(土),称为"木胜土";司徒为贼,诛杀无罪,侵伐暴虐,司马杀司徒,称为"火胜金";司寇为乱,破坏法令,诛杀无罪,司营杀司寇,称为"土胜水"。①

　　经过董仲舒的一番比附,人真的成了天的副本——不仅人的外在形体而且人的内在情感,不仅人的道德律令而且人的行动作为都遵从上天的安排。这样一来,上天在派生万物时所设置的预定和谐便通过人特别是王者在各个方面表现出来并得以落实,也使人完全达到了与上天的合一。正因为如此,他总结说:"循天之道,以养其身,谓之道也。"②

　　在突出天人之间的内在联系和预定和谐的同时,董仲舒忽视、抹煞了天人之间的差别和对立。受此影响,在寻求和谐时,他由于过分强调天人同类而忽视了人与天的不同,否认人类社会遵循不同于自然界的特殊法则,进而将社会秩序、行政措施(人道)与自然现象和自然规律(天道)混为一谈。同时,在天人同类中,"屈民而伸君,屈君而伸天"的原则使董仲舒理解的天人和谐成为人完全与天相符,致使人成为天的被动效仿者和事奉者,在某种程度上抹煞了人的主观能动性和积极创造性。

　　更为致命的是,在天人同类、天人合一中,董仲舒夸大了天与人的联系,并且把天与人的一切联系都说成是固然而必然的。这增加了天的神秘性,并使天人和谐在人与上天的相副中变得繁琐和僵化。他的这套理论后来与谶纬迷信同流合污,蜕变为世俗迷信的一部分,对中国的传统文化和民众心理产生了广泛而深远的影响。

---

　①　以上均见《春秋繁露·五行相生》。
　②　《春秋繁露·循天之道》。

阳尊阴卑与儒家和谐的新开展

通过"人副天数"和天人感应，董仲舒表达了自己的和谐理念。他的和谐思想具有重要意义，是儒家和谐思想在汉代的新开展。在对儒家和谐的新开展中，董仲舒的主要做法是，通过阴阳贯通天道与人道，进而将孟子开辟的以践履仁义道德与上天合一的思想与荀子奠定的"不齐而齐"的等级和谐有机结合、合二为一。

（一）和谐的法则是阴阳的协调

董仲舒断言："天地之常，一阴一阳。阳者天之德也，阴者天之刑也。"① 天具有阴阳二性，天道的精髓、和谐的法则都凝结为阴阳之间的和谐。进而言之，董仲舒理解的阴阳和谐包括两方面的内容：第一，阴阳双方相合相依、缺一不可，彼此之间你中有我，我中有你。这用他本人的话说便是，"阴之中亦相为阴，阳之中亦相为阳。诸在上者皆为其下阳，诸在下者皆为其上阴"。② 从这个角度看，和谐的前提是阴阳双方的相互作用，缺少任何一方，和谐都无从谈起。第二，阴阳双方的性质、功能各不相同，上天的和谐体现为由阴阳关系的不平等而形成的平衡。这一点是阴阳关系的主导方面，也是和谐的本质所在。按照董仲舒的说法，阴阳具有不同的性质和功能，如阳为德，阴为刑；阳是爱，阴是恶；阳气生，阴气杀等等。这就是说，阳气主管生养，表现了天之德；阴气主管萧杀，体现了天之刑。并且，"恶之属尽为阴，善之属尽为阳。阳为德，阴为刑……阳气暖而阴气寒，阳气予而阴气夺，阳气仁而阴气戾，阳气宽而阴气急，阳气爱而阴气恶，阳气生而阴气杀"。③ 他进而强调，阴阳的不同属性和功能决定了二者的地位和生养万物的作用并不相同。由于上天具有仁慈的美德，对待阴阳总是"贵阳而贱阴"。"贵阳而贱阴"表现了上天主用仁德而辅用刑罚的意志，也证明上天尊阳卑阴，具有以阳为主、阴为辅的意志和好恶。正因为如此，董仲舒一再宣称：

> 是故阳常居实位而行于盛，阴常居空位而行于末。天之好仁而近，

---

① 《春秋繁露·阴阳义》。
② 《春秋繁露·阳尊阴卑》。
③ 同上。

恶戾之变而远，大德而小刑之意也。……贵阳而贱阴也。①
　　是故天数右阳而不右阴，务德而不务刑。②

由此看来，阴阳之间并不平等，总是阳实阴虚、阳尊阴卑、阳主阴从等等。不仅如此，董仲舒进而强调，阴阳之间的这种关系是"天之制"，因而是不可更改的。对此，他反复指出：

　　天使阳出布施于上而主岁功，使阴入伏于下而时出佐阳。③
　　阳贵而阴贱，天之制也。④

按照董仲舒的说法，阳贵阴贱、阳尊阴卑、阳主阴辅出于天意，是固定不变的，也是阴阳之间不可更改的关系。这种关系是"天之制"，更是天道。然而，事情到此并没有结束。根据人道源于天道的原则，阳尊阴卑的"天之制"一定在人类社会表现出来，进而转化为人道。

（二）天道之阴阳转化为人道之三纲

在董仲舒那里，无论是"人副天数"还是天人感应都加大了人与上天合一的必要性和强制性，并且突出了与天合一的可能性。在此基础上，他将天说成是人道的出处和根源。正是在这个意义上，董仲舒不厌其烦地申明：

　　人之受命于天也，取仁于天而仁也。⑤
　　此见天之亲阳而疏阴，任德而不任刑也。是故仁义制度之数，尽取之天。⑥

在这里，董仲舒不仅认定人受命于天，而且进一步确证了人与天合一的践履仁义道德之旅。这是因为，"王道之三纲，可求于天"⑦。正是在人类社

---

① 《春秋繁露·阳尊阴卑》。
② 同上。
③ 《举贤良对策一》。
④ 《春秋繁露·天辨在人》
⑤ 《春秋繁露·王道通三》。
⑥ 《春秋繁露·基义》。
⑦ 同上。

会的道德源于天道的论证中，他由天地之阴阳推导出人间之三纲，通过对三纲的论证将宗法等级固定化，奉为道德原则。

必须说明的是，对人伦的关注并不始于董仲舒。在先秦，儒家已经将人与人之间的关系归纳为五种，即君臣、父子、夫妇、兄弟和朋友，即所谓的五伦。不仅如此，孟子还对这五种关系提出了不同的道德要求，即"父子有亲，君臣有义，夫妇有别，长幼有序，朋友有信"。① 法家代表人物韩非突出其中的君臣、父子和夫妇关系，强调臣、子、妻对君、父、夫的绝对服从。于是，他指出："臣事君，子事父，妻事夫，三者顺则天下治，三者逆则天下乱，此天下之常道也。"②尽管如此，董仲舒对三纲的论证对于儒家的和谐理念与建构还是具有不容低估的作用：第一，明确提出了三纲的说法，并在三纲之前冠以"王道"二字，极大地增强了三纲的神圣性。从此，三纲成为中国古代社会的道德原则。第二，强调三纲源于天道，内含尊卑等级。

三纲即君为臣纲、父为子纲和夫为妻纲。诚然，这套具体提法出现在后来的《礼纬·含文嘉》中，然而，这一思想在董仲舒的著作中有明显反映，并且得到了深入、具体的论证。他认为，天道分为阴阳，人道也分为阴阳；人道之阴阳表现为君臣、父子和夫妇——君、父、夫属于阳，臣、子、妻属于阴。对此，董仲舒一再指出：

> 君臣、父子、夫妇之义，皆取诸阴阳之道。君为阳，臣为阴；父为阳，子为阴；夫为阳，妻为阴。③
> 天为君而复露之，地为臣而持载之；阳为夫而生之，阴为妇而助之；春为父而生之，夏为子而养之。④

在此基础上，董仲舒进而指出，由于阳尊阴卑、阳主阴从出于天意，是"天之制"，根据"贵阳而贱阴"的天道，属于阴的臣、子、妻只能处于服从的卑贱地位，绝对服从属于阳的君、父、夫，成为他们的依附者和从属者。正因为如此，他反复强调：

> 天子受命于天，诸侯受命于天子，子受命于父，臣妾受命于君，妻受

---

① 《孟子·滕文公上》。
② 《韩非子·忠孝》。
③ 《春秋繁露·基义》。
④ 同上。

命于夫。诸所受命者，其尊皆天也，虽谓受命于天亦可。①
父者，子之天也。②

按照董仲舒的说法，君与臣、父与子以及夫与妻之间的这种尊与卑、主
与从、制与受的关系是天经地义的，因而不可改变。之所以如此，是因为这
三种关系都是天之阴阳的体现，而阴与阳的地位及其尊卑关系不可更改。
这就是说，君臣、父子、夫妇之间的关系只能是——也永远是君为臣纲、父为
子纲和夫为妻纲。

综上所述，董仲舒对儒家和谐思想的新开展表现在两个方面：一是加固
天人合一的道德主义模式，一是对宗法等级的强化。在先秦，孟子将和谐寄
托于"亲亲而仁民，仁民而爱物"③的程序，在强调仁义道德是"天爵"的前提
下，开辟了与天合一的道德之路；荀子的和谐理念集中体现在对礼的推崇
上，试图通过礼的分辨作用将宗法等级说成是和谐的题中应有之义。由此
不难看出，尽管孟子的"亲亲而仁民，仁民而爱物"强化了仁爱之差等，然而，
在本质上并没有超越孔子提出的仁之外在形式是礼的思路，对差等的强调
限于主观自觉和道德引导。荀子推崇的礼强化了等级，却侧重外在性和强
制性，作为"人道之极"、"治辨之极"的礼在隆礼重法中难免因为依凭法律而
偏离儒家的道德航线。董仲舒整合了孟子和荀子的思想，使道德践履与宗
法等级在和谐理念和建构中珠联璧合、相得益彰：第一，宣称三纲五常可求
于天，是天道，以此强调在践履出于天的三纲五常中与上天合一。第二，在
肯定上下尊卑观念源于上天的同时，通过三纲强化人类社会的上下尊卑，将
宗法等级注入和谐之中。

在儒家追求和谐的历史进程中，董仲舒的思想具有承上启下的特殊作用：
第一，在承上方面，如果说孟子突出了和谐建构的方式是与上天合一的道德完
善之旅的话，那么，荀子则强调了和谐的实质是不齐而齐的尊卑等级。在此基
础上，董仲舒接续了践履道德与上天合一的行为方式，通过将尊卑等级说成是
天地之阴阳，论证了宗法等级的正当性，致使天人合一的道德之路与恪守三纲
代表的宗法等级合而为一。正因为如此，董仲舒的和谐理念对宗法等级的论
证较之荀子更充分，和谐建构的方式较之孟子更具体。更为重要的是，由于将
和谐说成是上天的预定和谐，董仲舒使宇宙秩序与人间秩序合而为一，进而在

---

① 《春秋繁露·顺命》。
② 同上。
③ 《孟子·尽心上》。

对上天意志的凸显和贯彻中论证了人类社会的等级秩序是上天的预定和谐。第二,在启下方面,引领了理学家的和谐建构,成为孟子通往宋明理学的思想中转站。孟子企图通过践履道德与上天合一的和谐理念和建构之方被理学家所继承,在理学中转化为本体哲学—人性哲学—道德哲学的三位一体。在和谐理念从孟子到宋明理学的历史递嬗中,董仲舒从天道引申出人道、将人道之三纲说成是"天之制"的做法起了重要作用。正是受董仲舒的启发,宋明理学家一面将宗法等级秩序说成是宇宙本体的题中应有之义,一面通过宇宙本体赋予人性和人命将等级名分说成是人与生俱来的先天规定性,然后要求人们在"去人欲,存天理"中超凡入圣,自觉地维护宗法等级秩序。

本文为黑龙江省教育厅 2008—2009 年度课题的最终成果,项目编号:11532116

张载的人与自然和谐观及其现代意义

——以宇宙论哲学为基础的考察

林乐昌

在北宋理学家、关学领袖张载(字子厚,学者称横渠先生,1020—1077)的思想中,含有丰富的人与自然和谐的观念,其中著名的命题有"太和"之道、"天人合一"、"乾父坤母"、"民胞物与"等,是儒家生态伦理思想中极富远见卓识而又影响深远的精神财富,这应当能为今天反省人与自然的关系问题,解决人类的生存危机,建构适合中国现代社会的新型生态伦理观、生态文明观和社会发展观提供富有启发性的思想资源。值得注意的是,张载的生态伦理学与社会伦理学之间具有很强的相关性乃至一致性,而这二者又都是以张载的宇宙论哲学(天道论哲学)为基础的。对于张载的人与自然和谐观,学术界以往虽有论及,然尚未睹专题研究者。有鉴于此,本文拟以张载的宇宙论哲学为基础,从"太和"之道、"天人合一":人与自然和谐的原理,"乾父坤母"、"民胞物与":人与自然和谐的根源和准则,张载人与自然和谐观的现代意义等三个方面,对这一课题展开探讨,以求教于学界同好。

"太和"之道、"天人合一":人与自然和谐的原理

在张载的用语中,与今天所说的"自然"或"自然界"在语意上有对应性的是"天地",也就是他经常引用《中庸》"与天地参"、《易传》"与天地合其德"的"天地"。张载所谓天地有其整体性意涵,具体指由太虚(天)和阴阳之气所创生的万物("动植"、"金铁"、"山川"等等)生生不息的世界。在张载看来,宇宙自然的存在和运行是有机的、有序的,而支撑宇宙万物生存、推动其运行的则是"太和"之道。

张载在其代表著作《正蒙·太和篇》之首章开宗明义便提出了宇宙的"太和"之道:

太和所谓道,中涵浮沉、升降、动静、相感之性,是生细缊、相荡、胜

负、屈伸之始。其来也几微易简，其究也广大坚固。起知于易者乾乎！效法于简者坤乎！散殊而可象为气，清通而不可象为神。不如野马、细缊，不足谓之太和。语道者知此，谓之知道；学《易》者见此，谓之见《易》。①

虽然这里没有出现"天地"等字眼，但描述的是自然界生生不息的图景则没有疑义，它体现了张载肯定世界真实性的态度，也表明了他与佛教不同的宇宙论立场。

古今不少学者将张载所谓"太和"之道归结为"气"，失其本旨。这就给我们提出了一个重要问题：张载的"太和"之道是不是仅由"气"构成的？应当如何理解张载"太和"之道的构成和实质？孔颖达《周易正义》准确地把"保合太和"归结为"太和之道"，但对于"保合"则仅从字面上解作"保安合会"。② 北宋道学家与汉唐义疏家不同，重在对经典做义理发挥，例如程颐解"保"作"常存"，解"合"作"常和"。③ 与程颐以"常"解"合"有别，张载则依据《周易》咸卦之"感"义解"合"。张载说："咸，感也。""说者多以咸、恒配天地，殊不知咸自可配天地。"（《横渠易说·下经·咸》，第124—125页）张载显然欲以"感"之中介作用来构建自己的宇宙生成之道。且看张载对"感"是如何解释的，他说："无所不感者虚也，感即合也，咸也。以万物本一，故一能合异；以其能合异，故谓之感；若非有异则无合。"（《正蒙·乾称》，第63页）在张载看来，虽然太虚本体"至静无感"（《正蒙·太和》，第7页），但太虚作为宇宙生成万物的主导力量则又是"无所不感者"。感，指特定主体对异质的他者发挥关联作用时的感应、感通机制。在张载看来，经由感应或感通机制，能够使"有异"亦即异质的东西关联整合为一体，这里具体指太虚本体能够将自身与阴阳之气整合为统一的宇宙创生力量。这也就是《太和篇》首章所谓"相感之性"。张载把这种宇宙创生力量视作"万物之一源"的"性"，而此"性"又是"合虚与气"才得以构成的。（《正蒙·太和篇》，第9页）"合虚与气"，其实也就是异质的虚与气相感。张载在论"感"与"性"二者之间的关系时说"感者性之神，性者感之体"（《正蒙·乾称》，第63页），认为感是生成的

---

① 《正蒙·太和篇》，《张载集》，中华书局1978年版，第7页。以下凡引《张载集》，仅注论著名、篇名和页码，并随文夹注。
② 王弼注、孔颖达疏：《周易正义》卷一，阮元校刻：《十三经注疏》（影印本），中华书局1980年版，第14页。
③ 《周易程氏传》卷一，《二程集》，中华书局1981年版，第698页。

神妙机制,而性则是感的生成根源。正是在此意义上,张载认为"太和"之道是"中涵"了"相感之性"的,就是说"太和"之道内在地包含着"性",二者的意蕴是一致的。也正是在此意义上,张载才一贯坚持"性与天道合一",或"性即天道"。(《正蒙·诚明篇》,第 20 页;《正蒙·乾称篇》,第 63 页)

张载在其道学"四句纲领"中提出:"由气化,有道之名。"(《正蒙·太和篇》,第 9 页)张载以"气化"言"道",这可能是有人把"太和"之道归结为"气"的理据之一。但实际上张载所谓宇宙的"气化"过程恰恰是由"太虚"本体亦即"天"本体所主导和推动的,这里涉及张载"天惟运动一气,鼓万物而生"的"天能"观念。(《横渠易说·系辞上》,第 185 页)张载说:"天能谓性。"(《正蒙·诚明篇》,第 21 页)同样在道学"四句纲领"中,张载是"合虚与气"而言"性"的。已如上述,张载认为"性与天道合一",故其"道"亦并非单纯言"气"不言"虚"("天")。在张载看来,太虚作为先于并高于天道的宇宙终极根源和最高实在,有其独立性①,故曰"言虚者未论阴阳之道","天地之道无非以至虚为实","凡有形之物即易坏,惟太虚无动摇,故为至实"。(《张子语录中》,第 325 页)可见,张载是把太虚视作宇宙间的最高终极实在的。然而,太虚(天)不可能总是停留于"未论阴阳之道"的无生状态,它必然要参与宇宙的生化过程,并成为太和之道的主导力量,以显其"天能"。而这就是《太和篇》首章所谓"是生纲缊、相荡、胜负、屈伸之始",末句的"始"字,与始句"是生"之"生"字相呼应,说的是宇宙生成过程的开始。依据《太和篇》首章,聚散之气是"可象"的,亦即形而下的;而作为"天德"、"天能"的"太和"之道则是"不可象"的,亦即形而上的;这也表明形而上的"太和"之道不可归结为形而下的聚散之气。《太和篇》首章说:"不如野马、纲缊,不足谓之太和。"张载在解释何谓"纲缊"、"野马"时说:"气块然太虚,升降飞扬,未尝止息,《易》所谓'纲缊'、庄生所谓'生物以息相吹'、'野马'者与。"(《正蒙·太和篇》,第 8 页)这说的不正是太虚参与"太和"之道运行过程的情景吗?这就足以证明太虚是参与太和之道的生化过程的。在张载学说中,如果说"太和"之道强调的是宇宙间万物生成的动力性、万物关系的有序性及和谐性的话,那么,"太虚"(天)本体强调的则是其本身的纯粹性和最高实在性,以及它作为"太和"之道亦即宇宙生成力量的终极根源性和主导性。

张载还依据《易传·系辞》"太极"、"两仪"的观念提出了"天参"之说,他

---

① 详见林乐昌:《20 世纪张载哲学研究的主要趋向反思》,《哲学研究》2004 年第 12 期,第 21—22 页。

指出:"天所以参,一太极两仪而象之,性也。"(《正蒙·参两篇》,第10页)这里的"参"与"叁(三)",古字通用,有同一结构中三方面力量参错会合之意。张载的"天参"宇宙结构模式,涉及作为统一体的宇宙及其三重结构这一古老问题。早在屈原的《天问》中便提出:"阴阳三合,何本何化?"著名学者游国恩在其主编的《天问纂义》一书中,采诸家之说,比较异同,认为诸说中"当以柳宗元《天对》自注所引《穀梁》之解为正"。①《穀梁传》曰:"独阴不生,独阳不生,独天不生,三合然后生。"②显然,"三合"指阴阳和天这三种力量的会合参错、互感互动,从而成为宇宙万物生成的结构性根源。依乎此,再来看屈原"何本何化"的发问,就不难解答了:"本"指作为天道之本体的天,在张载哲学中指太虚之天;"化"指阴阳互动的天道生化作用,在张载哲学中指由天所推动的阴阳之气的生化过程。其实,"天参"亦即张载所谓"太虚即气"的天道,是由"天"所主导的、天与阴阳之气共存互动的,具有结构性的宇宙根源。这一宇宙根源同时即是创生万物的力量。在这种力量的推动下,宇宙万物在其生生不息的过程中才有可能达致最高的和谐(太和)境地。总之,张载把源于《易传》及《春秋穀梁传》系统的"天参"生成论模式归结为"性",这与"太和"之道的结构模式"中涵""相感之性"是一致的;而且,"天参"模式和"太和"之道模式的结构都是三位一体的,在这一点上两种模式也是一致的。

人类自诞生于世,就必然要置身于宇宙万物生生不息的过程当中,故在张载宇宙论哲学中还有一个与"天参"模式并行的"三才"模式。张载所谓"三才",是以《易传》的《系辞》和《说卦》诸篇为经典依据的,这一模式的特点是把宇宙视为由天、地、人这三个基本方面构成的整体。尽管"天参"模式和"三才"模式是并行于张载宇宙论哲学中的,但二者又有所区别:"天参"模式凸显的是宇宙本体论和宇宙生成论,而"三才"模式则强调宇宙中天、地、人的整体存在以及人在天地之间的位置。就是说,"三才"模式所揭示的是人生在世的基本关系,亦即人与自然(天地)之间共生共存的关系。在此意义上,张载所谓"天地"便又有"天地之间"的意思,既包括自然世界,也包括人间社会。在张载哲学思想中,如果说"天参"模式所体现的主要是宇宙创生力量的话,那么,"三才"模式所反映的则主要是宇宙整体意识。德国著名哲学家卡西尔(Ernst Cassier)在考察作为"人类认识世界方式"的神话思维时

---

① 游国恩主编:《天问纂义》,中华书局1982年版,第26—27页。
② 范宁集解、杨士勋疏:《春秋穀梁传注疏》卷五,阮元校刻:《十三经注疏》(影印本),中华书局1980年版,第2381页。

发现,在人类早期文化的不同时代里便已经认识到"三构成数字系列的终端,因而成了完善的、绝对整体本身的一种体现"。① 张载所谓"天参"和"三才"模式与这种整体思维有类似之处。张载依据《易传》、《榖梁》,并吸收道家观念,明确地提出太虚(天)或太极与阴、阳之气是由"一"和"两"构成的三位一体式的存在,丰富了儒家的宇宙论哲学,这是对儒家宇宙论哲学建构的重要贡献,②同时这也为人与自然的和谐观念提供了坚实的宇宙论哲学基础。

总之,前引《太和篇》首章为人们揭示的是:"太和"之道,是宇宙间创生万物的力量;这种力量表明,在"太和"之道中包含着作为万物生成根源的"相感之性";而且,"太和"之道创生万物的性能离不开宇宙的太虚(天)本体与阴阳之气这些不同力量之间的相感互动,而这正是万物的生成机制及生化过程的开始。张载强调,只有通晓这种"一以贯天下"的"乾坤"之道和"易简"之理(《正蒙·作者篇》,第36页),才有资格被称作"知道"和"见《易》"之人。简言之,张载所谓"太和"之道不仅是阴阳之气的整合,而且还是太虚与气的整合,是宇宙间由太虚与阴阳之气相感互动、整合而成的创生力量及其运行过程。

值得注意的是,包括张载"太和"之道在内的儒家所谓"道"有别于道家所谓"道"。道家探索的是自然之道,而非人类社会之道;③儒家不仅关注自然之道,而且也关注人类社会之道。与其他派别的理学家不同,张载特别重视宇宙论哲学,认为宇宙秩序与伦理秩序之间具有统一性,不仅认为人类社会秩序根源于自然秩序,而且认为人类道德价值也有其宇宙论根源。这涉及张载宇宙论哲学的目的论思想。

在张载看来,虽然宇宙有其多重复杂结构,但其运行却是有秩序的,即所谓"天序"、"天秩"。他指出:"生有先后,所以为天序;大小、高下相并而相形焉,是谓天秩。天之生物也有序,物之既形也有秩。知序然后经正,知秩然后礼行。"(《正蒙·动物篇》,第19页)张载认为,"天叙(序)天秩之类",是永恒的,是自然之礼当中的"不须变者"。(《张子语录下》,第328页)这是张

---

① 〔德〕恩斯特·卡西尔著:《神话思维》,黄龙保等译,中国社会科学出版社1992年版,第168页。

② 参阅庞朴著:《一分为三论》,上海古籍出版社2003年版,第132页。

③ 参阅〔英〕李约瑟著:《中国科学技术史》第二卷《科学思想史》,何兆武等译,科学出版社、上海古籍出版社1990年版,第35页。李约瑟还认为,道家对目的论是持否认态度的。第61—62页。

载对《尚书·皋陶谟》"天叙（序）有典"、"天秩有礼"思想的发挥。张载强调，天序、天秩是根源于"太虚"（天）的自然本有之礼，是作为宇宙万物生成和存在的顺序或规则。认为宇宙自然存在着"天序"、"天秩"，这是目的论的说法。① 张载的目的论思想还表现在，他认为天或天地也像人一样有"心"、有"德"、有"能"，这就是所谓"天心"、"天地之心"和"天德"、"天能"。张载说："大抵言'天地之心'者，天地之大德曰生，则以生物为本者，乃天地之心也。""天地之心惟是生物。"（《横渠易说·上经·复》，第113页）他又说："天本无心，及其生成万物，则须归功于天，曰：此天地之仁也。"（《经学理窟·气质》，第266页）张载还依据《中庸》把"知道者所谓诚"称作"天德"（《正蒙·乾称篇》，第65页），这与张载把万物生成根源和创生力量的"性"称作"天能"是一致的（《正蒙·诚明篇》，第21页）。张载目的论思想的特点是把宇宙秩序同时视作价值秩序，并把宇宙自然过程拟人化，除"天心"之类的说法外，还有称"乾坤"为"父母"的著名说法（详下节）。

近年在探讨人与自然的和谐问题时，"天人合一"口号最为学者所喜用。张载在先秦思孟学说的基础上，第一次把"天人合一"作为一个重大命题明确地提了出来。他说："儒者则因明致诚，因诚致明，故天人合一，致学可以成圣，得天而未始遗人。"（《正蒙·乾称》，第65页）这里所谓"天人合一"，指儒者坚信经由为学的努力便能够实现"成圣"理想，而为学的方法则是"穷理"（"明"）与"尽性"（"诚"）这两个重要方面互为依据、交互为用。粗看之下，张载有关"天人合一"的论述似乎并未明确指涉人与自然的关系问题，这就难怪有学者认为，"虽然天人合一的理论也涉及人与自然生态的关系，但这种关系是以政治、伦理和精神境界为本位的"。② 言下之意是，"天人合一"是以伦理、境界意义为主（"本位"），以自然生态意义为次（连带"涉及"）的。这种观点不够确切，也缺乏根据。本文认为，从学理上看，张载"天人合一"思想的人伦道德意义与自然生态意义之间并不是主次关系，而是交织关系；正是在这种交织关系中，才使得"天人合一"命题既具有了伦理境界意义，同时也具有了自然生态意义。至于学理在实际运用当中自然生态意义往往不如人伦道德意义强，则主要限于时代的要求，中国古代面对的自然生态问题不像当时社会伦理问题来得更加迫切。

---

① 金春峰著：《汉代思想史》，附录二《〈月令〉图式和董仲舒的目的论及其对宋明理学的影响》，中国社会科学出版社1987年版，第649页。

② 刘立夫：《"天人合一"不能归约为"人与自然和谐相处"》，《哲学研究》2007年第2期，第69页。

首先,张载"天"观两重含义的交织。如前所述,对"自然"的整体理解应当包括"天"(太虚)在内。在张载的思考脉络中,"天"既是自然万物生成的终极根源,又存在于自然万物之中;在作为"天道"或"太和"之道的终极根源和生成万物的主导力量的意义上,"天"完全可以作为自然的表征。同时,"天"("太虚")还具有人的存在根源和道德价值根源等含义。① 在张载的道德价值系统中,其核心部分便是"生生"之"仁"和"天秩"之"礼"。张载所谓"天"作为整体观念,其自然、物质含义与伦理、价值含义之间并没有被割裂,"天"并没有失去自然意蕴。对于张载"天人合一"思想中的"天",似可作如是观。

其二,张载"天人合一"思想的人伦道德与自然生态两重意义的交织。从张载对"天人合一"的论述中可以看出,其主要经典依据是《中庸》有关天道与人道、诚与明的原理。虽然"天之道"作为宇宙万物的创生力量和自然秩序的基础,其本身是一个自然过程;但是,人却能够从中领悟出作为自己行为根据的道德价值观,例如上述的"生生"之"仁",以及"天秩"之"礼",从而使天或天道成为人伦理道德基本价值的宇宙论根源。通过下节的论析我们将看到,在张载学说中,礼和仁、孝等价值既被运用于人与人的关系中,也被运用于人与天(包括自然、万物)的关系中。于是,张载所谓"天人合一"思想就既具有人伦道德意义,同时又具有自然生态意义,二者是交织在一起的;任何把这两重意义加以割裂只做单方面归约的企图,都有失偏颇。若把"天人合一"命题置于几千年来中国社会所具有的农业文明类型这一宏观历史背景当中,②那么,它所包含的自然生态意义则更无法淡化或消解。可以认为,张载提出的"天人合一"思想的确同时构成了人类如何正确对待自然的基本态度和实践原则,并使我们有可能借助这一传统资源实现儒学在现代的"生态转向"。③

其三,张载"天人合一"思想对人类提出了很高的要求。这可以从"知"(知识)和"用"(实践)两个层面加以诠释。一是如何在"知"的层面实现"天人合一"? 张载提出:"天人异知,不足以尽明。"(《正蒙·诚明篇》,第20页)在张载看来,人们必须"先识造化"(《横渠易说·系辞上》,第206页),经由"尽明"亦即"穷理"等为学工夫,使人从宇宙秩序中汲取智慧。二是如何在

---

① 林乐昌:《张载对儒家人性论的重构》,《哲学研究》2000年第5期,第50页。
② 金岳霖著:《道、自然与人》,刘培育编,三联书店2005年版,第149页。
③ 杜维明首次提出了儒学的现代生态转向这一重大问题。参阅杜维明:《新儒家人文主义的生态转向:对中国和世界的启发》,《中国哲学史》2002年第2期,第5—7页。

"用"的层面实现"天人合一"？张载提出："天人异用，不足以言诚。"(《正蒙·诚明篇》,第20页)在张载看来,人们还必须"本天道为用",在"与天地参"(《横渠易说·系辞上》,第176页)亦即参与宇宙自然的创生过程中,经由诚、明互动的工夫,调整人自身的性情,提升人的道德水准,以"尽人道"①,顺从而不违逆自然秩序之礼,②从而实现人与自然的和谐相处。

"乾父坤母"、"民胞物与"：人与自然和谐
的根源和准则

在张载看来,不仅宇宙的自然秩序本身是和谐的,而且,人与自然、人与人之间的关系也应当是和谐的。张载在其名篇《西铭》中,提出了影响深远的社会伦理原则和自然伦理原则。《西铭》全文如下：

> 乾称父,坤称母;予兹藐焉,乃混然中处。故天地之塞,吾其体;天地之帅,吾其性。民吾同胞,物吾与也。大君者,吾父母宗子;其大臣,宗子之家相也。尊高年,所以长其长;慈孤弱,所以幼吾幼。圣其合德,贤其秀也。凡天下疲癃残疾、茕独鳏寡,皆吾兄弟之颠连而无告者也。于时保之,子之翼也;乐且不忧,纯乎孝者也。违曰悖德,害仁曰贼;济恶者不才,其践形,唯肖者也。知化则善述其事,穷神则善继其志。不愧屋漏为无忝,存心养性为匪懈。恶旨酒,崇伯子之顾养;育英才,颍封人之锡类。不弛劳而底豫,舜其功也;无所逃而待烹,申生其恭也。体其受而归全者,参乎! 勇于从而顺令者,伯奇也。富贵福泽,将厚吾之生也;贫贱忧戚,庸玉女于成也。存,吾顺事,没,吾宁也。(《正蒙·乾称篇》,第62—63页)

对于《西铭》主旨,古今学者历来解释不一,歧见纷呈。限于篇幅,本文不以辨析歧见为主,而是扣紧论题,以前三句为中心,基于自己的浅见,对《西铭》的论旨纲要、义理内涵、思路脉络略作阐论。

---

① "尽人道,并立乎天地以成三才,则是与天地参矣。"(《横渠易说·系辞上》,第176页)

② "知极其高,故效天;礼着实处,故法地。人必礼以立,失礼则孰为道?"(《横渠易说·系辞上》)"天之生物便有尊卑大小之象,人顺之而已,此所以为礼也。"(《经学理窟·礼乐》,第264页)

我认为，《西铭》大旨是：基于宇宙根源论的社会伦理原则和自然伦理原则。这些伦理原则涉及自然与社会的多重关系结构，既包括人与作为宇宙根源的"乾坤"大父母的关系，也包括人与人之间的伦理关系，还包括人与物之间的伦理关系。《西铭》的主要义理内涵包括："乾坤"大父母的宇宙根源论，以礼和仁、孝为核心的道德价值论，人在宇宙间的自我定位、角色担当和伦理义务论。按照《西铭》的义理内涵及思路脉络，可以把宇宙间一切关系及其结构归纳为两层、四重。所谓两层，一指宇宙间以纵向上下关系为特征的"父子"关系结构，二指宇宙间以横向平行关系为特征的"民胞"、"物与"关系结构。在第一层次中，又可以分为人与"乾坤"大父母的关系，及人与生身父母的关系；在第二层次中，又可以分为人与人之间的同胞关系，及人与物之间的伙伴关系。这是《西铭》的纲要。以下，对这些关系及其结构逐层论析如下。

关于第一层次以纵向上下关系为特征的"父子"关系结构。这是本文所要论析的重点。

从"乾称父"至"物吾与也"三句，可以视作《西铭》全篇的纲领。这三句纲领的前两句，论说的都是作为宇宙间第一层次的上下"父子"关系结构。

首先看第一句"乾称父，坤称母；予兹藐焉，乃混然中处"。"乾称父，坤称母"，直接依据《易传》而来。《易传·说卦》在论述"乾坤生六子"的宇宙生成模式时说："乾，天也，故称乎父；坤，地也，故称乎母。"①《说卦》以八卦中的乾坤为父母，其余震、坎、艮、巽、离、兑则为六子女，把作为宇宙根源的乾坤与六种自然现象视为父母与子女之间的关系；《西铭》则据以说明作为宇宙根源的乾坤与人类及自然万物的关系。值得注意的是，《易传》并不区分"乾坤"和"天地"，而张载却特意对二者加以区分，他说："不曰天地而曰乾坤，言天地则有体，言乾坤则无形，故性也者，虽乾坤亦在其中。"（《横渠易说·上经·乾》，第69页）"言天地则有体"，是说"天地"表征的是有形的实体世界；而"言乾坤则无形"，则是说"乾坤"表征的是无形的万物生成根源。在张载看来，"乾坤"比"天地"更具有抽象性质和形上意义，与他所提出的"性"的含义大体一致。在此意义上，《西铭》首句把"乾坤"称作创生万物的"父母"，其实也就是说"乾坤"乃是宇宙创生万物的根源之"性"，这与张载所谓"性者万物之一源"（《正蒙·诚明篇》，第21页）的界定是完全一致的，只不过《西铭》首句的表述借助了比喻而已。总之，张载对于万物的生成根源有几种不同的称谓："天地"是在具象的意义上加以使用的，"乾坤"是在抽象的意义上加

---

① 王弼注、孔颖达疏：《周易正义》卷九，阮元校刻：《十三经注疏》（影印本），第94页。

以使用的,而"父母"则可以认为是在喻象的意义上加以使用的。另外,《西铭》所谓"乾称父,坤称母"的真实意图,并不在于一定要划分"乾坤"("天地")或"父母",而是格外强调乾坤、天地是作为统一的宇宙生成根源的"道"或"天道",而且这与张载所谓"太和"之道的意涵也是一致的。因此,张载指出:《订顽》(即《西铭》)之作,只为学者而言,是所以订顽。天地更分甚父母?只欲学者心于天道,若语道则不须如是言。"(《张子语录上》,第313页)提醒学者不必拘泥于天地、父母的区分,其实天地、父母的说法无非是"语道"而已,对作为宇宙根源的"道"真正有所识解和体认才是《西铭》乾父坤母观念的着眼点。

紧接在"乾称父,坤称母"之后的是"予兹藐焉,乃混然中处"。这里的"予"与下文的"吾",都指人而言。此句中的"兹"字,向为学者所轻忽而无人予以解释。古汉语专家杨树达指出,"兹"字可作为承接连词,有"则"、"斯"等义。① 清儒王引之认为,"兹者,承上起下之词"。② 这启发我们把乾父坤母亦即天道与人类二者视作宇宙论意义上的父子关系,这种关系从各自的地位看是有上下之分的。古今不少学者将"兹"后之"藐"字仅解释为人自身形体的藐小。笔者认为,全面地看,"藐"固然有人体态藐小之义,但在这里的语境中其重点却是人在面对乾父坤母时的自我定位,"藐"既指人的体态,更指人的心态。前引张载说:"生有先后,所以为天序;大小、高下相并而相形焉,是谓天秩。"关于"天秩",张载还说:"天之生物便有尊卑大小之象,人顺之而已,此所以为礼也。"(《经学理窟·礼乐》,第264页)"天序",说的是在先的宇宙创生根源与在后的万物(包括人类)之间是生成与被生成的关系;"天秩",说的是作为创生根源的天道与万物(包括人类)之间是大小、高下、尊卑的关系。在宇宙的这种基本关系中,"自感人类藐小的意识,同时伴有敬畏、尊崇和羞耻心;这种情感通常通过仪典得到表达和加强"。③ 这里的"藐"字,是作为人子的自况,是相对于乾坤父母的尊上而言的,故反衬出人的藐小和卑下之意。这也表现出张载继承西周"敬天"、孔子"畏天"、孟子"事天"的传统,以地位在下的人对地位在上的无限广大的天或天道的尊崇,以及报本返始的情感。"乃混然中处"的"中",指上述宇宙秩序及其基本关系,表明人有自知之明,并通过自己"存心养性"、"知化"和"穷神"的工夫,从

---

① 杨树达著:《词诠》,上海古籍出版社1986年版,第236页。
② 王引之撰:《经传释词》卷八,江苏古籍出版社(据王氏家刻本影印)1985年版,第76页。
③ 〔美〕保罗·伍德拉夫著:《尊崇:一种被遗忘的美德》,林斌等译,商务印书馆2007年版,第73页。

而与宇宙根源保持一种亲近的、没有隔阂的一体关系,最终达致"圣其合德"的境界。

其次看第二句"故天地之塞,吾其体;天地之帅,吾其性"。在前句阐明了乾坤天道是人类的生成根源这一理据之后,此句进而说明人类的形体和品性这两个方面都是由天地(乾坤)所赋予的。而在人类的形体和德性中,人的道德品性是人的身体和行为的统帅。南宋陈亮在引这句话时,将其改为:"塞天地者,吾之体也;帅天地者,吾之性也。"①经陈亮改动后,人的身体和品性是由天地(乾坤)所赋予的这一本意竟变为:天地要由人的身体去充塞,要由人的品性去统帅。显然,这是一种以人为宇宙中心、以人为宇宙主宰的解读,将人在宇宙中的地位膨胀到了极点,完全颠倒了《西铭》本意。其实,用现代语言来表达,张载所要强调的是人在宇宙中、在乾坤面前的有限性和谦卑性,是一种非人类中心主义的思想。

根据《西铭》的义理实质看,相对于"乾父坤母"而言,"予"或"吾"应当被理解为乾父坤母的儿子,乾父坤母的天性或天道与人之间是一种宇宙论意义上的"父子"关系,这种相互关系应当遵循《周易正义》所说的"父子之道"②,亦即父子之间应当奉行的行为准则。张载赋予"父子之道"以具体内涵,这主要是礼和仁、孝等价值。《中庸》第十九章引"子曰:'武王、周公,其达孝矣乎!'夫孝者,善继人之志,善述人之事者也。"张载把《中庸》的孝祖与《易传》的"穷神知化"观念联系起来,敦促人们首先要做天地父母的孝子。张载还依据《中庸》"诚者天之道,诚之者人之道","君子诚之为贵"等命题,提出,"天所以长久不已之道,乃所谓诚。仁人孝子所以事天诚身,不过不已于仁孝而已。故君子诚之为贵"。(《正蒙·诚明篇》,第21页)在张载看来,"仁人孝子"便是人在宇宙间所应当承担的角色,根源于天道的"诚"亦即"仁孝"便是人所应当履行的道德规范在价值层面上的集中体现,而"事天诚身"便是人所应当履行的首要伦理义务。在张载及其弟子看来,由于人"能知其所自出,故事天如事亲"③,以虔敬之心敬畏、事奉乾坤天道。与此同时,孝敬自己的生身父母也是"仁人孝子"所应尽的基本伦理义务。

关于第二层次以横向平行关系为特征的"民胞"、"物与"关系结构。

由于乾坤是人类和万物的父母,据此,张载提出了著名的"民胞物与"口

---

① 陈亮:《西铭说》,《陈亮集》(增订本)卷二三,中华书局1987年版,第260页。

② 王弼注、孔颖达疏《周易正义》卷九,阮元校刻《十三经注疏》(影印本),第94页。

③ 王霆震编《古文集成》卷四九注释引吕大临语,文渊阁《四库全书》本。"事天如事亲"的思想,源自《礼记·哀公问》。

号,就是说,人对所有的民众都应当视作自己的同胞,对所有的物类都应当视作人类的伙伴,因此,一切人、物都是这个宇宙大家庭的平等成员。从限于人类谈仁爱,到不限于人类谈仁爱,①这是张载对儒家仁爱观的重要发展。这种把宇宙间所有物类视作人类伙伴的观念,可以作为人类平等对待自然的重要行为准则,其实践意义是不言而喻的。

总之,张载把人和万物所生存于其中的宇宙视作一个由纵横关系交织而成的大家庭,一切人或物都是这个大家庭的成员,从这里可以看出张载学说宇宙观、自然观与伦理观交织融合的突出特征。上述张载所谓"太和"之道,"天人合一"、"乾父坤母"、"民胞物与"等观念,都既是人与自然和谐相处的基本准则,也是社会伦理原则。与另一些儒家学者把生态伦理建基于内在心性论②有所不同,张载的人与自然和谐观及生态伦理,则是以外在的宇宙论亦即天道论为基础和根据的,属于儒家人与自然和谐观及生态伦理的另一种类型。

张载人与自然和谐观的现代意义

由上述可知,张载的伦理学建基于天道(乾坤)之上,既是社会道义伦理学,同时也是自然道义伦理学。具体言之,张载关于"太和"之道、"天人合一"等人与自然的和谐原理,关于"乾父坤母"的宇宙根源意识、"民胞物与"等保持人与自然和谐的基本准则,对于今天重建人与自然之间的新型关系应当有所启迪。

第一,"太和"之道对重建人与自然和谐观的现代启迪。张载"太和"之道强调宇宙自然本身是一个有秩序的、不断变化的持续过程。这一道理昭示人们,人类及其活动必须尊重自然秩序,使人类社会与自然之间的关系也变得越来越有序,越来越友好。因此,应当首先转变人类对待自然的态度,从与自然"斗争"、"征服"自然的心态,逐渐转变为以自然万物为伙伴、为朋友的心态。对自然及其万物的态度友善了,就有可能使人类在处理与自然之间的关系时从惯于算计利害得失,逐渐转变为站得更高,以"太和"之道的思考方式化解人类与自然之间的冲突,积极谋求人类与自然的相互补充、相互和谐,从而使人类居住的自然环境不断趋进于平衡的境地。

---

① 参阅黄建中著:《比较伦理学》,山东人民出版社 1998 年版,第 252 页。

② 参阅陈来:《宋明儒学仁说的生态面向》,收入氏著:《中国近世思想史研究》,商务印书馆 2003 年版,第 50 页。

第二，"天人合一"对重建人与自然和谐观的现代启迪。"天人合一"，是张载在《正蒙·乾称篇》中第一次明确提出的纲领性口号。如前所述，张载"天人合一"思想的人伦道德意义与自然生态意义之间是一种交织关系。正是在这种交织关系中，才使得"天人合一"命题既具有了伦理境界意义，同时也具有了自然生态意义。张载所谓"天人合一"，可以看作对"乾父坤母"的宇宙根源意识及"民胞物与"的人与自然和谐准则的概括。因而，"天人合一"既是人们在实现人与自然和谐过程中善待自然的基本信念，也是实现人与自然和谐的最高境界。

第三，"乾父坤母"对重建人与自然和谐观的现代启迪。如上所述，天及天道是宇宙万物的生成根源，万物与其生成根源一起构成了完整的自然界。故对天及天道的敬畏，也就是对自然的敬畏。张载把乾坤天道视作"父母"，这与今天"地球母亲"的说法有某些类似之处。建立正确的自然观，必须依赖深层的精神基础或信念基础。对天、天道、自然怀有敬畏和感激之心，是儒家的重要传统之一，是埋藏在中华民族心理深处的信念基础。长久以来，这种敬畏天、天道、自然的心理越来越淡漠。因此，当务之急是恢复这种优秀的民族心理，克服人们在自然面前的傲慢自大和人类中心主义，使敬畏自然成为以科学态度善待自然环境的普遍前提。

第四，"民胞物与"对重建人与自然和谐观的现代启迪。在本文的语境中，"民胞物与"观念的重点在于其"物与"方面。张载"物吾与也"这一观念的深刻意义在于，它要求在人与人之间和睦如兄弟的基础上，人与自然之间也应当和睦相处。如果人们能够把世界万物都当作自己的伙伴而平等地善待之，地球上物种灭绝的步伐将会减慢，人们与所居住的自然环境将更加友好，我们生存于其间的生态环境也将得到改善，变得更加适合人类居住。

总之，以上张载有关宇宙根源意识及人与自然和谐的原理和准则，有益于人类对自然态度的根本转变——从敌对转变为亲善、和谐。"为万世开太平"，是张载提出的四句名言的末句。① 对于这句名言，以往人们多着眼于其社会政治理想意义。在人类居住的地球环境是否安全、是否太平已经愈益成为我们不得不面对的尖锐问题的今天，我们理应拓展这一口号的意义：在努力开拓人类社会万世太平的同时，也努力调整好人与自然之间的关系，从而使人类生存的自然环境也能够万世太平。

---

① 张载提出的这四句名言是："为天地立心，为生民立道（"道"亦作"命"），为去圣继绝学，为万世开太平。"（《张子语录中》，第 320 页）

"气"在张载哲学中的地位与作用

丁为祥

在中国哲学中,"气"是一个最具有活力的概念。从西周伯阳父对地震的解释一直到现当代各种"新气学",实际上都是就"气"立论的,也都是因着对"气"的阐释而成为学说或学派的。从这个意义上说,在中国哲学中,"气"既是人们阐释得最多的概念;同时又是需要不断加以阐释的概念。——仅从概念诠释的角度看,对"气"的诠释和阐发就贯穿了整个中国哲学的发展史。

具体到张载来说,作为宋明理学的开创者,张载哲学中确实有许多关于"气"的内容和论述,他的许多原创性的观点,也都是借助"气"来加以阐发的,因而在一个很长的时期内,张载哲学一直被视为气学。本文并不讨论张载是否属于气学,也不讨论张载是否是气学家的问题,而仅仅试图通过其对气的阐释和运用以分析"气"在张载哲学中的作用,进而由此透视"气"在整个中国哲学中的地位。当然,要讨论"气"在张载哲学中的作用,首先就要对"气"概念的提出及其运用的历史作一概要的梳理。

从先秦到汉唐:气化宇宙论与气禀人生论

"气"概念起于何时?据前人考证,在甲骨文和金文中,"气"字就已经出现了,不过那时不是作为名词,而主要是作为动词或副词来使用的。从构型上看,气字由三道平行的波浪线组成,约略相当于大写的"三"字。从具体象形来看,"气"主要指"云和形成云的气体,此字的篆体就像是由下朝上升起的气体的流动。也就是把在煦煦的阳光下,从地中泄出,在地表摇曳,不久便消失于空中的游动气体视为云的原质了"①。所以《说文》解"气"为:"云气

---

① 小野泽精一、福永光司、山井涌编:《气的思想——中国自然观与人的观念的发展》,世纪出版集团、上海人民出版社 2007 年版,第 13 页。本文的引文,在第一次出现时以脚注的方式注明版本和出版年代,此后则以夹注的方式直接注明书名和具体章节。

也,象形,凡气之属皆从气。"而从字音来看,"气"又有"乞求"、"乞临"与"迄至"等含义,这可能又是从"乞"字假借其音。总之,在甲骨文和金文中,"气"一方面指自然界中的各种云气,同时又和祭祀活动中的乞求、乞临相关。

正由于"气"的原意指不断升腾、变化而且能够造作的"云气",因而人们也就开始用"气"来解释各种自然现象。周幽王二年(公元前 780 年),关中发生大地震,周大夫伯阳父就用"气"来说明地震的形成。他指出:"夫天地之气,不失其序;若失其序,民之乱也。阳伏而不能出,阴迫而不能蒸,于是有地震。今三川实震,是阳失其所而镇阴也。阳失而在阴,川源必塞,源塞,国必亡。"①在伯阳父的这一分析中,"气"主要是作为地震的原因与动力出现的,至于"阳伏"、"阴迫"以及"出"、"蒸"等等,也主要是作为"气"之属性及其具体的表现状态出现的。不过,值得注意的是,伯阳父还通过"天地之气"的"失序"现象直接预见了西周的"必亡",这也可以说是通过天地之气的具体状态对人伦社会所做的一种预测。

此后,人们便开始用"气"及其阴阳盛衰之理解释各种人伦现象。例如范蠡就将阴阳盛衰之理运用于军事,认为"阳至而阴,阴至而阳;日困而还,月盈而匡。古之善用兵者,因天地之常,与之俱行。后则用阴,先则用阳;近则用柔,远则用刚"。(《国语·越语》下)这里的"与之俱行"当然首先是指天地之常——阴阳轮转及其盛衰之理,但阴阳盛衰本身却是作为气之属性及其运行的必然趋势出现的,所以"与之俱行"也就成为"古之善用兵者"取得胜利的基本保证了。再比如秦国的医和,也曾用阴阳六气之理为人治病,并以之制定人的身体调养之道,在为晋平公治病时,医和就发挥了一通阴阳六气的运行之理及其与人的调养之道的相关性。他说:"天有六气,降生五味,发为五色,征为五声,淫生六疾。六气曰阴、阳、风、雨、晦、明也,分为四时,序为五节。过则为灾,阴淫寒疾,阳淫热疾,风淫末疾,雨淫腹疾,晦淫惑疾,明淫心疾。"②凡此都说明,"气"在当时不仅被人们视为天地万物的本源;而且"气"的运行、盛衰之理,也已经成为人们治国、用兵乃至养生的基本原则了。

正因为"气"的这些特点,所以在中国历史上最早形成思想流派的儒道两家中,"气"就已经成为一种不能不正视的现象了。例如老子的"道生一,一生二,二生三,三生万物。万物负阴而抱阳,冲气以为和"③,不仅其中的

---

① 《国语·周语上》,上海古籍出版社 1998 年版。

② 《左传·昭公元年》,吴哲楣主编:《十三经》,国际文化出版公司 1993 年版。

③ 《道德经》第四十二章,《二十二子》,上海古籍出版社 1986 年版。

"一"一直被解释为原始的混沌一气,而且所谓的"二"、"三"也都是指气之不同的运行状态而言的。至于老子同时提出的"专气致柔,能婴儿乎?涤除玄览,能无疵乎?爱民治国,能无知乎"(《道德经》,第十章)等人生修养指向,也都是以"气"的运行之理作为治理社会或个体修养之道的最高指向的,所以道家才有"生而不有,为而不恃"(同上)的人生祈向。

到了《庄子》,"气"就不仅成为天地万物的本源,而且也代表着人对天地万物认识的极致。庄子说:

> 察其始而本无生,非徒无生也而本无形。非徒无形也,而本无气。杂乎芒芴之间,变而有气,气变而有形,形变而有生,今又变而之死。是相与为春秋冬夏四时行也。(《庄子·至乐》)①
>
> 人之生,气之聚也。聚则为生,散则为死。若死生为徒,吾又何患,故万物一也。……通天下一气耳。(《庄子·知北游》)
>
> 回曰:"敢问心斋。"仲尼曰:"若一志。无听之以耳,而听之以心;无听之以心,而听之以气。听止于耳,心止于符,气也者,虚而待物者也。惟道集虚,虚者,心斋也。"(《庄子·人间世》)

在早期道家的这些论述中,"气"首先是作为天地万物的本源出现的,所谓"道生一"以及由此所形成的"二"、"三"、"万物"等等,也都是气机生化——气自身运行的产物和表现,所以庄子说"气变而有形,形变而有生,今又变而之死。是相与为春秋冬夏四时行也",又说"万物一也"、"通天下一气耳"。凡此,当然都是就天地万物之始基立论的。其次,作为万物的本源,"气"虽然是一种客观实在,但它又不同于西方结构性的"原子"与完全被动的"质料",而是"形神兼备、能质混一"的存在,②借用亚里士多德的话说,"气"本身就是"质料"与"形式"的统一。当然,这同时也就从根本上决定了中国宇宙观的有机性、连续性和整体性。所以庄子说"气变而有形,形变而有生",意即"气"本身就是充满生命力、创造力的。再次,由于"气"的生化流变本身就代表着天地万物的生命流程及其运行之理,因而人生修养的指向、应事接物的原则,也就应当"无听之以心,而听之以气",意即要以"气"之生化流变、虚而待物为人生处世的最高境界。如此才是"心斋",也才是真正的

---

①　《庄子·至乐》,《二十二子》,上海古籍出版社1986年版。

②　郭齐勇:《中国哲学史上的非实体思想》,《儒学与儒学史新论》,台北:学生书局2002年版,第139页。

"道通为一"。

其实在当时,重视气的不仅是道家,儒家也是一样。不过,虽然他们都很重视气,但由于其思想谱系——对气——所谓客观实在的关注视角原本不同,因而其所谈到的"气"也就具有了不同的表现。如果说道家所论的气总带有本源、依据与有机的特色,是人生应当"委顺"和效法的对象,那么儒家所说到的气却总是从现实人生的角度立论,并且也总是从现实主体之具体感触与具体需要的角度来看待"气"、安排"气"的。所以对儒家来说,"气"的运行、盛衰之理不仅不应当是人们应事接物的最高原则,而恰恰是需要不断加以修正——防范和调养的对象。例如在《论语》中,孔子就有对"气"的诸多论述:

> 君子所贵乎道者三:动容貌,斯远暴慢矣;正颜色,斯近信矣;出辞气,斯远鄙倍矣。①
>
> 肉虽多,不使胜食气。(《论语·乡党》)
>
> 孔子曰:"君子有三戒:少之时,血气未定,戒之在色;及其壮也,血气方刚,戒之在斗;及其老也,血气既衰,戒之在得。"(《论语·季氏》)
>
> 君子之德风,小人之德草,草上之风,必偃。(《论语·颜渊》)
>
> 子曰:"言忠信,行笃敬,虽蛮貊之邦行矣。言不忠信,行不笃敬,虽州里行乎哉?"(《论语·卫灵公》)

上述几条,一定意义上都涉及到"气",而且也都是围绕着现实人生展开的。所谓"辞气"包括"容貌"、"颜色"等等,当然都是就主体待人接物的貌相形色——色气而言的;而所谓"血气"则是指人由生而来的禀赋;至于"忠信"、"笃敬"以及"君子之德"包括所谓"动容貌"、"正颜色"、"出辞气"等等,自然也都可以视为一个人做人之心气——所谓心态的表现;尤其是"不使胜食气"中的"食气"一说,正可以说是人的进食之心的表现。所以,它虽然表现为"气"或以"气"为表现,却主要是服从于主体的需要的,也是主体的愿望、心态凝结并显现为气象的表现。所以说,虽然儒家也很重视气,但从"辞气"、"血气"一直到"食气"、心气(心态)、气象等等,却都是君子所必须时时加以防范和调养的对象。

正因为这一原因,所以到了《孟子》,就有著名的"养气说"。孟子的"气"

---

① 《论语·泰伯》,《十三经》,国际文化出版公司1993年版。

首先是一个与"志"相对应的概念，并且也是从相对的角度提出的，他说：

> 夫志，气之帅也；气，体之充也。夫志至焉，气次焉；故曰："持其志，无暴其气。"①

> 志壹则动气，气壹则动志也，今夫蹶者趋者，是气也，而反动其心。（同上）

> 我知言，我善养吾浩然之气。……其为气也，至大至刚，以直养而无害，则塞于天地之间。其为气也，配义与道；无是，馁也。是集义所生者，非义袭而取之也。（同上）

在这里，所谓"志"，无论是赵岐的"心之所念虑也"还是朱子"心之所之"的解释，都首先是指人的精神而言的，所以孟子也是以"志"为"气之帅"的；而"气"则是"体之充也"。在孟子看来，对"志"与"气"，真正的君子必须首先明确其主从关系，所以他对二者的抉择就是"持其志，无暴其气"，这显然是以"志"帅"气"的态度；相对于"志"而言，"气"则应当是一种从属和表现的关系。但虽然如此，孟子也不得不承认，"气"又具有一定的独立性，"志"与"气"之间也存在着一定的相关性——相互影响、甚至相互改变的性质：一方面，"志壹则动气"，从而也就可以发挥出"气之帅"的作用，使"气"成为"志"的表现；但另一方面，如果"气壹"则同样能够"动志"，从而也就有可能"反动其心"、"反动其志"，使"心"与"志"全然为"气"所鼓荡，从而也就丧失了"本心"。所以，真正的君子就必须时时集义，"配义与道"，"养吾浩然之气"，使"血气"、"辞气"包括所谓"心气"，统统服从于道义的支配。自然，这就使"气"成为道与义、心与志的流行表现了。

从上述可以看出，对于气，儒道两家不仅存在着不同的视角，而且也确实具有不同的心态。由于道家既以"气"为天地万物之始基，同时又以"气"之"虚而待物"为人生的最高境界，因而其对"气"往往是一种委心任化、随"气"所适的态度。这其实也就是庄子所说的"生于陵而安于陵，故也。长于水而安于水，性也。不知吾所以然而然，命也"（《庄子·达生》），意即将人生全然交给禀气赋形与"气"之生化流变之自然。所以对道家而言，"气"才真正是一种具有追求和效法意义的存在。而对儒家来说，它固然也承认"气"的独立性及其作用，但从人禀气赋形之"血气"、待人接物之"辞气"一直到具

---

① 《孟子·公孙丑上》，《十三经》，国际文化出版公司 1993 年版。

体处事之"心气",却都是必须时时加以调控和培养的对象;至于孟子"配义与道"的"集义"以及"养吾浩然之气"等等,也就成为儒家对"气"的一种基本取向了。

战国以降,随着统一趋向的明朗化,作为主流的儒、道两家也就形成了一种日益明显的融合趋势。从表层来看,这种趋势首先表现为"杂家"的出现,——比如形成于秦代的《吕氏春秋》和形成于西汉的《淮南子》,就都属于儒、道思想杂糅的形态;而从深层来看,则那些原本属于儒家或道家的思想家,当时也都不同程度地表现出了儒、道融合的色彩。由于从战国中期到汉初有一段黄老思想的流行,因而即使是"罢黜百家,独尊儒术"以后形成的所谓"纯儒",也都难免带有道家气化思想的成分。这种情形,一方面固然促进了儒学的"经学化",使儒学成为官方意识形态;但另一方面,即使是当时作为儒家经典同时也作为官方意识形态的"经学",也都明显地带上了儒、道融合的色彩。实际上,这种儒、道融合的趋势起码从荀子就已经开始了,而一直到宋代理学崛起,作为儒家的代表人物(比如从邵雍、周敦颐到张载),其思想一定程度上也都带有儒、道融合的色彩。就是说,道家对"气"的重视与推崇也深深地影响了儒家,使整个汉唐儒学都带上了明显的气化思想的印迹。

这种融合趋势对儒、道两家都有改变。就道家而言,按照老子"天下万物生于有,有生于无"(《道德经》第四十章)以及"失道而后德,失德而后仁,失仁而后义,失义而后礼"(《道德经》第三十八章)的思路来看,它的这种反向溯源的思路必然使其对天地万物的本源和宇宙之始基格外地推崇;而庄子的"无听之以耳,而听之以心;无听之以心,而听之以气",又使这种反向溯源的认知方式直接落实为个体的修身养性之道。但在儒、道融合的背景下,道家这种反向溯源的思路首先被儒学扭转为一种赞天地之化育的精神,所以《中庸》说:

> 唯天下至诚,为能尽其性;能尽其性,则能尽人之性;能尽人之性,则能尽物之性;能尽物之性,则可以赞天地之化育;可以赞天地之化育,则可以与天地参也。①

在这里,通过尽人性、尽物性,从而赞天地之化育的思想固然并不违背儒家

---

① 《礼记·中庸》,《十三经》,国际文化出版公司 1993 年版。

的一贯精神，但问题在于，所谓"天地之化育"恰恰是以"气"为基础的，并且也是在气化流行的基础上展开的。这样一来，道家所追溯的本源之气便被儒家扭转为一种指向未来的"化育"精神了，这就是儒家的"与天地参"；而这种指向未来的气化宇宙论同时也就成为儒家现实关怀的组成部分——所谓万物一体之仁的表现了。

但对儒学而言，这种融合趋势也同样存在着重大改变，其最重要的改变首先就在于对"气化"作用的认识与承认上。这一点起码从荀子就已经开始了。荀子一方面建立了一个"天行有常"的所谓客观宇宙论，如"水火有气而无生，草木有生而无知，禽兽有知而无义；人有气、有生、有知且有义，故最为天下贵也"①。从这里可以看出，所谓"水火有气而无生"其实正是以"气"为天地万物之本源和始基的，也是万物所以存在的本始，所以这种宇宙论其实也就是以"气"为始基的气化宇宙论。与此同时，儒家对人的认识也发生了改变。就从荀子对人的认识来看，其所谓"今人之性，生而有好利焉，顺是，故争夺生而辞让亡焉；生而有疾恶焉，顺是，故残贼生而忠信亡焉；生而有耳目之欲，有好声色焉，顺是，故淫乱生而礼义文理亡焉。然则从人之性，顺人之情，必出于争夺，合于犯分乱理而归于暴"（《荀子·性恶》），其所谓的人性指的其实正是人由气禀、欲望——所谓生理基础所表现出来的气质之性。所以说从荀子起，儒家就已经全面接受了为道家所重视和推崇的气化宇宙论与气禀人生论。

由此之后，从官方遵奉的大儒董仲舒、扬雄一直到出身于"细族孤门"而又愤世嫉俗的王充，无不淹贯于这种气化宇宙论与气禀人生论中。关于汉代宇宙论的气化性质，我们这里可以当时解经的"纬书"来了解其气化特色：

> 夫有形者生于无形，则乾坤安从生？故曰：有太易，有太初，有太始，有太素。太易者，未见气也；太初者，气之始也；太始者，形之始也；太素者，质之始也。气、形、质具而未相离，故曰浑沦，言万物相浑沦而未相离也。②

> 天地未分之前，有太易，有太初，有太始，有太素，有太极，是为五运。形象未分，谓之太易；元气始萌，谓之太初；气形之端，谓之太始；形变有质，谓之太素；质形已具，谓之太极。五气渐变，谓之五运。③

---

① 《荀子·王制》，《二十二子》，上海古籍出版社1986年版。
② 《易纬·乾凿度》，清乾隆补刻本。
③ 《孝经纬·钩命诀》，清同治补刻本。

这两段对《周易》和《孝经》的解释,自然可以视为两汉儒学代表性的看法;而其无论是"气之始"、"形之始"的"四环节说"还是由"太易"一直到"太极"的"五运说",也都建立在本源之气的基础上,并且也都是气机生化的产物。所不同的是,对于同一的"气"与"气化",道家始终是以"守母存子"的方式陶醉于其反向的溯源,所以就要"无听之以心,而听之以气";而儒家则始终强调由"本心"出发以参赞化育,所以就有万物一体之仁。

对于气化宇宙论,作为对实然世界的一种描述,没有人能够指责其观点错误,也没有人认为它就必然属于道家。但一当由宇宙论进展到人生论,问题就出来了。已如前述,从孔子到孟子,对人由气禀所形成的"血气"、"辞气"和"心气",都认为是需要加以调控和养护的对象,也就是说,儒家必然要以精神性的价值理想来提升自己的气禀;而孟子的以"志"帅"气"并以"配义与道"的方式来"养吾浩然之气"的说法,尤其彰显了儒家以价值理想为本的思想性质。但由于汉儒对"气化"过程过分陶醉,所以也就将超越的价值理想完全消融于人的自然禀赋中了。请看汉儒对作为人生价值本体之人性的代表性看法:

> 善如米,性如禾。禾虽出米,而禾未可谓米也。性虽出善,而性未可谓善也。……观孔子言此(即人性)之意,以为善难当甚,而孟子以为万民性皆能当之,过矣。①
>
> 人之性也,善恶混,修其善则为善人,修其恶则为恶人。气也者,所以适善恶之马也欤。②

这两段充分说明,汉儒已经将人性全然气禀化了,虽然他们并没有废弃修养,没有抛弃对善的追求。但其所追求的善就已经不是《中庸》、《孟子》所坚持的天命之善和超越之善,而只是后天的经验之善与外铄之善了。其原因就在于汉儒对人性的规定完全是从禀气赋形之实然的角度出发的。这说明,汉儒在将道家的本源之气扭转为气化宇宙论的同时,儒家关于人生的形上本体——人性本善论,也就一并气禀化了。所以说,从气化宇宙论到气禀人生论,就是汉唐儒学的基本特征。这一特征不仅表现于当时所谓的纯儒,而且也表现于一直对汉儒持批评态度的王充哲学中。——从王充的"气

---

① 董仲舒:《春秋繁露·实性》,《二十二子》,上海古籍出版社 1986 年版。
② 扬雄:《扬子法言·修身》,《二十二子》,上海古籍出版社 1986 年版。

寿"、"骨相"一直到玄学家的"使气"、"任性",再到韩愈的"性三品说",清楚地表明汉唐儒学的宇宙论是气化宇宙论,其人生论也属于气禀人生论。

张载对佛老与汉唐儒学的双向纠偏

汉唐儒学的气化走向一方面消解了先秦儒学超越的价值理想,同时也招致了来自佛教的激烈批判。所以还在中唐,作为华严五祖的宗密就对儒、道两家的气本气化说进行了激烈的批评,他说:"万灵蠢蠢,皆有其本;万物芸芸,各归其根。未有无根本而有枝末者也。况三才中之最灵,而无本源乎?且知人者智,自知者明,今我禀得人身,而不自知所从来,曷能知他世所趣乎?曷能知天下古今之人事乎?"①显然,就宗密的这一出发点来看,其所谓的"原人"无疑是一种超越的本体论诉求。因为只有从超越的本体观念出发才能安立人生,从而也才能真正地发掘"原人"——人生的本体意义。正是从这一前提出发,他对儒、道两家的气本气化说提出了明确的批评:"今习儒、道者,只知近则乃祖乃父,传体相续,受得此身;远则混沌一气,剖为阴阳之二,二生天地人三,三生万物,万物与人,皆气为本。"(《华严原人论·序》)很明显,在宗密看来,这种以气为本的"传体相续"其实只足以揭示人生之生化流变,根本不足以揭示人生的本质与生命的本根,而所谓的"皆气为本"也正是就汉唐时代儒、道两家气化理论之共同的非本体性而言的。实际上,仅从其"皆气为本"的概括上,就可以看出宗密对汉唐时代的儒、道哲学确实有着非常准确的认识。

在宗密看来,与其说这种"皆气为本"的理论表现了儒、道两家思想的深刻性,不如说恰恰表现了其人生修养理论的不彻底性,因为"气"本身就是生化流变之物,而气之生化流变包括所谓"气化之道"并没有达到"本体之常"的层面,因而既不足以支撑人生,也不足以对人生作出合理的论证和说明。所以,他首先反诘道家的"虚无大道"说:

> 所言万物皆由虚无大道而生者,大道即是生死贤愚之本、吉凶祸福之基,基本既其长存,则祸乱凶愚不可除也,福庆贤善不可益也,何用老庄之教耶?(《华严原人论·斥迷执第一》)

---

① 宗密:《华严原人论序》,《大正藏》第四十五册。

既然万物都由"道"所生,由"气"所化,那么万物的命运自然也就是"祸乱凶愚不可除也,福庆贤善不可益也"。所以,除了听"道"的安排、任"气"的运化之外,人又有何可作为的呢?显然,在这种条件下,任何言说、任何思虑包括所谓任何努力也就都失去了意义。如此一来,老庄立教究竟又有何意义呢?

对儒家来说,由于儒家将这一切都归结为天命,所以他又反驳"天命"说:

> 又言,贫富贵贱、贤愚善恶、吉凶祸福,皆由天命者,则天之赋命,奚有贫多富少,贱多贵少,乃至祸多福少?苟多少之分在天,天何不平乎?……既皆由天,天乃兴不道而丧道,何有福善益谦之赏、祸淫害盈之罚焉?又,既祸乱反逆皆由天命,则圣人设教,责人不责天,罪物不罪命,是不当也。然则《诗》刺乱政,《书》赞王道,《礼》称安上,《乐》号移风,岂是奉上天之意、顺造化之心乎?是知专此教者,未能原人。(《华严原人论·斥迷执第一》)

其实,仅从宗密对儒家的这一系列反问中就可以看出,先秦儒家的参赞化育并不仅仅是一种简单的淑世情怀,而是有着更为深层的超越追求与本体依据的,但对于当时的气本气化理论来说,却既不足以揭示其本体依据,也无从表达其超越的深层关怀;而从宗密对《诗》、《书》、《礼》、《乐》及其作用的熟练征引来看,他对儒家经典之基本精神的理解甚至反而远在汉唐儒学之上。所以在宗密看来,仅仅立足于"气"或"气本气化之说"并不足以合理地解释先秦儒学的基本精神;而建立在"气本气化"基础上的人生修养论,既不足以安立人生,也不足以揭示真正的"原人"。

宗密的这一批评实际上就为儒学的复兴提出了一个非常重大的任务:儒家人生修养理论的本体依据究竟是什么?气本气化之说还能不能再接着讲?其具体作用又是什么?可以说,这就是宗密站在佛教本体论的角度为儒学崛起所提出的一个基本标准。自然,这一标准同时也就成为理学的开创者——张载所面临的一个历史性的任务。

对于张载来说,隋唐以来的三教并行既是他不得不面对的现实,同时也是其复兴儒学、开创理学的基本出发点。这样,他就一方面不得不承受来自佛、老的理论压力,接受佛教本体意识的挑战,同时又不得不面对孟子以后"千五百年无孔子"的历史与现实。正是这样一种双重任务,迫使他不得不作出两面作战、双向纠偏的选择。

首先,由于当时的理论格局是"浮屠、老子之书,天下共传,⋯⋯天下靡然同风"①,所以张载最大的担当,首先也就定位在如何代表儒学以回应来自佛教的批评上。他先总评佛教的理论说:

> 释氏语真(实)际②,乃知道者所谓诚也,天德也。其语到实际,则以人生为幻妄,以有为为疣赘,以世界为阴浊,遂厌而不有,遗而弗存。就使得之,乃诚而恶明者也。儒者因明致诚,因诚致明,故天人合一,致学而可以成圣,得天而未始遗人,《易》所谓不遗、不流、不过者也。彼语虽似是,观其发本要归,与吾儒二本殊归矣。道一而已,此是则彼非,此非则彼是,故不当同日而语。⋯⋯彼欲直语太虚,不以昼夜、阴阳累其心,则是未始见易,未始见易,则虽欲免阴阳、昼夜之累,未由也已。易且不见,又乌能更语真际! 舍真际而谈鬼神,妄也。所谓实际,彼徒能语之而已,未始心解也。(《正蒙·乾称》)

在这里,张载一共运用了两对概念,就佛教而言,这就是所谓"真际"与"实际",——以指谓佛教的体用、本末两界;而就儒学来说,则是所谓的"诚"、"明"一致,以指谓儒家的体用两界以及本体与现象两层世界。张载就通过这两对概念之"格义"性的比较与汇通,既对佛教进行反驳,同时也借以阐发儒家的思想宗旨。

在张载看来,"释氏语真际,乃知道者所谓诚也,天德也"。这说明佛教所谓的"真际"其实也就处于儒学所谓"诚"与"天德"的层面;至于其所谓的"实际",则是"以人生为幻妄,以有为为疣赘,以世界为阴浊,遂厌而不有,遗而弗存"。显然,这又是针对佛教的"体用殊绝"——以"真际"否定"实际"之真俗背反的取向而言的,所以他指出,"就使得之,乃诚而恶明者也",意即佛教的"得"充其量也只能体现在其对本体的粗浅认识与概略性的了解上;而

---

① 范育:《正蒙序》,《张载集》,中华书局 1978 年版。

② 此处的"实际"当为"真际"之误。因为无论从其对"实际"之所谓"诚也,天德也"的规定和诠释来看,还是从其后面从对比角度所提出的"其语到实际"来看,前面所谓的"实际"都应当是指"真际"而言。如果再结合其后面的"彼欲直语太虚,不以昼夜、阴阳累其心,则是未始见易,未始见易,则虽欲免阴阳、昼夜之累,未由也已。易且不见,又乌能更语真际"来看,其所谓"真际"其实也正与"诚"、"天德"处于同一层面;如果再从其"真际"、"实际"的对比言说来看,则这里的"实际"也只能指"真际",然后才能有对"实际"的言说,所以这里特意以对比的方式校出。

所谓"诚而恶明",则正是指其唾弃现实世界的"以有为为疣赘,以世界为阴浊,遂厌而不有,遗而弗存"而言的。正因为佛教是以"真际"之常存否定"实际"之假有,所以张载认为佛教的追求充其量不过是"欲直语太虚,不以昼夜、阴阳累其心"而已,比照于儒学,这正是所谓"诚而恶明"。相反,儒家则一直坚持"因明致诚,因诚致明,故天人合一,致学而可以成圣,得天而未始遗人",这就是说,儒学对体用、本末,包括所谓现象与本体两层世界,是一并承认、一并肯定的。以此反观佛教,其所谓的"真际"不过是一种脱离现实世界的假真际;而其所谓的"实际",也不过是"徒能语之而已,未始心解也"。这样,张载也就通过"诚而恶明",对佛教的"真际"、"实际"两界一并进行了清算。

在对佛教的这一反驳中,张载同时还表现了其对儒家基本精神及其理论规模的一种深入理解,其核心也就是"儒者因明致诚,因诚致明,故天人合一,致学而可以成圣,得天而未始遗人"。而这一理论所表现的精神指向,也就是体用、天人以及形上与形下两层世界一并肯定的取向。那么,这是否是说张载对汉唐儒学就是一种完全肯定的态度呢?回答同样是否定的。因为在张载看来,佛教之所以能够炽传中国,首先就是因为儒学的不振造成的。所以,他常告诫学者说:"知人而不知天,求为贤人而不求为圣人,此秦汉以来学者大蔽也。"(《张载集·张载传》)所谓"知人而不知天,求为贤人而不求为圣人",并不是指汉儒不知实然的气化之天,而是就汉唐儒学的天人之学从根本上缺乏超越追求与本体关怀而言的。所以,他同时还以诗的形式表达了其对儒学发展历史的认识:

> 圣心难用浅心求,圣学须专礼法修。
> 千五百年无孔子,尽因通变老优游。(《张载集·文集遗存》)

又说:

> 孔、孟而后,其心不传,如荀、扬皆不能知。(《张载集·经学理窟》)
> 学者有专以礼出于人,而不知礼本天之自然,告子专以义为外,而不知所以行义有内也,皆非也,当合内外之道。(同上)
> 以生为性,既不通昼夜之道,且人与物等,故告子之妄不可不讥。(《正蒙·诚明》)

如果将这些批评集中起来,那么,其对汉唐儒学的所有批评实际也就集中在一点上,这就是缺乏超越性追求,——"知人而不知天,求为贤人而不求为圣人";从理论上看,则主要是缺乏对形上本体的探讨与建构,从而使得儒家的人伦礼教缺乏超越的形上依据,于是才有以"大道精微之理"著称的佛教之"炽传"。

但是,当张载重新撑开儒家天人、体用以及"因明致诚"与"因诚致明"的双重架构之后,汉唐儒学的气本气化论由于已经得到了来自天道本体的支撑,因而也就可以得到双向的激活。一方面,"致学而可以成圣",这就是由气化、由现实人生之积极的致学,从而可以上达天道本体,亦即孟子所谓的尽心则知性知天;另一方面,虽然儒学出发于天道本体,但因为体用不二、天人合一,因而也就"得天而未始遗人",——天道本体作为"天德"必然会时时显现于具体的人生实践中。这样一来,儒家体用、天人以及形上与形下的两层世界,也就在"因明致诚"与"因诚致明"的基础上彻底统一起来了。正是在这一背景下,汉唐儒学的气本气化论也就得以重新进入张载的哲学。

张载的气论:从天德天道到道德人生

由于张载的哲学体系总体上是按照天人构架展开的,因而其关于"气"的讨论,也同样是按照从天到人的逻辑展开的。对此,张载曾作了如下纲领性的表达:

> 由太虚,有天之名;由气化,有道之名;合虚与气,有性之名;合性与知觉,有心之名。(《正蒙·太和》)

这一表达显然是按照"天"、"道"、"性"、"心"——由天到人的逻辑展开的。而最具争议的是,由于张载是直接由太虚来规定天的,因而其太虚究竟何指?而由太虚所规定的天究竟又是哪一种天?这就成为一个非常重要的问题。因为对这一问题的不同理解不仅直接关涉到张载哲学的性质问题,——张载哲学究竟是属于汉唐时代的气本气化论还是一种新的本体论建构?而且也从根本上决定着张载是否有资格辟佛排老的问题。

在张载哲学中,谈到太虚的地方确实很多,张载对太虚也常常在多重含义上运用,因而往往导致人们对太虚形成多种不同的理解,比如作为气的"原始状态"或"希微不形"状态,或者干脆将太虚理解为"空间"或"大虚空",

或者将太虚诠释为"天德"、"神"、"神体"等等。①而在这各种不同的解释中，一个最基本的区别就是太虚与气的关系问题：二者究竟是一种"同质"的关系呢还是一种"异质"的存在，②如果是一种"同质"的关系，那么太虚也就成为"气"的一种存在状态了，——原始状态或希微不形状态包括所谓空间、太虚空等存在形式；如果是一种"异质"的存在，那么太虚对气也就必然存在着某种超越性，就是说，太虚的本质必然是气所无法涵括的，所以也就不能仅仅从气的角度来理解太虚概念。更富有争议的还在于，由于上述几种解释都可以在张载哲学中找到证明，因而如此一来，太虚与气的关系也就成为一件极为难断的官司了。

不过，由于太虚与气都是张载对"天"所作出的规定，因而作为一种精神现象（太虚与气首先都是作为概念提出的），它的一个基本特点，就在于高级概念可以涵括、指代低级概念，而低级概念却不足以涵括高级概念，也不足以说明高级概念（当然从实际存在的角度看，低级事物恰恰又可以包含高级事物，而且包含着发展为高级事物的可能）。比如太虚与气在指谓客观实在这一层面上，其含义是完全一致的，甚至也都可以相互取代；但在作为"天德"这一价值理想的层面上，则只有太虚才能承当起这一价值本体的责任，而气却并不具有这一功能。所以，从这个角度看，太虚首先表现为一个明确的价值概念，而不仅仅是一个指谓自然并且表示实际存在的概念。因为张载虽然有将太虚作为气或空间概念来运用的情形，但却首先是作为"天德"提出的。在张载"语录"中，就记载了他对太虚概念反复斟酌、多重规定的情形，如：

> 金铁有时而腐，山岳有时而摧，凡有形之物即易坏，惟太虚无动摇，故为至实。（《张载集·语录》中）
> 言虚者未论阴阳之道。（同上）
> 静者善之本，虚者静之本。静犹对动，虚则至一。（同上）
> 诚则实也，太虚者天之实也。万物取足于太虚，人亦出于太虚，太虚者心之实也。（同上）

---

① 关于张载的虚气关系以及太虚在不同场合的不同指谓，请参阅笔者另外两篇文章：《张载虚气观解读》(《中国哲学史》2001 年第 2 期)、《张载太虚三解》(《孔子研究》2002 年第 6 期)。

② 关于张载太虚与气的"同质"与"异质"关系，请参阅朱建民：《张载思想研究》，台北：文津出版社 1989 年版，第 147—148 页。

从上述几条来看，太虚显然是一个明确的价值概念。第一条指太虚超越于"金铁"、"山岳"等具体有形的存在，所以是"无动摇"、无生灭的"至实"，一如佛教的"真际"；第二条则指太虚超越于"阴阳之道"，这自然是就太虚对"气"包括所谓"气化之道"的超越性而言的；第三条是指太虚超越于所有的对待关系（如动静），是超越所有对待关系的"至一"；至于第四条，则直接揭明太虚就是贯通天人的本体，所以说太虚既是"天之实也"，同时又是"心之实也"。综合这四个方面的规定来看，可以说太虚就是张载为理学所规定的天道本体。比照于其批评佛教的"彼欲直语太虚，不以昼夜、阴阳累其心"来看，可以说太虚也就直接是针对着佛教的"真际"提出的。这样一来，"气"——无论是阴阳已分之气还是阴阳未判的太极，也就只能落实在实然存在的层面了，而汉代纬书所谓的从"气之始"、"形之始"一直到"质之始"，——所有的实然存在其实也都可以用"气"和"气化"来说明；至于太虚与气，则必须以传统的体用关系或者借助佛教的"真际"与"实际"的关系来把握了。

正因为太虚与气相当于真际与实际的关系，因而在儒家体用不二、诚明一致原则的观照下，张载反而可以批评佛老割裂虚气关系的"体用殊绝"。他指出：

> 若谓虚能生气，则虚无穷，气有限，体用殊绝，入老氏"有生于无"自然之论，不识所谓有无混一之常；若谓万象为太虚中所见之物，则物与虚不相资，形自形，性自性，形性、天人不相待而有，陷于浮屠以山河大地为见病之说。（《正蒙·太和》）

在这一简要的分析中，道家是将太虚与气理解为有与无之前后相生的关系，所以必然导致"虚无穷，气有限"，不理解二者是一种当下统一而又同时共在的关系。因为从其各自的性质来看，作为形上本体的太虚必然是无限的，而气无论其怎样弥漫、怎样充满，毕竟是一种有限制、有规定的存在，这就成为一种无限与有限之前后相生式的"体用殊绝"了。由于佛教认为万法无自性，因而万事万物也就成为"太虚中所见之物"，——所谓"真际"（本空）背景下现实事物之缘起缘灭了，如此一来，万物与太虚也就成为一种"不相资"的关系了："形自形，性自性，形性、天人不相待而有"，自然，这又成为另一种"体用殊绝"，——所谓"物与虚不资"、"真俗背反"式的"体用殊绝"了。而从张载对佛老的这一双向批判中，也可以看出太虚与气实际上是一种既超越而又内在的关系。从超越的角度看,太虚是天道本体,气则是万物之源,——太虚是超越于气之有形与无形的存在;从内在的角度看,太虚虽然超越于天地万物,但同时又内在于天地万物,并且也是以天地万物为自身存在的现实依据和具体表现的,而脱离气、脱离天地万物的太虚实际上也就是一种不存在。所以张载说:"太虚不能无气,气不能不聚而为万物,万物不能不散而为太虚。"(《正蒙·太和》)又说:"知虚空即气,则有无、隐显、神化、性命通一无二,顾聚散、出入、形不形,能推本所从来,则深于《易》者也。"(同上)这说明,只要理解了太虚与气之既超越而又内在的关系,所有的对待关系如"有无、隐显、神化、性命"等等,自然也就成为"通一无二"的关系了。

　　上述当然是就太虚与气的总体关系而言的,如果我们单独就"气"在张载哲学中的作用来看,那么,它也同样是沿着天道与人道两个不同的层面展开的。比如:

　　　　气坱然太虚,升降飞扬,未尝止息,《易》所谓"氤氲",庄生所谓"生物以息相吹"、"野马"者与! 此虚实、动静之机,阴阳、刚柔之始。浮而上者阳之清,降而下者阴之浊,其感通、聚散,为风雨,为雪霜,万品之流行,山川之融结,糟粕煨烬,无非教也。(《正蒙·太和》)

　　　　游气纷扰,合而成质者,生人物之万殊;其阴阳两端循环不已者,立天地之大义。(同上)

上述两条,实际就是气在客观天道领域之生生表现,而其具体的作用也就是"氤氲";其在天地开辟过程中的表现,就是"浮而上者阳之清,降而下者阴之浊";而其在万物化生过程中的作用,也就是"游气纷扰,合而成质者,生人物之万殊"。总之,天地万物都是由气所生,由气之阴阳两端的"氤氲"不已所孕育。所以在这里,张载除了运用阴阳二气之"氤氲"、"虚实"、"动静"、"感通"、"聚散"这些描述性的语言以指谓天地万物之生成外,并没有像汉儒那样通过详细的"四环节"或"五运"来说明天地万物的具体生成,这说明张载已经不再关注具体的生成过程,而只关注其所以生成之理。

　　在这里,特别值得注意的是,对于"山川之融结,糟粕煨烬",张载将其归结为"无非教也";而对于"阴阳两端循环不已者",张载则直接将其归结为"立天地之大义"。当然,对天地万物之生成过程而言,无论是"教"还是"天地之大义",本来都不是气之生生本身所能包含的。张载之所以能够从自然之生生的过程中看到"教"与"大义",一方面确实表现了其将自然秩序道德化的努力；但另一方面，对张载来说，这一道德秩序原本就是比自然秩序更为根本的存在，他本来也就是从道德秩序的角度来观察自然秩序的，自然，这也就是他能够以"天德"来规定太虚的根本原因。所以在他看来，"天道四时行，百物生，无非至教；圣人之动，无非至德，夫何言哉！"（《正蒙·天道》）

具体到人生，张载的论述更为简洁，他几乎不分析人生所以形成之理，而只是分析人生的两个不同层面以及由此所决定的做人之基本原则：

> 性于人无不善，系其善反不善反而已，过天地之化，不善反者也；命于人无不正，系其顺不顺而已，行险以侥幸，不顺命者也。

> 形而后有气质之性，善反之则天地之性存焉。故气质之性，君子有弗性者焉。

> 人之刚柔、缓急、有才与不才，气之偏也。天本参和不偏，养其气，反之本而不偏，则尽性而天矣。（《正蒙·诚明》）

在张载对人生的这一综论中，作为天德之人生落实的天地之性仍然是首出的第一位因素，所以他断定："性于人无不善"、"命于人无不顺"。在这里，所谓的"善"、"顺"当然都是指后天的际遇而言的；但其之所以会有"善"与"顺"的表现，则首先在于其先天的根据，这就仍然是人的天地之性。所以也可以说，张载实际上是以天德作为太虚之人生落实，首先确立了人的本性与正命。在此基础上，他才谈到了人的气质问题，并以气质之性具体解释人的"刚柔、缓急、有才与不才"等等后天的表现。在张载看来，现实人生中的一切罪恶，其根据并不在于人的天地之性，而是人的气质之偏造成的。所以对君子而言，他并不会将气质之性视为自己的本性；即使对凡夫大众来说，只要能够"养其气，反之本而不偏"，也仍然能够达到"尽性而天"的境界。这说明，在人生领域，"气"也就主要表现为人的禀气赋形，更具体地说，也就落实为人的气质之性。因为正是禀气赋形，才有人之生；也正是人由禀气赋形而来的气质之性，才能合理地解释人的"刚柔、缓急、有才与不才"等现象，从而也才能给人生中的各种偏好以至于错误和罪恶以具体的说明。所以，即使在人生领域，太虚作为天德也仍然是人之本性与正命的根本依据和真正的决定者，而气则只有通过气质之性，才能成为人之"刚柔、缓急、有才与不才"的具体基础，至于人生中的各种错误、罪恶，则仍然要用人的禀气赋形及其气质之偏来说明。

正因为太虚与气对天地万物和人生都存在着不同的决定作用，所以在

关于人生修养的"大心篇"中,张载仍然是沿着超越与现实两条不同的路径发挥其作用的。他说:

> 成吾身者,天之神也。不知以性成身而自谓因身发智,贪天功为己力,吾不知其知也。民何知哉?因物同异相形,万变相感,耳目内外之合,贪天功而自谓己知尔。(《正蒙·大心》)

在这里,所谓"成吾身者,天之神也",正是指太虚天德连同天地之性对人生最根本的决定作用而言的;而所谓"不知以性成身而自谓因身发智",则指的正是这样一种现象——即不是将自己的聪明才智归结于"天之神"、"人之性",而是仅仅归结于自己的禀气赋形,所以说这不过是"贪天功为己力"而已。很明显,从"四时行,百物生"一直到人的本性以及人之"刚柔、缓急、有才与不才"等种种性相表现,张载都是将决定性的作用归结于天地之德和落实于人生中的天地之性的;而从"气"到人的气质之性,则只承担禀气赋形之实现与限制的作用。至于"大心"过程中的问题及其对"因身发智"的批评,则正是张载将第一位因素(所谓本体依据)归结于价值理想的表现;而气以及禀气赋形、气质之性包括所谓因身发智等等,则都是需要警惕、防范并时时加以引导的因素和力量。

张载天人、虚气的交叉互渗关系

在张载哲学中,天与人、太虚与气其实是一种纵向、立体而又相互交叉、相互渗透的关系。所谓天人关系,既代表着超越与被超越之间纵向、立体的关系,同时也代表着其哲学体系得以展开的原则,——其整个《正蒙》实际上就是沿着从天到人的走向展开的;所谓虚气关系,则既代表着天地万物的构成原则,同时也是张载哲学体系及其具体观点的形成原则,——从天到人包括万事万物及其具体关系,实际上也都是按照"合虚与气"的方式构成的。当然,这里的"合"并不是外在的合,而是建立在实然存在基础上内在的合,也是来自超越分解基础上的统一;而这里的"构成"当然也只是超越性的构成,而不是西方那样"质料"化合性的构成。而在每一事物的内部,太虚作为天德之具体表现,同时也就蕴含着其本体的依据与超越的祈向;至于气,则既代表着万事万物存在的基础与生化的依据,同时也代表着其发展、演变的基本动力。这样,从纵向的角度看,张载哲学就可以说是一种天人哲学，——从天到人而又从人到天的哲学；而从横向来看，则张载哲学也可以说是一种太虚与气以及由之所体现的超越与内在相统一的哲学。

先从天道来看。张载说："神，天德，化，天道。德，其体，道，其用，一于气而已。"（《正蒙·神化》）这可以说是张载对其天道观的一种较为完整的表述。在这里，从表现形式来看，张载固然是以"天德"来定位"神"的，好像"神"比"天德"更为根本，但如果参照其对"神"的诸多运用，如"太虚为清，清则无碍，无碍故神；反清为浊，浊则碍，碍则形"（《正蒙·太和》），再如"散殊而可象为气，清通而不可象为神"（同上）等方面来看，则其所谓"神"既有从太虚本体一边而言的，如"神者，太虚妙应之目"（同上），也有从宇宙论之气化流行一边而言的，如"凡气清则通，昏则壅，清极则神"（同上）等等，因此，要断定其所谓"神"究竟是属于气化流行的表现还是属于太虚本体的作用显现确实是比较困难的。但是，如果从其作用特点的角度看，那么"神"的特点也就可以说是无形无象而又妙运无方的，这种作用当然既可以属于太虚，同时也可以属于气。不过，如果从太虚与气相统一的角度看，那么，"神"就既可以说是太虚内在于气之"妙应"表现，同时也可以说是气之"清极"以至于"不可象"的结果。结合这里的运用来看，张载在这里其实是一种"倒装句"的用法，——他实际上是以"神"来表示太虚这一"天德"之具体作用的，一如其后面以"化"来表示"天道"的具体作用一样。所以说，所谓"神，天德，化，天道"，其实都是以作用来表征实体的，因而这里的"神"、"化"，实际也就是以"神"和"化"的方式表达天德与天道、太虚与气在宇宙生化过程中的不同作用而已。

但是，无论是天德与天道、太虚与气还是神与化，它们又都统一于气，并且也就落实于气化的过程中，所以张载又说："德，其体，道，其用，一于气而已。"就是说，无论是作为天德的太虚以及其妙应无方之神，作为天道本体，它们也都必然要落实于具体气化的过程中，并且也只有在气化流行的过程中才能真正存在、真正为人所认识。所以在张载哲学中，太虚、天德以及其妙应无方之神，虽然都是天道气化之本体，但却并不就是脱离气和气化流行的独立存在者。正因为天德与天道、太虚与气是一种体用关系，所以无论是从实然之有形存在的角度看，还是从人们对可见事物之认知的角度看，却都只有气与气化这一种存在，并不是两种存在。这就是张载"一于气而已"的深意。但正因为二者是一种不可分割的体用关系，所以张载更多也更主要的是就气立论的（从可以识见的角度看），从而也就造成了人们视张载为气学家的假象。实际上，只要我们承认张载能够在"阴阳两端循环不已"的背后看到"天地之大义",在"四时行,百物生"的过程中看到"至教"与"至德",就应当清楚地知道,在张载的视域中,并没有纯而又纯的自然,正像并没有脱离太虚这一天德的气化流行一样。

再从人道来看。关于人道,张载总论说:"天性在人,正犹水性之在冰,凝释虽异,为物一也;受光有小大、昏明,其照纳不二也。"(《正蒙·诚明》)"天性"的说法最早见于《孟子·尽心》,但孟子的"天性"主要是指"形色",而张载这里的"天性"则主要指"天地之性",是指天地之性落实于人而言的,所以才有"水性之在冰"的比喻,意即天地之性无不内在于人,正犹水性无不内在于冰一样。显然,这正是就天地之性对人的内在性、遍在性与"无不善"性而言的;而所谓"凝释虽异"以及"受光有小大、昏明"等等,则显然是就人具体的禀赋与气质而言的,但无论怎样的气质、怎样的禀赋,此天地之性之内在并且必然会发生作用,则正像不同的水都会对光"照纳不二"一样。所以,他在别处又解释说:"万顷之波与污泥之水,皆足受天之光,但放来平易,心便神也。"(《张载集·经学理窟》)显然,这正是就天地之性对人的内在性而言的,具体说来,天地之性之内在于气质,正像水既可内在于冰,同时也可内在于"污泥之水"一样。

但就现实的人生而言,人首先表现出来的并不是所谓"于人无不善"的天地之性,而是直接表现其气质昏明、天资清浊的气质之性,这就是说,天地之性必然内在于气质,并通过气质之清浊、昏明来表现天地之性的存在。正因为二者是同时并在的关系,所以在张载看来,人生也就表现为一种不断地以天地之性主宰气质之性的努力;具体说来,甚至也就表现为"德"与"气"的不断较量:"德不胜气,性命于气;德胜其气,性命于德。穷理尽性,则性天德,命天理,气之不可变者,独死生修夭而已。"(《正蒙·诚明》)显然,从具体人生来看,也就是要不断地以太虚主宰气、以天地之性驾驭气质之性。实际上,这正是天德与天道、太虚与气相互关系的一种人生落实而已。

所以到了"大心篇",张载所表达的也就主要围绕着两种不同的心而展开:"大其心则能体天下之物,物有未体,则心为有外。世人之心,止于闻见之狭。圣人尽性,不以见闻梏其心,其视天下无一物非我,孟子谓尽心则知性知天以此。天大无外,故有外天之心不足以合天心。"(《正蒙·大心》)在这里,张载除了提出两种不同的心——圣人之心与世人之心外,同时又提出了一个"天心"的概念,以作为整个人生的努力方向。首先,从两种不同的心来看,"止于闻见之狭"的心自然也就是"因身发智"的心,是津津于见闻小知的"世人之心",由于这种心本来就建立在耳目之官"物交"的基础上,且又

"止于闻见之狭",因而只能是一种立基于气质之性的小心;相反,圣人之心之所以能够"不以见闻梏其心",关键也就在于圣人是以"尽性"为前提的,而孟子所谓的"尽心则知性知天"也同样是建立在"尽性"的基础上的。显然,这两种不同的心其实也就是两种不同的人性之发用和知觉表现,所以张载同时又提出了两种不同的知:"见闻之知,乃物交而知,非德性所知;德性所知,不萌于见闻。"(《正蒙·大心》)显然,这两种不同的知又是两种不同的心之知觉表现。至于所谓"天心",其实也就是"天德"的另一种提法,它既是"尽性"的结果;同时也代表着"大其心"的极致;而要"大其心"则首先要能够"以天体身"——从"天之德"、"天之神"的角度来看待吾身之成、吾心之用。很明显,从两种不同的心到两种不同的知再到两种不同的知用表现,其实都是太虚与气的不同落实与不同的自觉表现而已。

正因为《正蒙》体系总体上表现了天与人、虚与气的交叉互渗关系,而这种交叉互渗既足以辟佛老"体用殊绝"之失又足以纠汉儒"知人而不知天"之偏,所以张载始终自视其《正蒙》为"明道"、"明性"之作。当《正蒙》完稿时,张载曾向其弟子自许说:"吾之作是书也,譬之枯株,根本枝叶,莫不悉备,充荣之者,其在人功而已。又如晬盘示儿,百物俱在,顾取者如何尔。"(《正蒙·苏炳序》)相对于以后理学的发展而言,张载的《正蒙》确实无愧于其"造道"与"明性"的自我定位。

理学从"理"到"气"的演变

宋明理学中确实存在着气学一系,但理学中的气学与其说和张载相关,不如说首先与朱子有关,——理学中的气学实际上是从朱子的理学发端,并且也是沿着朱学的路径形成学派的。当然,这又需要先从理学的宗旨及其探索重心的转移说起。

作为理学的开创者,张载时代的形势是三教并行;而张载的主要任务则是对佛、老与汉唐儒学双向纠偏,所以他也就在对佛、老与汉唐儒学的双向批判中形成了儒学发展的方向,至于其对应于佛、老形上视角的压力与汉唐儒学缺乏超越性追求的偏失所提出的太虚本体以及其对人伦世教的支撑、论证和主宰作用,实际上也都是方向性的。这一点正可以说明为什么二程对自家"体贴"出的天理如此念念不忘。实际上,如果仅仅作为概念来看,那么张载对天理的运用就已经很不少了,而二程的贡献则在于将天理提升为全部理论的核心,这就形成了以天理为价值本体的理本论形态。二程的这一推进对理学来说当然是一种莫大的贡献,起码使理学更接近于其道德本体论的核心以及其对人伦世教的直接论证。所以,继起的朱子自然会以二程为宗主、以天理为核心,精心建造其"致广大,尽精微,综罗百代"的宇宙本体论体系。

但朱子同样要面对超越追求与现实关怀的平衡和统一问题,从理论的角度看,这一问题首先也就表现为理与气的关系问题。在这一问题上,虽然朱子继承了二程的天理观念,但对于理气关系,朱子却必须以张载为主要继承对象。因为在朱子的理学前辈中,只有张载详细讨论了作为天德的太虚与作为万物之始基的气之间的关系问题,并且也明确强调了太虚对气、天德对天道的超越性与主宰作用,——这就一定程度上成为朱子理气关系的雏形。但是,由于张载主要是以"合虚与气"的方式来解决万事万物存在之合理性问题的,而在客观的天道领域,太虚与气的统一以及其演化的动力实际却落实在气上,只有到了人生领域,由于人能够形成精神性的"志",并通过"志壹则动气",从而才能使人精神性的力量成为气之主宰,但这并不是就增加了气的力量,不过是使其一分为二——可以两属而已。这样一来,在整个人生领域,我们就处处都能感到张载来自太虚天德之超越性的方向和提升的力量;而其所谓"人能弘道"一说,实际也主要是对这一点的自觉而言的。但到了朱熹哲学中,他一方面将天、天理全然凝聚为一个太极,并使太极成为宇宙万物的共同本体,这就必然会使太极从人伦之"所当然"走向物理之"所以然",自然,这确实表现了朱子极力使天理普遍化的努力;但另一方面,朱熹为了突出天理之形上本体的性质和地位,又从"所以然"之物理的角度剥夺了天理之能动、创生的功能,从而又使太极仅仅成为一个"无计度、无造作"——净洁空阔的形式之理,而他对理气关系的人马之喻,也就使天理全然成为被动的本体了。如此一来,朱子一条鞭式的理气二分以及其严辨形上、形下之别的进路,就使超越与能动分别为理气两属,这就必然会面临"'气强理弱','理管摄他不得'"的理论难题。①

正因为朱子对天理的这一普遍化拓展而又被动性地推进(正因为被动,所以极大地拓展了天理的遍在性,将天理以物理的形式落实于事事物物之间,从而使天理一定程度上等同于物理),所以宋元以降,朱子哲学便成为理学的主流,而明代的理学家也无不以阐发朱子为指归。这样一来,朱子哲学的问题也就不得不面临局部放大的难题,于是也就开始了由理学向气学的

---

① 罗钦顺:《困知记》续卷下,中华书局 1990 年版。

转向。当然,当明代的理学家聚焦于朱子的理气关系时,他们的本意只是"代圣贤立言",并没有想到要发展出一套气学来;但他们对理气关系问题的探讨,却使理学不期而然地走向了气学。

这一过程首先是从曹端对朱子理气之能动与被动关系的探讨开始的。

在朱子哲学中,为了确保天理的形上本体地位,他就只能使天理处于"无计度、无造作"之"净洁空阔"的形上状态,而将能动、创生的作用划归于气,所以他甚至用人和马的关系来比喻太极与动静的关系:"太极理也,动静气也。气行则理亦行,二者常相依而未尝相离也。太极犹人,动静犹马;马所以载人,人所以乘马。"①仅从这一比喻来看,朱子并不认为天理就不能表现为动静相,而是认为动静的根源与动力只能源于气而不能源于天理,因为动静只是形下之气的属性;如果天理也具有了动静的属性,那它就不可能再是形而上的本体了。所以对朱熹来说,天理不会动静也不包含动静这一点,体现的正是其形上的视角与本体的特性。所有这些,在朱子哲学中当然都是非常清楚的,但对他的明代继承者来说,太极不能动静这一点却恰恰成为一个重大缺陷了。所以,明初的大儒曹端便率先对朱子的理气人马之喻提出质疑:

> 若然,则人为死人,而不足以为万物之灵;理为死理,而不足以为万物之原。理何足尚,而人何足贵哉? 今使活人骑马,则其出入行止疾徐,一由乎人驭之如何尔,活理亦然。②

在朱子的理气人马之喻中,他是为了确保太极天理的形上本体地位才将能动、造作的属性划归于气的,但在曹端的这一质疑中,他却同样是为了确保太极本体的至上性而坚持天理必须具有启动发用的属性。所以,这就首先涉及到他们对至上观念以及本体含义的不同理解问题。如果站在朱熹的角度看,那么,当曹端为天理加上启动发用属性的同时,它也就失去了形上本体的性质;但如果站在曹端的角度看,则只有能够启动发用,才能真正显现太极天理作为宇宙万物之源的性质。显然,朱学的演变就以这种继承的方式开始了。

到了薛瑄,就开始正面探讨朱子的理气关系了。在朱子哲学中,理与气

---

① 黎靖德编:《朱子语类》卷九四,中华书局1986年版。
② 黄宗羲:《明儒学案·诸儒学案上二》,中华书局1985年版。

是不即不离的关系。所谓不即,体现的是理对气的超越性;所谓不离,体现的则是理与气的不可分割性或内在性;前者是所谓"从理上看",后者则是所谓"从物上看"。而这两种关系的统一,就既体现着天理对于气的超越性,同时又体现着天理对于气的内在性。这一点在朱子的论述中同样是非常清楚的,但在薛瑄看来:"理只在气中,决不可分先后,如太极动而生阳,动前便是静,静便是气,岂可说理先而气后也。"①又说:"理气无先后,无无气之理,亦无无理之气。"(同上)显然,薛瑄只认可理与气不可分割的内在性关系,而绝不承认理先气后——理对于气的超越性关系,这样一来,朱子天理观的超越性内涵也就不复存在了,剩下的也就只有表现理与气同时共在的"从物上看"了。

于是到了罗钦顺,就开始明确颠倒朱子的理气关系了。罗钦顺说:"理果何物也哉? 盖通天地,亘古今,无非一气而已。气本一也,而一动一静,一往一来,一阖一辟,一升一降,循环无已。积微而著,由著复微,为四时之温凉寒暑,为万物之生长收藏,为斯民之日用彝伦,为人事之成败得失。千条万绪,纷纭交葛而卒不可乱,有莫知其所以然而然,是即所谓理也。初非别有一物,依于气而立,附于气以行也。"(《困知记》卷上)又说:"理只是气之理,当于气之转折处观之。往而来,来而往,便是转折处也。"(《困知记》续卷上)从这两处论述来看,一方面,理并不是天地万物存在的超越性根据,反而只能附于气才能存在,这也就是"理只是气之理";另一方面,"通天地,亘古今,无非一气而已"。如果再结合其对天理之"一动一静,一往一来,一阖一辟,一升一降"的规定来看,那么,这就不仅从根本上颠倒了朱子的理气关系,而且连天理的内涵也改变了,——天理就由万事万物所以存在的本体依据转变为气之屈伸往来的具体条理了。

再到王廷相时,元气论便正式登台了。王廷相说:"天地之先,元气而已矣。元气之上无物,故元气为道之本。"②很明显,王廷相一句"天地之先,元气而已"就轻而易举地否定了朱子的"未有天地之先,毕竟也只是理"(《朱子语类》卷一)一说;而"元气之上无物"的说法,也等于彻底否定了元气之外的其他一切存在。在这一基础上,从宇宙天道到人伦道德也就都必须借助元气的发用流行来说明了:"有太虚之气而后有天地,有天地而后有气化,有气化而后有牝牡,有牝牡而后有夫妇,有夫妇而后有父子,有父子而后有君臣,

---

① 黄宗羲:《明儒学案·河东学案上》,中华书局1985年版。
② 王廷相:《王廷相集·雅述上》,中华书局1990年版。

有君臣而后名教立焉。"(《王廷相集·慎言》)显然,在王廷相看来,一切都是元气发育流行的产物,也都必须借助元气的发用流行来说明。至于人性,王廷相说得更明确:"人有生,斯有性可言;无生则性灭矣,恶乎取而言之?……是故天下之性,莫不于气焉载之。"(《王廷相集·性辨》)其实,将人性归结为人受气成形之禀赋只是张载"形而后有"的气质之性,但在气学家看来,所谓人性也就是气质之性。如果再联系罗钦顺对孟子的解释:"盖受气之初,犬牛与人,其性未尝不一,成形之后,犬牛与人,其性自是不同"(《困知记》卷上)以及"心者,人之神明,性者,人之生理"(同上)的诠释来看,那么,这也就等于是对天与人的一并气化式的诠释。而罗钦顺、王廷相又是当时极有影响的哲学家(罗钦顺甚至还被称为"朱学后劲"、"紫阳功臣"),因而由此也可以看出,这完全是一种思潮性的走向,而气学也就是在这一思潮中形成学派的。

在从理学到气学的这一演变中,一个视角上的转向始终在起着内在推动的作用。从理学的崛起来看,一方面,它是对应着来自佛、老形上视角的理论压力而崛起的,这就迫使理学必须高扬起儒家形上超越的层面;但另一方面,对于汉唐儒学所过分胶着于人伦世教的超越性追求之失,则既存在着一个继承与纠偏的任务,同时还面临着对先秦原典的重新解读与重新诠释的问题,这就形成了宋明理学超越追求与现实关怀并重的特殊主题。从张载的"体用不二"、二程之"体用一源"以及朱子理气关系的"不即不离"——"从理上看"与"从物上看"的统一来看,其实都是理学超越追求与现实关怀并重的表现。但到了明代,由于来自佛、老的理论压力已经从根本上得到解除,于是明儒唯朱子是尊,唯朱学是尚,这就形成了"此亦一述朱,彼亦一述朱"(《明儒学案·姚江学案》)的格局;而在他们争相述朱的过程中,又由于他们自认为已经摆脱了来自佛、老形上视角的压力,因而同时也就失去了来自形上视角的观照。如此一来,超越追求与现实关怀并重的格局最后也就只剩下了现实关怀一维,这就是明儒将朱子超越的理学扭转为具体的物理探讨之学之思潮背景上的原因。

这一探讨的走向就是不断地从超越的视角向实然视角进行转向,而这一转向的结果也就必然使理学演变为气学。这一点又典型地表现在作为"朱学后劲"的罗钦顺的哲学中,比如罗钦顺无论是对于理气还是人性问题,都以追求彻底的"统一"为指向,而这种追求"一"化的努力,既是理学超越的形上视角的一个不断消解的过程,同时也是其实然视角之不断地"定于一"之形成的过程。请看罗钦顺如何反思宋代的理学:

　　所谓朱子小有未合者，盖其言有云："理与气决是二物。"又云："气强理弱。"又云："若无此气，则此理如何顿放？"似此类颇多。(《困知记》卷上)

　　愚尝遍取程、朱之书，潜玩精思，反复不置，惟于伯子之说，了无所疑。叔子与朱子论著、答问，不为不多，往往穷深极微，两端皆竭，所可疑者，独未见其定于一尔，岂其所谓"犹隔一膜"者乎？(同上)

　　及宋，程、张、朱子出，始别白而言之，孰为天命之性，孰为气质之性，参之孔孟，验之人情，其说于是乎大备矣。然一性而两名，虽曰"二之则不是"，而一之又未能也，学者之惑，终莫之解，则纷纷之论，至今不绝于天下，亦奚怪哉！(同上)

　　程、张本思、孟以言性，即专主乎理，复推气质之说，则分之殊者诚亦尽之。但曰"天命之性"，固已就气质而言之矣，曰"气质之性"，性非天命之谓乎？一性而两名，且以气质与天命对言，语终未莹。(同上)

罗钦顺的这些思索，目的当然都在于将理与气、天命之性与气质之性彻底地"一"化，也就是他所谓的"定于一"。但他的"一"究竟何指呢？这就是不断地将理落实于气，将天地之性落实于气质之性；而这一落实的结果，也就是将以超越追求著称的理学不断地扭转为以现实关怀著称的气学。理学向气学的转向就是这样实现的。

　　所以到了王夫之，就已经成为彻底的"气本论"了。王夫之是此前气学的集大成者，他以"诚"、"实"指谓气的客观实在性，由此建立了一个庞大的宇宙气本论体系，并以此解释道与器、理与势的关系：

　　天下惟器而已。道者气之道，器者不可谓道之器也。……洪荒无揖让之道，唐、虞无吊伐之道，汉、唐无今日之道，则今日无他年之道多矣。未有弓矢而无射道，未有车马而无御道，未有牢、醴、璧、币、钟、磬、管、弦而无礼乐之道；则未有子而无父道，未有弟而无兄道，道之可有而且无者多矣。①

显然，这是明确地将"道"消解于"器"中，将"理"融化于历史发展的"势"中。与此同时，标志着张载对孔孟继承与发展的天地之性，同时也就被王夫之彻

---

①　王夫之：《周易外传·系辞上》，中华书局 1977 年版。

底消解于禀气赋形与日生日成的具体过程中了：

> "习与性成者"，习成而性与成也。使性而无弗义，则不受不义；不受不义，则习成而性终不成也。使性而有不义，则善与不善，性皆实有之；有善与不善而皆性气秉之有，不可谓天命之无。气者天气，秉者秉于天也。故言性者，户异其说。今言习与性成，可以得所折中矣。①

王夫之确实是彻底的气本论立场，从理学的天道本体到人生中的天地之性，完全都被王夫之从气本气化的角度来说明了，但标志着理学崛起并以之抗衡于佛老形上视角的超越性追求与价值理想，也就只能转化为历史沿革与器识轮转中的物理关怀和知识追求了。所以说，气学是一种典型的实在论思潮，而理学向气学的转化，既突出了其客观的知识关怀，同时也消解了理学的超越性追求及其所体现的价值理想。

"气"在中国哲学中的地位与作用

从先秦两汉一直到明清之际，基本上涵括了中国历史上气学所走过的全部行程。大体说来，先秦代表着"气"概念的形成，两汉则是直接将"气"运用于宇宙生化的说明，——其无论是"四环节"说还是所谓的"五运"说，也都必须从宇宙演化的过程来理解；而理学中的气学——由理学演化而来的气学则是一个由本体论而宇宙论，又由宇宙论而走向新的本体论的进程，——将理学超越的价值本体落实为自然的生化，又将这一自然生化的基础——气本体化的过程。张载就处于这两大阶段之间。一方面，他上承两汉的气化宇宙论，对"气"既存在着肯定、继承的关系，同时又存在着高扬超越追求以纠汉唐儒学之偏的问题。这样一种定位就使张载总体上处于汉唐与宋明之间。如果我们视张载为气学家，并视气为张载哲学的核心概念，那就存在着要么将张载上提到汉唐儒学的角度来理解，——将其关于气的思想诠释为一种宇宙演化论；要么将张载下压到明清气学的角度来诠释，——将其关于气的思想诠释为一种以气为本的自然本体论。但无论是前者还是后者，都无法解释张载自觉地与佛、老抗辩、主动地为理学造道的关怀。而这一关怀才真正体现着张载哲学的特质，也是张载担当精神的体现。

---

① 王夫之：《尚书引义·太甲二》，中华书局 1962 年版。

但张载哲学中确实存在着气学思想,他的天道宇宙论必须借助气机生化来表现,而他的人生论也必须借助人的禀气赋形——气质之性来说明。就这一点而言,张载确实借鉴了汉唐尤其是两汉的气化宇宙论。不过张载哲学又不能仅仅归结为两汉的气化宇宙论。原因很简单,在汉代的气化宇宙论中,"气"就是最高概念,既是宇宙万物的本源又是人伦社会的基础,但却并不是评价、批评甚至规范的对象,而只能是描述、模仿和效法的对象,但张载的宇宙论却要比汉唐时代的宇宙论简单得多,而汉唐宇宙论中的"气"恰恰又是张载所要超越并调控的对象。比如"阴阳两端循环不已",对纯粹的宇宙论而言,这种循环无疑就代表着宇宙的最高原则,但对张载来说,他却由此看到了"天地之大义"这样的道德秩序;再比如"四时行,百物生",对单纯的宇宙论来说,就只能是赞叹的对象而根本无从批评,但张载却从中提炼出了"至教"与"至德"。具体到人生来看,气质之性标志着人的自然禀赋,是人受之于天的因素,但在张载看来,真正的君子非但不以气质之性为性,反而还要以"知礼成性,变化气质"作为进德修业的方向;再比如人的聪明、才智等等,也是受制于人的禀气赋形的,按理说,这就是人的天资和天赋,但对于自恃聪明的现象,张载却一概贬之为"因身发智,贪天功为己力,吾不知其知也"(《正蒙·大心》)。总之,对所有气化的产物——自然而又实然的现象,张载都始终是将其收摄于道德,并以比气更为根本的太虚作为宇宙万物的道德根源(所谓天德以及天秩、天序等等)的,这显然不是气化宇宙论所能提出的观点。

至于明清气学,它是从对朱子理气关系的继承与推进中形成的一种实在论思潮,其间经过宇宙论探索,至王夫之方形成实在论基础上的知识关怀与知识追求,但张载也同样不等于王夫之的气学。最基本的一点在于,双重人性代表着张载为理学的"造道",——其所自许的"当自立说以明性(道)"也就指此而言,但双重人性的说法却恰恰受到了明清气学的强烈质疑;而从王廷相到王夫之甚至干脆将这种双重人性彻底"统一"于气,——完全以气之生化流变来说明,并认为只有如此才是真正的"折中之论";尤其是将天地之性完全消解于气质之性这一点,对于一直坚持"以孔、孟为法"、坚持"荀、扬皆不能知"、"告子之妄不可不诋"的张载来说,简直就是根本无法接受的。至于明清气学所陶醉的物理关怀和知识追求,对张载来说,不仅不可接受,甚至就可以说是一种典型的"因身发智,贪天功为己力"。请看张载对这种现象的批评:

> 见闻之知,乃物交而知,非德性所知;德性所知,不萌于见闻。
>
> 由象识心,徇象丧心。知象者心,存象之心,亦象而已,谓之心可乎?(《正蒙·大心》)

所有这些,都说明张载不仅不认同明清气学,而且就思想指向来看,简直就可以说是互相背反的。所以,如果说张载代表着理学的正宗,那么明清气学充其量只可以说是对这一正宗沿着一偏或背反的方向不断发展、演变的结果。

至于 20 世纪的各种新气学,显然都是近代中国特殊经历的产物。关于现代气学的这一特色,作为旁观者的日本人反倒有着非常清醒的看法:

> "气"的思想在近代经过了怎样的思想历程呢?这是值得注意的。在清末到"五四"时代革新思想的基础上,试图朝着物质观的方向转化,是这一哲学性课题的终结。①
>
> "气"的实体,在西方思想影响下,被解释为能量,朝着物质方向转化。具有漫长历史的"气"的哲学性思考,宣告终结。②

对于近代以来中华民族受侵略、受欺负的历史,现代的中国人当然有着非常深切的感受。而在中西文化交汇的背景下,使气"朝着物质方向转化"自然也包含着国人试图沟通中西文化、发展科学民主并追求现代化的关怀。

但是,中国传统的"气"毕竟不等同于西方的物质。西方哲学中的物质,如果按照德谟克利特的"原子"来理解,那么,它们在客观性与能动性上是完全一致的,所不同的是,"原子"是按照构成的原则并以结构的方式提出的,因而包含着从构成的角度探究物理、探究客观世界的关怀,而"气"却根本不是结构性的,而是感触和描述性的。所以它一方面不如"原子"建立在主客对待以及对象观察基础上的客观性;另一方面,它所表征的其实也只是所以"生化"之理(因由)及其基础,而不是生化得以发生的实现条件(所以,宋明理学中的"物理"其实并不等同于西方的"物理")。这一点也可以解释何以西方人能够形成研究对象世界的科学,而中国人却更愿意生活在与自己息息相通并可以时时感触、时时加以描述的气化世界中。当然,这一点也同时

① 《气的思想——中国自然观与人的观念的发展》,第 3 页。
② 《气的思想——中国自然观与人的观念的发展》,第 6 页。

说明了中国宇宙观的具体性、有机性和连续性,但却不是西方那样的机械性与断裂性。如果我们在亚里士多德之"质料"的含义上理解"气",那么,质料之被动的特性以及其对"形式"的依赖性正好可以说明为什么西方人会形成以外在超越为特征的宗教,而中国人则始终坚持着一种人性(圣人与先祖)崇拜,而这种崇拜既是主体的一种情感需要,同时又建立在血脉相连、血气相通以及心灵相互感召的基础上。总之,所有这些,都说明"气"并不能简单地等同于西方哲学中的"物质"。

那么,在中国人的观念中,"气"究竟是什么呢?应当说它首先就是天地万物所以形成的始源和基质(始基),但在中国人看来,它既不是对象性的(因为人本身既是气化的产物同时又表现着气化),也不是机械性、构成性的,而是生生不息、不断生化流变的。也许,这可能才更接近于中国人本真的世界。但"气"之生化流变本身却包含着两种相反相成的力量,这就是由日月轮转所表现出来的阴阳盛衰之理。这是国人对世界之最真切的体认,也是其对"气"之最深刻的认知。比照于西方的原子、质料,它是质能合一的;比照于西方的物质和精神,它既是物质性的(就所谓客观实在性而言),又是精神性的(就能动性而言,比如勇气、士气、精气等等),同时还是能量场的(比如心气、辞气、人气等等),可以准确感受的(比如气息、气味、气韵、气象等等),但它又确实存在着从低级到高级的发展,比如荀子的"水火有气而无生,草木有生而无知,禽兽有知而无义;人有气、有生、有知且有义,故最为天下贵也"(《荀子·王制》)。从这个角度看,人所能认识的一切道理,首先也就是所谓气机生化之理,根本就没有超出"气"之外的认识。但是,如果站在"与天地参"的角度看,那么它也就是最根本的自然,具有"莫之为而为,莫之致而至"的特点。正因为"气"的这些特点,所以中国历史上最早形成思想派别的儒、道两家,莫不关注于气。所不同的是,道家唯"气"是尚,完全以"气"为归,而儒家则始终坚持要在"气"之生化流变基础上所形成的价值理想,反过来对"气"进行规范,并有所引导、有所调养,从而使"气"既成为人之价值理想的载体和表现,同时又是进一步实现人之价值理想的基础和动力。——从孔子之关注"辞气"、"血气"到孟子之坚持"养气"、"帅气"再到张载的"变化气质",以及其贯彻始终的以"志"帅"气"态度,就生动地表现了儒家关于人之源于自然而又超越于自然的理想追求精神。

南北宋之际湖南地区的社会形势

王立新

湖南在两宋时期属荆湖南路，共有潭、衡、道、永、邵、郴、全七州，另有一军（武冈）一监（桂阳），南渡后茶陵升为军。其中潭州（上），辖 12 个县：长沙、衡山、安化、醴陵、攸县、湘乡、湘潭、益阳、浏阳、湘阴、宁乡、善化。衡州（上），辖五县：衡阳、耒阳、常宁、安仁、茶陵。① 道州（中），辖营道、江华、宁远、永明 4 县，永州（中），辖 3 县：零陵、祁阳、东安。邵州（宋理宗宝庆年间升为府）辖 2 县，邵阳和新化。郴州（中），辖 4 县：郴县、桂阳、宜章、永兴，南渡后加 2 县：兴宁（嘉定二年又将郴县的资兴、程水两个乡合为资兴县）、桂东。全州（下），辖 2 县：清湘（湘江源头处）、灌阳。武冈军辖 3 县：武冈、绥宁、临冈。桂阳监辖 2 县：平阳、蓝山，南渡后增 1 县：临武。茶陵升军后辖 1 县：酃县。总计 34 个县。

另外今天的湖南所包括的若干县市，宋时属荆湖北路，如岳州（下），辖 4 县：巴陵、华容、平江、临湘。沅州（下），辖 4 县：卢阳、麻阳、黔阳、渠阳。辰州（下），辖 4 县：沅陵、叙浦、辰溪、卢溪。澧州（上），辖 4 县：澧阳、安乡、石门、慈利。鼎州（孝宗时升府），辖 3 县：武陵、桃源、龙阳，南渡后增 1 县：沅江。

人口和经济情况

仅以《宋史·地理志》所定界限而论，南宋之初湖南共有七州、两军、一监。根据北宋崇宁间（1102—1106）的人口和资源统计数字，潭州共有439988 户，人口总数 962853，主要贡品为葛和茶。衡州共有 168095 户，人口总数 308253，主要贡品为麸金、犀。道州共有 41535 户，人口总数 86553，主要贡品为白纻。永州共有 89387 户，人口总数 243322，主要贡品为葛、石燕。郴州共有 39393 户，人口总数 138599，主要贡品为纻。邵州共有 98861 户，

---

① 南渡后升茶陵为军。

人口总数 218160，主要贡品为犀角、银。全州共有 34663 户，人口总数 106432，主要贡品为葛。桂阳监共有户 40476，人口总数 115900，主要贡品为银。荆湖南路共有 952398 户，人口总数为 2180072。武冈军和茶陵军南渡后所升，崇宁间统计数字中应已包括。至南宋绍兴三十二年(1162)，湖南共有 968930 户，人口总数为 2136767。比崇宁时增加 16532 户，人口却减少 43305 人，大约是战乱所致。绍兴五年以后，社会基本稳定，流散人口较少，三十二年的统计和崇宁间的统计一样，大致可以看作是相对稳定时期人口的常数。靖康以后，"自中原遭胡虏之祸，民人死于兵戈、水火、疾饿、坠压、寒暑、力役者，盖不可胜计"①。建炎以后，江南各省如江浙、湖湘、闽广等路，都不同程度地接收了很多从北方逃难来的人口。这些省份虽不比中原、江北情况更差，但金寇、宋败兵、匪盗、土寇等交杂起事，兵戈扰攘，亦非乐土可言。其中又以江浙、安徽和湖南、江西等省为甚。但总体说来，北方人口为了逃避战乱而向南迁徙的情况比较普遍，江南人口大增。湖湘的情况也不例外，上面的人口情况之出现，大约也有统计本身漏失等原因。

绍兴五年(1135)以后，由于战事相对平缓，社会相对稳定，很多北来人口开始返乡，胡文定弟子吴郛(字卫道)就属于这种情况。胡致堂《斐然集·送吴郛赋》对吴郛返乡的情形有所交代："庚戌岁，脱寇难，来湘滋，叙旧道故，又八年于兹矣。闻湖之北稍稍有城郭，村聚流散，幸存者皆思还其故处。"吴郛于建炎四年(1130)庚戌，从湖北逃难来到湖南，八年以后，听说家乡寇去，稍稍安定，便思回故里瞻丘垄、葺弊庐、治故家常产。大概很多北还者都有和吴郛一样的心态。因此湖南除了逃离者和逃来者复又离湘返乡之外，人口与北宋崇宁前后大致持平，没有多大变化。

北宋相当一段时期，湖南地区经济相对饶济，建炎以后由于兵乱以及建炎四年到绍兴五年期间(1130——1135)的钟相、杨幺起义和地方官僚的贪赃不法等原因，地方经济一落千丈，直至绍兴六年以后，情况才开始好转。水稻种植业和采茶业、酿酒业、陶瓷制造业、家禽养殖业等都有相应的发展。

因为地理和气候的原因，湖南自古宜种水稻，水稻一直是赖以活人的基本生存资料。南渡以后，随着大量北方人口的南下，他们也将种麦的技术带到湖南，同时因为北方人喜欢面食，因此种植小麦有利可图，一时间，江南各省开始大面积种植。朝廷也曾敕令南方省份的各地官员在适宜的地点劝民种麦。湖南地区小麦种植业也借此良机有了相当的规模。

---

① 庄绰：《鸡肋编》卷中，中华书局 1983 年版，第 64 页。

尽管北民南徙给湖南经济带来了一些新的活力,外来人口的习惯不同所造成的生活饮料和食品以及生活用具等的需要和由于战争隔绝所造成的物品短缺,给长途贩运等提供了客观的要求,南方经济似乎可以因此而有了一点新的希望,但战争的破坏和威胁,却使得这种新的希望难以顺畅实现。战争的后勤保障和物品供给的需要,迫使朝廷和地方政府纷纷增加各种赋税,加以增加官员额分以及不法官员和地方邪恶势力乘势舞弊营私,江南民众负担骤然加重,南方经济一时间更是雪上加霜。绍兴初,胡安国上呈高宗皇帝的《时政论》中,曾以湖南一路和其中若干州、县为例,在一定程度上说明了当时的经济困窘和生民贫弊的凄苦之状:

> 略以湖南一路言之,昔日岁课一百万缗,本路得自用者居其半,故敛不及民而上下足。变法以来,既尽归之朝廷,则本路诸色支费皆出横敛。至如上供,旧资盐息者,犹不蠲除,民所以益困也。
>
> 又略以道州一郡言之,岁认上供钱二万缗。往时本州岁卖盐息,常倍此数,故敛不及民而上下足。今上供钱仍旧,而盐息不复有矣。乃至以麹引均科,此民所以益困也。
>
> 又略以耒阳一邑言之,有未变法前官所自运盐,有变法后客所拘纳盐。封桩日久,既缘军期支用,而盐司必欲追索,朝旨亦令拨还。不知何自而出?岂得不取于民,此民所以益困也。以一路一郡一县观之,则他处可知矣。①

这还仅仅是就盐捐而论,至于榷酤,则更有:

> 榷酤之弊亦极矣,略以道州言之,课额既高,岁有亏欠,即抑勒专知牙校,今兼管州仓,俾因受纳,取足于税户,其害为如何?此民所以益困也。
>
> 又以邵阳言之,酒课岁约二万余缗,而折税为糯者凡六千斛。糯贵于粳,价几一倍,其他故未论,此民所以益困也。近者尝下诸路会计,而州县利此为造弊之端,不以实闻,固尝断以必行,令凡系官监酒务许百姓买扑,入纳净利,与转运司及本州支用。收官务年费米麦等专以赡军。兼济公私,以活百姓,使稍安其业,不至为盗。长纳二税,存国家大

---

① 胡寅:《先公行状》,《斐然集》第542—543页。

利之原,不亦善乎! 庶几民心安、邦本固矣。

而官员赠额,部门添员等,宋徽宗崇宁以后的情况也远较先时为甚。这一点也对百姓生活造成了不小的危害:

> 自崇宁以来,中外创添员局,重以滥赏,不胜其冗,蠹国生乱,至今未革,而又加甚。兵官旧系两员者,添差至于七员、八员而未止也。监当旧系一员者,添差至于四员、五员而未止也。其余荒残州县,未有百姓,先置官司,凡是旧员,一一填足,又多不应差注之人。其为民害,不异寇贼。①

胡文定所上《时政论》,与胡致堂、胡五峰等对于当时湖南等地的经济形势、官政、民众生活状况和社会风气等的各种说法,都具有相当的可信性。这不仅是因为胡氏生活在湖南,有实际的亲身感受,而且也与胡氏父子一向的现世关怀有直接关系,他们经常随走随访,随察随思。他们对于现实的很多看法,都来自于对当时社会实际情况的了解。

实际上,像这样的上书,当时不止胡安国,尽管这里不乏感情的宣泄,但其所反映的情况大体上应当较为切近事实。绍兴六年七月,翰林学士朱震因为湖南干旱事上书称:"湖南去岁大旱,民多流亡。今夏又复旱,而一路连兴大狱,无辜就逮,死于狴犴者甚众。望特降旨,除有罪当系者治之,其余干系,一切疏放。"②有关朱震上言称"湖南去岁大旱,民多流亡"的情形,胡五峰在写给知潭州吴敏的信中也有相近的说法:"现今秋成,某耳之所实闻者,科役繁重,邵阳富民尽室以逃;目之所实见者,灌阳、清湘贫民流转,困于籴贵。举此二郡,他处可知也。将来之弊,必有不可胜言者矣。"③像朱子发与胡五峰这样的说法,显然已不是单纯的经济和民生状态问题,而已较深地涉及到官政和风俗的问题了。

官政与民风

与经济发展变化相关联的湖南地区的社会秩序、官政等,在此一期间也

---

①　胡寅:《先公行状》,《斐然集》第 543 页。

②　李心传:《建炎以来系年要录》卷一〇三,第 1697 页,中华书局 1988 年版。

③　《与吴元忠四首》之二,《胡宏集》,第 107 页。

有不同于其他历史时期和同时期的其他地区的特点和遭遇。

"老子生来骨性寒,宦情不改旧儒酸。停杯厌饮香醪味,举著常餐淡菜盘。事冗不知筋力倦,官清赢得梦魂安。故人欲问吾何况,为道舂陵只一般。"①这是周敦颐当年回到湖南老家短暂为官之前写给亲友们的一首通俗诗作。诗中流露出对亲友们的提前告诫:不要以为我回到家乡作官,就以为有了依靠或者以为沾光借亮的机会来了,因为那只能是一种错觉!包括我本人在内,作官之后与作官之前在生活上几乎没有什么两样,还是那样清贫。这不是跟自己过不去,也不是不识时务,而是生就的旧儒酸性,既改变不了,也不想改变。北宋前期湖南地区的官政,我们从周敦颐几乎无所作为而后黯然离开家乡,从此不想回来的实际,似可约略感觉到一点不遂人愿的情况。周敦颐大约看到了官场的怠惰,因为无法有所作为且又厌倦请托贴靠等,遂将家中十几亩薄田赠与管家周兴,嘱其代守并如时祭扫先茔,然后毅然离开家乡,不想重归了。这首类似于"洛阳亲友如相问,一片冰心在玉壶"的洁政诗篇,表现了周敦颐对家乡寻津觅径的锢蔽陋习的厌倦与无奈,同时也表明在这样的社会风气下,想在行政上有所作为,是有相当困难的。这是永州的情况,其他地方并不见强。胡致堂《缴湖南勘刘式翻异》②有"刘式系大赃吏",指证其在宣和六年任湘潭县令时,利用职权,将湘潭县所管 86 万亩田税钱每亩私吞 700 文,同时还利用被称为"广等"(10 钱一两)的流行秤法与湖南民间被称为"潭等"(13 钱一两)的私秤的差额,"以潭等取之于民,而以广等纳之于官",从中牟取暴利,盗窃国家,渔猎乡里,贪赃之数额巨大无比。直接或间接参与此案的获罪官员竟有 19 人之多。这是湘潭的情况。至于衡州、道州、邵州、郴州和今属湖南,当时归湖北管的岳州(今岳阳)、澧州、沅州、鼎州、武陵(今常德)的情况,未见丝毫之好。胡致堂《缴湖北漕司辟许宜卿为桃源令》③,指证许宜卿建炎二年知湘阴县,到任不久,即"穷土木之役,百姓交诉",后来作了 40 天的湘潭县令,"满邑胥吏,攀船号送,又相与哀集贿赂",至于百姓恐惧而不敢见其面。恶声既著,又投奔湖北漕司,辟为桃源县令。桃源民众,又遭其殃。

由以上所引,已足见湖南局部地区的官政之可怕。而道州、衡州的情况似更令人惧怖。胡文定弟子向子忞在道、衡州为官的实际遭遇就足以说明这一点。

---

① 《任所寄乡关故旧》,《周敦颐集》,第 82 页,岳麓书社 2002 年版。
② 《斐然集》卷一五,第 316 页。
③ 《斐然集》卷一五,第 324 页。

　　向子忞于绍兴元年在道州任上时，"革去仓廪受贿积弊，罢曲引、醋息、牛税等钱，以宽民力"，当时湖南提刑周随亨强占江华县治所，另募兵四百，一应支出、消费等全部都摊派到江华县，江华县久已不堪。向子忞上状请其移住别郡，解散募兵，拨还侵用各部门款项。周随亨大怒不已。提盐薛公度欲于道州置盐司，向子忞以为不便，力止之，并且取消了博易场。从前盐官靠冗费扰民，这是盐司官员的主要额外经济来源。薛公度打算重新设立盐司并增加征收款目，被向子忞坚决制止了。盐官因此痛恨向子忞至于切齿。就在这时李成叛军挟持知潭州向子諲进入道州。向子忞劝说百姓跟从自己，暂时先离开道州，并将州治暂时移居到锦田寨，使全州百姓免遭了李成的乱兵之害。不久朝廷有旨召李成赴行在，李成释放向子諲，离开了道州。道州官员乘机奏向子忞激成李成兵变，有旨降向子忞一官，革去知道州之职，向子忞受诬闲居。虽亲赴朝廷鸣冤，且有胡安国等助其申诉，终于没有结果，向子忞此时贫困异常，遂请奉祠，得请，主管台州崇道观。直到绍兴五年，才以明堂恩复直秘阁。当时张浚以右相身份总督征讨洞庭湖杨幺，聘向子忞守衡州。

　　向子忞守衡州的这一年，逢天大旱，米价达到每斛一万五千钱。向子忞派手下使臣分赴丰收的邻近州县，携带黄金以较贵的价格收买粮食，回来后计算本金加上路费以每升二十钱在通衢上出卖。饥民初得贱米，蜂拥而至，救活民众难于计数。提刑司董璋，号称"湖南大蠹"，横行乡里，百姓深受其害，一向无人敢惹。向子忞首先将其逮治，流放岭南。地方民众欢欣鼓舞，奔走相告。向子忞因此又惹怒地方官吏，遭到他们联手诬陷。向子忞遂于绍兴六年正月，再次被罢官。衡州士民闻听此讯，相与群聚，到提刑司击鼓为向子忞鸣冤叫屈，希望以自己自发的力量挽留住向子忞。但湖南地方官员上下沆瀣，一致诬陷，向子忞只有离任。虽衡州百姓拥塞了道路，哭声震天动地，响彻数里之外，仍然无济于事。向子忞含冤自讼，久不得伸。直到绍兴八年，个别地方官员因严重违法事泄，其余官员不敢再度公开联合陷害，朝廷命差官奉圣旨调查，强加在向子忞身上的各种罪名，纯系捏造，无一属实。朝中御史也上章奏称向子忞"刚直明敏，不畏强暴；奉法守正，不容于监司"，监司等遂内外串通一气，共同陷害。圣旨下，予以平反昭雪，恢复直秘阁，改提点湖北刑狱公事。衡州民众感念向子忞，于城东青草寺为建生祠，绘其像于中瞻拜。

　　这件事足以说明向子忞深得民心，但在百姓没有选举、监督和促成并参与任免的时代，百姓的呼声总会被官员们压制下去，朝廷即便有所耳闻，也不会因民废官,不到万不得已,朝廷不会轻易罢免自己的爪牙之官以迎合民众。而向子忞则因得罪众官,从而只能"以酷刑失民心"的诬告而被罢免。向子忞的遭遇,恐怕是古往今来所有清官廉吏的共同遭遇,邪恶与正义的斗争,经常是以邪恶的最后胜利而告终的,这是历史的常态,虽然它并不符合我们的愿望,但是愿望对于历史的进程原则上是不起作用的。事实上,"郡守以抚养百姓为职,贤否于是乎观,不闻以能奉承大吏为贤也"。"然则谤侯虽深,所以荣侯者不既厚乎?"①这是胡致堂评价官僚贤能与否的标准,也是儒家一贯的主张。向子忞以自己的行为证明了什么是真正的良官善吏。虽然遭受了诬陷,但却证明了儒家的道德理想原则的坚定性,不是利益所能动摇的。尽管如此,向子忞的遭遇在相当程度上表明了当时湖南地区官政的腐败不堪和难于改变。生民在这种官政下呻吟,加以兵匪祸乱、茶农佃户等的起义和旱涝等天灾,生存的艰辛是不难想象的。②

向子忞之后,衡州等又换守令,胡致堂《寄张相》称:"湖南宪马居中、湖北监军董补之,以言章汰去,无不称快。衡守裴廪,视民如禽兽,已罢。"③同书又称:"湖南缘大兵之后,继以月桩重敛,又州、郡、县、道鲜得人,故民力大段困之,怨咨日甚。"

胡文定弟子薛徽言宣谕湖南,两月之内,就惩处贪赃不法官员 16 人之多:绍兴三年四月戊申,承信郎兼茶陵县税务官沈铨;绍兴三年四月戊申,右迪功郎兼常宁县税务官王载;绍兴三年四月己酉,权桂阳监陈如埙;绍兴三年四月己酉,平阳县主簿权县事陈发明;绍兴三年,左朝奉大夫知永州黄升;绍兴三年五月丙子,永州推官俞梅;绍兴三年五月丙子,永州司户叶敷;绍兴三年五月丙子,保议郎东南第九将押队姚成;绍兴三年五月丙子,忠翊郎权同管界巡检夏习;绍兴三年五月丙子,武经郎前兵马都监吴郭;绍兴三年五月丙子,将仕郎权司户苏塑;绍兴三年五月辛巳,宾州通判谢辉;绍兴三年六月甲申,左宣教郎前权常宁县阮观;绍兴三年六月辛亥,邵州知州和景;绍兴三年六月乙未,右朝散郎添差湖南转运判官赵志之。④

湖南民众受赃官之害既深,则其盼望廉吏之愿望也就异常强烈。正如胡五峰所说:"窃思盗贼纵横,使吾民至于此极者,以州郡敝而不振,而方伯

---

① 胡寅:《衡州新建向公生祠记》,《崇正辩·斐然集》卷二〇,第 418 页,中华书局 1993 年版。

② 本章有关向子忞的官历材料,主要依据王庭珪为作《行状》,四库全书本。

③ 《斐然集》卷一八,第 380 页。

④ 以上据李心传《建炎以来系年要录》所记,第 16 项因为文件缺乏未能查实。

久无其人也。日夜延颈威明之至，扫除凶奸，封植善良，有如饥渴。"①

官政虽不即是民风，但却影响民风。周敦颐《任所寄乡关故旧》诗中所表现出的喜攀附、好请托等情况，也绝不是一日间所形成的。看来历史上湖南地区，因为山高皇帝远，官员之不法、贪鄙，唯利是图的习性，给民众带来了极坏的影响，加以生计之艰难，所以王船山的"学者但取十姓百家之言行而勘之，……求食、求配偶、求安居，不则相斗已而"②的看法，实际上应当与此有重要的历史关联。

就生活的常态而言，湖南相对于中原主流文化区域，一向偏僻固陋，闭锁未开，文化落后，思想匮乏。唐中期以后，始有科举中榜者，宋时风俗依然僻陋，有不知敬重父母，不以养生送死为大事者，有窃人孺子割其阳具以奉淫祠者，更多民众只是每日沉溺于生存和为生存所进行的争斗中，不索人生意义亦不知人生何义，在生存争斗中养成好勇斗狠的地方性性格特征。此等特征虽在湖湘学派的教育活动的影响下有所改变，"渐被胡文定春秋之学，而士习好文"。而长沙则相对更好些，"向慕谭世勣忠节之风，而乡俗尚义"，③但只是局部的和暂时的，从王船山的"学者但取十姓百家之言行而勘之，……求食、求配偶、求安居，不则相斗已而"等情况看，还是对湖南地区的民风扩而大之的描述，甚至近人所作《湖南现代化的早期进程》中④，对此种情况还有大同小异的概括。

但是无论如何，改变总是有的，而且至少在一部分地区和一部分人的心底里已经存下向学、向文明的根苗，这显然是湖湘学派等的历史功绩。

社会秩序和民众生活

南宋以后，湖南地区秩序一度异常混乱，建炎二年（1128）冬，继岳州被

---

① 《与吴元忠四首》之一，《胡宏集》，第106页。

② 《船山全书》第十二册，第478页。

③ 孛兰肸等：《一统志》，第702页，中华书局1966年版。

④ 张朋园引述很多有关湖南人性格的历史记录，如"劲直任气"、"人性劲悍"、"民好斗讼"、"好武少文"、"悍直梗朴"等。实际这些记载，原本是各种地方史志和各类观察者对于地方民风的描述，湖南自古以来就是如此，直至今天也还没有原则的改变。不过自从理学扎根兹土并逐渐有所普及以后，便已不再仅仅是原始的霸蛮。尽管整体的特征并没有原则的改变，至少在一部分真正的知识分子身上已经被赋予了担道和救世等的意义了。这一点应该是湖湘学派和王船山，甚至包括曾国藩的湘军集团中的优秀士人们的重要贡献，胡氏父子和南轩朱子等的历史勋绩，同时也是他们的文化教育成就，早已被历史书写在现代湖南人的具体行为上。

攻破之后,长沙又被金兵攻陷。尽管金兵只在长沙城内停住四日,旋即北去。但因攻城日久,加以进城以后大肆剽掠,长沙城已经一片狼藉,附近地区也因金兵骚扰和抢掠而人心惶惶。建炎四年二月,另一股金兵攻陷澧州,后虽退去,但一路大肆剽掠之后,群盗贼又乘势进入湖南,抢占地盘,抢掠财富甚至抓丁抢女。

以孔彦舟为例,他本是相州林虑(今河南林县)人。初名彦威,字巨济。建炎元年,曾为东平府钤辖,与知州权邦彦不协。彦威与一宗女私通,事露,邦彦欲按发之,彦威遂率众去。邦彦追及,彦威射中邦彦,邦彦乃退。彦威遂改名彦舟,聚众渐盛,转至南京。[①] 孔彦舟广收溃兵,由淮西转入荆南,建炎二年,窜掠杀伐于鼎州、澧州、沅州等地,为害甚大。虽受宋朝廷之封,而恶性不改,作害湖南北数年之久。他曾于建炎二年三月帮助官军捉杀钟相,反叛前也曾在开德府打败过金兵。但他一方面接受招安,一方面又不时反叛,借官军名义大行杀伐,抢掠烧杀如入无君无国之境。绍兴元年(1131)春,孔彦舟与另一盗贼马友在衡州和潭州之间展开大战,"兵漫原野"。绍兴二年六月,叛降伪齐刘豫,屡屡充当金将宗弼前锋,攻打南宋。

还有马友、李成、李宏、刘忠、曹成等,这些反将叛匪在两湖、江西和广西北部地区互相厮杀,尤其在长沙、湘潭、岳阳、衡阳等地,直搅得生灵涂炭,周天寒彻。像曹成甚至在接受朝廷指令,率兵前往高宗行在所听命的途中,还大肆抢掠,一路烧杀去见皇帝。真是贼胆包天,不仅心无恻隐,而且目无朝廷。

南宋朝廷在当时的条件下似乎无暇——剿灭,于是便以招安的方式,暂时利用他们,他们也便因此而大肆杀掠,无所忌惮。时而接受招安,时而又伺机反叛。朝廷只能不断地给他们封官进爵。当时的民谣说:"想当官,杀人放火受招安。"颇能反映这种实际情况。"绍兴之后,巨盗多命官招安"[②]。而这些被招安的将官,可以说是亦官亦匪,即官即匪,时而是官,时而又匪。百姓深受其害,苦不堪言。

面对这种局面,很多儒臣都曾提出过言辞激烈的谏争。湖湘学派学者尤其是胡氏父子在其中表现得尤为踊跃积极。胡安国在给高宗皇帝所上的《时政论》中,就对高宗"听任""刘忠残党蹂数郡,曹成反复劫帅臣",而眼见生灵涂炭不采取坚定有力的措施,表示了极度的不满。指出"近岁除外暴者

---

① 徐梦莘:《三朝北盟会编》卷一三七"三月癸卯"条,四库全书本。
② 庄绰:《鸡肋编》卷下,第 92 页,中华书局 1983 年版。

主通和,竟为敌国所误,不敢用兵,而其流毒遍中国自若也。除内暴者用招安,竟为盗贼所误,不敢用兵,而盗贼毒遍天下自若也。为民父母,安得若是恕? 又官而爵之,其与成汤为童子报仇,不亦异乎"? 胡安国进而提出"今刘忠残党蹂数郡,曹成反复劫帅臣,理无可赦,宜早加殄灭,肃清江湖。然后精选县令,一意抚绥,则民心安,邦本固矣"。① 南宋之初,内外交困,朝廷软弱,对叛将悍兵,甚至对宰辅重臣、亲近侍卫之不臣难御,均未能实施有效的整饬,以至于被苗傅、刘正彦逼迫退位,亲兵侍卫如麻痹的手足,不听使用的情形时有发生。胡五峰在《上光尧皇帝书》中诋谏说:"陛下即位以来,忠正邪佞更进更退,无坚定不易之诚。然陈东以直谏死于前,马伸以正论死于后,而未闻诛一奸邪,除一谀佞,何摧忠正之易,而去奸邪之难也! 此虽当时辅相之罪,然忠正之士乃陛下腹心耳目,奈何以天子之威,握亿兆之命,乃不能保全二三腹心耳目直臣以自辅助,而令奸邪得而杀之,于谁责可也? 臣窃痛心,伤陛下威权之不在己也。"②

历史上对于降兵叛将的招抚之术,除个别特殊情况作为有效的例证以外,更多的都是息祸于今日而同时又种患于将来的。后汉张纲之谕降张婴,纲卒未几而婴复叛,滕抚斩之而后绝。且因接纳叛降,而使马勉、华孟等相继而起,直到被滕抚彻底剿灭为止,而后天下方得安宁。明代杨嗣昌、熊文灿等对明末农民起义军的招抚政策,同样是摁住葫芦又起瓢,桑榆未得,东隅复失。南宋对于这些叛降兵将的做法,在根本上既不能收到真正的功效,同时又给思逞而尚有顾忌的观望者以足够的反叛勇气,以侥幸有得而祸乱天下。有欲乘乱足欲得官者,只要先去杀人放火,然后在不得已的情况下,接受招安就可以既得足欲,又少惊无险,侥幸之徒就会纷纷继起效法,狼烟如炊,血腥如饮。如此则天下即无功过是非的公平授受之规矩可言,而生民却永难寄望摆脱涂炭之苦。那么是不是一定要像秦将白起于长平坑掉全部降兵,无论其四十万还是三百万? 显然不行,杀其盗魁与顽固者足矣,余则或收编或遣散,但不能告之以叛乱受赦,而必须以其不明真相受盗奸蛊惑而开释,寄望其思罪省过,将功补过,重作安良。必正赦而不杀之名,而后被赦免者不怀侥幸偷生之念,亦不敢妄伺再逞之机。若以利赦免,妄图使之感恩或因众多而不杀,则将来再起者就会更多。名一不正,则后患无穷,天下由此而难有安宁之可寄望。

---

① 胡安国:《时政论·恤民论》,见胡寅:《斐然集》,第541页。
② 《胡宏集》,第102—103页。

于以上分析可以看出，招抚之作为策略是不可以轻易尤其不可随意使用的。招抚者必本良善而非残暴，必本系悫实而非狡黠。招抚之谕必当以义而不能以利。以利则顺其情而合其欲，必思伺机再逞；以义则挫其志而断其妄，可望再造成人。

当南宋之初，三湘四水之间除了金兵侵扰和盗贼叛降杀掠之外，还有地方农渔茶商和少数民族等的起义暴动，以及兵士的哗变等，如钟相、杨幺和武岗徭民杨再兴、郴州李冬不二等。其中以钟相、杨幺规模最大、影响最广，持续时间也最长。

钟相于建炎四年二月在鼎州举事。

自金兵从长沙退出后，群盗大起，东北流徙之人，相率渡江南来。洞庭湖地区形势异常混乱。孔彦舟侵据荆南鼎、澧诸郡，知荆南府唐愨弃城而去。一时间人心无主。武陵人钟相，"以左道惑众，自号天大圣。言有神灵与天通，能救人疾患。阴语其徒则曰：'法分贵贱贫富，非善法也。我行法，当等贵贱，均贫富。'持此语以动小民。故环数百里间，小民无知者，翕然从之。备粮谒相，谓之拜父。如此者已二十余年。相以故家资巨万。及湖湘盗起，相与其徒结集为忠义民兵，士大夫避乱者多依之。相所居村有山曰天子岗，遂即其处筑垒浚濠，以捍贼为名。孔彦舟入澧州，相乘人情惊扰，因托言拒彦舟以聚众。至是起兵，鼎、澧、荆南之民响应，相遂称楚王，改元天战，立妻尹氏为皇后，子子昂为太子。行移称圣旨，补授用黄牒，一方骚然。时鼎州阙守臣，而湖南提点刑狱公事王彦成、单世卿皆挈家顺流东下，仅以身免。贼遂焚官府、城市、寺观及豪右之家，凡官吏、儒生、僧道、巫医、卜祝之流，皆为所杀。自是鼎州之武陵、桃源、辰阳、沅江，澧州之澧阳、安乡、石门、慈利、荆南之枝江、松滋、公安、石首，潭州之益阳、宁乡、湘阴、江化，峡州之宜都，岳州之华容，辰州之沅陵，凡十九县皆为盗区矣。"[1]

建炎四年三月，钟相被孔彦舟击败，钟相及其子子昂均被执，于槛送行在途中被杀。此后，钟相部下裴宥、杨华、夏诚、杨幺等继续与官军和盗兵作战。绍兴元年十一月，应知潭州李纲之请，高宗下诏，命潭、鼎、荆、鄂四州帅臣约日会兵，收捕洞庭湖"水寇"。十二月，高宗御舟至临安。张浚留于江上视师，旋赴湖南，指挥平定杨幺，欲一举荡平。当时杨幺在鼎州，号"大圣天王"，立钟相子子仪为太子。绍兴五年六月，岳飞收降杨幺部将杨钦，并乘胜猛攻杨幺。杨幺部将陈瑫内变，携钟相子钟子仪降宋。杨幺窘急之下投水，

---

① 李心传：《建炎以来系年要录》卷三一"建炎四年二月甲午日"条，第 613 页。

未及死,为岳飞捞起,坚决不降,为岳飞所杀。余众或降或散,唯夏诚固守不降。岳飞以诡计入夏诚寨,斩夏诚,携钟子仪归都督行府。至此,历时五年多的洞庭湖钟相、杨幺起义最终被镇压下去。

有关对杨幺的态度,湖湘学派学者对朝廷的全面征剿的策略持有明显不同的意见。胡致堂曾不止一次的致书张浚,对岳飞提出的肃清杨幺反民使之罄尽的方案表示坚决反对。指出:民叛与兵叛不同,民叛是出于州县官吏盘剥,使他们有家无法回归,才愤而揭竿。"水寇本缘政烦赋重",加以州县用人不当,从而促其急反。他们原本都是良民,其能一呼而"一日之内,两郡响应",也是有其得人心之处,观其"所欲杀者五等人,以官吏为最,独免执耒之夫,其心可见矣"①。胡致堂在此间给折彦质的书信,表示了同样的意见。称:"如虔寇之出没三路,如杨幺之梗塞两湖,非由敌兵,实自郡县政烦赋重,民生无聊,作使善民化为怨敌。"②胡致堂看到了当时湖南的实际情况,指出:"湖南缘大兵大旱之后,继以月桩重敛,又州郡县道鲜得人,故民力大段困之,怨咨日甚。村落穷民,有私制绯衣巾以俟寇起者。今道州之永明寇未平,桂阳之蓝山为贼所据,郴州之永兴群盗方作,已犯衡之安仁。"③胡致堂既希望有招安的可能,同时希望减轻赋税以结民心。类似的想法,胡五峰在《上光尧皇帝书》中,亦曾直接向宋高宗表达。"杨幺为盗,起于重敛,吏侵民亟耳。本农亩渔樵之人也,其情不与他盗同,故治之法,宜与他盗异。陛下诚能选宽厚有谋之臣,为江、湖间守,少给以兵,大施恩信,招抚流散,务农重穀,道化善良,诛出奸宄,号令清一,明白可信,不出期月,杨幺之徒,必大震坏。然后用其向导,选精锐擒之,易于反掌。今陛下赫然震怒,令大将统数万之兵,武震以威慑之,是彼惧而知悔,自相残戮,归命天子,实陛下神武,非草野微臣所敢知也。如其不然,惧而协谋,舟船便利,随方抗敌,威不能制,恩不能施,平荡之功不可以岁月冀。大军久聚,所费不赀,诛剥遗民,侵肌及骨,死亡流散,不复聊生。北马秋高昧死复至,内敌外寇,相因而起,虽有良、平之智,不能为谋。"④

胡氏父子体恤民隐的情怀,在对待杨幺等问题上,表现得非常充分。

杨幺确实和叛将盗臣有原则的不同,杨幺曾经拒绝金人诱惑,不与金兵合谋攻宋,民族气节绝非孔彦舟、刘忠、李宏等辈可比,而其不妄杀无辜,不

---

① 《斐然集》卷一七,第 355 页。
② 《斐然集》卷一七,第 361 页。
③ 《寄张相》,《斐然集》,第 381 页。
④ 《胡宏集》,第 101—102 页。

掠夺贫弱，更非诸盗所为。胡氏父子、兄弟在这个问题上所表示的态度，不仅流露了对生民恻隐之善心，而且也展现了为国家民族的远虑深谋。倘使情况真如胡五峰所说，金兵乘此"昧死复至"，"内敌外寇，相因而起"，局面恐怕就真的难于收拾了。

绍兴五年以后，钟相、杨幺起义被平定，其余下部将以及李成、马友、孔彦舟等的残余势力或相继被招抚、剿灭，或叛降伪齐刘豫。湖南地区形势稍安，一切都有重新进入"正轨"的气象，此后直至宋末，此一地区的情况略好于建炎和绍兴之初。风俗的改变，除了政治本身的力量和时局好转等的客观因素以外，还在相当程度上，得力于湖湘学派的广泛而又深远的教育活动及其影响。刘珙、朱熹、真德秀、魏了翁以及陈傅良等有影响的儒者之先后官临，也为改变湖南地区的民风和社会风气起到了很大的作用。湖南从固陋的边隅渐渐进入了华夏文明的主圈之内，并一时间成为令人瞩目的儒学教育和学术思想研究的地域性重镇。

当时湖南及其附近地区动荡不安的社会情况，给当地民众造成了极大的危害，也使胡氏一家的生活难于安定下来。讲学授徒和研习著述等都受到了相当大影响。

绍兴元年（1131）春，巨盗马友与孔彦舟交战于衡、潭之间，兵漫原野。湘潭已无法容身，胡氏一门，遂移家邵阳，"席未暖，他盗至，又南入山，与峒獠为邻"。进入今湖南武冈一带。"十二月，盗曹成败，帅兵于衡"。胡安国一家又迁于全州（今广西全州），旋又逃至灌江（湘江源头处支流，今属广西）与昭（昭州，今广西平乐）接境。"弊屋三间，两庑割茅遮围之。上下五百余指，度冬及春，瘴雾昏昏，大风不少休。郁薪御冬，粲食仅给"。绍兴二年春，胡文定被召赴行在，胡致堂与胡茅堂兄弟侍行，胡五峰留守家中。六月，曹成又率残兵败将进入灌江，胡五峰并胡致堂、胡茅堂三家妻子仓惶奔避。一天夜里，胡氏一家正在梦中之时，"忽闻鼓声已近，徒从哄然逃散"，胡氏一家侥幸得脱。十一月，胡文定自朝中反归，还至江西丰城，遣胡致堂先归"省家"，至岁末，方寻得于清湘寺中。胡致堂妻张季兰当时只有单衣在身，瑟瑟于萧索的荒野陋寺之中，而随身携带物除胡致堂的文字材料以外，只有给小孩剃发所用剪刀一把，随时以备不测。湖南及附近地区的这种情况，使得黎民百姓难于安定生活，而胡氏一家人的这种遭遇，则可以从胡致堂的《悼亡别记》中窥见大略。

胡安国当时有诗《题范氏壁》，今不见，大约也是反映这段生活遭遇的。胡致堂《和文定题范氏壁次韵》诗称："四海兵戈里，一家风雨中。逢人问消息，策杖去西东。"①"乱后风尘稍破昏，归来骨肉喜全存。"②绍兴三年正月，胡文定从江西回到湖南，七月，一家老小才重新团聚于衡山之下。其间辛苦、艰难与危险，若非亲身经历，即使同情的想象，也未必能够真正到位。③

其实若就胡氏一家的实际生活看来，这种艰险之境遇，从建炎三年（1129）秋天即已开始。胡五峰《题祖妣志铭》有相关记述："建炎己酉之秋，江、淮、河、汉之间，群盗纵横，先文正被召赴行在，仲任行事，某当家责（其时胡致堂在朝中）。以强暴逼入沮、漳之间，非遗种处也，则奉母令人及诸亲属，弃生生之资，渡泯江而南。不几月，大盗蜂集，故庐文书数千卷，悉为灰烬，而祖考、祖妣志铭亦在焚中。"④

六七年间，胡氏一家从未得以安生。其生活的遭遇之苦，如果不是亲身感受，是很难有较真切的想象的。就在这样的艰难境遇之中，胡氏一门或奔波于国事，或传经授徒，并创立学派，实在不能不令人敬仰。就胡氏而论，不必非赴湖南，一样成为理学之家，而既赴湖南创立湖湘学派，则其造福湖南一地，自不待言，由此而引领一个时代，其功更伟。

以上略述湖南地区形势，并不是为了单纯陈述一些事实，而是为了展现当年湖湘学派学术创造的环境和背景。这些环境和背景虽然不能直接构成学术或思想史的内容，但有了这种对于客观外在环境的切实感受，湖湘学派学者们的用心和所指陈之事物，就有了相应的实际针对性。否则，他们对于实际政治、生民苦难的理解和同情就没有确实的根据和目标。诚然，单纯介绍湖南地区的形势是不够的，因为湖湘学派虽处于湖南一隅之内，其所反映和面对的问题却是全国的，天下的。但有关于南宋整个社会的情况，史学界或已有相应之论，而本文实为表出湖湘学派的创造环境和生活实况。湖南地区的实际生活经历，给了湖湘学派学者们真实的体会，他们对于现实的关心，因此更实际，而不是玩弄理念，从事逻辑游戏。宋代知识分子原本即不同于其他朝代，他们既受皇家信重，又受生民信赖，从而对历史和社会的责任意识特别突出而又庄重。湖湘学派则又具有相当的代表性，故其敢于为生民申诉生存苦状、冤屈，为社会伸张正义、公道，也为赵宋王朝争秩序、安民心，继述先圣，绍说前贤。议论虽或有偏激，而无一不出于真心实意，绝少

---

① 《斐然集》卷三，第 50 页。

② 《初归范伯达弟相会夜归有成》，《斐然集》卷三，第 54 页。

③ 胡氏一家的这段生活遭遇，胡致堂在《悼亡别记》中有粗线条的记载，见《斐然集》卷二〇。

④ 《胡宏集》，第 194—195 页。

存有另外的仕进或利禄之企图。他们之所以能够比较准确地反映实际的情况,并由此提出有确实针对性的建议、主张,实在不能不有赖于他们在湖南的实际生活。这种实际的生活给了他们直接的材料和感受,激发了他们对于历史文化和现实社会的责任感,也为他们提供了直接述诸言说,包括给皇帝的上书和给宰辅以及封疆大臣和地方小吏们的建议和劝说、告诫等的事实材料。上引胡文定的《时政论》和胡致堂、胡五峰等给地方官和朝廷大员等信件中所反映的内容,正是这种实际的生活所赋予的。没有这种在湖南地区的实际的生活,湖湘学派学者们当然也会以其他地域的生活实际为依据来从事讲学、论政,但就不会完全是这种样子了。这就是实际生活对于学者和学派的影响和意义所在。湖湘学派因此而沾染上湖湘或湖南地域的特色,无论是优点还是缺陷,也就是很自然的事情了。大约古往今来的所有地方性学派都有这样的特征。冲破这种因生存所造成的空间或地域性限制,并将这种限制当成一定的特点,就会走向全国,地方性学术文化就具有更加广阔的施展空间,就更具有全国性或普世性;冲不破或被这种实际生活范围或框制住,就只能是地方性学术,其存在的意义仅仅在于它能对占主导地位的学术或学派起到呼应、效法和传扬的作用。当然,除此以外,她依然有其在地方存在下去的理由和根据,其为地方所造就,即已有其在被创造就时便已确立的合理性,只要造就它的环境不失,则其合理性和存在下去的理由也就因此而不会丧失。只不过影响面小,对其他地域的可参照性功能相对弱一些而已。

湖湘学派早期并不是湖南地方所自生自长,湖南地区并未能自我生长出学派,完全是移植——孔孟思想自中原向湖南地区的移植。宋金战争为此次移植提供了客观的机缘。胡文定父子来湘之后,承传孔孟、造福一方,使本即固弊、鄙陋之湖南顿染文风,斯文从此而与这片土地结下缘分,并同时与其地方顽固之鄙陋习俗相排击,甚至直至今日仍在湖南的一些地区延续未止。

朱熹的德性观与知识观及其启示

蒙培元

朱熹哲学从本质上说是德性之学。朱子继承了儒家德性学说的传统，将实现人的德性视为为学宗旨。但是，他对儒学又有很大发展，其中之一，就是特别重视知识的价值。他认为，知识对于实现德性有重要作用，又能提高人的实践能力。那么，他所说的知识究竟是一种什么样的知识？知识与德性又是什么关系？这是研究朱子哲学经常会遇到的一个问题。

在这个问题上，朱子与陆象山之间展开了一场争论，即所谓"尊德性"与"道问学"之争。这场争论的实质和意义何在？这也是需要重新探讨的问题。

问题的由来

德性与知识的问题，是一个古老的问题，从老子和孔子开始就提出来了。老子的"为学日益，为道日损"，就是讲德性与知识的关系问题的。孔子讲仁与知的关系，其中就包含着德性与知识的关系。孔子所说的仁，是人的最高德性，而孔子所说的知，则主要是人文知识。孔子说过"多识鸟兽草木之名"一类的话①，虽然是指自然界之物，但主要是从诗学和审美的角度说的，为的是能使人类生活包括社会政治活动具有诗性般的人文色彩，以体现人与自然的和谐。孔子对于历史文献知识有浓厚的兴趣，其主要目的是总结历史经验，提倡以德治国。对于"天道"方面的知识，不能说孔子毫无兴趣，只能说他所关注的是天人关系即"知天命"的问题，也就是如何实现德性，使人成为人的问题。总之，在孔子思想中，知性及其知识是重要的，但又是从属于仁德的，而不是相反。孔子有一段非常重要的话："志于道，据于德，依于仁，遊于艺。"②"道"是人生的真理，"德"就是德性，"仁"则是德性的

---

① 《论语·阳货》，参见杨伯峻：《论语译注》，中华书局 1982 年版，第 185 页。

② 《论语·述而》，《论语译注》，第 67 页。

核心，"艺"即文艺，包括各种文化知识（具体指礼、乐、射、御、书、数"六艺"），其中也有科学技术如数学一类的知识。这些文化知识是培养君子人格所需要的，但都是由仁德"贯"起来的，可称之为"文德"。他主张"修文德"，"文质彬彬，然后君子"，人不仅要以仁德为内在本质，而且要有外部的文采，即具备各种文化知识，这才是君子人格的体现。

比较明确地提出德性与知识的关系问题的，是《大学》与《中庸》。《大学》的"明明德"，就是讲德性的，其"格物致知"之学，则是讲知识的。《大学》以"格物而知至"为"明明德于天下"的根本方法。但它所谓"知"，是一种社会人伦知识，与"修身"直接有关。这种知识对于实现德性即"明德"有何作用，《大学》并未提出具体说明。《中庸》提出"尊德性而道问学"的方法，将"德性"与"问学"并提，并说明"问学"的细目和步骤，即学、问、思、辨与行，这实际上也是讲知识对于德性的重要作用。《中庸》所谓"德性"，就是"天命之谓性"的道德人性，其所谓"问学"，就是道德知识。其人性来源于天命即道德本体（亦是宇宙本体），故"广大"而"高明"，其知识则析理详尽而可行，故"精微"而"中庸"，这就是所谓"致广大而尽精微"、"极高明而道中庸"。但何以会如此，《中庸》也没有提出进一步说明。

《大学》、《中庸》提出的问题，都是由孔子学说衍生出来的，都将德行视为人的本质存在，提到很高的地位，而将知识视为实现德性的重要方法。但是，二者都未能说明知识何以能成为实现德性的方法，先验德性与经验知识究竟是何关系？

孟子着重发展了孔子的仁德思想，提出以仁为核心的人性与仁政学说，将仁德完全内化为人的先验的道德理性，而以情感为其真实内容，并以此为内在的人格美。知的方面则被分解为两个方面：一是被内化为人性之一的"智"，成为一种重要德性；一是变成向外求知的"知"，由此而获得客观知识。在孟子思想中，"知"和"智"是有区别的，"智"是德性智慧而"知"意味着外在知识。孟子并不否定知识，但是由于知与耳目之欲即"小体"联系在一起，又与个人主观意见（"凿"）相联系，而退居次要地位了。

孔子关于知的学说主要由荀子继承和发展。荀子说："凡以知，人之性也；可以知，物之理也。"①这就明确提出了"知性"学说，同时提出以"物理"为认识对象的知识之说。但荀子并未发展出以自然界为认识对象的较系统的知识学，而是发展了以认识"人道"为主要内容的社会礼治学说与"化性起

---

① 《荀子·解蔽》，参见王先谦：《荀子集解》卷一五，商务印书馆1933年版，第14页。

伪"的人性说。在荀子思想中,有两种"性",一种是以获得客观知识为目的的"知性",一种是以生物性为主要内容而对之加以道德判断的所谓"人性",而前者对于改变后者具有关键性作用。从一定意义上说,荀子将德性建立在知性之上,因而赋予"知识"以重要价值,即只有通过社会认识和实践,才能形成人的美好(善)的德性。之所以将这样的认识称之为"知识",是因为这种认识具有客观内容,具有对象性,但其最终目的是转化为人的德性。这是一种"内化"的过程,与那种建立客观知识系统的知识学还不是一回事。

在朱子之前,北宋的张载讲"德性之知"与"见闻之知"两种知的学说,正式提出德性与知识的关系问题。这一学说对整个理学产生了很大影响。张载说:"德性所知,不萌于见闻。"①认为德性之知不是由经验知识而来。张载所说的"德性之知",又称"天德良知",虽然也称之为"知",但是与通常所谓对象知识不同,它不是以客观对象为内容的纯粹知识,而是人的先验德性的自我直觉。他所说的"见闻之知",则是由感觉经验而来的对象知识。在张载看来,"德性之知"显然高于"见闻之知",二者不仅来源不同,性质也不同,前者关乎人的存在意义和价值,是目的本身,后者则是一种工具性的知识,而且有很大的局限性。"见闻之知,乃物交物而知,非德性所知"②。所谓"物交物而知",就是通过耳目等器官,与外物相接触而获得的知识,耳目与外物是相互对待之一物,其知"止于见闻之狭",即受到耳目的限制。这种知识"以闻见梏其心",而不能"大其心"。所谓"梏其心",就是受到主客、内外的束缚与限制,"大其心"则是冲破主客、内外的限制而获得自由,这就是德性心,只有"大其心",才能"体天下之物","其视天下无一物非我",这就是德性之知所达到的"万物皆备于我"的境界。破除了主客、内外的对待,心即是德性,即是仁德,故能"体天下之物"。这个"体"字,不仅是消除了主客、内外相互对待的界限,从而能够体会、体验万物的生命意义,而且有体恤、爱恤之意,即万物为我的生命的组成部分而爱惜之。这种与万物浑然一体的境界,才是德性之知的意义所在。

从理论上说,张载提出的问题比《大学》、《中庸》更前进了一步,比孟子也有所前进。他认为,"德性之知"作为普遍的道德人性的自觉,具有崇高的价值,而"见闻之知"作为从生活经验中得到的特殊知识,具有极大的局限性。但是,张载并没有在二者之间划出不可逾越的界限,而是认为,在如何

---

① 张载:《正蒙·大心篇》,《张载集》,中华书局1978年版,第24页。
② 同上。

实现德性的过程中，见闻之知也有其作用。"耳目虽为性累，然合内外之德，知其为启之之要也"①。就是说，耳目见闻，总是与人的欲望联系在一起，因此，是德性之"累"，即对德性有妨碍；但是，从另一方面说，它又是启发德性的重要途径，因为德性的重要特点就是"合内外"，而不是只有内而无外，见闻就是实现"合内外之德"的途径。这就在德性与知识之间架起了一座桥梁，通过客观知识实现人的德性。张载有"知礼成性"之说，认为通过对客观的礼（礼制、礼仪等）的认识，能够成就人的德性。这样的知识是在社会生活中形成的，也要经过理性思维，使其成为条理化、系统化的知识，这就是所谓"穷理"之说。《周易·说卦传》有"穷理尽性以至于命"之说，张载很重视这一学说，认为通过认识事物之理，便能尽心中之性，能尽心中之性，便能达至天命。这是人的"安身立命"之学，但要从"穷理"开始，"穷理"便有知识的问题。张载认为，从"穷理"到"尽性"再到"至命"，是一个递进的过程，要一步一步地实现，其间有先后次序之分，而"穷理"是完成这一过程的第一步。这是就完成德性的过程而言，并不是讲德性的来源问题，但是却肯定了知识的作用，认为通过"穷理"而获得客观知识，是实现德性，进而实现天人合一境界的重要方法。这就意味着，德性虽然得之于天，却要在生活实践中获得经验知识，才能完成。张载所"穷"的理，主要是社会伦理知识，但是，也有对宇宙自然界的认识，即"穷神知化"之知。"神化"也来自《周易》传，被认为是宇宙自然界的根本法则，在张载看来，这是"天德"的表现，德性的来源。这当然不是一般的经验知识，而是理学家所探讨的宇宙本体论的问题，但是要在经验中体认。张载所谓"德性所知，不萌于见闻"是就德性的来源而言的；但是，他又提出"穷理尽性"、"穷神知化"之学，以保证其德性的实现，这是就德性的实现而言的。如何将德性与知识沟通，这就需要一种理论的"建构"与说明。

这个问题首先引起了二程的重视。程颢明确提出德性与知识是有区别的，不能将"穷理"当作知识去对待，"穷理"从根本上说是德性之事，不是知识之事。"'穷理尽性以至于命'，三事一时并了，元无次序，不可将穷理作知之事。若实穷得理，性命亦可了。"②程颢所说的"理"，就是性，性外别无理，别无道，因此，"穷理"就是"尽性"，也就是"至命"，三者是一回事。程颢所谓"知"，就是客观对象知识，即通常所谓知识。程颢对德性与知识做出明确的

---

① 《张载集》，第25页。

② 《河南程氏遗书》卷二上，《二程集》，中华书局1981年版，第15页。

区分,具有十分重要的意义。他认为"穷理"不是知识的问题,而是德性的问题,即"穷"心中之理即性。这就使"穷理"之学变成德性之学,具有明显的主体特征。他提出"识仁"即先识仁体的方法,而不主张向外"穷索",就是回到主体自身,认识自己的仁性仁德,这实际上是一种道德直觉。他认为这才是"为学"的根本方法。

程颐与其兄在根本观点上是一致的,但是,他的"性即理也"之说,除了承认理具于心而成为人的德性之外,还承认心外有理,心外之理便在物中,因此,他提出"格物穷理"的方法,要在事物之中"穷理"。这样,"穷理"便具有客观认识的性质,可以说是一种知识之学。但这所谓"知识",归根到底还是性理,所以最终还是要回到心中。但这是如何可能的?

朱子的德性与知识之学,就是在这样的基础之上发展起来的。他要总结并回答这些问题,就要提出自己的系统观点和论证。人们说,中国哲学缺乏系统的论证,朱子哲学虽然缺乏形式上的严格论证,但是,它是有内在逻辑的。

德性与知识的关系

朱子明确肯定,德性就是性,性就是理,而且是"理之总名"①,但所谓性理,是"所以然"与"所当然"的统一,也就是说,德性既是人之所以为人之理,也是人所当为之理,前者是人的存在本质,后者是人的道德理性,二者统一于德性。朱子认为,人有最重要的四种德性,即仁、义、礼、智,"仁义礼智,性之四德也。"②而仁是"本心之全德"③,统领其他诸德即"包四德"。从根本说,德性是以人的存在本质为基础的道德理性。

> 大抵人之德性上,自有此四者意思,仁便是个温和的意思,义便是惨烈刚断底意思,礼便是宣著发挥底意思,智便是个收敛无痕迹的意思。性中有此四者,圣门却只以求仁为急者,缘仁却是四者之先。④
> 仁字须兼义礼智看,方看得出。仁者,仁之本体;礼者,仁之节文;

---

① 《朱子语类》卷五,第 10 页。
② 《孟子集注》卷一三,《四书章句集注》,中华书局 1983 年版,第 355 页。
③ 《论语集注》卷六,《四书章句集注》,中华书局 1983 年版,第 131 页。
④ 《朱子语类》卷六,第 11 页。

义者,仁之断制;智者,仁之分别。①

朱子之所以以仁为四者之先而"包四德",是用一年四季的变化来说明的,春天是生长季节,夏、秋、冬则是生命之长、成、藏,四者都开始于"生",且以"生"为其根本原则。这看起来是一个比喻、类比,但不单是类比的问题,毋宁说是"同构"的关系,其真实用意是说明仁德就是天之"生意"。天之"生意"从季节上看,开始于春,但是一年四季永无停息,只是形态有变。"生意"是"生生不穷"、"生生不已"的生命创造,也是仁的来源。这是"天人之际"的问题。仁之所以兼四德,犹如"生"之所以兼四季,通过这个比喻,说明仁是"心之全德"。其他各德,虽然表现形式不同,但都是从仁德发出来的。

仁德是理性的,但以生命情感为其内容,是"情理"而不是逻辑理性。天地之"生意"是有目的性的,又是有自身法则的,这就是"生理",即生命及其价值的创造原理。朱子哲学以理为最高范畴,故称之为理学,又称之为性理学,而"生理"是理的最核心的内容,理的其他两个最重要的规定即"所以然"与"所当然",正是在"生理"即仁德的基础之上得到了统一。从"生意"、"生理"说明仁德,是理解朱子德性学说的关键。

以仁为核心的德性,来源于天之"生意"、"生理",因而是先验的,也是本然的。但是,如何实现人的德性,却是人自身的事情。正如"易传"所说,"继之者善也,成之者性也",成性是要人去"成"的。朱子说:"仁有两般:有作为底,有自然底。"②也是这个意思。儒家所谓"求仁",是要人去"求"的,因此,人的后天努力是非常重要的。在朱子看来,求得知识,是实现德性的重要方法,所以他很重视知识的作用。

这里所谓"知识",是从主客关系即认识的角度说的。在这个层面上,人是作为认识主体出现的,有认识主体,便有认识对象,二者构成认识与被认识的关系。朱子认为,人心有认识功能和作用,人心的认识功能和作用,是德性心的发用,但是有很大能动性,这是他的"心体用说"的一个重要方面。还有一个重要特点是,这种认识功能和作用,有向外求知的要求,这就构成了认识层面上的心物关系。从万物中获得知识,被认为是实现心中之德性的重要方法,这就是他提出"格物致知"、"即物穷理"之学的根本原因。但这是何以可能的?

---

① 《论语集注》卷六,《四书章句集注》,中华书局1983年版,第10页。
② 《朱子语类》卷六,第14页。

在朱子思想中,心物关系有两个层面的意义。一是本体层面上,心物、内外皆一理,在人为性,在物为理,其实,性就是理。就天地万物而言,是"生理"、"生意",就人而言,则是仁德。从这个意义上说,人心就是万物之心,即万物以人心为其心,因为人心就是天地生物之心。一是作用层面上,心物、内外有主客之分。这是体用关系,也是"理一"与"分殊"的关系。正因为有"分殊",所以有人物之别,但这又不是一般的分别,这是主客意义上的分别,人是德性主体,又是认识主体,而物是认识对象,通过对万物的认识,实现人的德性,这就是"由用而达体"。在这里,心之本体即德性与心之作用即知觉思虑,是相互作用的。一方面,心的认知功能作为德性的发用,是在德性的作用之下展开认识活动的,因此,不能脱离德性而"游历";另一方面,心的认识功能作为德性的作用,是以德性为其指归的,最终要回到德性自身,以唤起德性的自觉,因此,其认识活动不可能引向纯粹客观的认识之路,也不可能得到所谓纯粹客观的对象知识。这就是朱子的"格物致知"之学为什么没有发展出认识论、知识论的根本原因。

但是,我们不能说,朱子的"格物"之学,毫无认识论的意义。实际上,"即物而穷其理"就是一种客观认识,即在事物中穷究其"所以然"与"所当然"之理。由于"所以然"与"所当然"始终未能分开,"所以然"是"所当然"的存在基础,而"所当然"是"所以然"的价值体现,因此,他的"格物"即"即物穷理"之学,只能"穷"生理即生命之理。这正是德性尤其是仁德所需要的,也是"即物穷理"的根本目的。

> 看来,仁字只是个浑沦底道理。如《大学》致知格物,所以求仁也。《中庸》博学、审问、谨思、明辨、力行,亦所以求仁也。①
>
> 仁在事,若不在事上看,如何见仁?②

朱熹的知识之学,其目的是很明确的,就是为了"求仁"。仁本来就在人的心中,是"本心之全德",却为何向外求仁呢? 他认为,"仁在事",因此,要"在事上看"。"在事上看",就是在事物中求仁理。这有两方面意义。一方面,仁德是在处事接物中体现出来的,其间有很多具体关系和节目次第,如家庭层面的父子、夫妇、兄弟关系,社会层面的君臣、朋友关系,还有人与自然界的

---

① 《朱子语类》卷六,第15页。
② 同上,第17页。

万物之间的关系,都有各种各样的不同表现,这些不同方面的表现,都是从不同侧面体现仁德的,这其中便有许多具体知识需要掌握,懂得了这些知识,仁德也就获得了有具体内容的现实存在。这也就是以"人为底"充实并完成"自然底"。另一方面,在自然界的万物之中,便存在着"生理"、"生意",自然界就是"生生不已"的生命流行,活泼泼地,这就是"道体流行"或"道体之本然"。通过"格物穷理",便能认识、体会其中的意思,即仁的道理。

> 仁有两般,有作为底,有自然底。看来人之生,便自然如此,不待作为。如说父子欲其亲,君臣欲其义,是他自会如此,不待欲也。父子自会亲,君臣自会义,既自会恁地,便活泼泼地,便是仁。①

这所谓"仁有两般",不是说有两种仁,一种是人为的仁,一种是自然的仁。而是说,同是仁,但有"自然"的意义,又有"人为"的意义。从"自然"的意义上说,仁德是天生的,与生俱来的,如同孟子所说,见"孺子入井"而有怵惕恻隐之心,不是为了"纳交"、"要誉"才如此。这个"自然",是一个很高的范畴,有很深的含义,既是指自然界,又有本体论的超越意义(儒家所说的"天"、"自然"既是自然界,又有不同层面的意义),朱子所说的"天理",就是指此而言的,不能只从生物学的层面去理解,也不能理解为超自然的绝对理念。从"人为"的意义上说,则是"仁者人也","为仁由己",即需要人自己去完成,去实现。这除了"存心"的工夫之外,还要"格物致知"之学,其中很重要的一个方面,就是向外"穷理"。从方法上讲,这属于知识的范畴。他举出《大学》中的"致知格物"与《中庸》中的"博学、审问、谨思、明辨、力行",作为"求仁"的重要方法,就是强调知识的重要作用。

朱熹的知识之学,不限于社会人伦方面的知识,还包括自然界的各种知识,这是他比先儒有所前进、有所发展的地方。他认为,自然界生命流行,生生不已,充满了生机、生意,这都是"生理"的体现,都需要认识。通过这种认识,便能启发心中之德性。

> 天地所以运行不息者,做个甚事? 只是生物而已。……夫具生理者,固各具其生,而物之归根复命犹自若也。如说天地以生物为心,斯

---

① 《朱子语类》卷六,第14页。

可见矣。①

自然界运行不息，千变万化，其实，只是做一件事，就是"生物"。这是朱子对自然界的根本看法。自然界是不断创造生命的，自然界的万物，各具生理，故生生不已。所谓"归根复命"，是说万物以天地之"生道"、"生理"为其生命的根源，这就是"天命之谓性"的命。所谓"天地以生物为心"，就体现在万物的生命创造之中，从天地运行、万物生生不已的过程中就可以观察到，认识到。

朱子在解"易传"的"盛德"、"大业"和"日新"、"富有"时说：

> "显诸仁"，德之所以盛，"藏诸用"，业之所以成。譬如一树一根，生许多枝叶花实，此是"显诸仁"处。及至结实，一核成一种子，此是"藏诸用"处。生生不已，所谓"日新"也。万物无不具此理，所谓"富有"也。②
>
> "富有之谓大业"，言万物万事，无非得此理，所谓"富有"也。"日新"是只管运行流行，生生不已。③

天地自然界之所以"日新"、"富有"，就因为万物皆具有"生理"而生生不已，正如禾木之生长，不断繁衍，不断成长。这是自然界生命意义之所在，故称之为"盛德"、"大业"，进而言之，这就是仁之显现。因此，仁德既是人之本心，同时又体现在万物之中，这正是"格物穷理"之学所以必要和可能的原因。"天地间，非特人为最灵，自家心，便是鸟兽草木之心，但人受天地之中而生耳"④。人与万物之间，固然有主客、内外之别，在这个层面上，人是认识主体，万物是认识对象，构成认识与被认识的关系，人可以从中获得知识。但是从根本上说，这不是对物理世界的认识，而是对生命的认识。从生命的层面上说，人与万物是相通的，人虽然是万物之灵，但万物也是有生命的，"格物"不只是将万物作为控制、利用的对象去认识，而是认识其生命意义而关怀、爱护之。从这个意义上说，"格物"也就是"爱物"。

> 格物者，格其孝，当考《论语》中许多论孝。格其忠，必将顺其美，匡

---

① 《朱子语类》卷七一，第11页。
② 《朱子语类》卷七四，第23页。
③ 同上，第24页。
④ 《朱子语类》卷四，第3页。

救其恶，不幸而仗节死义。古人爱物，而伐木亦有时，无一些子不到处，无一物不被其泽，盖缘是格物得尽，所以如此。①

目前事事物物，皆有至理，如一草一木，一禽一兽，皆有理。……自家知得万物均气同体，见生不忍见死，闻声不忍食肉，非其时，不伐一木，不杀一兽，不杀胎，不殀夭，不覆巢，此便是合内外之理。②

"格物"而至于"爱物"，可说是真正实现了仁德。这就不是一般地得到知识，获得一种权力，宰制和掠夺万物，以满足自己的欲望，而是与万物情同手足，使万物"无一物不被其泽"，实现人与万物的生命和谐。这是朱子"格物说"最有价值最有意义的地方，对现代人有极大的启示作用。这所谓自家与万物"均气同体"，是说人与万物都是自然界的生命，是"同气相求"的关系，"气"就是代表生命的。所谓"同体"，则说明人与万物同以天地之"生理"为生命本体，同受仁德的恩泽，是生命整体。所谓"合内外之理"，就不是以万物为被动的物理对象而认识之，以"格物穷理"所得之知识为工具而对万物实行控制、利用和奴役，而是体认到自家心就是万物之心，自家生命与万物的生命息息相关而不可分离。人之性与物之理，都是由自然界的"生理"而来，在人为仁，在物为理。仁德是"生理"之全体实现（"实现"二字很重要，体现了人的主体创造性），物理只是"生理"的很有限的部分的实现。人之所以为"贵"，就在于通过"格物穷理"，认识到万物的生命意义，将其仁德施之于万物，消除主客、内外的界限，以仁心对待万物，这就是"合内外之理"。

朱子在论人与万物（禽兽）之异同时说：

或问："人物之性一源，何以有异？"曰："人之性论明暗，物之性只是偏塞，暗者可使之明，已偏者不可使之通也。横渠言'凡物莫不有是性，由通蔽开塞'，所以有人物之别。"③

问："气质有昏浊不同，则天命之性有偏全否？"曰："非有偏全。……然在人，则蔽塞有可通之理，至于禽兽，亦是此性，只被他形体所拘，生得蔽隔之甚，无可通处。至于虎狼之仁，豺獭之祭，蜂蚁之义，却只通这些子，譬如一隙之光。至于猕猴，形状类人，便最灵于他物，只

---

① 《朱子语类》卷一五。第3页。
② 同上，第14页。
③ 《朱子语类》卷四，第1页。

不会说话而已。"①

就天地"生物"而言。其"生理"即性是普遍的，人与物并无不同，但是，人与物之禀受不同。其所以不同，是由于气有明暗偏塞之异。这是从形体生命论人物之异，与生物进化论很相近。人之禀受也不同，但人可以"明"，可以"通"，因为人有自觉能力，有理性能力，这是人之所以异于禽兽的主要原因。但是不能说，禽兽完全没有"生理"即性，只是禽兽受形体限制而不能"通"。有些动物只有"一些子"，有些则更接近于人，只是不会"说话"。这就是说，人与万物的区别，只是"生理"的实现程度上的不同，人绝不能高居于万物之上，对之实行无情的统治，更不可施暴，而是要以同情心对待它们。人的知识，不是统治万物的工具，而是关心、爱护万物的基础。这就是仁德的实现，也就是"转识成智"。这个"智"，是仁义礼智之智，是德性之一，即仁德之"分别"。仁德在其发用中是有分别的，是要辨明是非、善恶的，智就起这个作用。

　　朱子的知识之学即"格物"之学，不是一般地认识"物理"，而是要"穷"理之"极至"。这所谓"极至"，就是最高的标准，所谓"知至"，就是达到知识之"至极"或"极至"，这就不是客观对象知识的问题，而是必须进到德性之知。德性需要"存养"，但如何"存养"？

　　　　大要在致知，致知在穷理，穷理自然知至。要验学问工夫，只看所知至与不至，不是要逐件知过。因一事磨研一理，久久自然光明。②

磨研事物之理，何以能够"光明"？何谓"光明"？这显然不是讲客观知识，而是讲光明之德即"明德"，也就是仁德。但是，要使仁德光明通透，却要从知识开始。因为仁德既是本心，又体现在万事万物中，要使本心之仁德不失，就要在万事万物中"穷理"。磨研事物之理，就是使仁德得以光明的工夫。这就是朱子为什么要重视知识的根本原因。

　　总之，朱子所谓知识，并不是一般知识论所追求的客观的物理知识，而是与人的存在直接有关的生命知识。这所谓"生命知识"，也不是生物学层面上的科学知识，而是生命存在及其价值的"形而上"的知识。他提出"格物

---

① 《朱子语类》卷四，第3—4页。
② 《朱子语类》卷五，第11页。

穷理"之学,主要是穷究"所以然"与"所当然"之理、前者是存在问题,后者是价值问题,他要求得二者的统一,即存在与价值的统一,而最终则归结到价值意义的"德性之知"。"德性之知"即"本心良知"也是知,但是与客观知识不同,这是"吾心本然之知",即德性之自我直觉。朱子的特点是,认为这种直觉(亦即自觉),需要客观知识的积累和支持,由这种知识转化为德性之知,才算是"尽心",也才能"存心",而不能只靠自身直觉就能实现。在他看来,既然"天下无无性之物"①,而"性者万物之一源"(张载语而为朱子所同意),是普遍法则,在事物中便有其存在的理由,而不只是吾心之所独有。这样,向外求知不仅是可能的,而且是必要的。"格物"是为了"致知",这个"知"归根到底是"本心之知"亦即德性之知。这就又回到德性上了。

> 致知,乃本心之知。如一面镜子,本全体通明,只被昏翳了,而今逐旋磨去,使四边皆照见,其明无所不到。②

> 所论学者之失,由其但以致知为事,遂至陷溺,此于今日之弊,诚若近之。然恐所谓致知者,正是要就事物上见得本来道理,即与今日讨论制度、较计权术者,意思功夫迥然不同。若致得吾心本然之知,岂复有所陷溺邪!③

"本心之知"或"吾心本然之知",本来事一种道德直觉,朱子承认有这种直觉,但他认为,不能只靠这种直觉。为了实现这种直觉,还需要客观知识的准备,而这种知识需要从"格物"开始,"格物"需要从"见闻"即经验开始,"如今人理会学,须是有见闻"④。但是,又不能陷溺于外在的知识,还须回到本心之知。这就如同磨镜一样,不是增加积极知识,而是"明"其"明德"即德性。这种由外向内的工夫,是朱子解决知识与德性关系的一个重要方法。由内向外与由外向内是双向的互动关系。

"尊德性"与"道问学"

初步明确了德性与知识的关系之后,接着就是如何实现即"做"的问题。

---

① 《朱子语类》卷四,第1页。
② 《朱子语类》卷一五,第2页。
③ 《答康炳道》,《朱子文集》卷五四,第22页,四部备要本。
④ 《朱子语类》卷九八,第13页。

所谓"尊德性"与"道问学",就是解决这个问题的。这实际上是一个方法的问题,但方法是建立在观念之上的,反过来说,方法又能促成观念的确立。从一定意义上说,方法与观念是互相作用、互相促进的。朱子重视方法问题,主要是出于实践的需要,即服务于道德实践,同时,也能看出他在德性与知识问题上的基本观点。

朱子很重视《中庸》中"尊德性而道问学"这句话所表达的意义,用来作为他的德性观与知识观的方法论的重要依据。他认为,德性是涵养的问题,知识则是问学之事,二者固有不同意义,但是,二者又不是截然不同的两件事,从根本上说,二者又是"一事"。因为问学的根本目的是明德性,是以德性为前提的,它不是泛指一切知识。这样的问学,其范围显然是有限定的。但是有一点是清楚的,即德性是专指心性而言,"德性犹言义理之性"①。而问学则涉及对客观事物的认识,"事事物物,皆是问学,无穷无尽"②。从这个意义上说,德性与问学即知识毕竟是"两事"。

德性如何涵养?问学如何获得?朱子采纳了程颐之说:"涵养须用敬,进学则在致知。"③"敬"就是"尊德性"之"尊",是尊崇、尊敬的意思。"致知"则是"格物"而后"致知","格物"与"致知"虽然不能截然分先后,"格物"之中即有"致知","致知"的同时即有"格物",但是从认识的进路上说,须是"致知"以"格物"为前提。这就是说,进学须向外"穷理",以获得客观知识为任务。

朱子认为,德性与问学即求知是大小、本末关系,德性决定了问学,学问是实现德性的,二者互相启发,缺一不可。他在解释《中庸》的"尊德性而道问学"时说:

> 尊德性,所以存心而极乎道体之大也。道问学,所以致知而尽乎道体之细也。二者修德凝道之大端也。④

"尊德性"虽是"存心"之事,"道问学"虽是"致知"之事,但二者都是关乎"道体"之事。"道体"是道之本末、体用一起说,也是内外合一之说,"事物之表里精粗"与"吾心之全体大用"皆在其中,这就是所谓"一事"。如果分为"二

①　《朱子语类》卷六四,第24页。
②　《朱子语类》卷一一八,第2861页。
③　《遗书》卷一八,《二程集》,第188页。
④　《中庸章句》第二七章,《四书章句集注》,第35页。

事”说，则“尊德性”是存心之事，能“极乎道体之大”即本，“道问学”则是致知
之事，能“尽乎道体之细”即末，大小、本末之间又有区别。这个区别从方法
上讲，体现了德性与知识的关系。正如他所说：

> 不以一毫私意自蔽，不以一毫私欲自累。涵泳乎所已知，敦笃乎所
> 已能，此皆存心之属也。析理则不使有毫厘之差，处事则不使有过不及
> 之谬，理义则日知其所未知，节文则日谨其所未谨，此皆致知之属也。
> 盖非存心无以致知，而存心者又不可以不致知。①

“涵泳”、“敦笃”都是涵养德性的方法，都是“敬”之事。“已知”、“已能”就是
德性之知，亦即“良知良能”，是对德性的自我直觉。“析理”、“处事”是在事
物中辨析义理，在实践中谨守中庸，是致知的方法，亦即问学之事。就二者
的关系而言，朱子认为，是“交相滋益，互相发明”的关系。一方面，要“以尊
德性求放心为本”，“此为切要之务”，而以问学为“辅助”②；另一方面，却要在
“道问学”上实下工夫，不可躐等，不可懈怠。“圣贤所言为学之序，例如此须
先自外面分明有形象处把捉扶竖起来，不如今人动便说正心诚意，却打入无
形影无稽考处去也”③。这就是说，学问须从外面的具体事物中求得，也就是
从有形象的见闻之知开始，以求其义理。这样才是本末一贯，而不是只说个
无形影的德性就能实现德性了。德性需要在“形影”中体现，在“稽考”中
验证。

为什么会如此？因为德性是在“发用”这体现的，而“发用”是各种各样
的，其间有很多细微的道理，这些道理都是需要认识和辨析的。否则，就是
笼统之物，不知如何“把捉”。比如仁德，是德性之全体，但也是在发用中实
现的，如果不从发用逐一认识，便无着落。

> 仁字固不可专以发用言，然却须识得此是个能发用底道理始得。
> 不然，此字便无义理，训释不得矣。且如“元者善之长”，便是“万物资
> 始”之端，能发用底本体。不可将仁之本体做一物，又将发用底别做一
> 物也。……大抵仁之为义，须以一意一理求得，方就上面说得无不贯通
> 抵道理。如其不然，即是所谓儱侗真如，颟顸佛性，而仁之一字，遂无下

---

① 《中庸章句》第二七章，《四书章句集注》，第36页。
② 《答吕子约》，《朱子文集》卷四七，第24页。
③ 同上，第13页。

落矣。①

朱子所说的这个"道理",和他的"理一分殊"说,是同样的道理,即德性就在万事万物的发用中,因此,就万事万物的"一意一理"中求得,才能说是"本末一贯",也才能说是"道体之全"。如果离开其万事万物中的发用,就如同佛氏说性、说真如一样,只是空洞无形影之物。这就是他为什么强调"道问学"的原因。

他又将二者说成是"博文约礼"的关系:

> 圣人之教学者,不过博文、约礼两事尔。博文,是道问学之事,于天下事物之理,皆欲知之;约礼,是尊德性之事,于吾心固有之理,无一息而不存。②

以"博文"为"道问学"而以"道问学"为"知"天下事物之理;以"约礼"为"尊德性"而以"尊德性"为"存"吾心固有之理即性。前者是向外求知,后者是存养德性,这本来是两种不同的方法,二者何以能够"交相滋益,互相发明"呢?他所谓"道问学",究竟是一种怎样的知识呢? 很清楚,这不是通常所说的知识,这是一种与德性直接有关的经验知识,更确切地说,是一种体现德性的伦理道德知识。这种知识,既可以看作是德性的"发用",又可以看作是对德性的实际内容的补充和完善。就方法而言,存养德性需要向外求知以得其内容细节,向外求知需要存养德性以端正其方向,换言之,知识需要德性为指导,德性需要知识为内容。这就是"交相滋养,互相发明"。

这说明,在获得知识和涵养德性之间,并不是有一条不可逾越的鸿沟,而是互相依存、互相贯通的。德性需要在实践活动中实现,并以经验和知识为其验证;而实践活动需要以德性为其根本原则。这也就是说,主体德性是在经验世界存在的,不是孤立的,要在经验活动中实现自身,就需要对事物有所认识,从经验和知识中不断充实并证实自身。反过来说,人的认识和实践活动,则需要在德性的指导下进行,并以实现德性为其根本目的,这样,才能体现知识的价值,否则,便容易迷失方向。这种打通先验与经验、德性与知识的界限的"为学"之道,正是朱子提倡二者同时并进的用意所在。

---

① 《答吕子约》,《朱子文集》卷四七,第27页。
② 《朱子语类》卷二四,第4页。

圣贤教人，始终本末，循循有序，精粗巨细，无有或遗，故才尊德性，便有个道问学一段事，虽当各自加工，然亦不是判然两事也。……故君子之学，既能尊德性以全其大，便须道问学以尽其小。其曰致广大，极高明，温故而笃厚，则皆尊德性之功也。其曰尽精微，道中庸，知新而崇礼，则皆道问学之事也。学者于此故当以尊德性为主，然于道问学亦不可不尽其力。要当使之有以交相滋益，互相发明，则自然该贯通达，而于道体之全，无欠阙处矣。①

这是朱子阐明其"尊德性"与"道问学"的最全面最重要的一段论述，其中有这样几层意思：一、"尊德性"与"道问学"是本末关系，二者虽有大小精粗之别，但实质上是一事而不是两事，这就是"本末一贯"。故不能将二者视为互不相干的两件事，即不能将前者视为德性修养之事而与问学无关，将后者视为纯粹知识之事而与德性无关。二、由二者的地位决定了，在方法上应以"尊德性"为主，以"道问学"为辅，但是，不能因此而在"道问学"上不尽其力，正好相反，要着实下工夫，"铢铢而较之"，"寸寸而度之"，博学详说以反约，否则，"小差积而大缪生，所谓钧石丈引者，亦不得其真矣"，这是"躐等妄意之蔽"。②三、就二者的具体关系而言，是"交相滋养，互相发明"的关系，缺一不可。以"尊德性"推动其"道问学"，以"道问学"促进其"尊德性"，"如车两轮，如鸟两翼，未有废其一而可行可飞者也。"③这就不仅将自我修养视为人生的必备条件，而且赋予认识以特殊的作用与地位。一方面，不能离开人的德性修养而只求所谓知识，以致迷失了方向；另一方面，知识并不只是工具，知识有促进德性修养的积极作用。四、其最终目的和理想境界是实现"道体之全"，即本末内外无所不备，无有遗失。既不能只守一个空洞笼统的德性而无学无知，更不能只追求所谓知识而无德无行。这就是内外合一之学。

朱陆之争

在"尊德性"与"道问学"的问题上，朱子与陆象山展开了一场争论，这场争论产生了很大的影响。后世有些学者，将朱子说成是"道问学"派，或以"道问学"为宗，将陆象山说成是"尊德性"派，或以"尊德性"为宗。至今，还

---

① 《玉山讲义》，《朱子文集》卷七四，第21页。
② 《答江彦谋》，《朱子文集》卷六四，第19页。
③ 《答孙敬夫》，《朱子文集》卷六三，第19页。

有一些学者持这种看法。①

　　二人的争论,正式开始于鹅湖之会(1175 年)。争论的焦点是所谓"简易"与"支离"之争。陆象山以"简易"自称其学,批评朱子之学是"支离"。其诗中说:"易简工夫终久大,支离事业竟浮沉。"②三年之后,朱子和陆九龄诗中说:"旧学商量加邃密,新知培养转深沉。"③可见,这是为学方法、修养工夫的问题。儒家所提倡的"为学",是"为己"之学,即身心修养之学。到了理学阶段,就变成心性之学,以心性修养为主要任务。但是,既然是一种"学",就有讲学的问题。如何"讲学"? 朱子与陆象山之间,从一开始就有分歧,鹅湖之会(此会由吕祖谦提议促成)是第一次交锋。从此以后,争论逐渐明朗化,遂转成"尊德性"与"道问学"之争,始终没有间断。

　　陆象山所谓"简易工夫",既是方法问题,又有他对心性之学的基本看法。他以"本心"为大为本,在方法上则主张"立本"、"先立其大者",这就是所谓"尊德性"。"本心"就是德性,"立本"就是"尊德性"。在陆象山看来,"本心"之外无道,"立本"之外无学。这就是他所说的"心即理也"④所包含的实际意义。所谓"学",就是"存心、养心、求放心"⑤,除此之外,更无所谓学。

　　　　吾之学问,与诸处异者,只是在我,全无杜撰,虽千言万语,只是觉得他底在我,不曾添一些。近有议吾者云:"除了先立乎大者一句,全无伎俩。"吾闻之曰:"诚然。"⑥

　　　　学无二事,无二道,根本苟立,保养不替,自然日新,所谓可久可大者,不出简易而已。⑦

可见,陆象山所谓"学",就是"立本"之学,根本既立,则事事物物皆在我,事物之理皆在我,不必"终日营营",向外"穷理"。否则,就是"无根之木,无源

---

　　①　对此,陈荣捷教授进行过专门讨论,用事实否定了这种看法。见其所著《朱子新探索》,第 280－287 页,台湾:学生书局 1988 年版;《朱熹》,第 205－227 页,东大图书公司 1990 年版。

　　②　《语录上》,《象山全集》,卷三四,第 24 页,四部备要本。

　　③　《鹅湖寺和陆子寿》,《朱子文集》,卷四,第 10 页。

　　④　《与李宰》(二),《象山全集》卷一一,第 5 页。

　　⑤　《与舒西美》,《象山全集》卷五,第 3 页。

　　⑥　《语录上》,《象山全集》卷三四,第 5 页。

　　⑦　《与高应朝》,《朱子文集》卷五,第 3 页。

之水"①。"本"即心，因此，他主张"不专论事论末，专就心上说"②。"专就心上说"就是如何"立大本"，而不在事物上求。这也是一种本末之学，他承认心是本，事事物物是末，就工夫而论，只要本心立住了，事物之末节细枝，就自然而然端正了，因此不必在事物上论说。

在陆象山看来，心即性即理，仁义礼智之性皆"吾心之固有"。正因为心就是性，固不必说性，心就是理，固不必说理，只要说一个心，就一切都解决了。道理只有一个，就在心里，因此，工夫全在心上。如果在事事物物上穷理，那就是"支离"，就是烦琐。应当承认，陆象山将道德主体空前地突显出来了，只要挺立起道德主体，应事接物、万般应酬都自会处理。

其实，朱子也是讲"本心"的，前面说过，朱子主张"此学以尊德性求放心为本"，学者"固当以尊德性为本"，"能尊德性，便能道问学，所谓本得而末自顺也"③。"不先立得大者，不能尽得小者"④。那么，问题出在哪里呢？出在"道问学"上。朱子认为，"立本"即"尊德性"固然重要，但在"道问学"上，亦"不可不尽其力"，"尊德性"与"道问学"二者是"交相滋养，互相发明"的关系。这就引起了陆象山的不满，认为朱子"见道不明"。

> 或谓先生之学，是道德性命，形而上者；晦翁之学，是名物度数，形而下者。学者当兼二先生之学。先生云："足下如此说晦翁，晦翁未伏。晦翁之学，自谓一贯，但其见道不明，终不足以一贯耳。吾尝与晦翁书云：'揣量模写之工，依仿假借之似，其条画足以自信，其节目足以自安。'此言切中翁晦之膏肓。"⑤

陆象山也承认，朱子提倡本末"一贯"之学，但是，由于朱子"见道不明"，终于不足以"一贯"。这所谓"见道"，就是指"本心"而言，即认为朱子未能认清"本心"，亦未能守住"本心"，因而陷入"揣量模写"、"依仿假借"，即读书解字、向外求索的工夫。对于"或谓"即或者之言，不仅朱子不服，就是陆象山自己也未必能服，因为陆象山也要讲"一贯"，只是对"一贯"的理解，朱、陆二人确有不同。陆象山是从上面"贯"下来，只要守住道德本心，且信得及，就

---

① 《与曾宅之》，《象山全集》卷一，第 4 页。
② 《语录下》，《象山全集》卷三五，28 页。
③ 《朱子语类》卷六四，第 28 页。
④ 同上。
⑤ 《语录上》，《象山全集》卷三四，第 18 页。

能无所不贯,不必在书本上"揣量",在事物中"依仿"。而朱子不仅要从上面"贯"下来,而且要有所"贯",即贯万事,贯万理,而万事万物各有其理,只有对这些不同的理有所认识,才能贯通。也就是说,不仅要"下贯",而且要"上达",即"下学而上达"。因此不能缺了"下学"即"道问学"的工夫。在朱子看来,德性只是个总原则,虽然其中包含了万理,但是只有在发用中才能实现,才能明晰,而这个"明晰"的过程,是要靠人的认识作用才能完成的。也就是说,形而上的先验德性,只有在形而下的经验事实中,才能存在,才能实现,这就需认知心的作用。朱子之所以以本心之德性为体,以知觉作用为用,不仅要"由体而发用",而且要"由用以达体",原因就在这里。也就是说,不仅要在"本"上用功,也要在"末"上用功。

但是,在陆象山看来,朱子之提出认知心,即承认心有认识功能,而且向外穷理,这本身就是犯了"支离"之病,而不是"简易"之学。朱子重视运用理性的分析方法,在细微之处辨析,因此,要"铢铢而称"、"寸寸而度"。但在陆象山看来,这是叠床架屋而适得其反,于身心性命不仅无益,而且是一种"累"。

> 急于辨析是学者大病,虽若详明,不知其累我多矣。石称丈量,径而寡失,铢铢而称,至石必缪,寸寸而度,至丈必差。今吾旦能造次必于是,颠沛必于是,勿忘勿助长,则不亦乐乎! 又何必纷纷为大小之辨也。[1]

这些话是直接针对朱子的。朱子认为,辨析精粗大小,是理性认识即"穷理"之学的重要方法。何者为大为重,何者为小为轻,何事该做,何事不该做,掌握怎样的分寸,如此等等,这些都是德性范围之内的事,但是也有各种分别,虽然是日用平常之事,却有"至理"在其中,这就是所谓"道中庸而极高明"。朱子对于这些都很重视,认为要在平常日用中认真学习和锻炼。但是,陆象山认为,没有闲工夫去做这些事,即使做了,也会出错,因为你没有从大处着眼,只是陷入一些琐碎的枝节,而丢了根本。换句话说,知识足以为德性之累。

"简易"与"支离"、德性与知识之争,是在一定的历史条件下进行的,确有其特殊的含义,不能离开当时的语境和情景而泛泛地谈论他们之间的争

---

[1] 《与詹子南》,《象山全集》卷一〇,第 7 页。

论。陆象山所说的"简易"，从道德主体的自我建立而言，确实很有特色，其中包含主体创造性和个体性的思想，其结果可能为陆象山之始料所未及，但这毕竟不是陆象山的"本意"。朱子批评陆象山的"简易"为"苟简"①，为"跳踯"、"癫狂"②，是"禅"，从一定意义上说，是对陆象山之学所包含的"解放"精神的一种"认定"，但是对此不能过分夸大，以致离开他们的共同目标。

> 圣贤之教，无内外、本末、上下，今子静却要理会内，不管外面，却无此理。③
>
> （陆子静）又只管理会一贯，理会一。且如一贯，只是万理一贯，无内外、本末隐显、精粗，皆一以贯之，此政同归殊途，百虑一致，无所不备。今却不教人恁地理会，却只寻个一，不知去那里讨头处。④

二人都讲"一贯"，但在朱子看来，陆象山只讲"一以贯之"的"一"，却不讲"万理"。"万理"在外而不在内，在事而不在心，因此，要在万事万物中穷理，求得万理之后，才能实现内外合一，即所谓"一贯"。陆象山却只理会内，而不管外，只理会一，而不管万，不知如何"一贯"。朱子在讲"一以贯之"的同时，必须讲"万理一贯"，而"万理"只能通过向外穷理即客观认识才能获得，这就需要"道问学"的方法，而不只是守住"本心"所能做到的。这是一个双向的过程，即由内向外与由外向内互相作用，互相启发的过程。之所以可能，就因为二者是本末关系，如同一棵大树，根、干、枝叶不可分离。内在德性是"得于天而具于心"的普遍法则，万物之理则是其发用、显现，但是由于事物的复杂性，万理的表现各不相同，因此需要分别认识而后贯通之。普遍法则当然是普遍适用的，但是在不同事物中的表现又是不同的，如何认识这些不同，正是"道问学"所要解决的。

但是，知识之学，一旦开出之后，就有相对独立性，有独立发展的可能。人是有好奇心的，更有认识事物的实际需要，为了满足人的好奇心和需要，就会从不同方面认识事物。朱子的基本思路是，以德性为根本原则，在德性的指导下开展认识活动，并以实现德性为根本目的，这就是"以尊德性求放心为本"的用意。德性之学从根本上讲是生命之学，是生命存在及其价值的

---

① 《朱子语类》卷一二四，第 4 页。
② 同上，第 2 页。
③ 同上，第 6 页。
④ 同上，第 8 页。

学说,应当而且只能从生命的层面上讲。但是,生活在现实世界的人,又不能脱离物理世界,所谓知识,还要对物理世界有所认识。(这正是西方知识论之所以发展的重要原因)朱子的知识学,并未超出德性之学的范围,但是,在其开展的过程中,不仅有发展知识论的可能,而且在朱子本人的一些论述中,已有溢出或涨出德性论的迹象。大而至于天地之演化、海陆之变迁,小而至于日常生活、衣食住行之类,都要穷究其理。比如陆行者要知车之理,水行者要知船之理。行于砖阶有砖阶之理,坐于竹椅有竹椅之理。大黄不可为附子,附子不可为大黄。观有观之理,笔有笔之理。如此等等,这类知识便不能简单地都用德性来说明。有人问朱子:"笔上如何分仁义?"朱子回答:"小小底,不消恁地分仁义。"①这些确是日常生活中的小事,但是,这也是一种知识,如果追根究底问下去,便有许许多多类似的事,进而便有整个物理世界的问题。即便是这样的知识,在如何运用的问题上也需要德性的指导。不过,就其性质而言,这是与人伦日用之知不同的另一类知识。朱子的思想中可能包含这层意思。不过,这是另一个问题。

　　朱子并未发展出这样的知识论,陆象山也没有从这个角度对朱子提出批评。但是,就德性之学而言,陆象山批评其"支离",并非毫无道理。这个问题,朱子自己也意识到了,因而提出要"去短集长",即去两人之所短,集两人之所长,使德性与知识更好地统一起来。

> 　　今子静所说,专是尊德性事,而熹平日所论,却是问学上多了。所以为彼学者多持守可观,而看得义理全不仔细,又别说一种杜撰道理遮盖,不肯放下。而熹自觉虽于义理上不敢乱说,却于紧要为己为人上多不得力。今当反身用力,去短集长,庶几不堕一边耳。②

朱子始终认为,为学应"以尊德性道问学两事为用力之要",即二者不可偏废;但是,在具体用力的过程中,则可能出现偏差,各有短长。陆象山只讲尊德性,故"持守可观",这是其长,但是在义理之学上不用力,故"杜撰道理",这是其短。朱子自己却在问学上多了,即偏重于知识一面,故义理上谨守规矩,这是长处,但是在持守上不多用力,故为己为人紧要处"不得力",这是短处。总之,陆象山之所长正是朱子之所短,而朱子之所长又是陆象山之所

---

①　《朱子语类》卷四,第 6 页。
②　《答项平父》,《朱子文集》卷五四,第 5—6 页。

短。因此，他要"反身用力，去短集长"，避免堕于一边。这是开放的心胸，平等的态度。但是，对于朱子的"去短集长"之说，陆象山却以为"不可"。

> 朱元晦曾作书与学者云，陆子静专以尊德行诲人，故游其门者多践履之士，然于道问学处欠了。某教人岂不是道问学处多了些子，故游某之门者践履多不及之。观此，则是元晦欲去两短，合两长。然吾以为不可。既不知尊德性，焉有所谓道问学？①

象山之所以认为"不可"，乃是由于"所见不同"，而不只是用力多少的问题。朱子说，陆象山所说，"专是尊德行事"，这是正确的，想必象山也是会接受的。正因为如此，朱子在"尊德性"之外，又提倡"道问学"，主张"尊德性"与"道问学"不可偏废，"不堕一边"，这在陆象山看来，是不能接受的。陆象山也不是完全不讲"道问学"，但他所谓"学"，不是在事物中求理，而是发明本心，专在"存心、收放心"上用功。

> 今所学果为何事？人生天地间，为人自当尽人道，学者所以为学，学为人而已，非有为也。……某何尝不教人读书，不知此后煞有甚事。②

学者"学为人"，就是如何做人，即使不识字，也要堂堂正正做人。这与知识无关。因此，并不需要向外求知，只在"知本"、"立本"上用功。他之所以不同意在事事物物上求理，因为在他看来，"天下事事物物，只有一理，无有二理，须要到其至一处"③。既然事事物物只有一理，而此理就是心，又何必"终日营营"，在事物上求理？这所谓"至一处"，就是本心，因此要"至当归一"，即归于本心。所谓"非有为也"，就是不要为学问而学问，更不要以所学之知识为手段，去实现别的目的。它本身就是目的，即回到德性。

这就是陆象山的论证。如果说，象山只有"点化"而无论证，这也不公平。只是他的论证，完全是一种先验式的演绎，从本心出发而又回到本心。如何过渡到经验事实，在经验事实中实现，仍然有一个"何以可能"的问题。比如他说：

---

① 《语录上》，《象山全集》卷三四，第4—5页。
② 《语录下》，《象山全集》卷三五，第28页。
③ 同上，第16页。

苟此心之存,则此理自明,当恻隐处自恻隐,当羞恶,当辞逊,是非在前,自能辨之。又云当宽裕温柔,自宽裕温柔,当发强刚毅,自发强刚毅。所谓溥博渊泉而时出之。①

心即是理,故只要存得心,则此理自明,自会源源不断地提供各种需要的具体知识。此理即"当然"之理,是道德理性,遇到事物,自会依理而行,该当如何,此心此理自然知道如何做,而不必在经验中学习。这确实弘扬了人的主体能动性。但是,此"当然"之理只是"一理",如何在多样化的经验世界中运用自如、合理对应呢?也就是说,一理如何"贯"万事呢?如果没有实际的经验知识,这所谓"当如何如何",是如何可能的呢?仅仅用心的活动性是难以说明的。朱子批评其"跳踯",佛氏的"作用是性",亦自有其理由。

总之,朱陆之间关于"尊德性"与"道问学"的争论,并不是对德性本身的争论,在德性的问题上,朱子高度评价了陆象山,而陆象山也没有对朱子提出批评,说明二人的基本观点是一致的。争论的实质,是德性与知性及其知识的关系问题。朱子在"尊德性"的同时,又重视"道问学"即知性和知识的作用,而陆象山则只强调德性而不重视知识。陆象山高扬了道德主体性,认为人能够"自做主宰",而外在知识不仅不能增进德性,反而对德性有妨碍作用。陆象山是中国哲学史上继程颢之后,最早将德性和知识相区别的一人。朱子所说的"知",是对人的知性的肯定,他所谓"道问学"而所得之知识,并不是科学知识一类的客观知识,而是人伦日用之知即伦理知识,他认为这样的知识对德性有极大的促进作用,因此与"尊德性"可以互相发明,同时并进。但是,由于他并未区分两类不同的知识,这就容易产生许多问题,陆象山的批评可说是抓住了他的主要问题。

这场争论实际上涉及到存在价值和认识论、知识论的关系问题。这虽是以当时的语言表现出来,具有中国哲学的特殊形态,但是,这个问题具有普遍意义,对今天的哲学讨论有很大的启示作用,对于如何培养和提高人的德性,处理德性与知识的关系,极有意义。

---

① 《语录上》,《象山全集》卷三四,第2页。

朱子对自然知识的传播

乐爱国

作为宋代理学的集大成者,朱子从小就对自然界事物感兴趣。他曾经回忆说:"某自五六岁,便烦恼道:'天地四边之外,是什么物事?'见人说四方无边,某思量也须有个尽处。如这壁相似,壁后也须有什么物事。其时思量得几乎成病。到而今也未知那壁后是何物?"①幼年时期就对自然界提出问题,还居然"思量得几乎成病",足见朱子的执著。而且,直到去世的前一年,庆元五年(1199),70 岁的朱子在给弟子蔡沈(字仲默)的书信中仍然讨论着天文学的问题,其中说道:"星室之说,俟更详看。但云天绕地左旋一日一周,此句下恐欠一、两字。说地处却似亦说得有病,盖天绕地一周了更过一度,日之绕地比天虽退,然却一日只一周而无余也。"②显然,对于自然界事物的兴趣、思考以及研究,是朱子一生中不可分割的重要内容。

正是在对自然界事物的长期研究中,朱子不仅在理学上,而且在自然科学方面也提出了不少有价值的思想,取得了一定的成就。关于朱子的自然科学研究以及所获得的成就,古今不少学者已有过评述。黄幹称朱子"天文、地志、律历、兵机,亦皆洞究渊微"③。《宋元学案》称朱子"博极群书,自经史著述而外,凡夫诸子、佛老、天文、地理之学,无不涉猎而讲究也"④。胡适先生指出:"从某些方面来说,朱子本人便是一位科学家。"⑤钱穆先生则说:

① 黎靖德:《朱子语类》卷九四,中华书局 1985 年版,第 2377 页。

② 《晦庵先生朱文公文集·续集》卷三《答蔡仲默》(四),《四部丛刊初编》本。

③ 《勉斋集》卷三六《朝奉大夫文华阁待制赠宝谟阁直学士通议大夫谥文朱先生行状》,文渊阁四库本。

④ 《宋元学案》卷四八《晦翁学案上》,中华书局 1986 年版,第 1505 页。

⑤ 《胡适口述自传》,《胡适全集》(第 18 卷),安徽教育出版社 2003 年版,第 444 页。胡适先生还在《格致与科学》一文中引朱子所言"天下之物莫不有理,而吾心之明莫不有知。……即凡天下之物,莫不因其已知之理而益穷之,以求至乎其极",指出:"即(就)物穷理,是格物;求至乎其极,是致知。这确是科学的目标。"并且还说:"程子、朱子确是有了科学的目标、范围、方法。"(《胡适全集》第 8 卷,第 80—81 页)

"朱子言格物,不得谓其是一自然科学家,然朱子于自然科学方面亦有贡献。以朱子观察力之敏锐,与其想像力之活泼,其于自然科学界之发现,在人类科学史上,亦有其遥遥领先,超出诸人者。"①张立文于 20 世纪 80 年代就撰文《朱熹哲学与自然科学》,指出:"朱熹对宇宙、天文、气象等自然学说都有贡献。"②科学史家们对于朱子的自然科学研究也多有评述。英国科学史家李约瑟称朱子是"一位深入观察各种自然现象的人"③。日本科学史家山田庆儿在所著的《朱子的自然学》中对朱子在宇宙论、天文学和气象学等方面的成就予以了全面的论述和评价,并且称朱子是"一位被遗忘的自然学家"④。韩国科学史家金永植在所著的《朱熹的自然哲学》中指出,朱熹在科学技术方面的知识"达到了很高的水平,他对自然界的知识有时还独具慧眼"⑤。中国科学史家胡道静先生说:"朱子对于自然界林林总总的万物之理,亦潜心考察,沉思索解,常有独到之见,能符合科学研究所得出的法则。所以,朱子还是我国历史上一位有相当成就的自然科学家。"⑥席泽宗早在20 世纪 60 年代就发表了《朱熹的天体演化思想》一文,肯定朱子的天体演化学说"较前人的有很大进步"⑦;后来他又进一步指出:朱子"是很关心自然科学的一位唯心主义哲学家;他关于高山和化石成因的论述和关于天地起源的论述,都有独到之处"⑧。笔者曾著《儒家文化与中国古代科技》中有"朱熹的科学研究与科学思想"一节,详述了朱子的科学研究历程,以及朱子在天文学、地学等方面的研究以及科学思想。⑨

　　朱子在其学术生涯中,不仅广泛地研究自然界事物,形成了一些有价值

---

　　① 钱穆:《朱子学提纲》,三联书店 2002 年版,第 206 页。

　　② 张立文:《朱熹哲学与自然科学》,《孔子研究》1988 年第 3 期。

　　③ 李约瑟:《雪花晶体的最早观察》,《李约瑟文集》,辽宁科学技术出版社 1986 年版,第 521 页。

　　④ 山田庆儿:《朱子の自然学》,东京:岩波书店 1978 年版。笔者曾据山田庆儿称朱子是"一位被遗忘的自然学家",进而认定朱子是"一位被遗忘的天文学家"。见乐爱国:《朱熹:一位被遗忘的天文学家》,《东南学术》2002 年第 6 期。

　　⑤ 金永植:《朱熹的自然哲学》,华东师范大学出版社 2003 年版,第 7 页。

　　⑥ 胡道静:《朱子对沈括科学学说的钻研与发展》,武夷山朱熹研究中心:《朱熹与中国文化》,学林出版社 1989 年版,第 39 页。

　　⑦ 席泽宗:《朱熹的天体演化思想》(原刊《光明日报》1963 年 8 月 9 日),《古新星新表与科学史探索——席泽宗院士自选集》,陕西师范大学出版社 2002 年版,第 95 页。

　　⑧ 席泽宗:《中国科学思想史的线索》,《中国科技史料》1982 年第 2 期,第 11 页。

　　⑨ 乐爱国:《儒家文化与中国古代科技》,中华书局 2002 年版,第 175-198 页。

的科学思想,而且还通过各种途径传播自然知识和科学思想。他或是通过传注儒家经典以及其他古典著作,或是通过授徒讲学,传播自然知识和科学思想,而且,他还曾编校过通俗天文学著作《步天歌》。传播自然知识和科学思想成为朱子学术活动的重要组成部分。

一

朱子传播自然知识和科学思想的重要途径之一是传注儒家经典中的科技著作。儒家经典中的科技著作主要有《尚书》中的《尧典》和《禹贡》、《礼记》中的《月令》、《周礼》中的《考工记》,此外,还有《大戴礼记》中的《夏小正》等。其中《尧典》是古代重要的天文学著作,李约瑟称之为"中国官方天文学的基本宪章"[①];《禹贡》是古代重要的地理著作,李约瑟称之为"中国历史上最早出现的自然地理考察著作"[②];《月令》包含着丰富的农业科技方面的知识,是古代重要的与农学有关的著作,开古代月令式农书之先河;《考工记》是"一部有关手工业技术规范的汇集"[③];《夏小正》是"我国现存最早的、具有丰富物候知识的著作"[④]。从这个意义上说,对于儒家经典的传注本身就已经包含了对于自然知识和科学思想的传播。朱子在传注儒家经典时,对其中许多科技著作都作了详细的解说,其中《朱文公文集》卷六五收录了朱子对《尧典》的传注;《仪礼经传通解·仪礼集传集注》卷二六收录了朱子对《夏小正》、《月令》的传注;朱子与其弟子蔡沈合撰的《书经集传》[⑤],收录了对《禹贡》的传注。更为重要的是,朱子在传注儒家经典中的科技著作时还加入了不少新的自然知识。

比如,朱子在传注《尚书》中的《尧典》时,注"日中星鸟,以殷仲春"曰:"'日中'者,昼得其中也,盖昼夜皆五十刻。春主阳,故以昼言也。'星鸟',南方朱鸟七宿。'殷',中也。'仲春'者,春分之气,盖以日昏中星验春之中

---

① 李约瑟:《中国科学技术史》第四卷《天学》,科学出版社 1975 年版,第 42 页。

② 《中国科学技术史》第五卷《地学》,第 14 页。

③ 杜石然等:《中国科学技术史稿》上册,科学出版社 1982 年版,第 108 页。

④ 《中国科学技术史稿》上册,第 73 页。

⑤ 现存《书经集传》题蔡沈撰。然蔡沈所作《书经集传序》说:"庆元己未冬,先生文公(朱子)令沈作书集传。明年先生殁,又十年始克成编,总若干万言。……沈自受读以来,沉潜其义,参考众说,融会贯通,乃敢折衷,微辞奥旨,多述旧闻,二典三谟,先生盖尝是正,手泽尚新。呜呼,惜哉!集传本先生所命,故凡引用师说,不复识别。"(蔡沈:《书经集传·序》,文渊阁四库本)

也";注"日永星火，以正仲夏"曰："'永'，长也；'日永'，昼六十刻也。'星火'，东方苍龙七宿。'火'谓大火，夏至之中星也";注"宵中星虚，以殷仲秋"曰："'宵'，夜也，比时亦昼夜各五十刻。秋主阴，且避春之日中，故举宵以见日也。'星虚'，北方玄武七宿；虚星，秋分之中星也";注"日短星昴，以正仲冬"曰："'日短'，昼四十刻也。冬亦主阴，然无所避，故直言日也。'星昴'，西方白虎七宿；昴星，冬至之中星也"。朱子还说："尧冬至日在虚昏中昴，今日在斗昏中壁，而中星古今不同者，盖天有三百六十五度四分度之一，岁有三百六十五日四分日之一，天度四分之一而有余，岁日四分之一而不足，故天度常平运而舒，日运常内转而缩，天渐差而西，岁渐差而东，此即岁差之由，唐一行所谓'岁差者，日与黄道俱差'者是也。古历简易，未立差法，但随时占候修改，以与天合。至东晋虞喜，始以天为天，以岁为岁，乃立差法，以追其变，约以五十年而退一度。何承天以为大过，乃倍其年，而又反不及。至隋刘焯取二家中数为七十五年，盖为近之，而亦未为精密也。"这里阐述了岁差概念。接着，朱子注"期三百有六旬有六日，以闰月定四时成岁"曰："天体至圆，周围三百六十五度四分度之一，绕地左旋，常一日一周而过一度。日丽天而少迟，一日绕地一周无余而常不及天一度，积三百六十五日九百四十分日之二百三十五而与初躔会，是一岁日行之数也。月丽天而尤迟，一日常不及天十三度十九分度之七，积二十九日九百四十分日之四百九十九而与日会；十二会，得全日三百四十八，余分之积五千九百八十八，如日法，九百四十而一，得六，不尽三百四十八，通计得日三百五十四九百四十分日之三百四十八，是一岁月行之数也。岁有十二月，月有三十日。三百六十者，岁之常数也。故日行而多五日九百四十分日之二百三十五者为气盈，月行而少五日九百四十分日之五百九十二者为朔虚，合气盈、朔虚而闰生焉。故一岁闰率，则十日九百四十分日之八百二十七。三岁一闰，则三十二日九百四十分日之六百单一。五岁再闰，则五十四日九百四十分日之三百七十五。十有九岁七闰，则气朔分齐，是为一章也。故积之三年而不置闰，则春之一月入于夏，而时渐不定矣；子之一月入于丑，而岁渐不成矣。积之之久，至于三失闰，则春皆入夏而时全不定矣；十二失闰，则子皆入丑而岁全不成矣。盖其名实乖戾，寒暑反易，既为可笑，而农桑庶务皆失其时，为害尤甚。故必以余置闰，而后四时不差而岁功得成。"①这里介绍了置闰法。

朱子曾要求其弟子蔡沈作《书经集传》。该书除收入了朱子注《尧典》的

---

① 《晦庵先生朱文公文集》卷六五《尚书·尧典》。

内容,还吸收了朱子研究《禹贡》的成果。《禹贡》对夏禹所划分的冀、兖、青、徐、扬、荆、豫、梁、雍等九州的水利工程、河流水文、土壤情况、植被情况以及水路通道等作了概要性的描述;此外,还描述了四条由西向东延伸的山列和九条大河的来龙去脉。《书经集传》在传注《禹贡》时运用了许多古代科技知识。比如,注冀州"厥土惟白壤"时,该书指出:"汉孔氏曰:'无块曰壤。'颜氏曰:'柔土曰壤。'夏氏曰:'《周官》大司徒辨十有二壤之物而知其种,以教稼穑树艺。以土均之法辨五物、九等,制天下之地征。则夫教民树艺与因地制贡固不可不先于辨土也。然辨土之宜有二,白以辨其色,壤以辨其性也。盖草人粪壤之法,骍刚用牛,赤缇用羊,坟壤用麋,渴泽用鹿。粪治田畴,各因色性而辨其所当用也。'"① 当然,对于《禹贡》中的一些与真实情况不相符合的描述,《书经集传》则根据事实做出详细的分析,并予以纠正。比如《禹贡》说:"嶓冢导漾,东流为汉。又东为沧浪之水,过三澨,至于大别,南入于江,东汇泽为彭蠡,东为北江入于海。"这里的彭蠡,即鄱阳湖。《禹贡》认为,彭蠡的水源自长江以北的汉水。对此,朱子的《九江彭蠡辨》指出:"彭蠡之为泽也,实在大江之南。……彭蠡之所以为彭蠡者,初非有所仰于江、汉之汇而后成也。不唯无所仰于江、汉,而众流之积日遏日高、势亦不复容江、汉之来入矣",而且,"汉水自汉阳军大别山下南流入江,则其水与江混而为一,至此已七百余里矣"。② 《书经集传》也说:"彭蠡,古今记载皆谓今之番阳。然其泽在江之南,去汉水入江之处已七百余里。……且番阳合数州之流,猪(潴)而为泽,泛溢壅遏,初无仰于江、汉之汇而后成也。不惟无所仰于江、汉,而众流之积日遏月高、势亦不复容江汉之来入矣。今湖口横渡之处,其北则江、汉之浊流,其南则番阳之清涨。不见所谓汉水汇泽而为彭蠡者。"③

除了传注儒家经典中的科技著作,朱子在传注儒家经典中的其他类著作时,也常常对其中所涉及的自然知识加以进一步的解释和补充。比如,朱子在传注《诗经》时,注"南山有枸,北山有楰"曰:"枸,枳枸,树高大似白杨,有子著枝端,大如指,长数寸,啖之甘美如饴,八月熟。亦名木蜜。楰,鼠梓,树叶木理如楸,亦名苦楸。"④ 注"七月流火,九月授衣"曰:"'七月',斗建申之月,夏之七月也。……'流',下也。'火',大火也;以六月之昏加于地之南方,至七月之昏则下而流矣。'九月',霜降始寒,而蚕绩之功亦成,故授人以

---

① 蔡沈:《书经集传》卷二《禹贡》。
② 《晦庵先生朱文公文集》卷七二《九江彭蠡辨》。
③ 蔡沈:《书经集传》卷二《禹贡》。
④ 朱熹:《诗集传》卷九,四部丛刊本。

衣使御寒也。"①注"十月之交,朔月辛卯。日有食之,亦孔之丑。彼月而微,此日而微。今此下民,亦孔之哀"曰:"'十月',以夏正言之,建亥之月也。'交',日月交会,谓晦朔之间也。历法,周天三百六十五度四分度之一,左旋于地,一昼一夜则其行一周而又过一度。日月皆右行于天,一昼一夜则日行一度,月行十三度十九分度之七,故日一岁而一周天,月二十九日有奇而一周天,又逐及于日而与之会。一岁凡十二会,方会则月光都尽而为晦。已会则月光复苏而为朔。朔后晦前各十五日。日月相对,则月光正满而为望,晦朔而日月之合,东西同度,南北同道,则月掩日而日为之食。望而日月之对,同度同道,则月亢日而月为之食。是皆有常度矣。"②又比如,朱子传注《周礼》所谓"日至之景,尺有五寸,谓之地中",引郑玄注曰:"景尺有五寸者,南戴日下万五千里,地与星辰四游升降于三万里之中,是以半之得地之中也。畿方千里,取象于日一寸为正。……郑司农云:土圭之长,尺有五寸,以夏至之日立八尺之表,其景适与土圭等,谓之地中。今颍川阳城地为然。"并指出:"自唐以来,以浚仪岳台晷景为地中。"③

重要的是,朱子所传注的儒家经典后来成为科举考试的官方教材。明初,朝廷"颁科举定式,初场试《四书》义三道,经义四道。《四书》主朱子《集注》,《易》主程《传》、朱子《本义》,《书》主蔡氏《传》及古注疏,《诗》主朱子《集传》,《春秋》主左氏、公羊、穀梁三传及胡安国、张洽传,《礼记》主古注疏"④。正因为如此,朱子传注"四书"、"五经"所加入其中的科技知识能够得以更加广泛的传播。

除了传注儒家经典,朱子在注《楚辞》时,也加入了不少自然知识。比如,在回答《楚辞·天问》"九天之际,安放安属?隅隈多有,谁知其数"时,朱子曰:"或问乎邵子曰:'天何依?'曰:'依乎地。''地何附?'曰:'附乎天。''天地何所依附?'曰:'自相依附。天依形,地附气,其形也有涯,其气也无涯。'详味此言。……天之形,圆如弹丸,朝夜运转,其南北两端,后高前下,乃其枢轴不动之处。其运转者,亦无形质,但如劲风之旋,当昼则自左旋而向右,向夕则自前降而归后,当夜则自右转而复左,将旦则自后升而趋前,旋转无穷,升降不息,是谓天体,而实非有体也。地则气之渣滓,聚成形质者;但以其束于劲风旋转之中,故得以兀然浮空,甚久而不坠耳。黄帝问于岐伯曰:

① 朱熹:《诗集传》卷八。
② 朱熹:《诗集传》卷一一。
③ 朱熹:《仪礼经传通解·仪礼集传集注》卷二九《王朝礼六》,文渊阁四库本。
④ 张廷玉等:《明史》卷七〇《选举二》,中华书局1974年版,第1694页。

'地有凭乎？'岐伯曰：'大气举之。'亦谓此也。其曰九重，则自地之外，气之旋转，益远益大，益清益刚，究阳之数，而至于九，则极清极刚，而无复有涯矣。"①在回答"何所冬暖？何所夏寒？焉有石林？何兽能言"时，朱子曰："南方日近而阳盛，故多暖。北方日远而阴盛，故多寒。今以越之南、燕之北观之，已自可验，则愈远愈偏，而有冬暖夏寒之所，不足怪矣。石林，未详。《礼》曰：'猩猩能言，不离禽兽。'"②

二

　　朱子不仅大量地著书立说，而且还授徒讲学，并在教学中传播自然知识和科学思想。《朱子语类》中涉及不少自然知识，而且还有朱子与其门人就某些自然知识问题进行问答的具体记录，这些都反映了朱子的授徒讲学包括了自然知识的传播。比如，在讲述《周礼》所谓大司徒以土圭求地中，朱子说："圭，只是量表影底尺，长一尺五寸，以玉为之。夏至后立表，视表影长短，以玉圭量之。若表影恰长一尺五寸，此便是地之中。今之地中，与古已不同。汉时阳城是地之中，本朝岳台是地之中，已自差许多。"问："地何故有差？"朱子曰："想是天运有差，地随天转而差。今坐于此，但知地之不动耳，安知天运于外，而地不随之以转耶？天运之差，如古今昏旦中星之不同是也。"③据《朱子语类》载，朱子曰："土圭之法，立八尺之表，以尺五寸之圭横于地下，日中则景蔽于圭，此乃地中为然，如浚仪是也。今又不知浚仪果为地中否？"问："何故以八尺为表？"朱子曰："此须用勾股法算之，南北无定中，必以日中为中，北极则万古不易者也。北方地形尖斜，日长而夜短。骨里干国煮羊胛骨熟，日已出矣。"④

　　又比如，朱子在注《论语·为政》"为政以德，譬如北辰，居其所，而众星共之"时，指出："政之为言正也，所以正人之不正也。德之为言得也，得于心而不失之谓也。北辰，北极，天之枢也。居其所，不动也。共，向也，言众星四面旋绕而归向之也。为政以德，则无为而天下归之，其象如此。"⑤而在教

---

①　朱熹：《楚辞集注》卷三《天问》，上海古籍出版社1979年版，第51页。

②　同上，第57页。

③　黎靖德：《朱子语类》卷八六，第2212页。

④　同上，第2214页。

⑤　朱熹：《论语集注》卷一《为政》，《朱子全书》第六册《四书章句集注》，上海古籍出版社、安徽教育出版社2002年版，第74页。

学中,朱子与弟子们多次就"北辰"与"北极"的问题展开讨论。

据《朱子语类》载,问:"'北辰,北极也'。不言'极',而言'辰',何义?"朱子曰:"辰是大星。"又云:"星之界分,亦谓之辰,如十二辰是十二个界分。极星亦微转,只是不离其所,不是星全不动,是个伞脑上一位子不离其所。"因举《晋志》云:"北极五星。天运无穷,三光迭耀,而极星不移。""故曰:'居其所而众星共之。'"①

安卿问北辰。朱子曰:"北辰是那中间无星处,这些子不动,是天之枢纽。北辰无星,缘是人要取此为极,不可无个记认,故就其傍取一小星谓之极星。这是天之极纽,如那门笋子样,又似个轮藏心,藏在外面动,这里面心都不动。"义刚问:"极星动不动?"朱子曰:"极星也动。只是它近那辰后,虽动而不觉。如那射糖盘子样,那北辰便是中心桩子。极星便是近桩底点子,虽也随那盘子转,却近那桩子,转得不觉。今人以管去窥那极星,见其动来动去,只在管里面,不动出去。向来人说北极便是北辰,皆只说北极不动。至本朝人方去推得是北极只是北辰头边,而极星依旧动。又一说,那空无星处皆谓之辰。……"朱子又说:"天转,也非东而西,也非循环磨转,却是侧转。"义刚言:"楼上浑仪可见。"朱子曰:"是。"②

问:"北辰是甚星?《集注》以为'北极之中星,天之枢也'。上蔡以为'天之机也。以其居中,故谓之北极。以其周建于十二辰之舍,故谓之北辰'。不知是否?"朱子曰:"以上蔡之明敏,于此处却不深考。北辰,即北极也。以其居中不动而言,是天之枢轴。天形如鸡子旋转,极如一物,横亘居中,两头称定。一头在北上,是为北极,居中不动,众星环向也。一头在南,是为南极,在地下,人不可见。"因举先生《感兴诗》云:"感此南北极,枢轴遥相当。""即是北极否?"朱子曰:"然。"又问:"太一有常居,太一是星否?"朱子曰:"此在《史记》中,说太一星是帝座,即北极也。以星辰位言之,谓之太一;以其所居之处言之,谓之北极。太一如人主,极如帝都也。""《诗》云:'三辰环侍傍。'三辰谓何?"朱子曰:"此以日、月、星言也。"③

事实上,在《朱子语类》中,类似这样涉及自然知识的答问还有不少,很能反映朱子在教学或与其弟子讨论学术问题时,向他们传播自然知识和科学思想的实际情况。

朱子是否编撰过涉及科学知识的课本教材?《四库全书》收录有《家山

---

① 《朱子语类》卷二三,第534页。
② 同上,第534—535页。
③ 同上,第535—536页。

图书》;《四库全书总目·家山图书》指出:《家山图书》"不著撰人名氏。《永乐大典》题为朱子所作。今考书中引用诸说,有文公家礼,且有朱子之称,则非朱子手定明矣。钱曾《读书敏求记》曰:"《家山图书》,晦庵私淑弟子之文,盖逸书也。……其书先图后说,根据《礼经》,依类标题,词义明显。自入学以至成人,序次冠、昏、丧、祭、宾、礼、乐、射、御、书、数诸仪节,至详且备。"① 可见,这是朱门的一部内容丰富的教科书。该书"九数算法之图"一节,列若干几何图形,并附算术题:"圆径:圆者,'○'也。径者,'丨'也,须打圆圈,都量有三,则其径有一,如圆有三寸,则径一寸也。余仿此推";"方斜:方者,'□'也,斜者,'/'也,四方各量有五,则其斜乃有七;如四方各有五尺,则斜有七尺。余仿此";"直田:直田长一十六步,阔一十五步。长阔相乘,为田积步,得二百四十步,除为亩,则为田一亩";"方田:方田八十一步,自乘得六千五百六十一步积,以亩法除之,则为二十七亩三分三厘七毫五丝";"圭田:圭田中心正长一百八十步,阔六十步。长阔相乘,折半得五千四百步积。以亩法除之,为田二十二亩五分";"勾股:股长三十九步,勾阔一十二步。勾股相乘折半得二百三十四步积。以亩法除之,为田九分七厘五毫";"梯田:梯田南阔二十步,北阔四十步,正长一百五十步。并南北阔。折半,以长乘之,得五千一百步积。以亩法除之,为田二十一亩二分五厘";"弧矢田:弧矢田一段,弦长一百二十步,矢阔三十六步。弦长并入矢阔折半,再用矢阔乘之,积得二千八百〇八步。以亩法除之,为田一十七亩七分";"三广田:三广田,东阔六十步,西阔五十四步,中阔一十八步,中心正长二百一十步,为田三十二亩八分一厘二毫五丝";"三角田:一角长三十二步,左角三十八步,右角四十步,并左右角折长乘之,折半得六百二十四步积,以亩法除之,为田二亩六分";"方台:每面长二丈七尺,高四丈八尺,方面自乘得七百二十九尺,以高乘之,依前坚三,穿四,壤五。穿积得四万六千六百五十六尺,壤积得五万八千二百二十尺。坚积得三万四千九百九十二尺";"城子:上广二十五尺,下广三十八尺,高四十五尺,四面共长一万六千三百五十尺,得城积二千三百一十七万六千一百二十五尺"。② 显然,这是算术教学所使用的教材。这至少说明朱子一派注重科技知识的传播。

朱子在自然知识传播方面的另一项工作是编校《步天歌》(《丹元子步天歌》)。关于《步天歌》的作者,郑樵《通志·天文略》不同意欧阳修《新唐书·

① 《四库全书总目》卷九二《家山图书》,文渊阁四库本。
② 《家山图书》,文渊阁四库本。

艺文志》所载"王希明《丹元子步天歌》一卷"之说,指出:"隋有丹元子者,隐者之流也,不知名氏,作《步天歌》,见者可以观象焉。王希明纂《汉》、《晋》志以释之。《唐书》误以为王希明也。"①并且还说:"此本只传灵台,不传人间,术家秘之,名曰《鬼料窍》,世有数本,不胜其讹。……《步天歌》句中有图,言下见象,或约或丰,无余无失。"《步天歌》将整个天空分为三垣二十八宿②,共三十一个天区,分别用三十一段七言押韵诗歌表达各个天区所包含星官的名称、星数和位置,简洁通俗,条理清楚,被中国科学史家称为"优秀的科学诗歌作品"③。

淳熙十三年(1186年),朱子在给蔡元定长子蔡渊(字伯静)的信中说道:"《步天歌》闻亦有定本,今并就借,校毕即纳还也。"④可见,编校《步天歌》的工作正在展开。在后来给蔡元定的信中,朱子则说道:"近校得《步天歌》,颇不错,其说虽浅,而词甚俚,然亦初学之阶梯也。"⑤显然,编校工作已经完成。在给蔡元定的信中,朱子还说:"《星经》可付三哥毕其事否?甚愿早见之也。"以此可知,朱子还与蔡元定一起编校《星经》。

需要指出的是,也就在同时,朱子还正编撰着《易学启蒙》。在那件给蔡元定的信中,有这样的一段话:"《启蒙》近又推得初揲之余不五则九,其数皆奇,而其为数之实五三而九一之应围三径一之数。第二、三揲之余,不四则八,其数皆偶,而其为数之实四八皆二亦应围四用半之数。是三揲之次,亦已自有奇偶之分。若第二、三揲不挂,则不复有此差别矣。如何?《星经》紫垣固所当先,太微、天市乃在二十八宿之中,若列于前,不知如何指其所在?恐当云在紫垣之旁,某星至某星之外,起某宿几度,尽某宿几度。又记其帝坐处,须云在某宿几度,距紫垣几度,赤道几度,距垣四面各几度,与垣外某星相直。及记其昏见及昏旦夜半当中之星,其垣四面之星,亦须注与垣外某星相直,乃可易晓。不知盛意如何也?"在这里,天人之道的研究和传播,与自然知识的研究和传播结合为一体。

---

① 郑樵:《通志》卷三八《天文略第一》,文渊阁四库本。

② 三垣,即紫微垣(简称紫垣)、太微垣、天市垣三个星空区。北极星周围邻近的范围为紫微垣(其中包括北极星座的五星:太子、帝、庶子、后宫、北极),紫微垣东北部天空的某一范围为太微垣,紫微垣东南部天空的某一范围为天市垣。二十八宿,即黄道、天赤道附近所划定的二十八个星空区,有东方苍龙七宿:角、亢、氐、房、心、尾、箕;北方玄武七宿:斗、牛、女、虚、危、室、壁;西方白虎七宿:奎、娄、胃、昂、毕、觜、参;南方朱雀七宿:井、鬼、柳、星、张、翼、轸。

③ 杜石然等:《中国科学技术史稿》上册,第334页。

④ 《晦庵先生朱文公文集·续集》卷三《答蔡伯静》(三)。

⑤ 《晦庵先生朱文公文集》卷四四《答蔡季通》(五)。

三

朱子之所以重视自然知识的传播，与宋代科技的巨大发展有着密切的关系。中国古代科技发展在宋代达到了高峰，尤以沈括为代表。沈括被称作"中国整部科学史中最卓越的人物"①，在科学的诸多领域均有建树。在天文历法上，他对晷漏做了十余年的研究，改制了浑仪、浮漏和景表三种天文仪器，并且还运用所改进的仪器进行天文观测，得出了冬至日行一周而刻漏超过百刻、夏至日行一周而刻漏不及百刻的结论，写成了《熙宁晷漏》；在历法上，他提出制定"十二气历"，这是以二十四节气为基础，以太阳视运动为计算依据的阳历。在数学上，沈括提出了求解垛积问题的"隙积术"和已知弓形的圆径与矢高求弧长的"会圆术"。在物理学上，他发现了磁针不完全指南的磁偏角现象，并且做过凹面镜成像实验和声音共振实验，对海市蜃楼、虹、雷电等也进行过研究。在地学上，他用流水侵蚀作用解释雁荡山以及其他奇特地貌的成因，用河流泥沙淤积作用解释华北平原的成因，并且他还制成木质立体地图，绘制成全国性地图。在医药学上，他编著了《苏沈良方》，对以往药物名称以及药物采集与使用等方面的错误进行了纠正。除了沈括所取得的科学成就之外，宋代科学在天文学、数学、地学、农学、医学等方面都取得了巨大的成就。

在宋代科技高度发展的背景下，宋代儒家学者普遍对自然知识感兴趣。王安石为了读经，"自百家诸子之书，至于《难经》、《素问》、《本草》、诸小说，无所不读"②。司马光学问渊博，"于学无所不通，音乐、律历、天文、书数，皆极其妙"③，尤其是作为宋代理学的开创者，"北宋五子"（周敦颐、邵雍、张载、程颢、程颐）大都对自然知识感兴趣。邵雍对天体结构进行了探讨。据他的《渔樵问答》所述：樵者问渔者曰："天何依？"曰："依乎地。""地何附？"曰："附乎天。"曰："然则天地何依何附？"曰：'自相依附。天依形，地附气。其形也有涯，其气也无涯。……'"④认为天地之间充满着气，使得天地能够自相依附。邵雍还对各种天文现象进行了解释，其中说道："天圆而地方，天南高而

---

① 李约瑟：《中国科学技术史》第一卷《总论》（第一分册），科学出版社1975年版，第289页。

② 王安石：《临川先生文集》卷七三《答曾子固书》，四部丛刊初编本。

③ 王称：《东都事略》卷八七《司马光传下》，文渊阁四库本。

④ 《渔樵问答》，《宋元学案》卷九《百源学案上》，第383页。

北下,是以望之如倚盖焉。地东南下西北高,是以东南多水,西北多山也";"天行所以为昼夜,日行所以为寒暑。夏浅冬深,天地之交也。左旋右行,天日之交也。日朝在东,夕在西,随天之行也。夏在北,冬在南,随天之交也。天一周而超一星,应日之行也。春酉正,夏午正,秋卯正,冬子正,应日之交也";"日以迟为进,月以疾为退,日月一会而加半日减半日,是以为闰余也。日一大运而进六日,月一大运而退六日,是以为闰差也";"阳消则生阴,故日下而月西出也。阴盛则敌阳,故日望而月东出也。天为父,日为子,故天左旋,日右行。日为夫,月为妇,故日东出月西生也"。① 张载运用"气"的概念解释宇宙结构以及其他各种自然现象。他说:"地纯阴凝聚于中,天浮阳运旋于外,此天地之常体也。恒星不动,纯系乎天,与浮阳运旋而不穷者也。日月五星逆天而行,并包乎地者也。地在气中,虽顺天左旋,其所系辰象随之,稍迟则反移徙而右尔,间有缓速不齐者,七政之性殊也";"天左旋,处其中者顺之,少迟则反右矣";"地有升降,日有修短。地虽凝聚不散之物,然二气升降其间,相从而不已也。阳日上,地日降而下者,虚也;阳日降,地日进而上者,盈也;此一岁寒暑之候也。至于一昼夜之盈虚、升降,则以海水潮汐验之为信;然间有大小之差,则系日月朔望,其精相感"。② 二程发挥孔子"多识于鸟兽草木之名"的思想,指出:"一草一木皆有理,须是察"③,并且对自然界的事物多有研究。二程说:"天地之中,理必相直,则四边当有空阙处。空阙处如何,地之下岂无天? 今所谓地者,特于天中一物尔。如云气之聚,以其久而不散也,故为对。凡地动者,只是气动。凡所指地者,只是土,土亦一物尔,不可言地。"④认为地为气聚而成,为"天中一物"。二程还认为,天地的变化都是由于阴阳变化所造成的,指出:"天地阴阳之变,便如二扇磨,升降盈亏刚柔,初未尝停息,阳常盈,阴常亏,故便不齐。譬如磨既行,齿都不齐,即不齐,便生出万变。"⑤二程还用阴阳变化来解释各种天象和气象。在论及月食形成的原因时,二程说:"月受日光而日不为之亏,然月之光乃日之光也。"⑥在解释雨、霜、露、雹、雷电时,二程说:"阳唱而阴和,故雨。"⑦"霜,金

---

① 邵雍:《皇极经世书》卷一四《观物外篇下》,文渊阁四库本。

② 张载:《正蒙·参两篇》,《张载集》,中华书局 1978 年版,第 10—11 页。

③ 《河南程氏遗书》卷一八,《二程集》,中华书局 1981 年版,第 193 页。

④ 《河南程氏遗书》卷二下,《二程集》,第 55 页。

⑤ 《河南程氏遗书》卷二上,《二程集》,第 32—33 页。

⑥ 《河南程氏遗书》卷一一,《二程集》,第 129 页。

⑦ 《河南程氏遗书》卷二上,《二程集》,第 36 页。

气,星月之气。露亦星月之气。……雹是阴阳相搏之气,乃是沴气。"①"电者阴阳相轧,雷者阴阳相击也。轧者如石相磨而火光出者,电便有雷击者是也。"②

　　与朱子同时代的儒家学者也大都对自然知识感兴趣。"开湖湘之学统"的胡宏,对于宇宙结构论有较多的研究。他吸取了传统的浑天说,指出:"地纯阴凝聚于中,天浮阳转旋于外,周旋无端,其体浑浑。"③还说:"天浑浑于上不可测也。观斗之所建,则知天之行矣。天行所以为昼夜,日月所以为寒暑。夏浅冬深,天地之交也;左旋右行,天日之交也。日,朝东夕西,随天之行也;夏比冬南,随天之交也;天一周而超一星,应日之行也。"④胡宏还对日月在天球上的运动轨迹作了描述,指出:"阴阳保合,元气运行,周天三百六十五度四分度之一。二十八宿之躔次,即天度也。天道起于子,自北东行,周十二辰而为一昼夜;行一周则东超一度与日相应。五日为一候,三候为一气,六气为一时,四时而成岁。日自牵牛东北西行,一昼夜行一度而为一日;月随日西行,一昼夜行十三度十九分度之七,其行度也,有赢缩,故或二十九周或三十周而日月会。是以三五而盈,三五而阙,有晦有朔而为一月。"⑤尽管胡宏与朱子并没有太多的交往,但是胡宏的弟子张栻与朱子交往甚密。尤其是,胡宏对于自然的研究受到了朱子的重视。朱子曾吸收胡宏所谓"一气大息,震荡无垠,海宇变动,山勃川湮,人物消尽,旧迹大灭,是谓洪荒之世"的思想,并指出:"常见高山有螺蚌壳,或生石中,此石即旧日之土,螺蚌即水中之物。下者却变而为高,柔变而为刚,此事思之至深,有可验者。"⑥对于胡宏所谓"有三个极星不动"的说法,朱子提出了批评,指出:"若以天运譬如轮盘,则极星只是中间带子处,所以不动。若是三个不动,则不可转矣!"⑦

　　吕祖谦主张"泛观广接",包括了对自然界事物的广泛研究。他说:"吾侪所以不进者,只缘多喜与同臭味者处,殊欠泛观广接。故于物情事理多所

---

① 《河南程氏遗书》卷一八,《二程集》,第238页。
② 《河南程氏遗书》卷二下,《二程集》,第57页。
③ 胡宏:《皇王大纪》卷二《五帝纪·颛顼高阳氏》,文渊阁四库本。
④ 《皇王大纪》卷一《三皇纪·燧人氏》。
⑤ 《皇王大纪》卷二《五帝纪·黄帝轩辕氏》。
⑥ 《朱子语类》卷九四,第2367页。
⑦ 《朱子语类》卷一〇一,第2593页。

不察，而根本渗漏处往往卤莽不见。要须力去此病，乃可。"①吕祖谦赞同所谓"多识于鸟兽草木之名"，指出："多识于鸟兽草木之名，亦可以博物"，"多识于鸟兽草木之名，所以明理也"②，并且认为，学者应当"仰则欲知天文，俯则欲知地理；大则欲知治乱兴衰之迹，小则欲知草木虫鱼之名"③。正因为如此，吕祖谦对自然事物有很大的兴趣。每次外出时，他都留心观察周围的自然现象。《东莱集》卷一五所收录的《入越录》详细记述了淳熙元年（1174 年）八月二十八日至九月十五日他与友人自金华到会稽出游的所见，包括各种气象变化、自然景观、地理山川、竹木花草等。《入闽录》详细记述了淳熙二年（1175 年）三月二十一日至四月初五他自婺州至武夷会见朱子的路途所见，包括了对各种自然物的记述。最为著名的是他的《庚子辛丑日记》。该日记记录了淳熙七年（1180 年）正月初一至淳熙八年（1181 年）七月二十八日的所见，包括气候的变化、植物的生长、动物的活动等。有科学史家认为，这份日记"记有腊梅、樱桃、杏、桃、紫荆、李、海棠、梨、蔷薇、蜀葵、萱草、莲、芙蓉、菊等二十多种植物开花和第一次听到春禽、秋虫鸣叫的时间"，是世界现存最早的凭实际观测获得的物候记录。④

陆九渊对自然知识也很感兴趣。他曾对天体结构作过详细的描述，指出："天体圆如弹丸，北高南下，北极出地上三十六度，南极入地下三十六度，南极去北极直径一百八十二度强。天体隆曲，正当天之中央，南北二极中等之处，谓之赤道，去南北极各九十一度。春分日行赤道，从此渐北。夏至行赤道之北二十四度，去北极六十七度，去南极一百一十五度。从夏至以后，日渐南至。秋分还行赤道与春分同。冬至行赤道之南二十四度，去南极六十七度，去北极一百一十五度。其日之行处，谓之黄道。又有月行之道，与日相近，交路而过，半在日道之里，半在日道之表，其当交则两道相合，去极远处两道相去六度，此其日月行道之大略也。""黄道者，日所行也。冬至在斗，出赤道南二十四度。夏至在井，出赤道北二十四度。秋分交于角。春分交于奎。月有九道，其出入黄道不过六度，当交则合，故曰交蚀。交蚀者，月道与黄道交也。"⑤他还研究过历法，指出："历家所谓朔虚气盈者，盖以三十

---

① 吕祖谦：《东莱集·别集》卷九《与刘衡州》，文渊阁四库本。
② 吕祖谦：《吕氏家塾读诗记》卷一《纲领》，四部丛刊续编本。
③ 吕祖谦：《左氏博议》卷二，文渊阁四库本。
④ 曹婉如：《中国古代的物候历和物候知识》，自然科学史研究所：《中国古代科技成就》，中国青年出版社 1978 年版，第 262 页。
⑤ 《陆九渊集》卷二二《杂著》，中华书局 1980 年版，第 272 页。

日为准。朔虚者,自前合朔至后合朔,不满三十日,其不满之分曰朔虚。气盈者,一节一气,共三十日,有余分为中分,中即气也。"①他对唐代天文学家僧一行大为赞赏,他说:"一行数妙甚,聪明之极,吾甚服之。"②此外,他还非常关心历法的改制,并予以肯定。他说:"夫天左旋,日月星纬右转,日夜不止,岂可执一?故汉、唐之历屡变,本朝二百余年,历亦十二、三变。圣人作《易》,于《革卦》言:'治历明时',观《革》之义,其不可执一明矣。"③

除了宋代科技高度发展以及宋代儒家学者普遍对自然知识感兴趣之外,朱子重视自然知识传播的最主要的原因还在于他认为自然界事物、自然知识中存在着"理",而"即物而穷其理"是实现修己治人的最先的同时也是最为重要的修养工夫。

朱子讲"天下之物莫不有理"④,指出:"天道流行,造化发育,凡有声色貌象而盈于天地之间者,皆物也。既有是物,则其所以为是物者,莫不各有当然之则,而自不容已,是皆得于天之所赋,而非人之所能为也。"⑤又说:"至于天下之物,则必各有所以然之故,与其所当然之则,所谓理也。"⑥还说:"身心性情之德、人伦日用之常以至天地鬼神之变、鸟兽草木之宜,自其一物之中,莫不有以见其所当然而不容已,与其所以然而不可易者。"⑦显然,在朱子看来,自然界中任何事物都存在着"理"。他还明确指出:"天地中间,上是天,下是地,中间有许多日月星辰,山川草木,人物禽兽,此皆形而下之器也。然这形而下之器之中,便各自有个道理,此便是形而上之道。所谓格物,便是要就这形而下之器,穷得那形而上之道理而已。"⑧又说:"上而无极、太极,下而至于一草、一木、一昆虫之微,亦各有理。一书不读,则阙了一书道理;一事不穷,则阙了一事道理;一物不格,则阙了一物道理。须著逐一件与他理会过。"⑨他还说:"大而天地阴阳,细而昆虫草木,皆当理会。一物不理会,这

---

① 《陆九渊集》卷三五《语录下》,第431页。

② 同上,第464页。

③ 同上,第431页。

④ 朱熹:《大学章句》,《朱子全书》第六册《四书章句集注》,第20页。

⑤ 朱熹:《大学或问下》,《朱子全书》第六册《四书或问》,上海古籍出版社、安徽教育出版社2002年版,第526页。

⑥ 《大学或问上》,第512页。

⑦ 《大学或问下》,第527—528页。

⑧ 《朱子语类》卷六二,第1496页。

⑨ 《朱子语类》卷一五,第295页。

里便缺此一物之理。"①这里强调格自然界事物,明显表现出朱子对于自然知识的重视。朱子还说:"历象之学自是一家,若欲穷理,亦不可以不讲。"②"律历、刑法、天文、地理、军旅、官职之类,都要理会。虽未能洞究其精微,然也要识个规模大概,道理方浃洽通透。"③据《朱子语类》载,问:"所谓'一草一木亦皆有理',不知当如何格?"朱子曰:"此推而言之,虽草木亦有理存焉。一草一木,岂不可以格。如麻、麦、稻、粱,甚时种,甚时收,地之肥,地之硗,厚薄不同,此宜植某物,亦皆有理。"④事实上,这里所涉及的已不仅仅是一般的自然知识,而且还包括了科技知识。

其实,不少儒家学者是重视自然知识的。孔子编订过的《夏小正》是"我国现存最早的、具有丰富物候知识的著作"⑤。孔子讲"志于道,据于德,依于仁,游于艺"⑥。这里的"艺",即"六艺":礼、乐、射、御、书、数,其中的"数"实际上包括了古代的数学知识。而且,孔子还要求学生在学《诗》时"多识于鸟兽草木之名"⑦。对此,朱子说:"孔子曰:'《诗》,可以兴,可以观,可以群,可以怨;迩之事父,远之事君,多识于鸟兽草木之名。'那上面六节,固是当理会;若鸟兽草木之名,何用自家知之? 但是既为人,则于天地之间物理,须要都知得,方可。"⑧南北朝时期颜之推的《颜氏家训》则说:"算术亦是六艺要事,自古儒士论天道、定律历者,皆学通之。然可以兼明,不可以专业。"⑨很能表明当时早期儒家学者对于自然知识的兴趣、重视,同时又谨慎的态度。

与早期儒家略有不同的是,朱子对于自然知识的重视程度又有了提高。在朱子看来,自然知识与伦理知识并无高低之分。他说:"世间之物,无不有理,皆须格过。古人自幼便识其具,且如事亲事君之礼,钟鼓铿锵之节,进退揖逊之仪,皆目熟其事,躬亲其礼。及其长也,不过只是穷此理,因而渐及于天地、鬼神、日月、阴阳、草木、鸟兽之理。"⑩又说:"一身之中是仁义礼智,恻

① 《朱子语类》卷一一七,第 2817 页。
② 《晦庵先生朱文公文集》卷六〇《答曾无疑》(五)。
③ 《朱子语类》卷一一七,第 2831 页。
④ 《朱子语类》卷一八,第 410 页。
⑤ 《中国科学技术史稿》上册,第 73 页。
⑥ 《论语集注》卷四《述而》,《朱子全书》第六册《四书章句集注》,第 121 页。
⑦ 《论语集注》卷九《阳货》,《朱子全书》第六册《四书章句集注》,第 222 页。
⑧ 《朱子语类》卷一一九,第 2869—2870 页。
⑨ 颜之推:《颜氏家训》卷下《杂艺篇》,四部丛刊初编本。
⑩ 《朱子语类》卷一五,第 286—287 页。

隐羞恶，辞逊是非，与夫耳目手足视听言动，皆所当理会。至若万物之荣悴与夫动植大小，这底是可以如何使，那底是可以如何用，车之可以行陆，舟之可以行水，皆所当理会。"①认为无论是伦理知识，或是自然知识，均需要掌握。朱子还说："盖天下之事，皆谓之物，而物之所在，莫不有理。且如草木禽兽，虽是至微至贱，亦皆有理。"②在朱子看来，自然界事物，即使是至微至贱的草木禽兽，它们也与其他事物一样皆有理。显然，朱子对于伦理知识和自然知识是抱着一视同仁的态度，并无轻重、贵贱之分。

重要的是，在朱子那里，包括获取自然知识在内的"格物"是儒家道德修养的最基本的工夫。在朱子的《大学章句》中，"明明德"、"亲民"、"止于至善"三者为"大学之纲领"，"格物"、"致知"、"诚意"、"正心"、"修身"、"齐家"、"治国"、"平天下"八者为"大学之条目"，③而起点在于"格物"，所谓"即物而穷其理"④。朱子明确指出："《大学》物格、知至处，便是凡圣之关。物未格，知未至，如何杀也是凡人。须是物格、知至，方能循循不已，而入于圣贤之域。"⑤需要指出的是，朱子的格物，是要"即凡天下之物"⑥，包括了格自然界事物以获取自然知识。朱子在讲述孔子所言"志于道，据于德，依于仁，游于艺"时指出："艺亦不可不去理会。如礼、乐、射、御、书、数，一件事理会不得，此心便觉滞碍。惟是一一去理会，这道理脉络方始一一流通，无那个滞碍。因此又却养得这个道理。以此知大则道无不包，小则道无不入。小大精粗，皆无渗漏，皆是做工夫处。"⑦又说："'游于艺'一句，比上三句稍轻，然不可大段轻说。如上蔡云'有之不害为小人，无之不害为君子'，则是太轻了。古人于礼、乐、射、御、书、数等事，皆至理之所寓。游乎此，则心无所放，而日用之间本末具举，而内外交相养矣。"⑧在朱子看来，包括自然知识在内的"艺"，虽然小，但与"道"、"德"、"仁"一样，"皆至理之所寓"。朱子还说："小道不是异端，小道亦是道理，只是小。如农圃、医卜、百工之类，却有道理在。"⑨正因为"有道理在"，所以"不可不去理会"。朱子认为，只有通过"志于道，据于德，

---

① 《朱子语类》卷一八，第 395 页。

② 《朱子语类》卷一五，第 287 页。

③ 《大学章句》，《朱子全书》第六册《四书章句集注》，第 16—17 页。

④ 同上，第 20 页。

⑤ 《朱子语类》卷十五，第 298 页。

⑥ 《大学章句》，《朱子全书》第六册《四书章句集注》，第 20 页。

⑦ 《朱子语类》卷三四，第 866 页。

⑧ 同上。

⑨ 《朱子语类》卷四九，第 1200 页。

依于仁,游于艺"的工夫,"本末兼该,内外交养,日用之间,无少间隙",才能"涵泳从容,忽不自知其入于圣贤之域"。① 可见,在朱子的思想中,格自然界事物以获取自然知识已经成为"入于圣贤之域"所必不可少的要求,已经不只是如颜之推的《颜氏家训》所谓"可以兼明,不可以专业"的层面。

乾道元年(1165年)前后,36岁的朱子曾在评析吕本中的《大学解》中,对吕氏"欲置心草木器用之间,以伺其忽然而一悟"进行了批评,指出:"伊川先生尝言:'凡一物上有一理,物之微者亦有理。'又曰:'大而天地之所以高厚,小而一物之所以然,学者皆当理会。'吕氏盖推此以为说而失之者。程子之为是言也,特以明夫理之所在无间于大小精粗而已,若夫学者之所以用功,则必有先后缓急之序,区别体验之方,然后积习贯通,驯致其极。岂以为直存心于一草木器用之间,而与尧舜同者,无故忽然自识之哉!……向以吕氏之博闻强识而不为是说所迷,则其用力于此事半而功必倍矣。今乃以其习熟见闻者为余事,而不复精察其理之所自来,顾欲置心草木器用之间,以伺其忽然而一悟,此其所以始终本末判为两途,而不自知其非也。"②稍后,朱子在《答陈齐仲》中重申了这一看法,指出:"格物之论,伊川意虽谓眼前无非是物,然其格之也亦须有缓急先后之序,岂遽以为存心于一草木器用之间而忽然悬悟也哉!且如今为此学而不穷天理、明人伦、讲圣言、通世故,乃兀然存心于一草木一器用之间,此是何学问!如此而望有所得,是炊沙而欲其成饭也。"③从字面上看,这段言论似乎有轻视格自然界事物之嫌。其实并不然,理由有三:首先,在朱子看来,"眼前无非是物",因此,格自然界事物与"穷天理、明人伦、讲圣言、通世故",并没有轻重可言,只有"缓急先后之序";其次,朱子反对"兀然存心于一草木一器用之间",只是反对仅仅用心去格自然界事物,而忽视"穷天理、明人伦、讲圣言、通世故";再次,朱子反对的是"兀然存心于一草木器用之间"而望"忽然悬悟",并没有反对运用"即物而穷其理"的工夫格自然界事物,以求得豁然贯通。还需指出的是,随着朱子格物致知论的成熟,尤其是晚年,朱子越来越多地强调格自然界事物。因此,朱子反对"兀然存心于一草木器用之间"而望"忽然悬悟",实际上是反对释氏"闻声悟道、见色明心之说"④,根本没有否定格自然界事物。

正是由于在朱子那里,作为儒家最先的同时也是最为重要的修养工

---

① 《论语集注》卷四《述而》,《朱子全书》第六册《四书章句集注》,第122页。
② 《晦庵先生朱文公文集》卷七二《杂学辨·吕氏大学解》。
③ 《晦庵先生朱文公文集》卷三九《答陈齐仲》。
④ 《晦庵先生朱文公文集》卷七二《杂学辨·吕氏大学解》。

夫,格物包括了格自然界事物,朱子在格"身心性情"、"人伦日用"的同时,也要格"天地鬼神"、"鸟兽草木",广泛地研究自然界事物,因而也就不难理解为什么朱子要把传播自然知识和科学思想作为其学术活动的重要组成部分。

魏源对《古文尚书》的否定

黄开国

魏源对《尚书》的基本看法是,西汉所传的《尚书》无论是伏生所传还是孔安国所传都是可信的,《古文尚书》及其系列则是应该完全否定的。这与龚自珍高度肯定东汉马、郑的《尚书》学,甚至肯定《伪古文尚书》亦有可取之处是明显相反的。魏源的完全否定《古文尚书》,以东汉的《古文尚书》是杜林、卫宏、马融、郑玄等人的向壁虚造,东晋的《伪古文尚书》更是梅赜的伪造。因此,东汉《古文尚书》与东晋的《伪古文尚书》都在魏源的攻击之列。

东汉《古文尚书》的五点不可信

《后汉书·儒林传》关于《尚书》的记载,与西汉今文经学盛行形成鲜明对照的是,东汉的《古文尚书》十分兴盛。尽管东汉《古文尚书》的影响大大超过西汉的《今文尚书》,但是,魏源以为东汉的《古文尚书》完全不能与西汉的《今文尚书》相比,而且是不可信的。他说:

> 自伏生得《尚书》二十九篇于屋壁,而欧阳、夏侯传之后人,谓之《今文尚书》,孔安国复得《古文尚书》四十五篇于孔壁;校伏生本多佚《书》十六篇,而安国从欧阳生受业,尝以今文读古文,又以古文考今文,司马迁亦尝从安国问故,是西汉今古文本即一家,大同小异,不过什一,初非判然二家,其称伏生所授,但谓之欧阳、夏侯《尚书》,从无称为今文者也。自后汉杜林复称得漆书《古文尚书》,传之卫宏,贾逵为之作训,马融作传,郑玄注解,由是古文遂显于世,判然二家,动辄诋今文欧阳、夏侯为俗儒,今文遂为所压。及东晋伪古文晚出,而马、郑亦废,国朝诸儒知攻东晋晚出古文之伪,遂以马、郑本为真孔安国本,以马、郑说为真孔安国说,而不知马牛、冰炭之不可入,略举其不可信者数大端。①

---

① 《书古微序》,《书古微》卷首,《清经解续编》第五册卷千二百八十,第600页。

魏源以为西汉的《今文尚书》出于伏生,《古文尚书》出于孔安国,二者大同小异,原本无多大差别。所以,魏源对孔安国的《尚书》学是完全肯定的,这与龚自珍激烈地批评孔安国以今读古是《尚书》的一厄,看法正相反。而《古文尚书》是东汉出现的,虽然《古文尚书》得杜林、卫宏、贾逵、马融、郑玄的推广,得以压倒《今文尚书》,甚至到魏源时清儒还相信东汉的《古文尚书》就是真正的西汉孔安国所传的《古文尚书》,但是,魏源以为这都不能动摇东汉的《古文尚书》不可信的这一事实。为此,魏源提出东汉的《古文尚书》的五点不可信。

第一点不可信是:

> 后汉《杜林传》言,林得漆书《古文尚书》一卷,常宝爱之,虽遭艰困,握持不离身,出以示宏曰:"林流离兵乱,常恐斯经将坠,何期诸生复能传之。"此古文本所自出,考漆书竹简每简一行,每行二十五字,或二十二字,若四十五篇之书漆书于简,则其竹简必且盈车,乃谓仅止一卷,遭乱挟持不离,不足欺三尺孺子,其不可信者一也。①

东汉《古文尚书》有一个源头,就是所谓杜林的漆书。《后汉书·儒林传上》说:"中兴,……扶风杜林传古文尚书,林同郡贾逵为之作训,马融作传,郑玄注解,由是《古文尚书》遂显于世。"魏源则以为《古文尚书》是不可信的。魏源据汉代的竹简规格推断,竹简每简一行,每行二十五字,或二十二字,②而孔安国的《古文尚书》多《今文尚书》十六篇,《今文尚书》有二十九篇,则《古文尚书》为四十五篇,若四十五篇的漆书竹简,一定要装满一车,可是杜林却说是一卷,而且能够挟持不离,这是根本不可能的事情。这是从四十五篇漆书与一卷漆书在数量上的巨大差别,来说明杜林所传《古文尚书》的不可信。这是从源头上对东汉《古文尚书》的否定。

第二点的不可信是:

> 《汉书·儒林传》:"孔氏有《古文尚书》,孔安国以今文读之,因以起其家,逸书得十余篇。"《艺文志叙》曰:"孔安国悉得壁中书,以考二十九

① 《书古微序》,《书古微》卷首,《清经解续编》第五册卷千二百八十,第600页。

② 此据《汉书·艺文志》说:"刘向以中古文校欧阳、大小夏侯三家经文,《酒诰》脱简一,《召诰》脱简二。率简二十五字者,脱亦二十五字,简二十二字者,脱亦二十二字。"

篇,得多十六篇。"而东汉诸儒亦谓逸十六篇,绝无师说。夫孔安国以今文读古文之训,以古文考今文之本,未尝别自成家,其佚书之无师说,犹可言也,东汉古文力排今文之本,而自有其漆书之本;力排今文之说,而自有其师说,则必此佚十六篇者,卓然皆有师说,而后可以压倒今文,何以今文无之者,古文亦无师说,则其二十九篇之师说,既不出于今文,又出自何人?岂其阴袭其膏,阳改其面,而又反攻其背乎?其不可信者二。①

西汉孔安国有《古文尚书》,但孔安国的《古文尚书》与西汉的今文经学是一致的,并没有在今文之外另立一派,而东汉的《古文尚书》与《今文尚书》则是相互排斥的。孔安国的《古文尚书》较今文多十六篇,因西汉未立于学官,所以,无人研读,而没有师说。《隋书·经籍志》说:"后汉扶风杜林,传《古文尚书》,同郡贾逵为之作训,马融作传,郑玄亦为之注。然其所传,唯二十九篇,又杂以今文,非孔旧本。自余绝无师说。"自余绝无师说是指东汉十六篇皆无师说,只有二十九篇有其说,而魏源认为二十九篇之说不过是阴袭今文经学,故东汉的《古文尚书》并没有可以成立之处。就魏源肯定孔安国的《古文尚书》而言,这正与龚自珍的观点正好完全对立,龚自珍曾以为"安国乃以汉徒隶之文读仓颉、孔子科斗之文,窃谓罪浮于唐人也"②。尽管龚自珍对孔安国的批评可能过于苛刻,但是,对孔安国的以今读古,会造成经学的混乱,较之魏源的以西汉《古文尚书》未别自立家之说,可能更加合于西汉经学的实际。

　　魏源为此还对有关维护东汉《古文尚书》的说法都进行了批评,甚至龚自珍的外祖父段玉裁也遭到他十分激烈的指责:"段氏玉裁甚至谓佚书增多十余篇,孔安国皆通其说,尽得其读,并此外壁中所出《尚书》,刘向《别录》、桓谭《新论》及《艺文志》所谓五十八篇者,孔安国尽得其读,则是安国佚书较伏生更多三十篇,不止十六,何以史迁问故,不传一字,而卫、贾、马、郑传古文者,亦不传一字乎?矢口猖言,不顾其后。"③其实,段玉裁是本于《隋书·经

---

①　《书古微序》,《书古微》卷首,《清经解续编》第五册卷千二百八十,第600页。

②　《龚自珍全集》第427页。

③　《书古微序》,《书古微》卷首,《清经解续编》第五册卷千二百八十,第600页。

籍志》的，①并非他的发明。魏源还进一步批评段玉裁："近世治《尚书》者江声、王鸣盛多祖马、郑，孙星衍持平西汉今古文，而段玉裁则凡史迁本之异于马、郑者，皆挤为今文说，专以东汉向壁虚造之古文为真古文，且谓今文之说皆不如古文，而伏生、欧阳、夏侯、孔安国之微言大义，几熄灭于天下。"②认为段玉裁肯定东汉的《古文尚书》，会招致西汉经学微言大义熄灭的可怕后果。龚自珍关于《尚书》的观念，是维护段玉裁的，并多采其说，所以，魏源的批评段玉裁的肯定东汉《古文尚书》，实际上也是对龚自珍的批评。只是出于二人的交谊，不好直接攻击龚自珍罢了。否则，魏源就不大可能特别激烈地批评段玉裁。

第三点不可信是：

> 《汉书·儒林传》言史迁尝从安国问故，而迁书所载《尧典》、《皋陶谟》、《禹贡》、《洪范》、《微子》、《金滕》多古文说，则史迁、安国真古文之传，皎如天日，今马、郑《尧典》、《皋陶谟》、《微子》、《金滕》、《无逸》诸篇，无一说不与史迁相反。以《尧典》"璇玑玉衡"之天文，而改为铜仪；以《微子》篇之太师疵、少师强，而诬为箕子、比干；以《无逸》篇淫乱之祖甲，诬为贤君，列于三宗；周公摄政，不并居丧、居东数之，以为居东三年而后迎归，而后叛，叛而后东征，东征而后居摄七年，首尾二十一年之久，南辕北辙，背理害道，岂史迁所传安国壁中之古文，反不如马、郑杜撰之古文乎？后儒动以史迁之异马、郑者挤之为今学者，岂孔安国亦今文非古文乎？西汉之古文与今文同，东汉之古文与今文异，上无师传，且皆反背师传，其不可信者三。③

司马迁曾从孔安国问学，故《史记》所载《尧典》、《皋陶谟》、《禹贡》、《洪范》、《微子》、《金滕》多古文说，魏源以为这些古文说就是西汉真正的《古文尚书》之说，而东汉郑玄、马融的《古文尚书》的相关说法，却与《史记》之说一一相反。后儒

---

① 《隋书·经籍志一》说："初汉武帝时，鲁恭王坏孔子旧宅，得其末孙惠所藏之书，字皆古文。孔安国以今文校之，得二十五篇。其《泰誓》与河内女子所献不同。又济南伏生所诵，有五篇相合。安国并依古文，开其篇第，以隶古字写之，合成五十八篇。其余篇简错乱，不可复读，并送之官府。安国又为五十八篇作传，会巫蛊事起，不得奏上。"孔安国为五十八篇作传，即段玉裁的五十八篇"孔安国尽得其读"所本。
② 《书古微序》，《书古微》卷首，《清经解续编》第五册卷千二百八十，第600页。
③ 同上。

以《史记》为今文经学说来解释，是完全站不住脚的。所以，魏源再次归结为西汉的今文经学与古文经学之说是相同的，只有东汉马、郑诸人的古文经学才不同于西汉今文经学。在魏源的经学思想中，今文经学与古文经学的对立只有在西汉与东汉的不同时间才是有意义的。

第四点不可信是：

> 西汉今古文皆出伏生，凡伏生《大传》所言者，欧阳必同之，大小夏侯必同之，史迁所载、孔安国说必同之，犹《诗》齐、鲁、韩三家实同一家，此汉儒师说家法所最重；若东汉古文则不然，马融不同于贾逵，贾逵不同于刘歆，郑元又不同于马融，一"稽古"，而马以为顺考古道，郑以为同天；一"七政"，而马以为斗七星分主日月五星，郑以为天地人四时；一"六宗"，而刘歆以为乾坤六子，贾逵、马融以为日宗、月宗、星宗、河宗、海宗、岱宗，郑以为星辰、司中、司命、风师、雨师；一"五器"也，而马以为即五玉，郑以为即五赞；一"舜登庸"在位之年也，郑作二十二年百岁，马作三十年增百有十二岁。试问：何为古文？郑师马而异于马，马师卫、贾而《酒诰》"成王若曰"异于卫、贾，贾、马、卫、杜古文应本刘歆，而六宗异于刘歆，孰真古文，孰非古文乎？且郑注《大学》、《康诰》帝舜之"克明德"，与《尚书·尧典》、《康诰》之"克明俊德"，判然不同，《尧典》之以"同天"为稽古，与《皋陶谟》之以考道为稽古不同，则郑亦自异于郑，孰古文，孰不古文乎？有师传、家法乎，无师传、家法乎？向壁虚造，随臆师心，不知受自何人？其不可信者四。①

魏源此点是对比西汉与东汉的《尚书》为说。就西汉而言，魏源以西汉今文经学《尚书》的欧阳、大小夏侯之学皆出伏生，是有史可据的。但《古文尚书》出于鲁恭王，虽然伏生与鲁恭王之《书》皆出屋壁，但一出伏生所藏，一出孔子后代藏于孔壁者，怎么能说同出伏生呢？至于魏源以西汉今古文《尚书》必同，如三家《诗》的必同一样，更是不能成立。三家《诗》之分为三家，就因其各自不同，若是《鲁诗》必同于《韩诗》，《齐诗》必同于《韩诗》，何有三家的必要？即使三家《诗》相同，也不能用以推论西汉今古文《尚书》的相同，不要说西汉的今古文《尚书》，就是仅就西汉《今文尚书》而言，其中也是有分歧甚至是有斗争的，如"（夏侯）胜从父子建字长卿，自师事胜及欧阳高，左右采

---

① 《书古微序》，《书古微》卷首，《清经解续编》第五册卷千二百八十，第600页。

获,又从《五经》诸儒问与《尚书》相出入者,牵引以次章句,具文饰说。胜非之曰:'建所谓章句小儒,破碎大道。'建亦非胜为学疏略,难以应敌。建卒自颛门名经,为议郎、博士,至太子少傅"①,大小夏侯为父子辈的关系尚且如此,又怎么能保证其他学派之间没有分歧不同呢?

魏源讲西汉经学《尚书》的必同,是为了对比东汉《古文尚书》的各说不同。他还有一段类似的论说:

> 予寻绎有年,深悉东汉古文杜林、马、郑之古文,依托无稽,实先东晋梅传而作伪,不惟背伏生,背孔安国,而又郑背马,马背贾,无一师传可信,正犹《易》古文家出自费直,费直《易》无章句,但以《彖》、《象》、《文言》、《系词》解《易》,而荀、虞、郑则卦气、消息、爻辰各自创树,不知何本,其义理凡系君德者必推而属之外事,故注《大学》、《康诰》、《尧典》之"明德",则皆以为自明其德;及改注《尚书》则又指明用才俊之人,《洪范》"沈潜刚克",不言其德性之互济,而谓专攻其阴潜之人,以防乱臣贼子,违经害义,弊等申、韩;《君奭》篇则以召公不说周公,谓其复辟以后,即当去位,不当专位固宠,周公亦自白言,我不以后人迷,实不为子孙计,皆以世俗之腹度圣贤之心,视西汉今文家谊不可同年而语。②

不同的经学家对同一问题有不同观点,一个经学家在同一问题上有时看法不一致,这并不只是古文经学才有的,也是今文经学存在的现象,甚至是从古至今绝大多数人文社会科学研究中都不可避免的,恰恰是这种不同与差异,才使能够一门学科得以发展。所以,以东汉古文经学家各说不同,同一人对同一问题的解释在不同地方也不相同,来论说东汉古文经学的不可信,不仅不可为据,反而说明了东汉《古文尚书》兴盛的生命力所在。至于魏源以东汉《古文尚书》各说不同,来否定其有师传,甚至就指责为是东晋的梅赜作伪,更是一种站不住脚的说法。因为前后相背异说,并非无师传,更不一定是作伪。若以郑不同马,马不同贾,就是郑背马,马背贾,就是无师传,就是作伪,西汉今文经学由武帝的五经博士至宣帝增为十四家博士,前后也有所不同,存在后背前的情况,照此来说也是无师传,是作伪了。因此,魏源从东汉《古文尚书》的各说不同来论其不可信,并不能说明东汉的古文经学的

---

① 《眭两夏侯京翼李传》,《汉书》卷七五 。
② 《书古微序》,《书古微》卷首,《清经解续编》第五册卷千二百八十,第 601 页。

不可信。

第五点不可信是：

> 《儒林传》述《古文尚书》，孔安国授都尉朝，朝授胶东庸生。庸生授
> 清河胡常，胡常授虢徐敖，徐敖授琅琊王璜平中，平陵涂恽子真，子真授
> 河南桑钦君长。是安国之传授与杜林、卫宏迥不相承，不知杜林所得之
> 本，即安国壁中之本，抑别自一本乎？伏生得自复壁，孔安国得自恭废
> 宅，河内女子得自老屋，何以杜林不言得自何所，其师说亦不言授自何
> 人，既无师传，何有家法？其不可信者五。①

这是从传授系统来论说东汉《古文尚书》的不可信。的确，西汉由孔安国所
传的《古文尚书》有较为明确的传授源流，而东汉杜林的《古文尚书》出处，史
无明文，这是不争的事实。但是，这只能说明杜林《古文尚书》的出处不明，
而不能以此推断其不可信。历史上因各种原因，一些事件的原委到今天已
经不可能明了，若以不明出处就推定不可信，岂非过于武断？

魏源关于东汉《古文尚书》不可信的五点说明，立足于西汉、东汉经学的
对立，并以完全肯定西汉经学，全部否定东汉古文经学为其基本观念，所以，
他的很多论说如西汉今古文经学各家之说"必同之"之说，东汉《古文尚书》
各说不同就是前后相悖，是无师传，是作伪等在经学上都难以成立。仅由他
的五点不可信，绝不能证明东汉《古文尚书》的不可信。

东晋《孔传》经、传、序皆伪

在郑玄之后百余年，东晋元帝时豫章内史梅赜向朝廷献上所谓《孔安国古
文尚书传》一书，简称《孔传》，就是经学史上的《伪古文尚书》。这本书托名孔
安国书，以出于孔壁为相标举。孔颖达在其疏中述其大略说：

> 案壁内所得，孔为传者凡五十八篇，为四十六卷。三十三篇与郑注
> 同，二十五篇增多郑注也。其二十五篇者，《大禹谟》一，《五子之歌》二，
> 《胤征》三，《仲虺之诰》四，《汤诰》五，《伊训》六，《太甲》三篇九，《咸有一
> 德》十，《说命》三篇十三，《泰誓》三篇十六，《武成》十七，《旅獒》十八，

---

① 《书古微序》，《书古微》卷首，《清经解续编》第五册卷千二百八十，第600页。

《微子之命》十九，《蔡仲之命》二十，《周官》二十一，《君陈》二十二，《毕命》二十三，《君牙》二十四，《冏命》二十五。但孔君所传，值巫蛊不行以终。前汉诸儒知孔本有五十八篇，不见孔传，遂有张霸之徒於郑注之外伪造《尚书》凡二十四篇，以足郑注三十四篇为五十八篇。其数虽与孔同，其篇有异。孔则于伏生所传二十九篇内无古文《泰誓》，除《序》尚二十八篇，分出《舜典》、《益稷》、《盘庚》二篇、《康王之诰》为三十三，增二十五篇为五十八篇。①

《汉书·艺文志叙》有"孔安国悉得壁中书，以考二十九篇，得多十六篇"一说，二十九篇为《今文尚书》的篇数，加壁中书多出的十六篇为四十五篇，孔颖达《尚书正义·虞书》疏说"篇即卷也"，四十五篇再加《书序》，故有四十六卷。郑玄注《书》二十九篇时，已经分为三十四篇，即将《盘庚》、《泰誓》各分为三篇，以《顾命》"王若曰"下分出《康王之诰》；又将多出十六篇中的《九共》变为九篇，而有二十四篇；二十四篇加三十四篇，故有五十八篇。这就是凡五十八篇，四十六卷所本。而《孔传》在名义上虽然凑足了五十八篇，但只有三十三篇为郑玄注所有，其余二十五篇都是郑玄注《尚书》所没有的。但《孔传》真伪混在一起，又托名孔安国，篇数也合于《汉书·艺文志》，故孔颖达以来许多人都误以为《孔传》就是真正的孔安国所传之《书》，甚至反而将郑玄注多出今文二十九篇之外的十六篇（因《九共》变为九篇，故为二十四篇）的汉代真《古文尚书》说成是伪书："所增益二十四篇者，则郑注《书序》，《舜典》一，《汩作》二，《九共》九篇十一，《大禹谟》十二，《益稷》十三，《五子之歌》十四，《胤征》十五，《汤诰》十六，《咸有一德》十七，《典宝》十八，《伊训》十九，《肆命》二十，《原命》二十一，《武成》二十二，《旅獒》二十三，《冏命》二十四。以此二十四为十六卷，以《九共》九篇共卷，除八篇，故为十六。故《艺文志》、刘向《别录》云五十八篇。《艺文志》又云：孔安国者，孔子后也。悉得其书，以古文又多十六篇。篇即卷也。即是伪书二十四篇也。"② 这是真假的颠倒，③可是，多年来却一直无人揭其谬。

直到宋吴棫以来，人们才开始怀疑《孔传》，梅赜所增二十五篇的"晚书"更成为人们攻击《孔传》的目标。《四库全书总目提要·书纂言提要》说：

① 《尚书正义·尧典》疏。

② 同上。

③ 这种真假的颠倒，在孔颖达《尚书正义》之后，被许多儒生所接受，如魏了翁在《尚书要义序》第十五中关于《泰誓》的论说，就以《孔传》"古文为真"。

"《古文尚书》自贞观敕作正义以后，终唐世无异说，宋吴棫作《书埤传》，始稍稍掊击，《朱子语录》亦疑其伪，然言性言心言学之语，宋人据以立教者，其端皆发自古人，亦无肯轻议者，其考定今文、古文，自陈振孙《尚书说》始，其分编今文、古文自赵孟頫《书古今文集注》始，其专释今文，则自澄此书始。"但是，宋儒"未能条分缕析，以抉其至罅漏，明梅鷟始参考诸书，证其剽剟，而见闻较狭，蒐采未周"①，至清儒阎若璩著《古文尚书疏证》，列 128 条证明《孔传》之伪，《孔传》的真伪才得以解决。清儒惠栋、洪良品等人在其著作中也批评了孔颖达的颠倒真伪之谬。魏源在《书古微》中也极力诋毁《孔传》，认为经、传、序皆伪：

> 东晋晚出之孔安国《古文尚书》伪经、伪传、伪序三者，并发端于《朱子语类》中，尝疑孔书所增《大禹谟》、《仲虺之诰》、《咸有一德》、《伊训》、《太甲》、《说命》、《泰誓》、《武成》、《君陈》、《周官》、《毕命》等十六篇，皆伏生所无，②不应伏生耄年所记皆其难者，而易者反不记，③且西汉以前经与传皆别行，自马融始以注附经，岂得西汉已有附经之传？其孔序庸

---

① 《四库全书总目提要·古文尚书疏证提要》。

② 《尚书一·纲领》，问："林少颖说，盘、诰之类皆出伏生，如何？"曰："此亦可疑。盖书有古文，有今文。今文乃伏生口传，古文乃壁中之书。《禹谟》、《说命》、《高宗肜日》、《西伯戡黎》、《泰誓》等篇，凡易读者皆古文。况又是科斗书，以伏生书字文考之，方读得。岂有数百年壁中之物，安得不讹损一字？又却是伏生记得者难读，此尤可疑。今人作全书解，必不是。"（《朱子语类》卷七八）

③ 《尚书一·纲领》："孔壁所出尚书，如《禹谟》、《五子之歌》、《胤征》、《泰誓》、《武成》、《说命》、《微子之命》、《仲之命》、《君牙》等篇皆平易，伏生所传皆难读。如何伏生偏记得难底，至于易底全记不得？此不可晓。如当时诰命出于史官，属辞须说得平易。若《盘庚》之类再三告戒者，或是方言，或是当时曲折说话，所以难晓。"（《朱子语类》卷七八）魏源亦说："尝读《尚书》，怪《伊训》、《说命》之古文，反易于殷盘、周铭之文，及读朱、吴、梅、阎诸公之论说，始知先汉今文古，后晋古文今也。"（《周颂篇次发微中》，《诗古微》卷六，《清经解续编》第五册卷千二百九十七，第 695 页）

杳，不似夏侯文苍劲之体，甚属可疑，①言之凿凿。乃其徒蔡沈奉命作传，不知引申师说，以判正伪，遂仍旧辙，贻误后学。惟宋末吴氏澄《书经纂言》，专注今文，而古文则但云嗣出，盖托词以斡旋功令也。明人梅鷟始力攻古文，而义多武断，考证尚疏，人多不信。其昌言排击尽发其微者，则始于本朝阎若璩，阎书已收入《四库全书》，而惠栋、江声、孙星衍、王鸣盛、段玉裁亦皆有疏证，惟孙氏知伏生今文《书大传》说之胜于马、郑古文，而尚存两歧，今更廓其暄蔀，穷其闳奥，以尽发马、郑之复，而阐西汉伏、孔、欧阳、夏侯之幽，使绝学复大光于世。②

魏源历数从朱熹以来怀疑《孔传》的各种论说，证明《孔传》经、传、序全部皆伪，对《孔传》持完全否定的态度。这与龚自珍肯定《伪古文尚书》的文本并肯定《书序》是完全相反的，所以，他绝没有龚自珍那样的据《伪古文尚书》考订文本、《书序》的观念，而是认为只有全面的否定《孔传》，西汉《今文尚书》的微言大义才可以得以恢复。他甚至主张要从经学中全面的清除梅赜所伪造的十六篇：

> 夫《毛传》尚可与三家《诗》并存，若伪《古文》之臆造经传，上诬三代，下欺千载，今既经钦定《四库全书提要·古文尚书》下，严词斥驳，质证凿然，便当黜之学校，不许以晚出十六篇出题考试，不许文章称引，且毁伪孔传、伪孔疏，别颁新传、新疏，而后不至于惑世诬民，至马、郑传注之故背今文，臆造古文说者，亦不足以相代，则欲立学官，舍西汉今文家专门之学，其将谁归？夫知东晋梅赜之伪，以返于马、郑古文，本此齐一变至鲁也，知马、郑古文说之臆造无师授以返于伏生、欧阳、夏侯及孔安

---

① 《尚书一·纲领》："《书序》恐不是孔安国做。汉文粗枝大叶，今书序细腻，只似六朝时文字。""小序断不是孔子做！""汉人文字也不唤做好，却是粗枝大叶。书序细弱，只是魏晋人文字。陈同父亦如此说。""《尚书》注并序，某疑非孔安国所作。盖文字善困，不类西汉人文章，亦非西汉之文。尚书决非孔安国所注，盖文字困善，不是西汉人文章。安国，汉武帝时，文章岂如此！但有太粗处，决不如此困善也。如《书序》做得善弱，亦非西汉人文章也。""《尚书》孔安国传，此恐是魏晋间人所作，托安国为名，与毛公《诗传》大段不同。""今观序文亦不类汉文章。汉时文字粗，魏晋间文字细。如《孔丛子》亦然，皆是那一时人所为。""孔安国《尚书序》，只是唐人文字。前汉文字甚次第。司马迁亦不曾从安国受《尚书》，不应有一文字软郎当地。后汉人作《孔丛子》者，好作伪书。然此序亦非后汉时文字，后汉文字亦好。""孔氏《书序》不类汉文，似《李陵答苏武书》。"（《朱子语类》卷七八）

② 《书古例言上》，《书古微》卷首，《清经解续编》第五册卷千二百八十，第601页。

国问故之学,此鲁一变至道也。①

魏源自己也十分清楚,单凭他的呼吁,是起不了什么实质作用的。所以,他只能将希望寄托到皇帝身上,说什么"尽黜伪古文,而以真古文代之,此有待于世之在上能颁布功令者"②。同时,魏源认为更重要的不是否定《伪古文尚书》本身,而是要通过《伪古文尚书》的否定,进到对东汉《古文尚书》的否定,即由齐变为鲁,再通过否定东汉的《古文尚书》,恢复西汉伏生、孔安国的《今文尚书》与《古文尚书》,而由鲁进入至道。魏源以为,由齐变为鲁,即批判《伪古文尚书》的任务已经由阎若璩等人基本完成,而否定东汉的《古文尚书》,恢复西汉的《尚书》学的进于至道,却远远没有完成。他的《书古微》就是为完成这一任务而著作的。

对马郑古文与《孔传》的批评

从东汉马、郑古文不如西汉今古文,《孔传》全是伪书的基本认识出发,《书古微》对马、郑的《古文尚书》与《孔传》都进行了激烈的批评。以马郑的《古文尚书》与《孔传》对《尚书》的训解往往与西汉今古文《尚书》之义不合,不仅都是错误的训解,而且具有离经叛道的极大危害,这是《书古微》批评马、郑古文与《孔传》的主要内容。而以刘歆、卫宏、马、郑、《孔传》对《尚书》的窜改、作伪一脉相承,则是魏源批评的主线。魏源以《孔传》已经清儒的揭伪,而东汉马、郑古文之谬多不为人知,故其批评的重点放在东汉的《古文尚书》上。

《高宗肜日》有"典祀无丰于昵"一语,马融注昵谓祢庙。③ 魏源指出,马融此说是既非古文说又非今文说之说:"以昵为祢庙,不但非今文说,并非古文说也。"完全是一种"诡异凿空"④之论。他还著作了《无逸篇古文发微》与《高宗肜日》相发明,指出马融于《高宗肜日》将殷高宗享国百年,合即位前二十年为一百二十年,改为五十九年完全是个人的"臆改",他还特别批评了马

---

① 《书古例言上》,《书古微》卷首,《清经解续编》第五册卷千二百八十,第601页。
② 《周诰发微下》,《书古微九》,《清经解续编》第五册卷千二百八十八,第643页。
③ 马融注:"昵,考也,谓祢庙也。"见《十三经注疏·尚书正义·高宗肜日》疏引。
④ 《高宗肜日发微上》,《书古微六》,《清经解续编》第五册卷千二百八十五,第631页。

融以太甲之事记于祖甲之上①的谬误：

> 何为改太甲为祖甲？谓高宗有子祖庚不立，欲立祖甲，祖甲以为不义，逃之民间，马、郑创之，《伪古文》从之，遂与《史记》祖甲淫乱，殷复衰之语大相矛盾，后人将信《史记》真古文乎？抑信马融等伪古文乎？况古文传自刘歆。②

据《史记·殷本纪》记载，太甲为汤之孙，大丁之子，开初虽一度乱德，但终为贤君，被誉为太宗。③ 祖甲为殷高宗武丁之子，系为淫乱之君。④ 则太甲与祖甲为祖孙关系，一为有德的贤君，一为淫乱之君。马融臆改祖甲为太甲，"以淫乱之主冒为贤君，移于高宗之下，诬经不祥，诬贤圣之君无法，非孝者无亲，立一谊而不道者三，罪岂在伪孔下哉"⑤？"何非圣乱经，亦至此哉"⑥！认为马融的这一窜改，有离经叛道的三大罪，比《孔传》之伪的危害性还要大。批判最终归结为对叛经背道的指责，是魏源批判《古文尚书》与《孔传》失误的根本所在。魏源还指出古文出于刘歆，这里所说的古文不是指西汉的《古文尚书》，而是指东汉杜林、卫宏、马融、郑玄的《古文尚书》，这实际上是将刘歆视为东汉《古文尚书》之源。而《无逸》为《今文尚书》二十九篇之一，魏源以《孔传》中的《无逸》多有马融的窜改，也就是以今本《孔传》不仅有梅赜之伪，而且有马融等人的窜改。

郑玄是马融之后东汉最有名的古文经学家，魏源对郑玄的批评不亚于马融。郑玄在《礼记·大学》解《帝典》"峻德"为大德，"克明峻德"为自明其德；孔颖达循其说，在训《康诰》、《太甲》、《帝典》时，皆以人君自明其德为说。

---

① 魏源所指系如下一段话："其在祖甲，不义惟王，旧为小人。作其即位，爰知小人之依，能保惠于庶民，不敢侮鳏寡。肆祖甲之享国，三十有三年"。见《十三经注疏·尚书·无逸》。

② 《无逸篇古文发微》，《书古微十一》，《清经解续编》第五册卷千二百九十，第649页。

③ 《史记·殷本纪》说："帝太甲既立三年，不明，暴虐，不遵汤法，乱德，于是伊尹放之于桐宫。三年，伊尹摄行政当国，以朝诸侯。帝太甲居桐宫三年，悔过自责，反善，于是伊尹乃迎帝太甲而授之政。帝太甲修德，诸侯咸归殷，百姓以宁。伊尹嘉之，乃作《太甲训》三篇，褒帝太甲，称太宗。"

④ 《史记·殷本纪》说："帝武丁崩，子帝祖庚立。祖己嘉武丁之以祥雉为德，立其庙为高宗，遂作《高宗肜日》及训。帝祖庚崩，弟祖甲立，是为帝甲。帝甲淫乱，殷复衰。"

⑤ 《高宗肜日发微上》，《书古微六》，《清经解续编》第五册卷千二百八十五，第631页。

⑥ 《无逸篇古文发微》，《书古微十一》，《清经解续编》第五册卷千二百九十，第649页。

而郑玄注《尚书》的典、诰时,则又改释"克明峻德"为明用才俊之人。魏源指出:"克明峻德"《史记》作'能明驯德',徐广读'驯'为'训',言尧能明其训九族之德者何?《白虎通》引欧阳、夏侯《今文尚书》说九族为父族四,母族三,妻族二;郑氏则谓高祖至元孙为九族者何? ⋯⋯凡《今文尚书》作'顺'者,《古文尚书》皆作'训','训''顺'假借,'训''顺'诂义,孝之为言顺也,尧舜之道孝弟而已矣。⋯⋯《史记》所传古文说,与平当所传今文说,皆与《大学》自明若合符节。"①依据《史记》、西汉今文经学的说法,魏源以为所谓"克明峻德"就是明顺九族之德,而九族不得施于同姓,所以,郑玄关于"克明峻德"的两种训解,不仅自相矛盾,而且都是不正确的。而明顺九族之德,就是孔子以来儒家最为重视的孝悌,魏源对西汉今文经学微言大义的类似发挥,说明儒家的伦理纲常构成了魏源所谓微言大义的主要内容。同时,魏源以西汉今文说的九族不得施予同姓,也就肯定了九族说应该包括父族、母族、妻族的说法,而否定了郑玄以高祖至元孙为九族之说。

除了分别的批评马融、郑玄外,魏源在更多的地方是将马、郑并提,一起进行批评。如关于《尚书》记载微子问询太师、少师之事,"马、郑古本作父师、少师,而注为箕子、比干"②。魏源据《汉书·儒林传》有"司马迁从孔安国问故"的记载,而认定《史记》所载《尧典》、《禹贡》、《洪范》、《微子》、《金滕》诸篇,多为孔安国的古文说。《殷本纪》、《宋世家》、《周本纪》所载微子事,③必定是西汉《古文尚书》说。依据《史记》这些的记载,魏源断定微子所问乃乐官太师疵、少师强,绝不是马、郑《古文尚书》所说的箕子、比干,而微子问询的时间在比干已死,箕子已囚之后。因此,魏源批评说:"此马、郑古本卫宏

---

① 《尧典释经·克明峻德以亲九族义》,《书古微一》,《清经解续编》第五册卷千二百八十,第 604 页。

② 《微子篇发微》,《书古微六》,《清经解续编》第五册卷千二百八十五,第 632 页。

③ 《殷本纪》曰:"帝乙长子曰微子启,启母贱,不得嗣。少子辛,辛母正后,辛为嗣。"是为纣。"纣愈淫乱不止。微子数谏不听,乃与大师、少师谋,遂去。"既而纣杀比干,剖其心,囚箕子,"殷之大师、少师乃持其祭、乐器奔周。"《宋微子世家》曰:"微子开者,殷帝乙之首子而帝纣之庶兄也。纣既立,不明,淫乱于政,微子数谏,纣不听。及周西伯昌灭阢国,祖己谏不从,微子度纣终不可谏,欲死之,及去,未能自决,乃问于太师、少师若云:'今诚得治国,国治身死不恨,为死,终不得治,不如去。'箕子详狂为奴,比干者谏死,微子曰:'人臣三谏不听,义可以去矣。'于是太师、少师乃劝微子去,遂行。周武王伐纣克殷,微子乃持其祭器造于军门。武王乃释微子,复其位如故。"《周本纪》曰:"昏乱暴虐滋甚,杀王子比干,囚箕子。太师疵、少师强抱其乐器而奔周。"

所伪造,断断非安国古文之明证也。"①并请列五证来加以证明。我们只抽取五证之一,以明魏源辩证之一斑:

> 父师不可名官,即《周礼》亦无太师、少师之名,司徒所属有师氏、保氏,掌五礼六乐,以教国子,诏王□②,谏王恶,乃中大夫、下大夫之职,惟《大戴礼·保傅篇》:"成王幼,在襁褓之中,周公为太保,召公为太师,此三公之职也。又立三少,皆上大夫,与太子宴。"③此乃太子官属,一时权设,为《周官》所无。故《周礼》只有孤卿,而无三孤之名,自王莽始立三公、三少官,载于《百官公卿表》,刘歆遂臆造箕子在父师之位,与《洪范》之说相傅会之,而郑氏遂以莽制说《尚书》,谓父师三公之官,少师者孤卿之官,为太师之佐,以箕子、比干当之,于是东晋伪古文遂撰《周官篇》三公三孤④,以实其制,岂知《周官》所无,何况殷制?史迁、孔安国所未知,何谓古文?况在杀比干之后,何得尚有比干可咨其谬,一也。⑤

这里考辨三公、三少的官制,在周代并无其制,至多不过是一时的权宜之计,只是到王莽篡汉时才有三公、三少的官制。刘歆于是臆造箕子在父师之位,郑玄又以王莽的官制说《尚书》,而有箕子、比干为父师、少师之说,至梅赜在《孔传》又伪造《周官篇》,将《周官》本来没有的所谓三公、三孤,附会为周代的官制。魏源之说不一定准确,但是通过如上辨析,就将王莽的篡汉与刘歆的作伪联系了起来,又将东汉的《古文尚书》与东晋的《伪孔传》视为刘歆作伪的承继与发展,这是对刘歆以来《古文尚书》的全盘否定。尤其是将王莽篡汉与刘歆作伪相联系,开启了后来廖平的刘歆作伪是为了迎合王莽篡汉之说。但是,魏源并不否定古文经学的典籍《周官》,认为《周官》仍是可信的典籍,不存在刘歆的作伪,而廖平则以《周官》为刘歆作伪的产物,其说正相反对。

---

① 《微子篇发微》,《书古微六》,《清经解续编》第五册卷千二百八十五,第632页。

② 此字不明。

③ 魏源此说与原文不完全符,今本《大戴礼·保傅篇》原文:"周成王幼,在襁褓之中,召公为太保,周公为太傅,太公为太师。保,保其身体;傅,傅其德义;师,导之教顺,此三公之职也。于是为置三少,皆上大夫也。曰少保、少傅、少师,是与太子宴者也。"不知是魏源时所见文本不同于今本,还是魏源的引用有误。

④ 指《孔传·周官篇》的如下一段话:"立太师、太傅、太保,兹惟三公。论道经邦,燮理阴阳。官不必备,惟其人。少师、少傅、少保,曰三孤。贰公弘化,寅亮天地,弼予一人。"

⑤ 《微子篇发微》,《书古微六》,《清经解续编》第五册卷千二百八十五,第632页。

　　不仅郑玄据王莽的官制说《尚书》，王莽篡汉也借《古文尚书》以文奸。《古文尚书·书序》说："召公为保，周公为师，召公不说，周公作《君奭》。"《王莽传》载群臣上奏亦引此篇为说曰："周公服天子之冕，南面而朝群臣，发号施令，常称王命。召公贤人不知圣人之事"云云。① 魏源据这二则材料以为，王莽篡汉就是依据东汉的《古文尚书》之说，来给自己的龌龊政治勾当蒙上一道圣洁的遮羞布：

> 　　此篡贼之党，藉六艺以文奸言，不足齿。……此古文家说也，毕竟何以不说，致马融有疑其苟位贪宠之语，大碍经义者何？……以俗儒之腹度圣贤之心，而犹谓之说经，谓之古文家也，哀哉！②

古文家马融等人的说法完全是离经叛道，是对周公人格的极大诬蔑，而王莽篡汉又借以作为理论工具。魏源以此批评古文家的说经，根本谈不上对经典的正确训解，不过是为王莽之流的野心家提供犯上作乱的理论依据。郑玄据王莽官制说《尚书》，王莽又借《古文尚书》作为篡汉的理论依据，这就双重地否定了古文经学的价值，将《古文尚书》与王莽篡汉不可分地联系在一起。

　　《孔传》已有阎若璩等人的系统揭伪，魏源对其批评虽不如对马郑的《古

---

　　① 《汉书·王莽传上》全文如下："于是群臣奏言：'太后圣德昭然，深见天意，诏令安汉公居摄。臣闻周成王幼少，周道未成，成王不能共事天地，修文、武之烈。周公权而居摄，则周道成，王室安；不居摄，则恐周坠失天命。《书》曰：'我嗣事子孙，大不克共上下，遏失前人光，在家不知命不易。天难谌，乃亡坠命。'说曰：周公服天子之冕，南面而朝群臣，发号施令，常称王命。召公贤人，不知圣人之意，故不说也。《礼·明堂记》曰'周公朝诸侯于明堂，天子负斧依南面而立。'谓'周公践天子位，六年朝诸侯，制礼作乐，而天下大服'也。召公不说。时武王崩，缞粗未除。由是言之，周公始摄则居天子之位，非乃六年而践阼也。《书》逸《嘉禾篇》曰：'周公奉鬯立于阼阶，延登，赞曰：假王莅政，勤和天下。'此周公摄政，赞者所称。成王加元服，周公则致政。《书》曰：'朕复子明辟'，周公常称王命，专行不报，故言我复子明君也。臣请安汉公居摄践祚，服天子韨冕，背斧依于户牖之间，南面朝群臣，听政事。车服出入警跸，民臣称臣妾，皆如天子之制。郊祀天地，宗祀明堂，共祀宗庙，享祭群神，赞曰'假皇帝'，民臣谓之'摄皇帝'，自称曰'予'。平决朝事，常以皇帝之诏称'制'、以奉顺皇天之心，辅翼汉室，保安孝平皇帝之幼嗣，遂寄托之义，隆治平之化。其朝见太皇太后、帝皇后，皆复臣节。自施政教于其宫家国采，如诸侯礼仪故事。臣昧死请。'太后诏曰：'可。'明年，改元曰'居摄'。"

　　② 《君奭篇发微》，《书古微十一》，《清经解续编》第五册卷千二百九十，第 649－650 页。

文尚书》，但也时有批评。如关于《周书》的《康诰》等篇的时代问题：

> 《伪孔传》以《康诰》、《召诰》皆七年致政后之事，岂王城、下都两大
> 役并成于一岁中耶？岂迁殷顽、建侯卫、制礼乐诸大政，亦皆迟至七年
> 致政以后，而摄政时，竟无所事事耶？且营建皆在七年，则未致政以前，
> 庶邦冢君觐于何所？赐币于何地耶？此其谬妄，殆不足辩，而宋之浅儒
> 多信之，皆移《康诰》之序于《洛诰》之首，并以《康诰》为武王命康叔之
> 书，岂武王已知三监、殷民叛乱之事耶？岂《左氏》祝□鲁、卫并封于成
> 王之语，亦不足证耶？总之，周公相成王，大政在此数篇，而《康诰》、《梓
> 材》分建鲁、卫，以安殷七族之心，《召诰》营建王都，以定四方之志，《洛
> 诰》营建下都，制礼乐，所以终化殷之政，而成文武之功，似数事而实一
> 事，其大旨皆在《康诰篇》首一序。此伏生《大传》胜于刘歆《律历志》，及
> 《伪孔传》者。①

周公在武王去世后，因成王年幼，曾摄政七年。魏源以为《康诰》、《梓材》、
《召诰》、《洛诰》诸篇，就是周公摄政七年诸大政的记载，其中包括迁殷顽、建
侯卫、营建王都与下都、制礼作乐等，但是，《孔传》却以《康诰》、《召诰》是周
公还政于成王之后，这就否定了周公摄政七年的功绩。至于宋儒因《孔传》
之误，进一步以《康诰》为武王命康叔之书，更是不合《左传》、《史记》的谬说。
与批评马、郑《古文尚书》一样，魏源在这里最后也归结为对西汉《今文尚书》
的肯定，并将否定《孔传》与刘歆联系起来。

当然，对东汉马郑的《古文尚书》与《孔传》，魏源有时还是有区别的。魏
源以为，马郑的《古文尚书》虽然远不如西汉，但是，也有千虑一得。如《汉
书·梅福传》、《白虎通》、《论衡·感类篇》等谓成王以臣礼葬周公，皇天动
威，及葬以王礼，即有反风之应，并据以说《金縢》所载天变发生在周公身后，
这是西汉今文家说。但东汉马、郑古文说则以《金縢》所言天变在周公居东
时，这两种说法凿枘不入，可是，魏源在论《金縢》的前篇时却从西汉今文说，
后半篇却用东汉古文说，而被人讥为自乱其例者。魏源对此辨析说：

> 《史记·鲁世家》末又兼采杂说，谓成王少时病，周公□爪沈河，以
> 祷于神，成王病愈，人或谮周公，周公奔楚，成王发府，见公祷书，乃反周

---

① 《周诰发微中》，《书古微九》，《清经解续编》第五册卷千二百八十八，第642页。

公。《易林》……大同小异,此则更出今古文说之外,若斯乖异者何?伏
生所得二十九篇内,《太誓》、《金滕》皆残缺不全,而《书序》言,周公在
丰,将没,欲葬成周,公薨,成王葬于毕,告周公,作《亳姑》。则《大传》、
《史记》所述,周公卒后,秋大熟未获,以下或是《亳姑篇》之佚文,合于
《金滕篇》内,未可知也。惟是《亳姑篇》既不存,而突以周公卒葬之文,
承于王亦未敢训周公之下,则上篇无尾,下篇无首,横决不属,且成王启
金滕,与周公纳策金滕,事比属词,无以决其《亳姑篇》之文,窃疑未敢训
公之下,必有缺文,合之两美,离之两伤,故后半篇不如从马、郑说以定
经义,而息斗争,非如前半篇郑注之支离害道,不可用,西汉今文千得岂
无一失,东汉古文千失岂无一得,并行不悖可也。①

魏源以为伏生《尚书》中的《金滕》与《泰誓》一样,残缺不全,而据《书序》言成
王葬周公后,曾作《亳姑》以告周公之灵,故怀疑《金滕》篇中后半篇可能是
《亳姑》篇的文字。但是,魏源又从《春秋》属词比事的笔法而论,成王启金滕
与周公纳策金滕二者可以相属比,而《金滕》后半篇的反风记载,若是周公死
后之事,则不合属词比事的法则,所以,魏源不以《金滕》后半篇为周公死后
之事,而取马、郑古文系于周公居东之时。魏源此说,可以较好地解说《金
滕》篇的问题。西汉今文千得岂无一失,马、郑古文千失岂无一得之说,表明
魏源对西汉今文的肯定,与对东汉古文的否定并没有绝对化。

魏源否定《古文尚书》的系列,只是《书古微》对《尚书》的一方面的观念,
《书古微》还有更重要的方面,就是阐发以西汉《今文尚书》的微言大义。这
两个方面,一个从肯定、正面的角度,一个从否定、反面的角度,展现了魏源
对《尚书》的认识,只有综合这两个方面才可以对魏源的《书古微》有一个全
面的认识。而他的否定《古文尚书》,不过是为了证明只有西汉的《今文尚
书》才是孔子的唯一真传,所以,这一方面的内容并不是魏源《书古微》的主
要观念。但是,却是理解魏源的《尚书》学所必须进行探究的问题,而这一方
面的研究恰恰较为薄弱。这是本文较为详细加以讨论的原因,也希望以此
引起人们对《书古微》进一步深入研讨的兴趣。

① 《金滕篇发微下》,《书古微八》,《清经解续编》第五册卷千二百八十七,第640页。

江南学者在洋务运动现代意识
转换中的作用

李似珍

论及近代中国人对西方现代性意识的接纳,学术界大都自 19 世纪鸦片战争而跳至戊戌变法时期,而对介乎其间的洋务运动时期(约在 1860—1895 年之间),则较少关注。这或是因为在人们的印象中,当时的人们基本上还是固守着"中学为体、西学为用"的观念,只是在"器用"即具体知识意义上认同西学。这样的思想特征,不仅体现在被称为在朝廷中推行洋务政策的曾国藩、李鸿章那里,还包括了继承魏源思想的王韬、冯桂芬等成为资产阶级改良派的人物。确实,相对于诸如康有为、梁启超、严复等维新变法时的风云人物,这一时期的人多注重实务,而在思想观念的更新上显得相对平缓。然而,一个社会对某种外来文化的涵化(acculturation)往往是渐进的过程,即使在缺乏精英的时代,对西方现代化的考量也已经出现,而随西方现代知识引进的,还有与之相应的现代观念的接受。他们的各种思想理念影响了后人,是中国人进入戊戌变法阶段思想激变的重要原因。所以了解这一时期人们接受西学现代意识的状况,能使我们更准确地把握近代中国思想(包括科学思想)发展的轨迹,也可对《科学》杂志所传播的思想理念有更为深入的了解。

"格致"形上意义之辨认

其实笼统地讲洋务运动时期的人物,范围还是过大,活跃于这一时期的,有处于决策层的朝廷官员如曾国藩、李鸿章、左宗棠、张之洞;有留学海外有过"开眼望世界"的留学生如容闳;而本文所涉及的主要是洋务运动中从事于自然科学知识的传播、实践、教育等活动的人物,他们包括李善兰、徐寿、王韬、华蘅芳等等。笔者认为这些人基本都出生于较早对外开放的江浙一带,家境富裕,故具备学习自然科学的条件,又较少受传统理学观念的束缚。阅读这些人的生平事迹,可见他们多言及他们是在家里找到有关自然科学、主要是数学等西方传来的书籍，然后才对其学发生兴趣的。这里说明，在江南一带，家藏翻译的西洋科学书籍已成为风气，而世俗也不再认定家中弟子只有考举、做官这一条发达之路。

这些学者于 18 世纪中叶时，又通过在上海建立的墨海学馆参与编译西学书籍等活动，获得与传教士接触，深入了解西方文化的机会。以后他们又通过参加曾国藩、李鸿章的洋务运动，在上海参与组建江南制造局主持、创办"格致书院"等新式书院的方式，成为当时新思想的传播者。由于当时处于官僚阶层的曾国藩等人受到本身地位的束缚，不能在思想行为上有太多的自由度，而海外留学者人数尚少，故在当时发生实际影响，便是这样的一些人。探讨他们的思想，对我们了解当时的现代性意识的进展，有着重要的意义。

现代学者已经指出，中国的现代性是通过作为主义话语与世界观特性的科学而确立其合法性的。① 不过这种对科学的关注是处于危机感而出现的。鸦片战争爆发之后，魏源等中国的有识之士提出"师夷之长技以制夷"的口号②，意识到学习西方先进技术的重要性和迫切性。这也是洋务运动时期一些学者翻译介绍西方自然科学知识的原因。问题是在魏源那里，向西方人所学的只能是"技"，而在"道"的方面则仍应以中国传统的理念为本。而到了李善兰、徐寿、华蘅芳等人那里，这种"技"已被称为了"格致"之学，而对其中的内涵也有了自己的理解。

李善兰(1810—1882，浙江海盐人)等人，积极参加上海的墨海学馆活动，在沪期间，他曾将有关从西方传来的数学、天文、地理、力学等自然科学知识定位于"实学"，并借用前人"格致"一词来称呼它。这种提法可追述到明末的徐光启(1562—1633，上海徐家汇人)，他曾将学问分成三种，认为大致由西方传教士携来中国的科学知识类可称之为"格物穷理"部分。③ 而在洋务运动时人们开始更多地沿用此等说法，如 1866 年美国传教士丁韪良(W. A. P. Martin)把编译的有关数学、物理、化学等知识的书命名《格物入门》；傅兰雅、李善兰把牛顿的《自然哲学的数学原理》译名为《数理格致》。即是此例。

---

① 如台湾现代学者牟宗三曾言："近代的精神……是为科学所领导，环绕科学而形成的。"见《论"上帝退隐"》，《牟宗三先生全集》第 9 卷《道德的理想主义》，联合报系文化基金会，联经出版公司 2003 年版，第 244 页。

② 魏源：《海国图志》，岳麓书社 1998 年版，第 2 页。

③ 徐光启：《几何原本序》。

不过对于这些学问是否具有形上之意义,当时的学者看法并不一样。美国传教士林乐知曾把它归于文化知识中的重要内容。他说西学有三个组成部分:"一是神理之学,即天地、万物本质之谓也;二曰人生当然之理,即诚、正、修、齐、治、平之谓也;一曰物理之学,即致知格物之谓也。"①这里提出西学应包含哲学、社会科学、自然科学三个部分的思路。另外像以后担任过京师同文馆总教习的丁韪良也强调:"格致之学,意在即物而明其理,即事而求其故。……自古好学深思之士,尤留意于斯者,本非假以营利,乃在究察造物之底蕴,足以增人力而厚人生焉。"②他所要说明的是科学技术虽有技巧的功能,但更重要的作用在于"求知本身"。他们在各种场合介绍由培根而来的西方科学理论、科学理念、方法较之单纯的工艺制造技术来得重要得多。这种思想应当说是在当时社会发生一定的影响的。

如创建格致书院的徐寿(1818—1884,江苏无锡人),就曾在他们主办的《格致汇编》创刊号中分辨"格致"之意,提出:"中国之所谓格致,所以诚正治平也;外国之所谓格致,所以变化制造也。中国之格致,功近于虚,虚则伪;外国之格致,功征诸实,实则皆真也。"③这里把自然科学的探讨放到了与中国传统学术平起平坐的地位,并提出通过前者能获得真实的学问,而传统文化中的"格致"反倒是虚伪无用的假学问。这样的说法中包含着这样一些潜在的认定:一、"格致"已不是"技巧"的代名词,它是一门独立知识谱系的学问,与中国传统主要源自道德理念的学术处于同等的地位。这里有对林乐知文化三大组成部分观点的接受。二、科学具有导致向真的作用,所以它从事实出发,承担了为事物进行分类的功能。这种观念与丁韪良的思想也有接近之处。这里无疑蕴涵着现代性意识的基础。当然,相对于以后的科学派中人,洋务运动中的学者群对科学的认识还是较为朦胧,有的只是一些不自觉的感触。但是这种思想毕竟与坚持"中体西用"、"道本器末"的观念有很大的不同,是向形成科学的世界观迈出的一大步。

应当说,当时的中国人将中西文化区分出"形上形下",并提出"道器"关系问题,除了认识上的狭隘之外,还有民族自尊心在其中起作用。所以连介绍过西方社会制度的王韬(1828—1897年,江苏吴县人)也坚持"形而上中国也,以道胜;形而下西人也,以器胜。"④当然他认为两者间并无截然之间隔,

① 林乐知:《中西关系论》,申报馆代印1882年版,第13页。
② 《西学考略》卷下"西学源流",第62页。
③ 徐寿:《拟创建格致书院论》。《申报》同治甲戌正月28日,574号。
④ 《弢园尺牍》"与周弢甫征君",中华书局1959年版,第30页。

后者是通向前者的载体："道不能即通，则先假器以通之，火轮舟车皆所以载道而行者也。"①这种思想在以格致为终生追求的学者那里得到了深化。如出身于无锡世家的华蘅芳(1833—1902年)，曾在早年诗中曰："家有万卷书，寒暑不辍披，揣磨得精义，里间推经师。久事忽厌弃，雕虫非吾为。"②意为他曾走过传统文化的老路，因熟读经书而获得"经师"之名声。但是后来却自动地放弃了此业，感觉到这只不过是一种"雕虫小技"。这里在把被中国封建王朝奉为正宗的儒家经学贬为"雕虫小技"的同时，也推崇了有功于国家经济、军事实力发展的科学技术的地位。这与徐寿认格致之学为真才实学的观点是相通的。

华氏上述思想并非偶然得之，同例可举出他的《读书有感》、《感怀》等诗为证。前诗中有"终宵坐兀兀，嗜古笺虫鱼。欲以奥博骋，拈毫转趑趄"句；后诗中言："谩恃高才能倚马，众教绝技等屠龙。灵砂果得还丹术，愿谢人间万户封。"③两诗中均明确指出，儒学经文训练出的只是能套搬陈言的"高才"，他们不过是些握有屠龙绝技的人而已。虽然在现实中也可借此获取高官厚禄，但与世无补，故自己并不羡慕。华氏认为不如去学制得灵砂的还丹术，这样能对社会有所贡献，自身的价值也得以实现。其实华蘅芳生平，并无从学道教之术的经历，所以这里所说的灵砂还丹术，还是指类似化学冶炼的科学技术方法。④ 这里明确把传统文化之"道"视为无补于世的绝学，而将格致之学的地位推到了首位，在关于"道"与"器"的分辨中表明了不同于前人的态度。

中国传统哲学多把知识与人生境界联系在一起考虑，而对科学知识与常识经验在人的生存中的作用则较少加以关注，西方科学特别是由牛顿、拉普拉斯所代表的近代科学的传入，改变了传统中国在历史过程中所形成的世界经验，传递出一个新的以科学知识为主体的物质性世界图像。洋务运动时期，能像华蘅芳那样跳出正统文化巢穴，把沿袭传统的理学之"道"放到了次要的位置，而把科学技术尊之为学问的本根。并终生实践"格致"之学的人虽不多见，但他们的所言所行无疑在当时社会发生观念上的冲击作用。它促使人们以新的角度对自然、社会与历史进行诠释，与之相应的价值取向

---

① 《原道》，见《弢园文录外编》卷一，中州古籍出版社 1998 年版。

② 华蘅芳：《拟古二首》，《行素轩文存》，民国刻本。

③ 均刊《行素轩文存》。

④ 华蘅芳曾有"蓬莱总是蛟螭窟，云雾迷漫莫久淹"(见《由上海乘轮船至九江复雇渔船至安庆作诗次行》，《行素轩诗存》)句，可见其不信奉道教神仙之说。

亦由此生发。这样便为后来人们的吸纳"近代的精神"，作出很好的示范，提供了相应的条件。

古今中西关联及创新理念的生发

洋务运动中的学者群有一个很好的做法，那就是他们把对科学知识的介绍与具体的科学研究活动结合了起来。李善兰、徐寿、王韬、华蘅芳等学者，都曾有过编译出版自然科学书籍，研制军舰兵器，开办新式学堂的经历。通过研究与思想交流，他们对什么是科学的理论结构、什么是科学发现的模式及什么是科学的方法论等，都有了相当的了解。在此基础上形成了不同于前代的理性观念，它们包括中西古今的贯通、创新发展等等。这些思想不仅在科学研究方面具有意义，而且有着社会思想、价值观念方面的普适性，它们使近代西方文化观得以流行。

这些思想观念所引出的，首先是对于西方科学知识更为理性、客观的分析。这一观念是与西方近代文化观相契合的。在明末清初，西方的数学、天文等自然科学知识，已通过传教士利玛窦等的介绍传入中国。但当时的人出自老大帝国的心理，总还是半推半就，在承认西方科学知识有所补益同时，又要强调一下此间之理实于中国古时已经存在，不过是旧调重弹而已。如清帝康熙便说："夫算法之理，皆出自《易经》，即西法算法亦善，原系中国算法，彼称为阿尔珠巴尔者，传自东方之谓也。"①此种观念影响了一代人，甚至连与利玛窦共承翻译西学之任的徐光启，及作有《畴人传》（畴人：历算学者）的阮元，亦难免其俗。徐光启曾言算术之学实古已有之，引进西方的算数之学，不过是恢复中国固有之文化而已。② 阮元亦谓"中土之法精微深妙，有非西人所能及者"，③故西学实源于中学，并无多少高明之处。此种言论一直延续到魏源之时，而洋务运动时人在此问题上不再囿于传统之局限。

如华蘅芳曾在肯定利玛窦、徐光启翻译入中国的《几何原本》意义时说："《几何原本》为西法中最古之书，不言法而言理，不言数而言象，盖彻于立法之源。凡《九章》所不及者无不赅也。"④这是说这本书自有其言数学之独到

---

① 见蒋良骐《东华录》第 348 页，中华书局 1980 年版。
② 参见徐光启《刻同文算指序》，《徐光启集》，上海古籍出版社 1984 年版，第 79－80 页。
③ 语出《畴人传》。
④ 《论加减乘除开方之用》《学算笔谈》卷 5，上海文海书局石印本。

角度,这是中国传统算术书籍中所未曾涉及的。进而华氏又对其他的中西方数学著作的作用作出分析。说:"观秦道古《数书九章》,则知有求一之术;观《梅氏丛书》及《数理精蕴》,则知有弧三角对数之术;观罗氏观我生室,或丁氏《白其堂丛书》,则知有天元四元之术;观代数学及代数术,则知天元之外更有代数之术;观《代数微积拾级》及《微积溯源》,则知代数之外更有微分、积分之术。"它们各有提示数学法则及其理路的方法与侧重面,结合起来便能得到数学演算的较为全面的知识。它们虽然产生于不同的地域与时间段,有不同的适用性,但总起来看,经历了一个由浅入深、逐渐深入的过程。"古人创术之时,……自以为巧密",而后来的人又发现了其中的不足,"以古术为疏拙"。"后之视今,亦犹今之视昔"。① 这里从其对数学的了解出发,而对古今的关系做出了辩证判断。

华氏认为中西不同书籍中对算术各法的提示,反映了人类从古至今对数学奥秘的探索历程,是人类思想中的精华。有的人却囿于一隅,不肯再及其他,如已学了几何的人不再学天元,学了天元的又不肯学代数,这都是受到区分中西之学所致。所以"善学算者不存先入之见,亦不存中西之见,故其学无止境,亦无限量"②。这里把自然科学看作是不分国界的人类共同文化财产,体现了较高的文化意识境界。

中国历史上有关古今关系的分辨,受历史循环论的影响,儒、道等诸家学派往往将理想社会推之于上古时代,尧舜等祖辈已经为我们设计了最为合理的框架,后世之人只要顺此而行就能获得最好的生活状态。华蘅芳现在却冲破了这种思想传统,提出古今相通、今胜于昔的观点,与古代中国传统观念有了很大的不同。其实在西方社会也曾出现过关于古今关系的辨认。欧洲中世纪信奉的是"黄金时代"(a golden age)说,它认为古代存在着一个"化美俗良,德福并茂"的黄金时代,以后人类却"世道日衰,人心不古",由黄金时代降而为白银时代、黄铜时代、黑铁时代。到了16世纪末后,社会上开始流行历史进步的新观念,他们提出"自然动力永在与不灭"原则,而历史进步的动力则来自知识的进展。③ 而这成为以后培根提出"知识就是力量"、笛卡儿提出知识上的进展必定造成历史进步的思想前提。现在华蘅芳虽然没有从理论上展开自己的观点,但提示了把过去、现在、将来连贯起来考察的思想方法,提示整个人类有着古今中西的关联,这为我们更好地理解

---

① 《论观书之法》,《学算笔谈》卷5。
② 同上。
③ 参见法国历史学家鲍丹(Jran Bodin)鲁雷(Louis Le Roy)的相关论述。

社会的现状提供了条件。

他的思想反映的是当时人们整体认识社会能力的提高。如他在上海格致书院所教的学生王佐才，就曾在其作文中写道："自格致之学一出，包罗一切，举古人学问只芜杂一扫而空，直足合中外而一贯。盖格致学者，事事求其实际，滴滴归其本源，发造化未泄之苞符，寻圣人不传之坠绪，譬如漆室幽暗而忽燃一灯，天地晦冥而皎然日出。自有此学而凡兵、农、礼乐、刑政、教化，皆以格致为基，是以国无不富而兵无不强，利无不兴而弊无不剔。"①这里在认格致为实学的前提下，提出了"合中外而一贯"的观点，这是对当时社会古今中西之辩作出的很好回答。

从古今中西之争引出的，其实是一种关于"新"与"旧"关系的辨认。中国传统儒家文化不仅缺乏以求知为本位的学术传统，而且不鼓励创新精神。特别是宋明之后，官方要求子民唯上唯经是从，稍有游离便被加上离经叛道的罪名。所以传统经学成为与创新格格不入的教条。洋务运动时期的学者在这方面有了自己的看法。许多传教士如丁韪良、李佳白、林乐知等都在这方面提出意见。他们认为中国人的崇古心理来自儒家文化的保守性，以圣人的价值判断为最终依据，致使国家颓而不振。这是中国社会走向现代化的强大阻力。

这样的思想对洋务运动期间的学者产生了影响。如华蘅芳曾撰《论学算之法》一文，对作为科学技术中的领衔学科数学加以分析。认为算学有法可循，"综而计之大约可分为两类：一为阐明学理以成著作，一为推演数施之实用。""学算者之志向，若只求见用于当世，为衣食名利之计，则只须熟习整数、分数、小数之三种加减乘除开方，再从各书中摘录测量推步各种成法，藏之匣中，便已无所不能算矣。……若非急于求用而务欲阐明数理，则其所学之事非株守成法者所可比。盖因数学中深奥之理无穷，则其明理之法亦非一端所能尽。故必兼综各法，乃于理无障碍之处也。"②这里明确把只知应用不寻其理的人称为株守成法者，可见其与传统俗见之不同。

根据中国传统道器相分的观念，算术原本是实用之学，所以理应以"演数"为常态，而欲在"明理"上提出己见者，多半被认为是"能说而不能行"者。华蘅芳特意针对这个问题，提出了自己的见解。他说施之实用的演数者"只能用法"，而阐明学理者却能创法。"凡演数者所用之法，皆明理者之所创

---

① 见王韬主编《格致书院课艺》第 1 册，上海富强斋书局石印本 1898 年版。

② 《学算笔谈》卷 5。

也。""算法古疏今密,古拙今巧,苟非明其理而精益求精,安能至此乎?明理之人譬如创业,演数之人譬如守成。其劳逸难易有不可同日而语者。"可见传统观念中视演数为当然的想法,是不足取的,它的流传可能会造成阻碍这一学科发展的后果。这里从学术进步的观点出发,充分肯定了"明理"所具有的创见作用。

关于数学中之理,我们的前人也曾有所涉及。如南宋时期的数学家秦九韶曾把数学定义为"究造化之源"①,他提出"数理精微,不易窥识"②,所以在数学理论上有所建树,比从事具体计算所得成果更为困难。他通过"穷年致志,感于梦寐",给"元数"、"收数"、"复数"、"衍母"、"乘率"等一系列概念下定义,为提示解题方法提供了条件。但他将由数获得的"道"与《易传》的天地之道相互联系,并认为可以通过推衍卦象得到贯通,走的又是以道统术的老路。华氏写作《论学算之法》,约在 1882—1883 年。此前对其有过重大学术影响的数学家李善兰虽然也有"西土盖善求其故"③、洋人智巧我能为之等思想,但在将此观点运用于分析中国传统科技方面,尚未有所作为。而华蘅芳则通过自己的独立思考,对"明理"的作用加以了充分的肯定,指出其作用是多方面的。"明理之人非但能创前所未有之法,又能因为创而将从前已有之法改之,使更便于用。故有至难之法,一变而为至易者;亦有至繁之法,一变而为至简者。"也就是说创新其实是多层面、多方位的,只要是与学术发展有关的内容,都可能有创造活动在其间推动。此文章之所思所论,已不引传统学术之陈腐观念,而和近代西方科学关于发明、创造的观点十分地合拍。

华蘅芳在关于数学理论有创新作用问题上开掘颇深,他在上述《论学算之法》一文中用自设问答的方式,对问题作出进一步的思考。其问曰:"明理始能创法,是创法之人无有不明其理者也。吾见近时算学之书,每有但言其所立之各术,而于立术之理则不赞一辞,岂其理只能自明而不能与人共明欤?抑秘其立术之理而惟恐人之得明欤?"这里提示的是中国古代科学,特别是天文、数学等学科中的一个通病,那就是有关的记载往往只及操作性内容,而对有关运用原则、公理所由等方面,缺乏必要的说明。华氏在答问中指出:"立术之理,若非从大公至正之轨悟入,每觉可以意会而不可言传,故自明其理则易,欲使他人共明其理则难。盖其人虽有钩深致远之心思,而笔

---

① 《数书九章序》。
② 《数书九章》卷 3《治历演纪》。
③ 《谈天自序》,《近代科学家李善兰华蘅芳詹天佑诗文选》,巴蜀书社 1991 年版。

墨所达未能曲尽其妙,则他人难仍不能明此。"这里提出有一个科学理论体系的问题。科学知识的组合,需要有一个大的框架才能较好地完成。若不注意此点,虽然也可有部分经验性的知识传授,但是对于后人而言,往往感到有只知其义,不知其理之憾。这样也为后人的继承发展,乃至创新造成了困难。这正是中国传统科技的弊端所在。

自追求"真才实学"到对个体创造能力的呼唤,是中国近代自龚自珍而来先进思想代表者的一致要求,洋务运动时期的学者如华蘅芳等人,较多是从具体科学出发对上述观念做出论证的。他们发出的声音虽然显得相对平实、微观,没有在一般意义上作太多地展开,但由于立论于事实基础,展开具有价值观角度,故仍具有深化龚、魏思想的作用,是我们认识近代中国创新价值观不可忽略的组成部分。或许正是由于这个原因,作为数学著作的《学算笔谈》一经问世,即受到社会的关注。据史载,此书在短短几年间便重版了 10 多次,东南一带的读书人,几乎家家都有这本书。其在思想上的引导作用于此可略见一斑。

"进化"意识的成型

洋务运动时期现代意识形成的另一个标志,是有关进化观念的出现与传播。人们往往把进化论思想在中国社会上的出现定时于戊戌变法时期,其最为显著的标志便是严复《天演论》的问世。其实这也有过于独断的成分。在 19 世纪 60 年代,于龚自珍、魏源提出变易史观之后,社会上已经生发出一种被喻之为变局观的理念。一些外籍人士在不同的场合提及中国的现状,并认为应在变易史观基础上,具备更为新颖的观念。英国驻华公使馆参赞威妥玛(Thomas F. Wade),就曾在 1866 年上总署的《新议论略》中言:"中华之患,悉如一年之中,四季转环,考其兴衰始终,皆如一律。⋯⋯尤有人云:尧舜之时为最。⋯⋯盖查进化之约,英、法、俄、美各国,以其五百年与千年以前相比,五百年景况较前甚强;以目今与五百年前相比,则目今较五百年前愈强。又念自古以来,四海之内,无论何国,不欲比邻邦尽心勇进齐驱,未闻不为邻邦所并。"①文中通过批判中国传统的变易观残留的循环论缺陷,提出必须以竞争前进的进化观取而代之。于是介绍引进西方进化论的观点,便成为当时社会的一种急需。由传教士傅兰雅从英国购入、玛高温

---

① 见载《教会新报》第 116 期,1870 年 4 月。

(Daniel Jermore Macgown,1814－1893)口述、华蘅芳笔述的《地学浅释》(原文名《地质学原理》Elements of Geology，赖尔 Lyell 著)就是应时代之需而问世的一部著作。这本书于 1873 年在上海江南制造局出版，距严复翻译《天演论》(出版于 1898 年)早了二十几年。

　　此书以大量的证据，说明地质是渐变的，地壳岩石记录了亿万年的历史，地球表面的特征是在很长时间中自然形成的，而不是灾变等超自然力量的结果。西方人认为这本书说明了自然界物质体的变化的道理，提示生物的变化是通过环境改变及生物固有适应性的相互作用历史地形成的，对宗教迷信所提出的上帝"创世说"是一个有力的挑战。书中通过地质层中的古生物化石，较详细介绍了生物进化论，说明地球是"屡经变化的舞台"，并据人类先祖所使用的工具，将人类文明发展史分为石刀、铜刀、铁刀三个阶段，述介了历史进化论思想，并提到了拉马克、达尔文等人的学说。与当时已有人介绍的生物进化论相互呼应。①

　　萌芽于古希腊的进化主义在西方文艺复兴时期得到了兴起，它一方面在科学领域引领着物质不灭、自然演进变化的观念，一方面于社会领域则倡导着人性、道德的完善及历史前行发展。其思想代表为著有《物种起源》的英国人达尔文。当然以后又有人把他的思想引向了社会领域，甚至形成了社会达尔文主义。在华蘅芳等任教习的上海格致书院，曾于 1889 年举行的春季特课(有奖征文)中，由李鸿章设命的"格致"考题要求将西方的亚里士多德、培根、达尔文、斯宾塞四大名家进行比较及追溯西学源流。考生王佐才以文中有"以动物为植物之所变，而人类又为动物之所变。苟不宜于世，即不能永存。所上古之物，有为今世所无者，即此理也"等语，而获此次征文第二名。此言已触及达尔文进化论的核心——"自然选择"理论。由此亦可证华蘅芳所处的学术圈，已对进化论这一最新的西学知识有所认识，而华氏的译著也并非就具体科学而解意。或许正是由于这个原因，《地学浅释》一书在晚清被多次再版，康有为、梁启超、谭嗣同、鲁迅等进化论思想的重要传播者，都曾有过阅读此书的经历。特别是梁启超称此书是"不可不急读"的

---

　　① 如 1883 年，丁韪良在《西学考略》中，便介绍过西方的地质进化论、生物进化论，以及达尔文的自然选择理论。他在此书中说："一在强弱以决存亡。盖天时之寒暑、地势之高下逐渐改变，惟物类之形体相宜者，强而能存。咸丰九年，达氏著书以明此理，名曰《物类推原》。"并称赞此书"意深词达，各国争译而广传之，今学者多宗其说"。已经对达尔文的进化论思想有所涉及。

"博大精深之作"。① 可见此书在中国从变易观向进化观发展中所起到的作用。

我们可以看到,在同一时代关于社会的变化的话题非常活跃。加拿大传教士马林曾于此时期编译斯宾塞的《自由篇》,其中言及:"天道不主故常,而世事终于完,完美,必其占据之事渐除,束缚之网尽去,而后人乃得因其自然之性。……此自由一道,所以为进化之大枢纽、大关键也。"②这里把人类的进化与能否获得自然之性的发挥结合起来,是从人类历史角度对进化观念作出的诠释。另外一些学者如王韬、郑观应等也从历史的可变与不可逆性出发,提出增强人的智力、智能的重要性。他们提出"世界由弋猎而变为耕牧,耕牧变而为格致,此固世运之迁移,而天地自然之理也。顾格致为何?穷天地之化机,阐万物之元理,以人事补天工,役天工于人事。"③这些思想实际上成为后来中国"主智主义"(即后来所称的"科学主义")、"以智相竞"观念的先导。

　　附注:本论文属教育部(培养)重点学科项目。

---

① 《读西学书法》,地质学会据《时务报》馆重校本1896年版。

② 马林译、李玉书述:《自由略论》,《万国公报》第156册,1902年1月。

③ 郑观应:《盛世危言·教养》,见《郑观应集》上册,上海人民出版社1982年版,第481页。

从贾谊《新书》看《四库全书》版本优劣

——认识《四库全书》版本价值一例

李 申

《四库全书》本(以下简称"库本")因其有禁毁改篡之事,其版本之劣似乎已成定论。今之校书者无论是用作底本还是校本,几乎无用库本者。《四部丛刊》本(以下简称"刊本")因其影印库本问世之前之所谓善本,故为学界所重。然笔者在工作中发现,此实不可一概而论。在库本禁毁改篡所及之外,则库本因其选本精到,校抄认真,其文字之准确,有时实较他本为优。故曾撰《四库全书本与四部丛刊本优劣小议》一文,并希望从事古文献整理之学者加以指正,做进一步研究。

该文之后,由于工作需要,本人又将贾谊《新书》之库本与刊本的某些篇章作了比较,发现《新书》之库本亦优于刊本。为了更加清楚地说明库本和刊本的质量,本文用中华书局所出阎振益校本作为参照。下面是笔者比较后之记录。

评论之"两可",为两本皆可。"不必(改、补、删)"者,指文义无变,原可通而不必改动。"不当(改、补、删)"者,指改后文义也变、有可能失真者。"胜",即优。

《新书》库本与刊本之比较

贾谊《新书·道术》

库　本	刊　本	中华书局 阎振益点校本 （以下简称"阎本"）	评
道者所从接物也	道者所道接物也	道，注：莫本、程本、卢本即作"所从"。……所道接物，谓依道而认识处理事物	库本亦作从。此处不如竟改为"从"。"依道认识"云云，乃强解。库本胜
平素而无设储也	诸	诸。《释名·释饮食》：诸，储也	不如依库本，作"储"。库本胜
所从制物也	所以从制物也	所从制物也；注：所下原有"以"字，据李本删	库本胜
镜仪	镜义	义。注：卢本作"仪"	库本胜
南面而正	南面正而	而正。注：原倒。兹据程本改	库本胜
令名自宣，命物自定	令名自囗命物自定	令名自命令（注：原脱令。）物自定	库本胜
人主仁而境内和矣	境内知矣	和。注：原作知。卢曰："知，讹。"	库本胜
故其士民……	囗	注：其，原脱	库本胜
教顺而必则令行	则必令行	而必则。注：据程本改	库本胜
令行者必谨于言	令行则必谨	令行者。注：据李本改	库本胜
接物之道者也	道也者	道也者	库本胜
不可胜述也	胜术也	胜术也。注：朱骏声曰：术，假借为述	假借不如本字。库本胜
心存恤人	心省恤人	省	"存"优。库本胜
反惠为譬	反惠为囚	反惠为困。注：原作囚	"譬"优。库本胜
弟敬爱兄	弟囗爱兄	弟敬爱兄。注：敬，原脱。据程本补	库本胜
言行抱一	言行抱囗	抱一。注：一，原脱	库本胜
辞利刻谋谓之廉	刻谦	刻谦	两可

库　　本	刊　　本	中华书局 阎振益点校本 （以下简称"阎本"）	评
反退为伐	反退为戕	戕	"伐"优。库本胜
怀贤不逮	怀优贤不逮	优贤	库本胜
反察为眊	为旄	旄。注：（引《礼记·射义》释文）旄，本又作耄	不如"眊"。库本胜
𪊨	麎	麎	阎注莫衷一是。不如"𪊨"。《庄子·达生》：笑样。库本胜
知道者谓之明	□□□□□□ （全缺）	知道者谓之明。注：原脱。据莫本补	库本胜

从本篇的比较中，不仅可以看到库本优于刊本，而且"道者所从接物也"，"平素而无设储也"等诸项，中华书局所出阎本也都不如库本。至少可以说，中华书局阎校本之准确程度，没有越过库本。

《新书·六术》

库　　本	刊　　本	阎　本	评
是以阴阳天地人	是以阴阳□地人	天地人。注：天，原脱。据李本补	库本胜
凡人…… 自至	凡人…… 自志	自志	库本胜
以之为训	以之□训	为训。注：为，原脱	库本胜
内法六法	内□六法	内法六法。注：原脱"法"	库本胜
分而为阴阳，各六月	分而为阴阳，阴阳各六月	分而为阴阳，阴阳各六月	两可
调和而成理谓之声，音五也	调和而成理谓之音，声五也	谓之音，声五也	刊本胜
夫律之者	律之者	夫律之者	两可
六亲始曰父，父有二子，二子为昆弟，昆弟又有子，子从父而昆弟，故为从父昆弟	六亲始曰父，父有二子，二子为昆弟。昆弟又有子。子从父而为昆弟故为从父从父父昆弟故为从父昆弟	注："子从父而"，原作"子为从而为昆弟故为从父从父"	库本胜

库　　本	刊　　本	阁　　本	评
从祖昆弟又有子,从曾祖而昆弟,故为曾祖昆弟	从祖昆弟又有子,子从祖昆弟故为从祖昆弟从祖又有子从曾祖而昆弟,故为曾祖昆弟	注:"子从曾祖而昆弟,故为从曾祖昆弟"原作"子从祖昆弟故为从祖昆弟从祖又有子,从曾祖而昆弟,故为曾祖昆弟。"	库本胜
孙嗣令子,各以其次	各有其次	各有其次。注:有,犹"以"	库本胜
此先王之所以禁乱也	此先生之所以禁乱也	此先王之所以禁乱也	库本胜
数加于小	数加于少	数加于少	两可
为尺备于六	备于六	备于六	两可
可谓阴阳之六节	可谓阴阳之节	六节。注:原无"六"字。	库本胜
可谓天地之六事	可谓天地六。	可为天地之六法。	库本胜

　　此篇仍是库本胜。阁本校改了库本也存在的一些错误,阁本更胜。不过阁本若能以库本为底本,则可省却关于"从子昆弟"之大段说明矣。

《新书·道德说》

库　　本	刊　　本	阁　　本	评
此六者德之神……则物安,德之理也。	此六者德之理也	(同刊本)	库本衍"德之神……则物安"一段,324字。严重失误
尽见于玉也	尽于见玉也	尽见于玉也	库本胜
德生理	理生理	注:德,原讹"理"。	库本胜
六德者	六得者	注:德,原作"得"。	库本胜
理生变	神生变	神生变	刊本胜
生识	生识	明生识	库、刊均缺"明"
义者德之理	美者德之理	注:义,原作美。	库本胜
康若乐流	若乐流	康若乐流	库本胜
明者……而为之	明者……而为知	而为知	刊本胜
指	指奏	指奏	库本胜

库　　本	刊　　本	阁　　本	评
不可得乱也	不可得辞也	不可得辞	库本错改"辞"为"乱"。刊本胜
德以安利	得以安利	得以安利	刊本胜
故曰博学	议曰传学	故曰博学	库本胜

这一篇，库本衍三百余字，是重大失误。其他部分，库本仍改正了刊本的错误。也有改错的，比如以"辞"为"乱"。但仍不失为重要参考。

此篇阁本最胜。但阁据莫本、何本补入了数十字。其得失优劣，专家当有评说。

在比较中笔者又发现，由于阁校本未用库本作底本，所以不仅不能吸收库本已有之成果，甚或其成果有不如库本者。下面我们就将《新书》库本的某些篇章直接与中华阁振益整理本作比较。

与阁本直接比较

《新书·宗首篇》比较：

库　　本	阁　　本	评
诸侯权势且十此者乎	诸侯权势十此者乎	两可。库本文气胜
汉之所置傅归休而不肯仕	而不肯住	库本胜
疑且岁间所不欲焉	疑且岁闻所不欲焉	"闻"优。阁本胜
因天之助，尚惮以危为安	因天之助，常惮以危为安。注：常，读尚。本传作"尚"。	库本胜
将不合诸侯而匡天下乎	将不合诸侯匡天下乎	两可

《新书·数宁篇》

库　　本	阁　　本	评
臣窃曰足以操乱业	窃曰足以操乱业	阁本胜
狱讼盗贼可少斟有耳	可令斟有耳	阁本胜
唯以政顺乎为神，可以益寿	唯以政顺乎神，为可以益寿。注：原作"为神"	阁本胜
固王为明帝	因王为明帝	两可

库 本	阁 本	评
礼:祖有功,宗有德	祖有功,宗有德	中华阁本漏"礼"。库本胜
因观成之庙,称为太宗,上配太祖	因顾成之庙,为天下太宗,承天下太祖	库本胜
与汉无极耳	与汉长无极耳	两可
轻重同得	轻重周得	两可
日夜念此至熟也	日夜念此至孰也	库本胜
非特敢忽也	非时敢忽也	库本胜
虽使禹舜复生而为陛下	虽使禹舜生而为陛下	库本胜
计无以易此	何以易此	库本胜

库本之胜,主要是阁受底本限制。假如阁以库本为底本,情形将大有改观。

《新书·藩伤至服疑》诸篇比较:

库 本	阁 本	评
其身而子,夭将何失(《藩伤》)	夫将何失	阁本胜
所谓生死而肉白骨,何以异此	何以厚此。注:李、何、莫、程本作"异"	"异"优。库本胜
其国最大者反最先(《藩强》)	其国最大者反最先□□□□□□	六"□"无据。库本胜
王遂死於乾溪宇守亥之井(《大都》)	王遂死於乾溪于守亥之井	申亥父无宇,故"于"不如"宇",库本胜
惠王,亲兄之子也	惠王之子,亲兄之子也	未知孰是
以皇帝在所宫法论之(《等齐》)	以皇帝所在宫法论之	不必改
推是则诸侯之王乃埒至尊也	谁是则诸侯之王乃将至尊也	库本胜
令仪之言是也	仪之言是也	库本胜
天理则同,人事无别	天性则同	这里指人的外表,故库本胜。阁改无据
所谓臣主者	所谓臣臣主主者	两可
君臣同伦异服,异等同服	君臣同伦,异等同服	阁本胜

库　　本	阁　　本	评
诗云:彼都人士	云,彼都人士	阁本漏"诗",库本胜
冰渎无界	沐渎无界	未知孰是
则为臣例(《服疑》)	则以为臣例	两可
饮食异	食饮异	两可
死丧异则	死丧异	两可
望其章而知其势位,人定其心	望其章而知其势,使人定其心	库本胜
于是君之与臣,若日之于星,以臣不几可以疑主,贱不几可以冒贵	于是主之于臣,若日之于星以。臣不几可以疑主,贱不几可以冒贵。注:"以"字衍	"以"属下,不衍。库本胜

这几篇,大体上仍是库本胜。库本且胜于中华所出阁校本,其版本之优劣当昭然矣。

其《藩强》、《大都》等篇,库本则几乎与阁本相同,而阁本之注说明,该本曾校改了他本的许多错误。假如以库本为底本,则省力多矣。

《新书·益壤、权重、五美》三篇比较:

库　　本	阁　　本	评
陛下即不为千载之治安,知今之势,岂过一传哉。(《益壤》)	如今之势。注:如,原作"知"	不当改
诸侯犹且人恣而不制,豪横而大强也	诸侯犹且人恣而不制也	库本胜
仅自完足矣	仅自见矣	此论代地安危。库本胜
方今制在陛下,制国命而令子	方今制在陛下,制国命子	库本胜
人主者,唯天下安,社稷固不耳	人主者,天下安,社稷固不耳	库本胜
高皇帝以为不可,故剟去不义诸侯,而空其国	高皇帝以为不可,剟去不义诸侯,空其国	库本胜
今淮南地远……越两诸侯而县属于汉	越诸侯而县至于汉。注:有"两"字,于文为备	库本胜

库　　本	阎　　本	评
其吏民徭役往来长安者，自悉而补中道衣敝钱用诸费称此，其苦属汉而欲得王，其苦之甚矣	其苦之甚矣。注："其吏民……欲得王"当係班氏撮约本书《属远》之文，镕铸于此	注系推测，无据。无此三十二字，则不知谁苦，苦什么。也不知后文"归诸侯者"为谁。库本胜
所至逋走而归诸侯者，殆不少矣	而归诸侯，殆不少矣	库本胜
原陛下举淮南之地以益淮阳，即有后患，割淮阳北边……以益梁，即无后患	愿陛下举淮南之地以益淮阳，梁即有后……注："后"下原有患字	库本胜
臣窃以为世世之利也	臣窃以为二世之利也	库本胜
陛下幸少留意	唯陛下幸少留意	两可
臣闻圣主问其臣	臣闻圣主言问其臣	"言"多余。库本胜
今陛下……少留意计之。（65 字）	注：卢认为此 65 字"乃《淮难》之尾"。故删	《淮难》之尾，与此基本相同。然不能认定此段为衍。《新书》非一时之作，一事见于多篇，未必为衍
高拱而不忧其纷也宜也（《权重》）	其纷也且也	库本胜
今陛下力制天下，颐指而如意，高拱以成六国之祸	而故称六国之祸	库本胜
苟身常无事，畜乱宿祸未在所制也	苟身常无患，但为祸未在所制也	库本胜
于是齐悼惠王之分地尽而止（《五美》）	于是齐悼惠王之子孙王之分地尽而止。注："之子孙王"原无	阎本胜
下无倍叛之心	下无倍背之心	库本胜

这几篇，总体上仍然是库本胜。

《新书·俗激至铜布》五篇比较：

库　　本	阎　　本	评
小期会不答耳，以为大故不可矣（《俗激》）	小期会不答耳，以为大故，以为大故不可矣	无中间之"以为大故"，文意亦通
固恬弗知怪，大故也	因恬弗知怪，大故也	未知孰是
民相然席于无廉耻礼义非循也	民相然席于无廉丑行义非循也	库本胜

库　　本	阁　　本	评
岂为人子背其父	岂且为人子背其父	库本胜
陛下虽有权柄事业,将何所寄之	将所寄之	库本胜
捐廉耻	捐廉丑	两可
逐利乎口耳	逐利乎不耳	库本胜
刖大母矣	财大母矣	库本胜
此其无行义之尤至者已	此靡无行义之尤至者已	库本胜
是类管子谓四维不张者与	是类管子谓四维不张者也与	两可
使父子有礼,六亲有纪,此非天所为,人之所设也。夫人之所设,弗为立持不植则僵,不修则坏	使父子有礼,六亲有纪,此非天所设也。夫人之所设,弗为持此则僵,不循则坏	库本胜
上下乱贱而无差	上下乱僭而无差	阁本胜
船必覆矣	船必覆败矣	两可
勇劫懦(《时变》)	勇劫惧	两可
攻击奋者为贤	功击奋者为贤	库本胜
诸侯设诣而相饰设輘而相绍者为知	诸侯设诣而相輘饰诈而相绍者为知	两可
衣服循也	衣服修也	阁本胜
今俗侈靡,以出相骄,出伦逾等	今俗侈靡,以出伦踰等相骄	阁本胜
念罪非有伦理也	虑非有伦理也	阁本胜
使民愈愚而民愈不罹县网(《瑰玮》)	使民愚而民愈不罗县网	库本胜
今虽刑余鬻妾而贱	今唯刑余鬻妾下贱	库本胜
以布帛裰民	以裰民	库本胜
中世淫侈矣	世淫侈矣	库本胜
上位僭者诛	上僭者诛。注:原有"位"。	库本胜
知巧计不起所谓愚	知巧诈谋不起,所谓愚	两可
缇以偏著(《孽产子》)	缠以偏著	两可
若兄弟嘉会召客得以被墙	若兄弟召客者得以被墙	库本胜

库　本	阎　本	评
而靡贾侈贵，墙得被绣，后以缘其令，孽妾以缘其履。此臣之所谓舛也	而靡贾侈贵，墙得被绣，帝以衣其贱，后以缘其领，孽妾以缘其履。此臣之所谓蹐也。注：帝以衣其贱，上下不联，李本等删。蹐，与舛同	库本胜
大抵必杂石铅铁焉	大抵必杂以铅铁焉	两可
且农事不为，有罪为灾，故民铸钱不可不禁	且农事不为，有疑为灾	库本胜
止禁铸钱，必以死罪	上禁铸钱，必以死罪	库本胜

这几篇，大体上仍然是库本略胜。

《新书·礼篇》比较：

库　本	阎　本	评
昔周文王使太公望傅，太子发嗜鲍鱼	昔周文王使太公望傅太子发，太子嗜鲍鱼。注："太子"原脱	库本胜
诸侯不敢自阼阶者	诸侯不敢自阼阶阼者	库本胜
作此诗者，以其事深见良臣顺下之志也者，可以义矣	作此诗者，以其事深见良臣顺上之志也，良臣顺上之志者	"顺下"，既顺且下。改为"上"无据。库本胜
礼者所以节义而没不还	不遝。注：遝，原作还	不必改
先爵于卑贱，而后贵者始差	始羞。注：羞，原作差	不必改
觞不下遍，君不赏差	君不尝羞	不必改
钟鼓之县可使乐也者	钟鼓之县可使乐也，乐也者。注：原脱"乐也"	不必补
台廪榭彻于侯马不食谷	台廪不涂，榭彻干侯马不食谷。注："不涂"原脱，据李本补	未必是脱
受天子祜	受天之祜	阎本胜
闻其声不忍尝其肉	闻其声不尝其肉	库本胜
不夭	不殀夭	阎本胜
则物莫不多	则物蕃多。注：蕃，原讹莫	库本胜

这一篇,仍是库本胜。至于其他篇章,尚盼有志于此者继续比较。不过这几篇的不完全比较,已可略见大体。此类未涉当时政治、民族问题的文献,库本是做了认真校勘的,不失为古代一个好版本,甚至是最好的版本。

从心之本体到心灵九境

——唐君毅哲学思想述论

胡治洪

宜宾唐君毅先生(1909－1978)是 20 世纪文化中国最重要的哲学思想家之一。他承续儒家内圣成德之教,通过体知、推扩和形上提升而确立了普遍的道德性的"心之本体"范畴,并以"心之本体"作为生命存在层层提升的终极指向,创构了一个囊括人类各种心灵活动以及各大文化系统的"生命三向与心灵九境"体系,从而在肯定人类各种心灵活动以及各大文化系统的必然合理性的前提下,特别彰显了儒家从尽性立命达至天德流行境界的至上性,为自西方文艺复兴以降因迅速外转、下转而日益沉沦的当今人类指明了应然的价值取向。以"心之本体"为终极指向的"生命三向与心灵九境"体系因而既是一个超凡入圣的道德理想主义哲学体系,同时也是一个深刻严峻的批判现实主义哲学体系。梳理唐君毅从"心之本体"到"心灵九境"的哲思脉络,揭示其以德性为指归的哲学思想内涵,不仅有助于了解这位当代大哲理论建构的进路,更重要的是有益于启导"文明以止"的人生乃至"人文化成"的世界。

心之本体的建立

早在 1944 年,时年 36 岁的唐君毅就出版了《人生之体验》和《道德自我之建立》两部著作。这两部著作为唐君毅终生看重,在晚年为其最后一部巨著《生命存在与心灵境界》所写的"后序"中,唐君毅说:

> 吾于三十岁前后,尝写《人生之体验》,与《道德自我之建立》二书,皆以一人独语,自道其所见之文。吾当时虽已尝读古今东西之哲人之书,然此二书对他人之说,几无所论列,而其行文皆极幼稚而朴实。然吾自谓此二书,有一面对宇宙人生之真理之原始性,乃后此之我所不能为。吾今之此书之规模,亦不能出于此二书所规定者之外。此固可证

吾之无大进步；然亦证宇宙人生中实有若干真理，历久而弥见其新也。至于此后三十年中，吾非无所用心，而知识亦尽有增加。然千回百转，仍在原来之道上。①

自承这两部著作的思想内容乃后来所不可企及，三十年的学思发展终不能逸出其途径，甚至宏大而辟、深闳而肆的《生命存在与心灵境界》也在其畛域之内，可见这两部著作在唐君毅心目中的分量。

那么这两部著作究竟表达了什么思想内容呢？《人生之体验》的正文包括"生活之肯定"、"心灵之发展"、"自我生长之途程"、"人生的旅行"四个部分和"心理道颂"一个附录，其中"人生的旅行"被唐君毅自定为童话体裁，实际上可以看作一部哲理寓言；"心理道颂"则为四言诗体；其余部分均为思想随笔。全书的文体完全不类于理论著作，没有系统的架构，没有逻辑的推论，也没有广博的征引和繁复的辨析，而主要是以朋友倾谈或个人独语的方式，娓娓言说一己体认的人生之智慧、世界之真理、宁静之心境、自我之确立、价值之体验、生活之意义、心物之联结、心灵之超越、精神之信仰以及从呱呱坠地到德性养成的诸种人生境界。乍读之下，很容易因其形式的轻灵而忽视其意旨的深闳，但在实质上，这些自出机杼、无复依傍、基于生存实感而探求宇宙人生之道体的思想随笔所表达的，才是剥落了学究气而真正具有原创性的哲思。在该书"导言"中，唐君毅说：

> 现在许多人生哲学道德学之著作，大都是纲目排列得整整齐齐，一派一派学说，依次叙述，一条一条论证，依次罗列。这一种著作，我以为除了帮助我在大学中教课，或清晰一些人生哲学道德学的观念外，无多价值。这种著作，只能与人以知识，不能与人以启示，透露不出著者心灵深处的消息。而且太机械的系统，徒足以窒息读者之精神的呼吸，引起与之对抗，去重建系统的好胜心。这一种著作方式，在现在之时代，自有不得已而须采取之理由，然而我不喜欢。我对愈早之人生哲学之著作，愈喜欢。我喜欢中国之六经，希伯来之新旧约，印度之吠陀，希腊哲学家如 Pythagoras、Heraclitus 等之零碎的箴言。我喜欢那些著作，不是它们已全道尽人生的真理。我喜欢留下那些语言文字的人的心境与精神、气象与胸襟。那些人，生于混沌凿破未久的时代，洪荒太古之

---

① 《生命存在与心灵境界》，中国社会科学出版社 2005 年版，第 676 页。

气息,还保留于他们之精神中。他们在天苍苍、野茫茫之世界中,忽然灵光闪动,放出智慧之火花,留下千古名言。他们在才凿破的混沌中,建立精神的根基;他们开始面对宇宙人生,发出声音。在前不见古人,后不见来者之心境下,自然有一种莽莽苍苍的气象,高远博大的胸襟。他们之留下语言文字,都出于心所不容已,自然真率厚重,力引千钧。他们以智慧之光,去开始照耀混沌,如黑夜电光之初在云际闪动,曲折参差,似不遵照逻辑秩序。然雷随电起,隆隆之声,震动全宇,使人梦中惊醒,对天际而肃然,神为之凝,思为之深。①

在某种意义上,这正是唐君毅对其《人生之体验》的文体和内容特点的解说。也正因具有这种特点,所以他又说:“我以后可能要写些比较更当行的系统著述,用论证来成立我思想上之信仰,并讨论到与其他派思想之异同。但是那样写成的著作之价值,是否即高于此书,我现在不能说。直到现在,我是宝爱我写此书各部时之心境的。”②实际上,岂止是到唐君毅写作这篇“导言”的1943年,由上可知,他终生都是宝爱这部著作的。

唐君毅写作《人生之体验》的初机,源于1939年一个秋夜他在荒山古庙中生发的哲思。当时,他作为教育部职员,住在重庆歌乐山脉青木关镇的一座古庙中,“惟时松风无韵,静夜寂寥,素月流辉,槐影满窗。倚枕不寐,顾影萧然。平日对人生之所感触者,忽一一顿现,交迭于心;无可告语,濡笔成文”,于是写下了《古庙中一夜之所思》,这就是他的第一篇思想随笔。这篇思想随笔,大致涵括了《人生之体验》一书关于宇宙人生的思索。

在这篇思想随笔中,唐君毅从身边环境所引发的感受着笔:

> 日间喧嚣之声,今一无所闻,夜何静也？吾之床倚于神龛之侧。吾今仰卧于床,唯左侧之神,与吾相伴。此时似有月光,自窗而入,然月不可见。吾凝目仰睇瓦屋,见瓦之栉比,下注于墙,见柱之横贯。瓦何为无声,柱何为不动。吾思之,吾怪之。房中有空,空何物也。吾若觉有空之为物,满于吾目及所视之处。空未尝发声,未尝动。然吾觉空中有无声之声,其声如远蝉之断续,其音宛若愈逝愈远而下沉,既沉而复起,然声固无声也。吾又觉此空,若向吾而来,施其压力。此时吾一无所

---

① 《人生之体验》“导言”,见《人生三书》之一,中国社会科学出版社2005年版,第3页。
② 同上书,第2页。

思，惟怪此无尽之静闻，自何而来，缘何而为吾所感。

进而唐君毅念及自我在时空中的位置与境况，并由此推及于一切人：

> 居如是地，在如是时，念过去有无量世，未来亦有无量世，然我当下之念，则炯然独立于现在，此绝对孤独寂寞之心念也。又念我之一生，处如是之时代，居如是之环境；在我未生之前，我在何处，我不得而知也；既死之后，我将何往，我亦不得而知也。吾所知者，吾之生于如是时，如是地，乃暂住耳。过去无量世，未有与我处同一境遇之我；未来无量世，亦未必有与我处同一境遇之我。我之一生，亦绝对孤独寂寞之一生也。吾念及此，乃恍然大悟世间一切人，无一非绝对孤独寂寞之一生，以皆唯一无二者也。

作为绝对孤独寂寞的存在，人与人是那么的隔膜，"一切所亲之人、所爱之人、所敬之人、所识之人，皆若横布四散于无际之星空，各在一星，各居其所。其间为太空之黑暗所充塞"；即使相知相爱之人或有无间之爱，也不过维持区区数十年，"数十年以前，吾辈或自始未尝存，或尚在一幽渺之其他世界。以不知之因缘，来聚于斯土。以不知之因缘，而集于家，遇于社会。然数十年后，又皆化为黄土，归于空无，或各奔一幽渺而不知所在之世界"；且这种无间之爱必将愈传愈淡，"终将忘其祖若宗，忘其同出于一祖宗，而相视如路人，势所必然也"。在这样一种人间，充斥着无尽的冷酷，"试思地球之上，何处非血迹所渲染，泪痕所浸渍？而今之人类，正不断以更多之血迹泪痕，加深其渲染浸渍之度"；而容纳这种冷酷人间的宇宙，实"若一充塞无尽之冷酷与荒凉之宇宙"。

对于这种隔膜、无常、冷酷、荒凉的宇宙人生，唐君毅不胜其悲而又不舍其爱。他最后剖陈自己悲爱倚伏的矛盾情绪说：

> 吾念以上种种，吾不禁悲不自胜。吾悲吾之悲，而悲益深。然吾复念，此悲何悲也？悲人生之芒也，悲宇宙之荒凉冷酷也。吾缘何而悲？以吾之爱也。吾爱吾亲爱之人；吾望人与人间，皆相知而无间，同情而不隔，永爱而长存；吾望人类社会，化为爱之社会，爱之德，充于人心，发为爱光，光光相摄，万古无疆。吾于是有此悲。悲缘于此爱，爱超乎此悲。此爱也，何爱也？对爱之本身之爱也，无尽之爱也，遍及人我、弥纶

宇宙之爱也。然吾有此爱,吾不知此爱自何而来,更不知循何术以贯彻此爱。尤不知缘何道使人复长生不死,则吾之悲,仍终将不能已也。然此悲出于爱,吾亦爱此悲。此悲将增吾之爱,吾愿存此悲,以增吾之爱,而不去之。吾乃以爱此悲之故,而乃得暂宁吾之悲。①

由此隐然透露出,其时唐君毅已在思索为实存而极不完满的宇宙人生确立一个爱的形上本体,从而以普遍之爱将宇宙人生导入美善之境。这一形上本体,在《道德自我之建立》中得到了呈现。

《道德自我之建立》的体裁大致同于《人生之体验》,其正文三部"道德之实践"、"世界之肯定"、"精神之表现"仍为自出机杼、不事征引的思想随笔,不过讨论的分量稍重一些,故各部分的篇幅也稍大一些;附录"人生略赋"则为分行的韵文。正文三部之第一部说明道德生活之本质;第二部说明道德自我之根源——心之本体之形上性;第三部说明此心之本体即充内形外之精神实在,为超现实世界、现实生活而又表现于现实世界、现实生活者。三部各自独立而又义蕴流贯,互相照应。关于形上本体的思索,集中表现于第二部之中。

唐君毅基于对现实世界种种虚幻、无常、可悲、残忍、不完满的痛苦感受,而肯定有一能够如此对照地感受现实世界的恒常真实的根原。他说:

> 在我思想之向前向下望着现实世界之生灭与虚幻时,在我们思想之上面,必有一恒常真实的根原与之对照。但是此恒常真实的根原,既与我们所谓现实世界之具生灭性与虚幻性者相反,它便不属我们所谓现实世界,而亦应超越我们所谓现实世界之外。但是它是谁? 它超越在我所谓现实世界之外,它可真在我自己之外? 我想它不能在我自己之外。因为我不满意我所对的现实世界之生灭与虚幻,即是我希望之现实世界生灭与虚幻,成为像此恒常真实的根原,那样恒常真实。我之发此希望,即本于此恒常真实的根原,渗贯于我之希望中。我因被此恒常真实的根原所渗贯,然后会对于现实世界之生灭与虚幻,表示不满。如我不被恒常真实的根原所渗贯,我亦只是一生灭者虚幻者,我便不会有此希望。我于是了解了,此恒常真实的根原,即我自认为与之同一

---

① 以上引文均见《人生之体验》"导言附录——我所感之人生问题",见《人生三书》之一,第13—17页。

者,当即我内部之自己。我之所以对现实世界不满,即由于我内部之自己,原是恒常真实者,而所见之现实,则与之相违矛盾。我之不满,是此矛盾之一种表现。此内部之自己,我想,即是我心之本体,即是我们不满现实世界之生灭、虚幻、残忍不仁、不完满,而要求其恒常、真实、善与完满的根原。①

由此,唐君毅确立了一个较之生灭、虚幻、残忍不仁、不完满的现实世界更加恒常、真实、善与完满的"内部之自己",亦即作为道德主体的"心之本体"。

唐君毅以作为心之本体之发用的思想,来证明心之本体的恒常和真实性。他说:

> 我由心之思想,便知此心体超临于时空之上。我的思想,明明可思想整个的时间空间,无限的时间空间。……我的思想,可与无限的时空,平等的延展,而在延展的过程中,时空永只为思想之所经度。我思想之"能"跨越其上而超临其上。②

思想既超临时空,则其所依之心之本体亦必超临时空;心之本体既超临时空,则无生灭流转,而恒常真实。

至于心之本体的至善和完满性,唐君毅认为,"我善善恶恶,善善恶恶之念,所自发之根原的心之本体,决定是至善的";而由于心之本体超临跨越于无穷的时空之上,"无穷的时空中之事物,便都可说为它所涵盖,它必然是完满无缺"。③

唐君毅基于人同此心、心同此理的思路,将恒常、真实、至善、完满的心之本体普泛于现实中的他人;进而通过应然提升,将心之本体投射到涵天盖地、主宰万物的生命创造力之上,确认道德主体基于心之本体而通极于形上道体。他说:

> 我从现实的我身中,了解有一超越的心之本体在表现,便可推知,现实的他人身中,亦有一超越的心之本体表现。……所以他人的心之

---

① 《道德自我之建立》,见《人生三书》之二,第55—56页。
② 同上,第56页。
③ 同上,第60页。

本体之存在，即由我所置定，遂可证他人的心之本体，不外于我的心之本体。但是这也并不陷于唯我论。因为从现实世界上看，我始终是与人平等相对的存在。我的认识活动，遍到他人，他人之认识活动，亦遍到我。我与他人在现实世界中，以认识活动互相交摄，而在超越的心之本体处相合。

心之本体即人我共同之心之本体，即现实世界之本体，因现实世界都为他所涵盖。心之本体，即世界之主宰，即神。……从今我对于现实世界之一切生灭，当不复重视，因为我了解我心之本体确确实实是现实世界的主宰，我即是神的化身。①

另一方面，唐君毅又将心之本体渗贯于形而下的现实世界之中，渗贯于有限的"我"之中，使之通过内在于形而下的现实世界以及有限的"我"，并层层破除这种有限性，而表现其无限性。他说：

它（按指"心之本体"）即是以"破除限"为它之本性，以破除限为它之内容。破除限，即所以界定它之为它者。它必有它所破除之限，又必有对此限之破除，唯合此二者，而后它成为它。所以它是无限，便必须有限，与之相对，然而它又不是此限，因为它要破除此限。因它破除限之活动，只能在限上表现，所以它本身一方超越一切限，而它本身之表现又内在于一切限。它之表现，内在于一切限，即一切限自己破除，而内在于它，上升于它。它是一切之限之本体，即系于它之内在一切限，而一切限均要求自破除而内在于它之一点上。……它永远是渗贯于限中，作它破除限制的工作。②

通过向着形而上的投射以及向着形而下的渗贯，心之本体获具了内在而超越且超越而内在的性格，从而既凸显了心体、性体、道体当下贯通的"性道一元"方面，又肯定了主体实存于现实世界而须层层破限、自我提升的道德践履方面。心之本体因而既是形上的道德本体，同时也是实践的道德主体。

在写作《人生之体验》和《道德自我之建立》时，唐君毅已在汗漫通观中、西、印的基础上归宗于儒家。在《人生之体验》"导言"中，他说："孔子之言，

---

① 《道德自我之建立》，见《人生三书》之二，第60—61页。

② 同上，第67页。

皆不离日用寻常，即事言理，应答无方，下学上达，言近旨远，随读者高低而各得其所得。然以其不直接标示一在上之心灵境界，故读者亦可觉其言皆平凡，不及西哲之作，如引人拾级登山，胜境自辟。然'泰山不如平地大'，程明道此言，真足千古。在平地者谁知平地大？唯曾登泰山者，乃益知平地大。故必读西哲印哲书，而后益知中国先哲之不可及，知其中庸中之高明也。"①表达了对于儒学的极度推崇。在《道德自我之建立》"自序"中，他又说："著者思想之来源，在西方则取资于诸理想主义者，如康德、菲希特、黑格尔等为多，然根本精神则为东土先哲之教。"②说明他对形上本体的建立，正是遵循着儒家心性论的进路。这一学术思想路向，唐君毅后来唯有推进而再无任何改变。而《人生之体验》第三部"自我生长之途程"所设定的十层人生境界，其第八、九、十层，大致就是唐君毅晚年巨著《生命存在与心灵境界》之超主观客观三境的雏形。至于《道德自我之建立》所证立的心之本体，乃是唐君毅对于宇宙人生之真实存在的终极把握，这一道德性的心之本体，更是为唐君毅所终生服膺而未尝怀疑。正是因此，晚年唐君毅才自承，在写作这两部著作以后的三十年中，尽管他的生平思想千回百转，但却"仍在原来之道上"。而这两部从求"体"、见"体"到立"体"的著作，其最初的孕育，却是唐君毅在荒山古庙那个不眠秋夜所生发的哲思。

心之本体的通贯

自从在 1944 年出版的《道德自我之建立》中确立心之本体之后，这一本体范畴便一直为唐君毅所持循，并络绎表现于他的一系列论著之中。

1953 年，唐君毅出版《中国文化之精神价值》。此书以西方文化为参照，综论中国文化、宗教、哲学、学术之起源，中国先哲之自然宇宙观、心性论、道德理想论，以及中国人在农业生产、家庭生活、社会关系、政治活动、人格理想乃至教育、艺术、文学、信仰诸方面所表现的精神特质。对于这部洋洋三十余万言、"自谓有进于以前论中西文化者，而颇详人之所略"的著作，唐君毅一言以蔽之曰："余以中国文化精神之神髓，唯在充量的依内在于人之仁心，以超越的涵盖自然与人生，并普遍化此仁心，以观自然与人生，兼实现之于自然与人生而成人文。此仁心即天心也。此义在吾书，随处加以烘托，以

---

① 《人生之体验》"导言"，见《人生三书》之一，第 10—11 页。
② 《道德自我之建立》"自序"，见《人生三书》之二，第 14 页。

使智者得之于一瞬。"①这显然是以超越而内在的心之本体作为悠久而博大的中国文化的始基。由于唐君毅此著专论中国文化,故而他特别突出了心之本体对于中国文化的意义,然而这并不意味着心之本体仅仅局限于时空一隅而不具有普遍性。在1954年出版的《心物与人生》之第二部中,他就揭橥了人类文化皆原于心灵精神之求实现真善美等价值这一主旨,无疑是将心之本体作为整个人文宇宙之根本。

1955年,唐君毅又一部重要著作《人文精神之重建》出版。此书从科学世界、人文世界、理想世界诸层面,综论中西文化源流及其精神之异同,并涉及中印宗教道德与人生智慧的互通,其主旨在于"疏解百年来吾人所感受的中西古今之若干文化思想观念上的冲突,而向往一和融贯通而分途开展之理想的人文世界"②。在此书附录《我对于哲学与宗教之抉择——人文精神之重建后序兼答客问》中,唐君毅以思想自传的形式,陈述了自己所宗主的哲学观念与宗教信仰。关于哲学观念,唐君毅说:

> 在此科学知识所及世界外——即把一切可能成科学知识之对象全部合起来所构成之世界外,仍然有另外的世界。此即关连于人之实践理性或情意之审美活动、实际行为活动、宗教信仰活动所发现之世界。而这一切活动(包含纯粹求知活动)与其所发现之世界,则共统摄于人之超越自我。……而个人之能在原则上,或在特殊情形下,判断此各种活动与其成果之价值之高下,决定选择那一种,亦即此自我之价值意识,或良知。良知判断我之科学的纯知活动之价值,判断我之实际行为之价值,判断我之艺术活动宗教活动之价值,即是看此等等之是否合乎自己之内在的向往或标准,是否合乎良知之理。凡合者,谓之是;不合者谓之非。良知是是而非非,亦即善善而恶恶,是为人一切智慧道德实践之原,人生之内在的至高无上的主宰。……
>
> 而一切根据一种科学,以至综合各种科学之结论而成之哲学,与一切只将纯知的理性客观化与依纯知理性去识取外在的共相形式之哲学,亦皆不能真参透到宇宙人生之本源。因为这一切哲学,皆不知唯有能自觉其纯知活动而肯定其价值之自我之良知,能为一切纯知活动及此一切哲学之所依以存在者。而此自我之良知,则永能自己肯定其自

---

① 《中国文化之精神价值》"自序",台北:正中书局2000年版,第7—8页。
② 《人文精神之重建》"前言",见《唐君毅全集》卷五,台北:学生书局1989年版,第21页。

身之价值,肯定其自己之应有与当存在,因而自己为其自己所内具之价值,及所由存在之来源。亦即能自己肯定自己之为人生活动之本源者。而人欲参透入宇宙之形上的本源,或绝对的天理之所在,亦只有由此良知,与其所肯定之全幅人生之有价值之活动以透入。①

唐君毅在此以"超越自我"亦即"自我之价值意识"或"良知"作为人类一切活动及其所发现之世界的主宰,以及一切哲学所以存在的根据,乃至主体契合"宇宙之形上的本源"或"绝对的天理"的唯一途径,这显然是将"超越自我"或"自我之价值意识"或"良知"作为其哲学观念的宗主;而"超越自我"或"自我之价值意识"或"良知",也就是那个较之生灭、虚幻、残忍不仁、不完满的现实世界更加恒常、真实、善与完满的心之本体。

关于宗教信仰,唐君毅认为,尽管指向各自形上存有之信仰的各种宗教存在着高下偏全的差异,但只要是高级宗教信仰,则基本上都以良知作为其本质特征。他说:

> 依良知为标准,我们可说一切高级宗教中之超越信仰,皆出自人之求至善至真完满无限永恒之生命之要求,求拔除一切罪恶与苦痛之要求,赏善罚恶以实现永恒的正义之要求,因而是人所当有的。……因为通过人之良知,去看此不完满而充满罪孽苦痛之自然世界现实世界,正是人望由道德实践加以改造,加以否定的;亦即透过我们之道德实践来看,当成为非真实,正逐渐成为非真实,而其本性即为非全真实者。②

又说:

> 依良知之标准,我们可说一切高级宗教中所讲之上帝、阿拉、梵天,在究竟义上都不能与人之良知为二,而相隔离。如为二,则此二亦必须通过良知之肯定。此肯定即已通二为一,或使二者之关系成不离之相保合的关系。③

就基督教、回教、佛教与儒教来说,由于前三种宗教或以人的良知或灵

---

① 《人文精神之重建》附录,见《唐君毅全集》卷五,第584—586页。
② 同上,第589—590页。
③ 同上,第590页。

魂被原罪所障蔽,必须依赖上帝拯救;或以人的良知或如来藏心被俗见所染污,染污不净则良知终晦,故皆不能直接肯定人的良知。唯儒教则以人只要反身而诚,即可在一切罪恶心、染污心中,皆可当下显发良知,返本见性。有见于此,唐君毅在信仰上宗主儒教,而究其实质,当然还是宗主良知,亦即心之本体。

至于1958年出版的《中国人文精神之发展》和《文化意识与道德理性》,1961年出版的《人生之体验续编》,以及1973年出版的《中国哲学原论·原道篇》,也都贯穿着对于心之本体的张扬。《中国人文精神之发展》所收十六篇文章,阐述科学、民主与道德、宗教之关系,其主旨在于说明,人文精神之发展、道德意识之提升,理当与科学理智之发展、民主观念之提升并行不悖,相得益彰;但在根本上,反求于本心的道德意识,终当为驰骛于外物的科学理智和民主观念的主宰。① 《文化意识与道德理性》凡十章,分别论述家庭意识、经济意识、政治意识、科学意识、哲学意识、艺术意识、文学意识、宗教意识、体育意识、军事意识、法律意识、教育意识与道德理性之关系,全书中心意旨在于显示,人类一切文化活动,均统属于道德自我或精神自我、超越自我,而为其分殊的表现;一切文化活动之所以能够存在,皆依于道德自我为之支持;道德自我是一、是本、是涵摄一切文化理想的,而文化活动则是多、是末、是成就文明之现实的。② 《人生之体验续编》七篇,相较于二十年前写作的《人生之体验》,更多地注意到人生在追求心性超升的过程中时刻存在着的堕落趋向,从而承认人生实为超升与堕落交战之区,亦即上帝与恶魔互争之场。但指出人生的这种善恶二向性,完全不意味着对于道德心性的否弃,而恰恰在于警醒一切人生执定道德心性,杜绝堕落趋向,从而实现道德自我和太和世界。③ 《中国哲学原论·原道篇》综论"道"在中国古代哲学思想史上的一以贯穿及其多向开展,而其宗趣,则不外于追溯中国前哲所开之诸方向之道,其本始乃在于民族生命心灵原有之诸方向;不外于突出"中国人之文化与哲学智慧之本原,即在吾人此身之心灵生命之活动者"④。当然,这也不是说唯有中国文化与哲学智慧才本于民族生命心灵之活动方向;此书"视中国哲学为一自行升进之一独立传统,自非谓其与西方、印度、犹太思

---

① 参见《中国人文精神之发展》,见《唐君毅全集》卷六,台北:学生书局1988年版。
② 参见《文化意识与道德理性》,中国社会科学出版社2005年版。
③ 参见《人生之体验续编》,见《人生三书》之三。
④ 《中国哲学原论·原道篇》"自序",中国社会科学出版社2006年版,第5页。

想之传,全无相通之义。然此唯由人心人性自有其同处,而其思想自然冥合"①,因此,通过阐论中国之"道"本诸民族生命心灵之活动这一个案,可以概见人类哲学思想无非由生命心灵所流出。

综上可见,自 20 世纪 40 年代发明"心之本体"之后,唐君毅便始终秉持这一范畴来思考人生、社会、历史、文化乃至自然诸问题。尽管在不同时期不同著作中他使用了诸如本心、仁心、天心、良知、道德理性、道德自我、精神自我、超越自我、生命心灵、绝对天理、宇宙之形上本源等概念,但所有这些概念不过是心之本体的不同表达方式。在他看来,真实人生乃是基于心之本体而不断超升的过程,社会历史乃是随着赋有心之本体的主体不断超升而日益完善的时空,文化乃是赋有心之本体的主体所创造并主宰的人文宇宙,而自然则是由心之本体所直接变现以为人文宇宙所安立的托命之所。由此,他的哲学思想体现出鲜明的道德理想主义倾向和深沉乐观的人文主义信念。这一特征,在他生平最后一部巨著《生命存在与心灵境界》中,得到充分表现。

生命三向与心灵九境

早在三十多岁的 1940 年间,唐君毅就有心写作一部综括知识论、形上学和人生哲学的体系化著作,但因考虑到涉及的问题非常广泛而复杂,故迟迟未予动笔。在此后期间,他有关人生哲学的思想观点,陆续表现于 1944 年出版的《人生之体验》、《道德自我之建立》、1954 年出版的《心物与人生》、1955 年出版的《人文精神之重建》、1958 年出版的《文化意识与道德理性》和1961 年出版的《人生之体验续编》等著作中;而关于认识论与形上学的思想观点,则在 1961 年出版的《哲学概论》和 1966 至 1975 年间出版的《中国哲学原论》四卷中稍有述及。1964 年,唐君毅于丧母的哀痛之中,曾动念废止著述之事。两年后,他又因左眼视网膜脱落而有失明之患,这使他更感到要完成一部规模宏大的著作几无可能。但当他从丧母之痛中稍得解脱,而目疾也终于未至失明,于是哲学建构的心志重又萌动,遂于 1967 年春夏之间写成《生命存在与心灵境界》之初稿,次年又对全稿改写一过。此后七八年间,唐君毅对该书稿反复增删修改,最终于 1976 年春,基于"世变日亟,吾目疾是否复发,或更有其他病患,皆不可知"②的考虑而决定将书稿交由台北学生

---

① 《中国哲学原论·原道篇》"自序",中国社会科学出版社 2006 年版,第 6 页。
② 《生命存在与心灵境界》"自序",第 2 页。

书局付梓。由此似乎透漏出唐君毅对于冥冥定数的前知。当年8月,他便被检查出肺癌;此后一年半,他便与世长辞了。若非提前半年决定将书稿付梓,他可能很难亲自校对书稿,也必将见不到《生命存在与心灵境界》这部巨著的出版了。

关于《生命存在与心灵境界》的大旨,唐君毅自承不出于《人生之体验》与《道德自我之建立》"此二书所规定者之外",所谓"千回百转,仍在原来之道上","数十年来吾之为学,实只做得为吾少年时之此数度之经验之说明与注脚之事"。① 此所谓"原来之道"以及"吾少年时之此数度之经验"云云,一言以蔽之,即"此心之能自觉之一义"。对于此义,唐君毅称:"吾于十五岁时,即见及,终身未尝改。"② 由此可见,《生命存在与心灵境界》如同《人生之体验》和《道德自我之建立》一样,不过在于表现心之本体的觉他与自觉。当然,三十余年的学思毕竟自有其进境,这在唐君毅的思想上表现为"斩伐此中思想义理上之葛藤"③,亦即去除早先所历之枉用心思;而在其著述形态上则表现为由"带文学性,而宛若天外飞来之独唱、独语"的思想随笔,转变为"纯哲学之论述"的体系化著作。④

《生命存在与心灵境界》一书的内容,在于阐论作为生命存在的人的种种心灵活动与其所感通的种种境界的关系,其指归则在于将人的生命心灵导向宇宙人生唯一至善光明之绝对真实之神圣心体。所谓境界,不仅包括客观事物,而且包括心灵对于事物之意义的把握,甚至包括心灵对于内在目的理想的反观,故境界乃是虚实相兼、主客通融的。唐君毅说:"物在境中,而境不必在物中,物实而境兼虚与实。如云浮在太虚以成境,即兼虚实。又物之'意义'亦是境。以心观心,'心'亦为境。"⑤ 而生命心灵感通境界的种种活动,要不过观其层位、种类、次序三种;观层位者为纵观,观种类者为横观,观次序者为顺观;纵观见体,横观得相,顺观呈用,此即构成生命心灵活动之三向。唐君毅说:"此上所说心灵活动与其所对境之种种,有互相并立之种种,有依次序而先后生起之种种,有高下层位不同之种种。此互相并立之种种,可称为横观心灵活动之种种;依次序而先后生起之种种,可称为顺观心灵活动之种种;有高下层位不同之种种,可称为纵观心灵活动之种种。凡观

---

① 《生命存在与心灵境界》,第676、702页。
② 同上,第671页。
③ 同上,第702页。
④ 《生命存在与心灵境界》"自序",第1页。
⑤ 《生命存在与心灵境界》,第2页。

心灵活动之体之位,要在纵观;观其相之类,要在横观;观其呈用之序,要在顺观。……综观此心灵活动自有其纵、横、顺之三观,分循三道,以观其自身与其所对境物之体、相、用之三德,此即心灵之所以遍观通观其'如何感通于其境之事'之大道也。"①生命心灵活动之纵、横、顺三向,感通于由事物构成的客观境、由感觉及意义构成的主观境、由目的理想构成的超主观客观境,分观三境之体、相、用三德,由此构成心灵九境。唐君毅说:"上文既说顺观、横观、纵观之义,及体、相、用之义,即可更说此书之旨,不外谓吾人之观客体,生命心灵之主体,与超主客体之目的理想之自体——此可称为超主客之相对之绝对体,咸对之有顺观、横观、纵观之三观,而皆可观之为体,或为相,或为用。此即无异开此三观与所观三境之体、相、用,为九境。"②

九境之第一境(客观境第一境),为万物散殊境,于其中观个体界。一切关于个体事物之史地知识、个人之自求生存、保其个体之欲望,皆根于此境。而一切个体主义之知识论、形上学与人生哲学,皆归为此境之哲学。之所以将此境定为九境之初始,唐君毅解释说:"人之生命心灵活动,初不能自观其为体与其相用。人之知,初乃外照而非内照,即觉他而非自觉。人之知,始于人之生命心灵活动之由内而外,而有所接之客境,此乃始于生命心灵活动之自开其门,而似游出于外,而观个体之事物之万殊。"③

九境之第二境(客观境第二境),为依类成化境,于其中观类界。观类之要,在于观物之共相;更观一物出入于类所成之变化。一切关于事物之类的知识,人之谋求延续其种类以成就家族之事,人之依社会风俗习惯而行之生活,乃至人类社会之职业分化,皆根于此境。而一切以事物种类为基础的知识论、形上学与人生哲学,皆归为此境之哲学。

九境之第三境(客观境第三境),为功能序运境,于其中观因果界、目的手段界。由此可见一物与他物之因果关系,人借物以成事之目的手段关系,此即一功用之次序运行的世界。一切以事物之因果关系为中心的自然科学、社会科学知识,人为其生存于自然或社会之目的而形成的应用科学知识,人以手段达到目的之行为及其功名事业心,皆根于此境。而一切以事物的因果关系为基础的知识论、依因果观念而建立的形上学,以及功利主义的人生哲学,皆归为此境之哲学。

以上首三境,均属与主体之生命心灵相对之客体世界。客体世界中的

---

① 《生命存在与心灵境界》,第 5 页。
② 同上,第 22 页。
③ 同上,第 22 页。

事物,对于主体之生命心灵而言,皆为他者。主体在此三境中的生命心灵活动,皆在觉他;其用语言陈述此所觉,主要在于指示其所觉之客体;而主体对于觉他的生命心灵自身,则往往尚不自觉。觉他在主体之生命心灵活动中,乃是一个必不可少的初始阶段。由此形成的知识与哲学,也永远有其存在的理由。唐君毅说:"如人性情之对境,先有一以主观向客观,而相对为内外之方向。在此方向中,人之依其性情之感境而俱有之思想之明,皆向外照射,以求如实知其所对境,而视为现实境。……人于此现实境中,乃观一一现实事物之个体而辨其类,明其因果,形成种种史地自然科学、社会科学之知识。此种知识与哲学,皆人之原始之思想之明,或心灵之光辉之向外照射,必然有的表现与成果。人不有此一原始之思想之明与心灵光辉之如此照射,无人能更有其他方向之思想与知识。在哲学上,亦永有客观主义、自然主义、现实主义一型之哲学之存在,无任何哲学能加以毁灭者。"[1]

九境之第四境(主观境第一境),为感觉互摄境,于其中观心身关系与时空界。此境与万物散殊境相应,亦以体义为重,但两境之体的主客层位不同。在此境中,主体先知客体之物相及其所在之时空,皆内在于自己的感觉以及缘感觉而起的自觉反观心灵;进而理性地推知一切客体在某种意义上皆为能感觉的主体,于是此主体与其他诸主体既各自独立,又互相涵摄。一切人缘其主观感觉而有之记忆、想象之知,人对时空秩序关系之知,人对其个体与所属类之外之事物的纯感性的兴趣欲望,人由相互感摄、相互模仿的身体动作而成之社会风气,等等,皆根于此境。而一切关于心身关系、感觉、记忆、想象与时空关系之知识论,心身二元论或唯身论、泛心论之形上学,注重人与其感觉境相适应以求生存之人生哲学,皆归为此境之哲学。

九境之第五境(主观境第二境),为观照凌虚境,于其中观意义界。此境与依类成化境相应,亦以相义为重,但两境之相有形态与意义之不同。在此境中,人可以凌虚而观照的心灵,发现一游离实体的纯相或纯意义的世界。此纯相或纯意义,可由语言、文字、符号或声音、形状表示。一切人对纯相或纯意义之直观而有之知,诸如对文字意义之知、对文学艺术的审美之知、对数学几何学的数形关系之知、对逻辑命题的真妄关系之知、对宇宙人生的意义之知,皆根于此境。而重视对纯相或纯意义之直观的现象学知识论、致思于纯相之存在地位的形上学、理想的或审美的人生哲学,皆归为此境之哲学。

---

① 《生命存在与心灵境界》,第693页。

　　九境之第六境（主观境第三境），为道德实践境，于其中观德行界。此境与功能序运境相应，亦以用义为重，但两境之用有客体功用与主体德用之不同。一切人之本道德良心所知之道德观念和伦理学、道德学知识，以及人的道德行为、道德生活和道德人格之形成，皆根于此境。而一切以道德理性为基础的知识论、形上学、人生哲学，皆归为此境之哲学。

　　以上中三境，均属以主摄客。主体在此三境中的生命心灵活动，皆不在于觉他，而在于自觉；其用语言陈述此所觉，则主要不在于对外有所指示，而在于表示其所自觉。由觉他到自觉，也是主体生命心灵活动的一个必然阶段。由此形成的知识与哲学，同样永远有其存在的理由。唐君毅说："然人之思想，自另有一方向，即当其性情之感境，而觉性情之所望，与现实境之所是，互相违反之时，人即自觉其主观目的，而折回其心灵光辉之外照，而反观其自身之主观感情与主观感觉、想象、思想等，知其主观经验世界之真实，而有经验主义。更由其于主观想象思想之世界中，能发现种种合理性之普遍的意义，并求与主观之感觉感情相连的主观目的之理性化，而形成一理性化的目的，是为理想。人于有理想时，即见有一当然之理想与实然之现实世界之相对。于此即可有观照此想象思想世界中之普遍意义，而视之为实之超越的实在论、现象主义、观照主义，与理性主义及一般之主观的道德主义之哲学，亦有纯粹之数学几何学逻辑文学艺术等之哲学。依此人主观的目的理想之求实现而未能，又可形成为种种心物二元、灵肉二元、心身二元论形态之哲学。人若未尝有求实现主观目的理想，而未能之时，则无二元论。然人皆有求实现主观之目的理想而未能之时，而人即无不可在一时为二元论者。一切哲学中之二元论思想，亦以此之故，而永不能绝。"[①]

　　九境之第七境（超主观客观境第一境），为归向一神境，于其中观神界。此境以一神教中居于最高地位的实体神为主。在此境中，生命心灵活动以至高无上的神为归依。

　　九境之第八境（超主观客观境第二境），为我法二空境，于其中观法界。此境以佛教揭橥的诸法之性相为重。在此境中，生命心灵活动要在勘破遍计所执相、依他起相，而得圆成实相，由此主体得以遍破法执我执，了悟真如性空，从而彰显佛心佛性，以至超升成佛。

　　九境之第九境（超主观客观境第三境），为天德流行境或尽性立命境，于其中观性命界。此境以儒家指明的性命之流行大用为重。在此境中，生命

────────────

① 《生命存在与心灵境界》，第 693—694 页。

心灵活动要在尽主观之德性,以立客观之天命,使天德之流行即体现为人德之流行,而人极于是乎挺立。

以上后三境,仍属以主摄客境,但更超主客之分,并由自觉而至于超自觉。主体在此三境中的生命心灵活动,皆须化知识为智慧,即存在而识价值,合能所,兼知行,从而成就其有真实价值之生命存在。由自觉到超自觉,一般来说也是具有理想指向的主体生命心灵活动的一个发展阶段。由此形成的知识与哲学,不再仅仅是学说,而已成为生活生命之教,亦有其永远存在的理由。唐君毅说:"吾所尊尚之哲学,乃顺人既有其理想而求实现,望其实现,而更求贯通理想界与现实界之道德学兼形上学之理想主义之哲学。依此哲学言,人有理想求实现而望其实现,必求证明其能实现,而人在生活中,亦尝多少证明其理想之恒为能实现者,由此而理想主义者,必信此理想连于一实现之之宇宙人生中一不可见之形上的真实存在。此中,以人之理想有异同,有大小高低,则其所见之此形上之真实存在,其内涵亦有异同,有大小高低。……以人之理想,必有种种异同、大小、高低,而此种种形上学思想,与对之之宗教信仰,及所成之宗教生活,亦永有其不同,而亦永不能加以泯灭。"①

综而言之,九境皆为生命心灵之感通所贯穿。一般地说,"九境最后根源之在吾人当下生活之理性化、性情化中,所昭露之神圣心体"②。不过,感通于不同境界的心体,是具有高下之别的,并不必均为道德之心,甚至不一定为自觉之心,而可为非自觉的觉他心或非道德的功利心。基此,觉他心或功利心亦为生命心灵活动进程的必然阶段,由此形成的知识论、形上学、人生哲学也都有其存在的合理性。但是,承认觉他心或功利心的必然合理,根本不意味着赞成生命心灵便可滞留于此;毋宁说,生命心灵倒是必须尽快超越于此。唐君毅在陈述生命心灵于客观境、主观境的种种表现之后,指出:"凡此上述之思想,皆非本书之所尊尚,而以为人之顺理而思,以成其哲学者,所必当越之而过之。然亦人必先有此诸思想,然后可越之而过。故此类之思想,亦原当有,故吾亦不绝之。然为此类之说者,滔滔者天下皆是,必当自知其说之属于哲学中之下乘之境。吾亦必贬之,以使其不得阻人之思想之上达之机。不绝之,仁也;贬之,义也。皆理当如是,吾不能有私意也。"③又说:"由吾人之论之目标,在成就吾人生命之真实存在,使唯一之吾,由通

---

① 《生命存在与心灵境界》,第694页。

② 同上,第25页。

③ 同上,第694页。

于一永恒、悠久、普遍而无不在,而无限;生命亦成为无限生命,而立人极;故吾人论诸心灵活动,与其所感通之境之关系,皆所以逐步导向于此目标之证成。"① 可见生命心灵活动的指向在于道德提升,其极致则在于内在道德心体契合形上道德本体,成就天德流行的自然——人文宇宙。

唐君毅认为,人类古典文化正是体现着生命心灵的道德提升。从西方文化来看,"原彼希腊人之几何学与哲学,在柏拉图,原为人之向上望理念世界之至善至美之阶梯。即亚里士多德本理念或形式,以说明物类,亦在沿物类以上望此理念形式之自身之纯观照。故以能作此纯观照之哲学家之生活为最高。西方中古思想,缘柏亚之言观照理念形式,更上达,以归命于神境,以保其内在之灵性。此即皆为一上转内转,以入于宗教道德性之精神生活之途。盖此希腊人所发现之理念形式,乃属一纯相、纯意义之世界。自此纯相、纯意义之超于具体事物而观,更沿之而上,即必向于遗弃外在而在下之物质世界,以向上向内,而入于深密的宗教道德生活之途"。② 从中国文化来看,"则由儒、释、道三教所形成之传统文化,其根底在道德宗教境界。魏晋之玄学与传统之文学艺术,皆在高度之观照境。中国之科学技术之发明,亦多赖观照性的直觉,而较少计划性的实验,……功利观念之当隶属于道义观念之下,在中国亦几为一普遍之人生哲学。在明代以前之中国,可谓为人类社会中,较合乎一人文理想之社会"。③ 因此,生命心灵的道德提升不仅属于应然,亦且本为实然。

然而,生命心灵之应然且实然的道德提升方向,自西方文艺复兴之后即被根本扭转;这一趋势又随西方文化的日益走强而影响到整个现代世界。于是,"此人类所处之当前时代,可称之为一由吾人前所论之观照凌虚境,而向其下之感觉互摄境,以高速度的外转、下转,而至于自觉到人类世界之毁灭之有一真实可能之时代"。④ 这种人类世界毁灭的可能,表现为人类运用从观照凌虚境中所获得的科学知识以及从感觉互摄境中所把握的物质能量来制造核弹、运用在功能序运境中所形成的功利意识来巧取豪夺、运用在依类成化境中所习得的分类方法来建立分立对峙的社会组织、运用在万物散殊境中所了解的个体观念来高标原子式的个人主义,所有这些又导致人类心理普遍的封闭、疑虑、冷漠与畏怖,"此皆为自文艺复兴以来,西方人之精

---

① 《生命存在与心灵境界》,第 11 页。
② 同上,第 663 页。
③ 同上,第 666—667 页。
④ 同上,第 661 页。

神之外向、下向,所必然引致之社会文化之结果","其逐步外转、下转至于今,而全离于近代以前之人之精神之上转、内转之一方向,则明导出一人类文化与全部人类世界之大危机"!①

如欲解除人类面临的大危机,唐君毅认为,"在今日唯有真实之宗教道德与哲学智慧,能为一切专门之知识技术之主宰,以使社会中各分立之阶级、行业、职业中之个人,皆多少有其宗教上之笃实信念,道德上之真切修养及哲学智慧所养成之识见,互以广大高明之心境,相涵容覆载;然后人类世界得免于分崩离析,而破裂毁灭之虞"②。值此之时,"则一能说明上述之一切宗教之共同之核心本质,说明如何有此与一切道德相感通之仁德之哲学,并说明此宗教道德与哲学智慧,当为一切知识技术之主宰之哲学理论,必当出现"③。唐君毅在此对于时代哲学的期望,应该就是他对自己所创构的囊括人类各种生命心灵活动而又特别强调生命心灵的道德提升、将生命心灵活动的归宿系于心之本体之朗现的"生命三向与心灵九境"体系的自我期许。正是由于创构了这一具有深闳思想内涵和强烈现实关怀的哲学体系,唐君毅成为无愧于当今时代社会的大哲。

---

① 《生命存在与心灵境界》,第 664—665 页。
② 同上,第 668 页。
③ 同上,第 668 页。

中国的优秀传统文化与和谐社会建设

周桂钿

和谐社会,就是稳定、平安、祥和。

任何家庭、任何政府、任何朝代都是追求和谐社会的。家和万事兴,太平世界,长治久安,风调雨顺,国泰民安。

中国传统特别重视社会的治理,思想爆发于春秋、战国的乱世,突出的是政治哲学,研究乱世产生的原因以及治理的方法。探讨人的性情与总结历史经验,是政治哲学研究的重点,"却将万字平戎策,换取东家种树书"。现存《四库全书》中,关于治理社会的书,汗牛充栋,而关于科学技术的书,寥寥无几。中国传统学术的长处在于治理社会。科学方面重视实用(建筑、木匠)和宏观哲理(《周易》),比较缺乏的是具体的科学理论(几何、物理、化学等分科之学)。

和谐社会的建设,可以从几个大的方面,来讲主要内容。从政治、经济、精神三方面来谈。

政治上的和谐关系

政治上主要有四大关系:君臣、君民、臣民、臣臣。

(一)君臣关系

现在就是上下级的关系,老板与雇员、经理与职员的关系。这个关系,在中国是对应关系。孔子说:"君使臣以礼,臣事君以忠。"(《论语·八佾篇》)君对臣要有礼貌、要尊重;臣对君要尽心尽力,要忠诚。这种关系是对应的,是相互的,是双向的,孔子对此作了正面论述。至于反面,君对臣无礼、不尊重,臣应该、可以怎么办? 孔子没有说,战国时代的孟子说了,他说:"君之视臣如手足,则臣视君如腹心;君之视臣如犬马,则臣之视君如国人;君之视臣如土芥,则臣之视君如寇仇。"(《孟子·离娄下》)君对臣好,臣对君也好;君对臣不好,臣何必对君好呢? 他还说:"说大人则藐之,勿视其巍巍然。"(《孟子·尽心下》)跟大人物说话时,要藐视他,别看他那很威严的样子。他认为:"民为贵,社稷次之,君为轻。"君不能为民服务,可以把他换掉,罪行严重的国君,可以杀掉,这不是"弑君",而是"诛一夫",即杀掉没有人拥护的国君。孟子这一系列论述,表达了这种思想:国君不是绝对的权威,君臣在人格上是平等的,都是为民服务的,只是社会分工不同。谁不为民服务,还要残害人民,就是罪人,没有资格当国君。这虽然不是由人民投票选举的,人民在不同的时代用不同的方式来选择自己的国君。人民是历史的真正主人,得民心者得天下。我们从几千年历史的变迁来看,"天子"像走马灯一样,"你方唱罢我登场"、"皇帝轮流做,明年到我家",只有人民才是永恒的。

什么样是忠臣,忠臣有什么差别。古代讲述很多。鲁穆公问子思:"何如而可谓忠臣?"子思回答说:"恒称其君之恶者,可谓忠臣矣。"①荀子说:"从道不从君。"(《荀子·子道》)经常批评国君的错误的人是忠臣。批评国君,对国君有好处,对自己没有好处,还可能有危险。对自己的私利看得很重的人绝不肯批评国君。有人说,批评国君只是直臣,不算忠臣。真正的忠臣要保护国君的面子。因此,批评也要讲究方式方法,说君也有技巧。韩非有《说难》文章专论这个问题。"伴君如伴虎"的说法也反映了这种情况。

《韩诗外传》卷四第三章:"有大忠者,有次忠者,有下忠者,有国贼者。以道覆君而化之,是谓大忠也。以德调君而辅之,是谓次忠也。以谏非君而怨之,是谓下忠也。不恤乎公道达义,偷合苟同以之持禄养交者,是谓国贼也。若周公之于成王,可谓大忠也。管仲之于桓公,可谓次忠也。子胥之于夫差,可谓下忠也。曹触龙之于纣,可谓国贼也。皆人臣之所为也,吉凶贤不肖之效也。"周公用道德教化周成王,是大忠;管仲用自己的品德与能力帮助齐桓公称霸天下,是次忠;伍子胥用强谏的办法,牺牲自己,显国君之罪恶,是下忠。曹触龙对殷纣王百依百顺,不管公义道德,只要保住自己的既得利益(官位与俸禄)就行了。这是国贼,也是奸臣。

作为一个官员如何对待国君、国家与人民三者之间的关系?孟子说:"民为贵,社稷次之,君为轻。"(《孟子·尽心下》)人民最尊贵,国家是其次,国君排在最后。这就是著名的"民贵君轻"思想。民是最高贵的。因此,得到人民,也就得到天下,失去人民,也就失去天下。怎么才能得到人民的拥护呢?就是要得民心。所谓"得民心者得天下"。民心的向背是关键,决定

---

① 《鲁穆公问子思》,见《郭店楚墓竹简》,文物出版社1998年版,第141页。

天下大势。孟子的这种民贵君轻思想就是肯定了人民是历史发展的决定性的因素。当国君是正确的时候,忠于君与爱于民,则是一致的;当国君错误时,就要为了人民与国家的利益批评国君,或者反对国君。这叫"从道不从君"。符合人民利益的就是符合道义的。道义高于君主的权威,人民的利益高于一切。毛泽东讲,在路线的情况下,向上级负责与向人民负责是一致的。古代对国君还有先醒、后醒与不醒的评价。唐太宗撰写《帝范》,武则天撰写《臣轨》,宋代范祖禹编辑的《帝学》,都是专论君臣关系的重要著作。

历代讨论君臣关系的文章,对于处理上下级关系,处理经理与职员的关系,都有借鉴作用。

(二)君民、臣民的关系

是统治者与人民的关系。主要是重民、贵民。西周时代开明统治者将民与天画等号。提出"天视自我民视,天听自我民听"(《孟子·万章上》引《泰誓》语),天看到的,就是人民看到的;天听到的,就是人民听到的。皇帝是天子,也就是人民的儿子。大概有些统治者背着上天,在人民面前作威作福。这个话就是对这些人的警告。人民的耳目与天的耳目是相通的。统治者在人民面前的一举一动、一言一行,上天都看得一清二楚,听得明明白白。他们又说:"民之所欲,天必从之。"①人民有什么愿望、要求,天就一定使它实现。人民有什么愿望,天子就有责任想办法使它实现,这就叫顺天命,就会兴旺发达。否则,就是违背天命,就要受到上天的谴责、惩罚。这些思想归结为一句话:"皇天无亲,唯德是辅。"②皇天没有亲戚,对所有的人都没有亲疏的差别,只辅助那些有道德的人。什么样的人才是有道德的人呢?做了事情,能使人民得到好处,人民高兴,这就是有道德的人。德,就是得。因此,有道德的人就是能为人民兴大利除大害。这就是商、周时代到春秋战国时期的天命论。天命论(包括重民、贵民)的思想约在中国早期一千多年的历史中占重要地位,成为这一时期的主流思想。

民本。写了《过秦论》的西汉政治思想家贾谊对于民本思想有深切的体会和详细的论述。他在《新书·大政上》中说:"闻之于政也,民无不为本也。国以为本,君以为本,吏以为本。故国以民为安危,君以民为威侮,吏以民为贵贱。此之谓民无不为本也。"听说从事政治,没有不以人民为根本的。国家、国君、官吏都要以民为根本。国家因为民而有安定与危险的差别,国君

---

①　《左传》昭公元年引《泰誓》语。
②　《左传》僖公五年引《周书》文。

由于人民而有威望与侮辱的不同,官吏根据人民的态度而有贵贱之分。这就是说,人民是国家安危、国君威侮、官吏贵贱的根本。贾谊说:"夫民者,至贱而不可简也,至愚而不可欺也。故自古至于今,与民为仇者,有迟有速,而民必胜之。"(《新书·大政上》)人民虽然在社会上地位低贱,却不可歧视;虽然愚昧,却不可以欺骗。所以,自古至今,所有与民为敌的人迟早都要失败。人民是海水,统治者是小舟,"水则载舟,水则覆舟"。水是海的主人,而舟是客人,舟要依靠水,舟一旦失去水,自己也就失去存在的价值。

大德。《论语·雍也篇》记载:"子贡曰:'如有博施于民而能济众,何如?可谓仁乎?'子曰:'何事于仁!必也圣乎!尧、舜其犹病诸!'"孔子认为"博施于民而能济众"者,何止是仁人,必定是圣人。尧舜还感觉难以做到。这里讲的是"民""众"。对于民众能够博施,就是大德,不是小惠。孔子讲的"德治",孟子讲的"仁政",都是属于大德的范围。《论语·宪问篇》记载孔子对管仲的评价也可以看出这一点。当子路提出:"桓公杀公子纠,召忽死之,管仲不死。"孔子说:"桓公九合诸侯,不以兵车,管仲之力也!如其仁!如其仁!"当子贡提出:"管仲非仁者与?桓公杀公子纠,不能死,又相之。"孔子回答说:"管仲相桓公,霸诸侯,一匡天下,民到于今受其赐。微管仲,吾其被发左衽矣。岂若匹夫匹妇之为谅也,自经于沟渎而莫之知也?"管仲做好政治,造福后代,是大德。他如果为公子纠殉难,那就不过是失大德而得虚名。政治最重要的是为国家人民谋利,管仲相桓公,霸诸侯,是为齐国。后代人民受其赐,说明利于人民。利国利民的表现,就属于大德。民为贵,社稷次之,君为轻。按这轻重顺序,背君而利国利民,有什么不可以呢?顺君而害民,则是轻重颠倒,失去"大德"。

《孟子·离娄下》载:"子产听郑国之政,以其乘舆济人于溱、洧。孟子曰:'惠而不知为政。岁,十一月,徒杠成;十二月,舆梁成,民未病涉也。君子平其政,行辟人可也,焉得人人而济之?故为政者,每人而悦之,日亦不足矣。'"子产任郑国相,主持郑国政务。溱、洧是两条河,由于没有桥梁,人们不能过河。子产用自己的马车放在河中,让人们过河。(可谓方便群众)孟子认为这种做法只能叫做"惠",即给一些人带来好处,还不能说真正知道"为政"即执政。周朝规定每岁十一月修筑小桥,十二月修大桥(周历比夏历早两个月,周历十二月即夏历十月。这是农忙以后的时间)。发动并组织农民修筑桥梁,解决群众的过河问题。这件事做好了,人民就没有发愁过河的。所有群众过河的问题都解决了,就不必用自己的马车放在河里当桥用。如果这件事情没有做好,全国有许多河流,国相有那么多马车吗?可见国相的马车所能解决的问题就非常有限。马车是当政者的工作需要,是为了减少在路上耽搁的时间。如果马车放在河里当桥用,影响了国相的用车,会影响政务。当政者只要做好政治,出门时,让路上行人避开,也是可以的。这样虽然给一般行人带来一些不便,却可以减少国相在路上耽搁的时间。孟子认为这也是需要的。哪能让每一个人都感到方便呢?那样的话,你的时间就不够用了。国相做不好政务,将会使百姓遭到更大的损失。不过,孟子讲的是道理,群众也是可以接受的。但是,有些现代官员并非工作需要,也不是由于安全的考虑,而是为了讲排场、耍威风,前呼后拥,严重扰民,那是应该反对的。

朱熹注这段话时说:"惠,谓私恩小利。政,则有公平正大之体,纲纪法度之施焉。"(《四书集注·孟子·离娄下》)惠,就是小惠,是指按个人的意思给少数人特殊的小利益。政,就是为政,执政,行大德的政治。为政就需要公平正大地实施纲纪法度,使全体人民都能得到好处。他的马车有限,需要渡河的地方很多,不能根本解决群众的普遍问题。朱熹注曰:"言每人皆欲致私恩以悦其意,则人多日少,亦不足于用矣。诸葛武侯尝言'治世以大德,不以小惠',得孟子之意矣。"(同上)为政如果没有法度,规则,谁来要求什么,就答应什么,不按规定,破坏规矩,给他好处以讨他的喜欢。对这个人有了私恩,这叫小惠。他高兴了,如果人人都这样要求,就不能都给予满足。诸葛亮曾经说过:"治世以大德,不以小惠,故匡衡、吴汉不愿为赦。先帝亦言,吾周旋陈元方、郑康成间,每见启告,治乱之道悉矣,曾不语赦也。若刘景升、季玉父子,岁岁赦宥,何益于治!"①要用大德治理社会,不能用小惠治理社会。诸葛亮讲的是赦的问题,即赦免罪犯。赦免犯人无罪,对于犯人来说,似乎施了恩惠,但对于受害者来说,却不是好事,使坏人不能受到应有的惩罚。诸葛亮提到匡衡、吴汉都不同意实行赦免。《汉书·匡衡传》载:汉元帝问以政治得失,匡衡上疏说:"虽岁赦之,刑犹难使错而不用也。"即使每年都实行赦免,也很难做到刑罚设而不用。后来他又上疏提到"不以私恩害公义",仍然是这一思想。《后汉书·吴汉传》载:吴汉在弥留之际,跟皇帝说了最重要的话:"臣愚无所知识,唯愿陛下慎无赦而已。"只希望皇帝千万不要赦免。当时的现实是,政府经常赦免罪犯,皇帝以为做了好事,却成了东汉时代行政中的一大弊端。王符在《潜夫论·述赦》中说:"今日贼良民之甚者,莫大于数赦。赦赎数,则恶人昌而善人伤矣。……大恶之资,终不可化,

---

① 《答惜赦》,《三国志·蜀书·后主传》注引《华阳国志》文。

虽岁赦之,适劝奸耳。"经常赦免犯人,只能鼓励坏人,伤害善良平民。损害人民利益最严重的就是频繁赦免罪犯。有的罪犯三番五次杀人,又三番五次地被赦免,赦免后没有改过的表现,反而更加疯狂地报复。有的已经杀了几十人,还被赦免,"身不死则杀不止",都是因为赦免造成的。陈元方、郑康成经常与先帝即刘备讲到治乱的问题,从来未提及赦免的问题。刘表父子虽然每年都赦免一批犯人,对于治理又有什么帮助呢。朱熹认为诸葛亮的说法是正确领会了孟子思想的精神实质。小惠治世,老实人吃亏,爱哭的小孩多吃奶,爱吵的人占便宜。无原则地给少数人好处,坏人得不到应有的惩罚,善良百姓得不到保护。当政者不能出以公心,不能主持公道,不能"平其政",不能公平地处理政务,特别是与群众有关的所有事情,就不能树立当政者的威信。总之,儒家主张实行"大德",忌行"小惠"。这是君子之道。行小惠者,是小人之道。"执政为民",就是要公平地处理政务,才能真正做到为民。为人民服务,执政为民,是儒家提倡的君子之道,是诸葛亮讲的"治世以大德"。也就是孔子讲的"君子周而不比","君子不党"。

《贞观政要》卷一《政体》第十章载唐太宗与群臣对话,是很有意义的政治对话。内容如下:

> 贞观八年,太宗谓侍臣曰:"隋时百姓纵有财物,岂得保此?自朕有天下已来,存心抚养,无有所科差,人人皆得营生,守其资财,即朕所赐。向使朕科唤不已,虽数资赏赐,亦不如不得。"

政治不好,社会不安定,百姓即使有一些财物,也保不住;政治清明,社会安定,人人拥有自己的财物,都能安心生活。做好政治工作,是对人民的大德。只给少数人赏赐,而做不好政治工作,那就是小惠。虽得小惠的人也保不住财物。魏徵以晋文公为例佐证唐太宗的看法。他说:"晋文公出田,逐兽于砀,入大泽,迷不知所出。其中有渔者,文公谓曰:'我,若君也,道将安出?我且厚赐若。'渔者曰:'臣愿有献。'文公曰:'出泽而受之。'于是送出泽。文公曰:'今子之所欲教寡人者,何也?愿受之。'渔者曰:'……今君出兽砀,入至此,何行之太远也?'文公曰:'善哉!'谓从者记渔者名。渔者曰:'君何以名?君尊天事地,敬社稷,保四国,慈爱万民,薄赋敛,轻租税,臣亦与焉。君不尊天,不事地,不敬社稷,不固四海,外失礼于诸侯,内逆民心,一国流亡,渔者虽有厚赐,不得保也。'遂辞不受。"

这里提到的"尊天事地,敬社稷,保四国,慈爱万民,薄赋敛,轻租税"就是当时人认为做好政治工作的具体内容。政治做好了,渔者也能享受太平;政治做不好,天下大乱,一国流亡,渔者虽然得到厚赐,也保不住。做好政治是大德,厚赐渔者是小惠。这个渔者很有政治眼光,深明大义。史学家记载此事,也是深明大义的。有人想研究平民哲学,我不知道这个渔者的说法属于平民哲学,还是精英哲学?

子产用自己的马车给行人渡河,晋文公厚赐渔者,东汉时代皇帝经常赦免罪犯,在儒家看来,都属于"小惠",偶尔做一下,未尝不可。但是,如果以为这就是政治的全部,或者以为这就是最好政治的主要内容,那就错了。实行儒家所说的"大德",就是首先要解决全体人民的温饱问题,其次要重视教育工作,全面提高人民的文化素质,知道如何正确处理人际关系,维护社会伦理,稳定社会秩序,构建和谐社会。与此同时,要健全法制,严格执法,惩治罪犯,清除腐败,保护人民的根本利益。这是历代儒家政治理论中所共有的观点,是孔子、孟子、贾谊、匡衡、桓谭、吴汉、王符、诸葛亮、魏徵、武则天、朱熹、王夫之等历代政治思想家的一种共识。

吏为民役。直接提出人民是主人,官吏要像仆役那样为人民做事,是唐代的柳宗元。柳宗元在《送薛存义之任序》中说:

> 凡吏于土者,若知其职乎? 盖民之役,非以役民而已也。凡民之食土者,出其十一庸乎吏,使司平于我也。今受其直怠其事者,天下皆然。岂惟怠之,又从而盗之。向使庸一夫于家,受若直,怠若事,又盗若货器,则甚怒而黜罚之矣。以今天下多类此,而民莫敢肆其怒与黜罚,何哉? 势不同也。势不同而理同,如吾民何? 有达于理者,得不恐而畏乎?[1]

这一大段话特别有价值,所以全文引录。大意是:凡是在地方当官的,你知道自己的职责吗? 是人民的仆役,不是奴役人民的。凡是在某个地方生活的人,都要拿出自己收获的十分之一财富雇佣官吏,让他们负责,为人民公平地处理一些事情。而现在天下的官吏都是拿了俸禄(薪水)又不为人民办事的。何止不做事,还贪污受贿,盘剥人民的财物。假如你雇一个仆役在家,他拿了你给的工钱,不给你干活,还要偷你家的钱物,那么,你必定大怒,要惩罚他,或者把他赶走。现在天下官吏多数就像这样的仆役,人民却不敢

---

① 《柳宗元集》,中华书局 1979 年版,第 616 页。

发怒,也不能惩罚或罢免他们,为什么?形势不同。但是,形势不同,道理却是相同的。应该怎么样对待人民呢?明白这个道理的人能不害怕吗?

在柳宗元的这一段话中,以主人比喻人民,以仆役比喻官吏。人民与官吏的关系是主仆关系。类似现代的说法:干部是人民的公仆。他所说的"势",现在可以理解为缺乏民主制度的封建社会的形势。这个"势"一旦变成民主制度的势,那就"理同势也同"了。人民真正当家作主了。柳宗元"吏为民役"的思想是非常深刻的、非常光辉的,对后代也有深远的影响。实际上需要补充的是,皇帝与所有官员一样,都是人民的公仆。到明末黄宗羲才提出这个问题。

(三)臣臣关系

这是同事关系,也是人民之间的关系,即平级关系。这主要需要实行"和而不同"和"周而不比"的原则。《论语·子路》记载,孔子说:"君子和而不同,小人同而不和。""和"与"同"有什么差异?包含什么意义?《国语·郑语》载:"和实生物,同则不继。"《左传》昭公二十年载齐国晏婴的说法十分详细明白的。

> 齐侯问晏婴:"和与同异乎?"晏婴曰:"异,和如羹焉,水火,醯盐梅以烹鱼肉,燀之以薪,宰夫和之,齐之以味,济其不及,以泄其过,君子食之,以平其心。君臣亦然,君所谓可,而有否焉,臣献其否,以成其可;君所谓否,而有可焉,臣献其可,以去其否,是以政平而不干,民无争心。……若以水与水,谁能食之?若琴瑟之专壹,谁能听之?而之不可也如是。"

"和"是指不同成分的合理配合,例如汤,油盐酱醋,鱼肉菜蔬,用水火加工,做出可口的汤,大家都爱喝,这叫"和"。一种汤,如果只有一个味,或者只有水加水,或者只有咸味加咸味,这个汤就没法喝,因为它是"同"。音乐也是这样,有很多种乐器,音调有高低缓急,长短刚柔,清浊大小,相互配合,奏出美妙的音乐,大家都爱听,这叫"和"。如果只有一个乐器,只发出一个音调的声音,那是单调的声音,就很难听,不仅是不悦耳,而且是有害健康的、令人讨厌的噪音。这叫"同"。在政治生活中,国君说什么,大家也都说什么;国君反对什么,大家也都反对什么。君臣意见都是完全一致的,这就是"同",也就像乏味的汤、单调的音,实在不好。国君提出一种想法,大家议论,有的从这方面提出反对意见,有的从另一方面提出质疑,使国君的想法更加完善周全,这就是"和"。这样制订出来的政策,就像可口的高汤、悦耳的佳音那样,受到欢迎。

孔子说:"君子周而不比,小人比而不周。"(《论语·为政》)周就是与群众在一起,合群。比就是脱离群众,搞小集团,结党营私。维护群众利益,主持公道,也就是实行大德;只给个别人或少数人提供方便,谋取不合理的私利,也就是施小惠。

社会和谐建立在家庭和睦的基础上。家庭和睦需要孝悌来维系。儒家讲的五伦对于建立和谐社会有重大意义。

经济上的和谐原则

儒家在经济上的和谐原则主要有两条:一是调均,二是重义。

(一)调均

从历史上看,贫富两极分化,社会就不稳定。孔子说:"不患贫而患不均。"董仲舒认为"不均","有所积重,则有所空虚"(《春秋繁露·度制》)。一些人财富积累多了,另一些人就贫困了。圣人了解一般人的性情,知道乱是怎么产生的,所以就作出规定,使人有贵贱富贫的上下差别,"使富者足以示贵而不至于骄,贫者足以养生而不至于忧,以此为度而调均之,是以财不匮而上下相安,故易治也"(同上)。使富的人足以显示自己尊贵而又不至于骄奢,使穷的人足够生活而又不至于忧愁,根据这种原则来进行调均,这样就可以使财富不匮乏而上下可以相安,所以就容易治理。

贫富不均的问题,要通过调均来解决。如何调均?那是当政者的责任。从历史上来看,执政者如果无法调均,就要亡国。这种亡国有两种情况:一是强臣膨胀到一定程度,就要篡权,或者强迫实行"禅让"。王莽夺取汉朝政权,是由于西汉皇帝已经失去控制能力,无法解决贫富两极分化的问题。王莽的势力日益强盛,一步一步走向夺取政权。最后连太后也无法控制他。曹操挟天子而令诸侯,过度膨胀,皇帝失去控制能力,最后由曹丕正式实现权力转移。后来曹氏无力,司马氏同样实现和平过渡。二是百姓被迫无法生活下去,只好落草为寇,因为太多的人都被迫无法生活,都起来响应造反,腐败的朝廷就被农民起义所推翻。秦末农民起义,隋末农民起义以及明末农民起义,都是这种情况。抑制不住强臣,救助不了弱民,亡国则是不可避免的。

董仲舒说:"大富则骄,大贫则忧,忧则为盗,骄则为暴,此众人之情也。圣者则于众人之情,见乱之所从生,故其制人道而差上下也。……今世弃其度制,而各从其欲,欲无所穷,而欲得自恣,其势无极,大人病不足于上,而小民羸瘠于下,则富者愈贪利而不肯为义,贫者日犯禁而不可得止,是世之所以难治也。"(《春秋繁露·度制》)这段文字的大意是:太富就骄横,太穷就忧愁,忧愁无法解决,只好当强盗;骄横就残暴。这是一般人的心态。圣人从群众的情绪,知道乱是怎么产生的,因此就制定人的等级差别,并用制度加以限制。现在社会抛弃各种限制,顺从自己的欲望,自由发展,欲望是无穷的,发展的趋势是没有极限的。这样一来,上头富人不满足,下头平民更穷困。富裕的人越贪利又越不肯施舍,贫贱的人每天违犯禁令又无法制止。这样,社会就很难治理了。我们现在的世界也像董仲舒所讲的那样,弄得很乱,不好治理。一边富者搞霸权主义,一边贫者被迫搞恐怖主义。天下就不太平了,人民生活也就不安全了。董仲舒讲的调均就是防止贫富差别扩大,因为贫富差别扩大是社会不稳定的重要原因。

(二)重义

儒家强调义利之辨,主张重义轻利。利就是物质财富,引申为一切利益(包括名誉地位等)。义是合理分配。分配利益时,取得自己应有的一份,是义;不是自己的拿走,就是不义。因此,孔子说:"见利思义","义然后取"。见到利益,首先要想是否合理,如果合理,就可以取。孟子说:"非其有而取之,非义也。"(《孟子·尽心上》)不是你的,你拿走,就是不义。贪污受贿得来的钱财,就是不义之财。推而广之,所有利益,一切好处,都应该有合理的分配,这是义的原则。如果多吃多占,或者贪天之功,据为己有,那都是不义。在先秦时代,就有义利统一的思想。如晋国大夫里克说:"夫义者,利之足也。""废义则利不立。"(《国语·晋语二》)利是由义支撑着,没有义,利就立不起来。晋国另一个大夫丕郑说:"义以生利,利以丰民。"(《国语·晋语一》)义不但支撑利,而且还会生出利来。利是为了丰富人民的生活,满足人民的生活需要。孔子认为义非常重要,是政治的重要内容。他说:"礼以行义,义以生利,利以平民,政之大节也。"(《左传》成公二年)孔子的话就可理解为:礼制就是为了处理事情能够合理,处理合理,能调动积极性、创造性,就会创造更多的利。有充足的利,可以使人民安定生活。这是政治的大节。可见,义利之辨是政治哲学的重要内容,特别是义,应该是所有政治家都要认真研究的重要问题,也是平民百姓的生活准则。后来,有权的人处事不公平。义与利出现脱节，合理分配的为义，不合理的分配就是当权者的不义，平民百姓合理地待人接物，顾全大局，也是义；损人利己，损公肥私，就是不义。头脑中考虑别人的利益多，是义；考虑自己利益多，就是不义。后世讲义利对立，也就是很自然的事了。

关于义利之辨，儒家主张重义轻利，是强调合理分配的重要性。如果不能合理分配，虽然有很多财富都集中在极少数人的手中，多数人仍然贫穷困苦，两极分化，正如董仲舒所说社会不得安定，那么富人的安全也得不到保证。20世纪批儒的时候有许多误解，以经济建设为中心的时候，还有人担心儒家的"义利之辨"妨碍社会主义市场经济。他们认为重义轻利，不要利，还怎么搞市场经济。儒家重义，讲的是合理，不是不要利。例如，子贡是孔子的学生中唯一下海的。他很会预测市场，赚了很多钱。鲁国规定谁能花钱把在外国当奴婢的鲁国人赎回来，可以到政府那里领取一些钱，作为赔偿金。子贡赎了一些人回来，因为他自己钱多，就不去政府那里领取赔偿金。受到孔子的批评，孔子说，不能因为你有钱，就不去领取赔偿金。做事情，要考虑如何合适，才能作为别人的榜样。你这么做，今后鲁国人在外国当奴隶，再没有人去赎了。在这里，不拿钱是不义，拿钱才是义。这叫"让而止善"。孔子的另一个学生子路救了一个落水的人，那人用一头牛来表示感谢之情，子路接受了。孔子高兴地说："鲁国人今后一定很热心于拯救落水的人。"当时，一头牛是价值十分昂贵的酬谢品。《三国演义》中，诸葛亮劝刘备取荆州。朱熹的学生陈淳在《本溪字义》中说，刘备不取荆州，是利，是不顾天下大局，只讲刘表情面。而诸葛亮主张取荆州，是出于大义。同样道理，在利益面前，嫌多嫌少都是不义。应该得多少，就得多少。合理是个原则。但是，很多人不知道多少才是合理的。这当然没有固定的标准，需要提高了觉悟以后，就知道多少是合理的。过去许多人以为平均才是最合理的，结果，干活多少好坏都一样，使许多人都变成懒汉。孟子说："夫物之不齐，物之情也。"（《孟子·滕文公上》）不齐是事物的普遍现象。价值可以相差几倍、几十倍，乃至千万倍。人也不例外，价值也有若干倍之差。勉强把差别拉平，必然要乱天下，因为违背了客观规律。

汉代董仲舒认为人天生的就有好义与欲利两种心理。因为义与利都是人所需要的。义可以养心，利可以养身。身与心比较，心更重要，因此养心的义也比养身的利重要。例如，历史上如孔子的学生原宪、曾参等人都是很穷的人，生活不富裕，但他们都有高尚的道德，别人都羡慕他们。他们自己也都很乐观，精神很充实。另一些人，身居高位，享受荣华富贵，却不肯行义，甚至做伤天害理的亏心事。他们虽然物质丰富，心里却不踏实，精神空虚。他们或者死于犯罪，或者死于忧愁。总之，他们都不能安乐地生活一辈子。董仲舒经过论证以后，得出结论说："义之养生人，大于利而厚于财也。"（《春秋繁露·身之养重于义》）义，对于养身比财利都更重要。实际上是说，人的精神需要超过物质需要。

有一个少校军官叫张林，是苦出身，是个非常廉洁的很有前途的好干部。刚开放的时候，他的内弟向他借钱，从他管理的钱库中借走 5 万元。其他内弟也来借钱，共借去 20 万元。后上级来查账，发现少了钱，他先说被人借走，后因没有借据，就承认是自己挪用。挪用马上就全部还清，还可以不判死罪。妻子很高兴地向家人企求还钱，全家所有借了钱的都不肯还。最后，张林伏法，妻子也用捆骨灰盒的绸布自缢身亡。只顾亲情，挪用公款，做了不义的事，犯了国法，最后，亲人没有留下情，自己落个家破人亡。从此可见，做不义的事，不但损人，也经常会害己。这里讲的是亲情与道义的矛盾。道义高于亲情，应该"大义灭亲"。亲情要在法律与道义允许的范围内。

董仲舒反对当官的还搞什么副业赚钱，反对与民争利。他提倡以公仪休做榜样。公仪休任鲁国相，他办完公事，回家，吃饭的时候，就问葵菜价钱，家里人说不要钱，是自己家种的。他听后很生气，说："我们拿了俸禄，还要自己种菜，这不是夺了菜农的利益吗？"说完就到菜园里，把葵菜都拔掉。他有一次回家，看见夫人正在织布，他认为她夺了女工的利益，就把夫人休了。这是有名的"拔葵出妻"的故事。现在对于公仪休的看法有争议，认为能够参加劳动的国相夫人是多么好，不应该休掉。再说，即使犯了错误，也应该允许改正。而我们现在社会上一些干部夫人，劳动不参加，大家也没有要求她参加，但是，通过夫人贪污受贿的事，时有发生，一旦被揭发却说是夫人干的，不关首长的事。两相比较，不是也可以给人以启迪吗？公仪休任国相，有人投其所好，给他送鱼来，他不受。了解他的人说："您不是很喜欢吃鱼吗？给您送鱼来，为什么不要呢？"公仪休说："我收了鱼，以后当不成国相，就没有人给我送鱼，我就吃不上鱼了。我不收鱼，一直当着国相，还怕没有鱼吃吗？正因为我爱吃鱼，所以我不收别人送的鱼。"当时有人议论，认为公仪休真正会为自己打算，真正懂得珍爱自己。

董仲舒说："正其谊不谋其利，明其道不计其功"这句话，历代许多人有误解，以为董仲舒只讲道义，不讲功利。所有儒家没有不讲功利的。董仲舒也不例外。谊，就是义。"正其谊不谋其利"，就是说做事情，要考虑如何做才合理，才符合义的原则，不要谋自己的私利。有些官员制订政策，不是从实际出发,而是从个人利益出发,或者从自己所在的小团体的利益出发。那么怎么能够做好工作呢?"明其道不计其功",这个功,不是"立功不朽"的那个"功",而是贪天之功、急功近利的那个功。做事情要按客观规律办,不要急于求成。现在有的官员,不是"为官一任造福一方",而是为官一任,造了一批纪念碑工程。为什么许多领导干部对教育不感兴趣,不想投资,也不去关心?因为抓教育不容易见效,是软工程。为什么有些人对建筑楼堂馆所特别感兴趣?因为那是看得见,摸得着的。至于当地人民生活提高了多少,对文化事业都做了些什么,全民的文化素质究竟提高了没有?没人提起。不重视教育的领导,不是远见卓识的领导。不抓教育而在那里抓纪念碑工程的干部,就是急功近利的干部。现在建设新农村,并不在移风易俗上下功夫,而在拆旧屋建新房上投资。有些房子是有文物价值的,也往往被无知的领导下令拆掉。他们天天在那里"计"自己的"功",至于"道"在何方,他们是不"明"白的。

精神上的和谐观念

和谐观念主要有两个:一是自强不息,二是返身而诚。

(一)自强不息

《周易》上有"天行健,君子以自强不息。"现在讲竞争,儒家的原则是与自己争,就是自强不息。就是跟自己争。

《韩诗外传》卷三第二十章载:

> 能制天下,必能养其民也。能养民者,为自养也。饮食适乎藏,滋味适乎气,劳佚适乎筋骨,寒暖适乎肌肤,然后气藏平,心术治,思虑得,喜怒时,起居而游乐,事时而用足。夫是之谓能自养者也。故圣人不淫佚侈靡者,非鄙夫色而爱财用也。养有适,过则不乐,故不为也。是以夏不数浴,非爱水也。冬不频炀,非爱火也。不高台榭,非无土木也。不大钟鼎,非无金锡也。不沈于酒,不贪于色,非辟丑也。直行情性之所安,而制度可以为天下法矣。故用不靡财,足以养其身,而天下称其仁也。养不害性,足以成教,而天下称其义也。适情辟余,不求非其有,而天下称其廉也。行成不可掩,息刑不可犯,执一道而轻万物,天下称其勇也。四行在乎民,居则婉愉,怒则胜敌,故审其所以养而治道具矣。治道具而远近畜也。

这里讲的"自养",类似于孟子所说的养吾浩然之气。这个自养,也是自强不息。要克服自己的"淫佚侈靡"的欲望,真正养好自己。自爱、自尊、自信、自强。《吕氏春秋·本生》:

> 贵富而不知道,适足以为患,不如贫贱。……出则以车,入则以辇,务以自送,命曰招蹶之机;肥肉厚酒,务以自强,命曰烂肠之食;靡曼皓齿,郑卫之音,务以自乐,命曰伐性之斧。三患者,贵富之所致也。故古之人有不肯贵富者矣,由重生故也,非夸以名也,为其实也。

这里讲的"知道",就是掌握客观规律。在生活中,有许多必需品,没有不行,太多了也不行。贫苦人家虽然也想多享受一些,没有条件。富贵人家有条件享受,不知"道",不知按客观规律,给予适当节制,过分享受,结果却产生损害健康的后果。古代知道的圣人,不愿意富贵,不是为了好名声,是为了珍惜自己的生命,珍惜实实在在的健康。我们当前应该注意的就是:告别奢侈,适度消费。

吃的平衡:一是五味调理,不能只吃甜的,也不宜只吃咸的,各种味道都要有。中医认为五味与五脏是相关联的,酸与肝,苦与心,甜与脾,辛与肺,咸与肾,都有相应的关系。二是饥饱适当,吃得太少,肚子饿,营养不够;吃得太饱,影响消化、吸收,营养过剩也会导致各种疾病。现在知道,脂肪摄入量过多,容易患心血管的疾病。钙摄入量过多,也会导致一些疾病。所有的东西都应该有适当的度,超量或不足,都会影响生理平衡,有害健康。有些人出于商业利益的考虑,违背科学,讲什么人人需要补钙,只说钙不足有什么不好,没有讲钙太多会有什么害处。这种片面性,是非常明显的。三是保持间隔。每两次进食都要有一定的时间间隔。不能连续进食。这样才能保证肠子里实虚相间。穿的平衡,不寒不暖。"欲要小儿安,三分饥与寒。"住的平衡:台高多阳,室大多阴,多阳则痿,多阴则蹶,阴阳不适之患也。行的平衡:太久则伤筋,太少则病蹶。生活的其他方面也存在需要平衡的问题,例如声色娱乐,也要适当。所有感官不能只接受一方面的长期刺激,经常改换,才有利于平衡。生理平衡是多方面的,其中最重要的可能就是动静结合与饮食平衡两方面。

(二)返身而诚

心理不健康,主要问题在于心理不平衡。去年自杀达 200 万人,死亡 25

万人,是青年中死亡率最高的因素,是青年的第一杀手。台湾陈水扁上台后,自杀1.2万人。日本自杀人数达到5万,是交通事故死亡的四倍。如何实现心理平衡?我们只要研究心理不平衡有哪些情况,都是如何引起的,只要消除那些因素,就可以达到平衡。所以,平衡要从不平衡中求得。不平衡因素有哪些呢?

(1)情绪过激。情绪对健康的影响:喜伤心,怒伤肝,思伤脾,忧伤肺,恐伤肾。有喜不要太高兴,乐极会生悲;遭难不要太悲观,绝处逢生,"大难不死,必有后福"。尽量保持冷静,不要过于激动。古人有"西门豹急,佩韦以自缓;董安于缓,带弦以自促"。(《论衡·率性篇》)有的人写一大"忍"字挂在家中,提醒自己要忍耐,不要发脾气。控制感情是非常难的事,要有很高的修养,有涵养,才能逐渐做到。发生任何不满意的事,首先要返身而诚,就是想问题在于自己。像射箭不准,不能怨靶放歪了,而是要从自身寻找原因,调整好自己的姿势,继续练习。

(2)害怕艰苦。孟子讲:"故天将降大任于是人也,必先苦其心志,劳其筋骨,饿其体肤,空乏其身,行拂乱其所为,所以动心忍性,曾益其所不能。"所以说"生于忧患而死于安乐"(《孟子·告子下》)。

张载说:"贫贱忧戚,庸玉女于成也。"①逆境是用来帮助你达到成功。没有逆境,没有磨难,没有忧患,哪有成功?大师也都是在艰难困苦中锻炼出来的,不是用哪一种非常合理的模式培养出来的。如果真有一种模式可以培养大师,那么大师也就可以批量生产。从古今中外的大师中,我们看不到一种能够培养大师的模式。

没有在苦难中锻炼的人,没有吃苦的意识,心理很难平衡。任何时代都有自己的苦,长征时吃皮带,上个世纪五六十年代,吃饭还很成问题,许多人吃不饱,吃不好。也是一种苦。现在青年人面对竞争,精神压力很大,考试、奖学金、就业、出成果、评职称、报项目、争经费、出国进修等等,都要在不停的竞争之中。而生活方面的压力也很大,赡养老人,结婚生孩子,孩子入托、上学,数字可怕的赞助费,买房子,有一系列头痛的事。只要在困难中不屈服,坚持下去,就会走出困境,登上坦途,迎接光辉前程。开始盲目,这是正常现象,哪一个人也不可能从小就明确自己一生奋斗的目标,奋斗目标也是在实践中逐渐形成的。一个中学生要报考大学,自己不知道如何选择专业,家长与老师也不懂,如何能够一选就准呢?入学后,发现自己不适合这个专

---

① 《西铭》,见《张载集·正蒙·乾称篇》,中华书局1978年版。

业,这种情况经常发生。有的学生改变自己,适应新情况,经过努力,逐渐适应。有的可能通过考研究生,来改变本科专业,再后来还可以考博士生来提高自己与专业的适应度。一般地说,博士毕业决定了自己今后的生活方向,但也不尽然,有的博士生由于各种原因,有的下海经商,有的入仕为官,还可能改变自己的生活方向。即使没有那些变故,从事专业工作,有的教学,有的研究,有的从事编辑工作,都不算脱离本专业,而职业却有很大不同,也有需要适应的问题。

(3)心理失衡。造成心理失衡的原因很多,主要是缺乏生活经验,许多想法脱离实际。这与环境也有关系,一个姑娘从上小学到中学毕业学习成绩都是前三名,在高考中又是全县状元,在家长、乡亲、老师和同学眼中,都是好孩子,从来没有受到过批评,都是在表扬声中长大的,这成了习惯。考上名牌大学,又一次受到大家的热烈鼓励,甚至在电视台上接受记者采访,那种踌躇满志,可想而知。意想不到的是,到了大学,县级状元算什么呀!省级状元还有一大把。别说在学校,就是在一个班里,四十名学生排在三十几名去。别人写的文章发表了,自己做的作业,老师还不给高分,提了不少意见。这种落差,应该如何对待?这里就有思想方法的问题。差别是绝对的,努力可以进步快一点,并不是就会超过别人,因为别人也在努力。想不开,睡不好觉,学习成绩下降,问题日益严重,最后导致自杀。如果换一种思路:我虽然名列后几名,我还是名牌大学的学生,只要扎实学习,终究能闯出一条自己的路子,走向光辉的未来。过去有一说法:"清华一条虫,出去一条龙。"在高手云集的地方,虽然不出色,一旦到了小地方小单位,却是鹤立鸡群,技压群芳。首先要相信自己只要努力,不辜负青春年华,就仰不愧于天,俯不怍于人,对得起父母乡亲,对得起老师、同学和朋友。问心无愧。既不懈怠,也不浮躁,踏踏实实地走向自己的目标,实现光辉的理想。拥有现在,就是最大的幸福。珍惜已有,就充满快乐。有机会为人民贡献自己的才华,就是最大的幸运。这样想,思想就平衡了。至于自己排在第几名,不要看得太重,人生就像下棋,不到结局,胜负就未定。即使到了结局,也还有任后人评说的问题。历史上许多不幸者,却是最大的幸运者。董仲舒不得志,写了《士不遇赋》,后来著书立说,名留千古。王充"仕数不耦",当官不成,回家教学著述,有名著《论衡》存世。柳宗元改革失败,被一贬再贬,最后到柳州当刺史。他不得志,结果著述很多,成为唐宋八大家之一,也成为唐代主要的哲学家。柳州至今有柳侯祠、柳侯公园,后代人不断纪念他。他如果变法成功,也许会当上什么大官,却未必能如此风光,长受后人纪念。据此,我们可以说,只要努力,会有自己的实际贡献。争一时的名利,特别是虚名,意义不大,还浪费很多时间和精力。鲁迅笔下的阿Q只有一种虚的想法,不可能产生实的效果。实干与幻想,有实质性的区别,不可混为一谈。

(4)浮躁心态。一分耕耘,一分收获。这是浅显易懂的道理。但是,一些人虽然羡慕名人名家受到社会的普遍尊重,却不想下决心长期艰苦奋斗。看到有人当了官,想也去当官。看到别人经商赚了大钱,自己也想下海。看到别人当了博士,或者评上教授,又想搞学问。许多成功,都是个人专心致志,长期努力,争取来的。什么好处都想要,又不想下大工夫,急功近利,做什么都三心二意,投机取巧,聪明反被聪明误,最后什么也得不到。浪费青春,浪费人生。社会上有一些人通过不正当的手段获取不义之财或者其他利益,如名誉地位职称等,有的人就很羡慕他们的不劳而获,像羡慕小偷津津有味地在那里吃偷来的烧鸡,没有看到小偷被抓挨打的情况。不诚实的人最后吃大亏。前人有很多教训,应该记取。眼前正在占小便宜的人,不值得羡慕。

古代轻重家利用政权宏观调控市场的思想也被后代儒家所吸收,关于发展经济有成功经验的企事业家与商人,在《史记·货殖列传》中有记载,可以参阅。墨家主张兼相爱,交相利,就是现在所说的双赢原则,也被后代经商的儒家所采纳,这些人便是"儒商"。这些思想就不展开论述了。在伦理上讲和谐,那就是要讲三纲五常,以及许多伦理德目。如果从教育方面讲,要特别重视品德教育,其次才是知识的传授与技能的训练。要重视素质教育,提高分析问题与处理问题的能力,而不是死读书、背教条,为了应付考试。大学生的自杀与残杀,都是心理失衡的极端表现,而心理失衡又与教育理念、教育体制有关。这里从略。

儒家的"孝道"及其现代价值

葛荣晋

"孝"的内涵

何谓"孝"？"孝道"有狭义、广义之分。《尔雅》云："善事父母曰孝。"孝是子女对父母的真诚自然情感的流露，也是子女对父母反哺养老、敬本感恩的客观需要。这是"孝"之狭义。《孝经·开宗明义章》曰："夫孝，始于事亲，中于事君，终于立身。"意谓自出生至三十岁时以侍父母、接兄弟、和亲戚、睦宗族、敬长老、信朋友为孝；中年时期，仕服官政，以效忠君王为孝；老年时期，以建功扬名、光宗耀祖为孝。起初是事奉双亲，继而扩大为忠君爱国，最终归结于立身修德、光宗耀祖，是孝道的高级的、终极的要求。这是"孝"之广义。

综观《论语》、《孝经》，儒家所谓"孝"，是有高低层次之分的。《礼记·祭义》篇根据孔子的思想，明确指出："养可能也，敬为难；敬可能也，安为难；安可能也，卒为难。"从而把子女对于父母的"孝道"分为"养亲"、"敬亲"、"安亲"、"卒亲"四个层次。只有在长期的孝道实践中逐步地由低层次达到最高层次的孝，才是最完满的孝道。

(一) 赡养即孝

这是子女对父母的最低层次的孝。

孔子在《论语》中对"养亲"并未提出具体要求，只是原则地提出了"事父母，能竭其力"（《论语·学而》），即要求子女根据自己的经济状况，应尽力满足父母在物质生活上的各种要求，使父母得以安乐、愉悦。特别值得指出的是孔子提出的"父母唯其疾之忧"(《论语·为政》)①,即子女应以父母的疾病为忧的要求,更是儒家孝道的精华思想之一。在这种"病者至其忧"(《孝经》)的思想影响下,历代不少子女在父母患病时更能精心侍奉,已成为中华民族的传统美德。如汉文帝在未登基以前,母亲有病,三年不交睫解衣,汤药皆亲口先尝(《汉书·爱盎传》)。文帝儿子梁孝王也"每闻太后有病,口不能食,常欲留长安侍太后"(《汉书·文三王传》)。朱穆"五岁,便有孝称,父母有病,辄不饮食,差乃复常"(《后汉书·朱晖传》)。在中国历史上,每当有人不尽赡养双亲的义务时,就会受到社会舆论的谴责。如《汉书·薛宣传》记载:哀帝即位后,博士申咸指责薛宣"不供养,行丧服,薄于骨肉",遂以"不养母之名"免。可见,中国人对奉养父母是十分看重的。有时候,甚至超出了道德范围而以法律形式加以保证,规定不孝在法律上要受到处罚。1959年在甘肃省武威县出土的汉代《王杖诏书令》规定:如果侮辱或殴打老人,可以定为大逆不道罪而处以斩首之刑。《孝经·五刑章》云:"五刑之属三千,罪莫大于不孝",规定对不孝者要"斩首枭之"。北魏时,以不逊父母律处髡刑(《魏书·刑法志》)。北齐律首创"重罪十条",其中不孝罪为十恶不赦的罪名之一。刘宋法律规定"子不孝父母为弃市"(《宋书·顾恺之传》)。唐律规定:骂詈祖父母与父母要处以绞刑,殴者要处以斩刑,等等。

战国时期,孟子依据孔子思想对"养亲"的内容做出了具体规定。他说:"惰其四支(肢),不顾(赡养)父母之养,一不孝也;博(赌博)弈(下棋)好饮酒,不顾父母之养,二不孝也;好(喜欢)货财,私妻子(一味听从妻子),不顾父母之养,三不孝也。"(《孟子·离娄下》)在这里,孟子对"养亲"孝道做了全面的说明。不管是"惰其四肢"、"博弈好饮酒",还是"好货财,私妻子",都是"不顾父母之养"的不孝行为,这是孟子所反对的。

《吕氏春秋·孝行览》进一步补充与完善了"善养父母"的内容,指出:"养有五道:修宫室,安床第,节饮食,养体之道也;树五色,施五彩,列(别)文章,养目之道也;正六律,龢五声,杂八音,养耳之道也;熟五谷,烹六畜,龢煎调,养口之道也;龢颜色,说言语,敬进退,养志之道也。此五者,代(更)进而厚用之,可谓善养矣。"

《礼记·祭义》篇对"养亲"也做了一些具体规定,如"凡为人子之礼,冬

---

① "父母唯其疾之忧",有三种解释:1. 父母爱子,无所不至,唯恐其有疾病。子女能体会父母这种心情,在日常生活中事事小心,使自己身心健康,不用父母操心;2. 做子女的要使双亲只为自己的疾病担忧,不必为自己其他方面的事担心;3. 做子女的不但操心父母的赡养问题,尤以父母的疾病为忧。本文采取第三种说法。

温(温暖)而夏清(清凉),昏定(晚上为父母安置好被褥枕头)而晨省(清晨向父母问安)"。

《孝经》作为儒家经典之一,也是把赡养父母作为庶人的重要孝道,指出"用天之道,分地之利,谨身节用,以养父母,此庶人之孝也"。

由于中国社会的生产力发展状况和老年人在家庭中的特定的亲子关系,在家庭教育理念上不同于西方,形成中国独具特色的家庭养老的"反馈模式"。父母养儿育女除了"亲情"外,也有"老有所养"的功利目的,即子女赡养父母也含有报答父母养育之恩的意思。中国家庭养老是双向反馈模式,即甲代抚育乙代,乙代赡养甲代;乙代抚育丙代,丙代又赡养乙代,下一代对上一代都是反馈的模式,这和西方家庭的单向接力模式即"甲——乙——丙……"不同。西方只重视父母对子女有抚养教育责任,一直把子女抚养教育到成人为止,父母的赡养主要靠自身和社会,而子女则无赡养扶助父母的义务,遂造成西方世界许多老年人的凄凉和孤独。随着老龄化社会的发展,证明中国以"孝"为核心的反馈模式优于西方的接力模式,这是中国人的骄傲与自豪。

赡养与扶助老人是中华民族的传统美德,也是现代社会家庭道德的必然要求。《中华人民共和国宪法》明确规定:"成年子女有赡养扶助父母的义务","禁止虐待老人。"《婚姻法》也明文规定:"子女对父母有赡养扶助的义务","子女不履行赡养义务时,无劳动能力的或生活困难的父母,有要求子女付给赡养费的权利。"在子女对父母履行赡养义务方面,我国各族人民绝大多数都对家庭和社会尽到了责任,做到使父母老有所养。但是,近年来,除了虐待老人和"薄养厚葬"事件屡有发生外①,社会上出现的新的"啃老族"现象也令人忧虑。青年人的"啃老"现象,主要表现如下:(1)吃。即不交、少交或象征性交点"生活费",就名正言顺地在父母家里吃饭。有的子女虽已结婚成家,另起炉灶,但仍把自己的小家当"旅社",而把父母家当"饭店",甚至有的子女还把自己交结的朋友和客人领到父母家招待,不仅给父母造成经济上负担,也给父母造成心理上的压力。(2)拿。即把父母家当做免费商店,吃的、喝的、用的、玩的,需要什么拿什么,看中什么拿什么。(3)要。凡子女外出旅游、朋友聚餐、请客送礼、操办婚事等,都张口向父母要钱要物。(4)养。即把自己的孩子交由爷爷奶奶或外公外婆抚养,或全日式或白日

---

① 据浙江省老龄办统计,1996—2001年,浙江全省各级法院共受理案件1.1万多件,其中赡养案就有7000多件。据上海市老年人法律事务中心对2001年前三年统计,涉及老年人居住权、房产权的案件占全部涉老案件的52%。

式,孩子的吃、住、用一切由老人承担,把父母家当幼儿园,把老人当"保姆"。一旦上述某些方面得不到满足,子女就怨气冲天。难怪有些老人感叹地说:"有了儿子当儿子,有了孙子当孙子。"青年人应该继承和发扬中华民族"孝"的美德,树立自立、自强意识,切莫再当"啃老族",而要依靠自己的双手和智慧来创造自己的幸福生活,这对于鼓励青年人奋发向上,保持中华民族的活力是十分重要的。

(二)"敬亲"(尊亲)即孝

儒家不但要求在物质生活上提倡"养亲",而且在精神生活上提倡"敬亲"(尊亲)。这是儒家孝行的较高层次要求。所谓"敬亲",即要求子女从内心发出对父母的真诚的尊敬之情,保证使父母在精神上得到欣慰,使他们心情愉快。当子游问孝时,孔子回答说:"今之孝者是谓能养。至于犬马,皆能有养,不敬,何以别乎?"(《论语·为政》)这是说,对于父母仅是赡养还是不够的,因为对狗马的饲养也是养,如果对父母缺乏真诚的尊敬,那么赡养父母与饲养狗马有何区别呢? 所以,当子夏问孝时,孔子回答说:"色(脸色)难。有事,弟子(指儿女)服(担任、从事)其劳;有酒食,先生(指父母)馔(食用),曾(副词,难道)是(代词,此)以为孝乎?"(《论语·为政》)意谓只是有事情子女去做,有酒饭父母先吃,而态度却生硬的话,这还不能算是真正的孝。真正的孝,是要求子女在侍奉父母时要做到和颜悦色,这才是最难的。"孝子之深爱者必有和气,有和气者必有愉色,有愉色者必有婉容。"(《礼记·祭义》)这里所说的"和气"、"愉色"、"婉容",都是描述子女对父母尊敬的语气和神态的。"子路问于孔子曰:'有人于此,夙兴夜寐,耕耘树艺,手足胼胝(手掌足底生了老茧),以养其亲,然而无孝之名,何也?'孔子曰:'意者身不敬与? 辞不逊与? 色不顺与?'"(《荀子·子道》)这里从身敬、辞逊、色顺三方面提出"敬亲"的要求,是完全合理的。

继孔子之后,孟子亦认为"孝子之至,莫大乎尊亲"(《孟子·万章上》)。荀子在《君道》篇中,认为子女对于父母不只是赡养父母,更要"敬爱而致恭"。《孝经》提出"孝子之事亲也,居则致其敬,养则致其乐",也是把"敬亲"作为"孝"的重要内容之一。

"敬亲"是子女对父母发自内心的自然情感流露。它反映了人作为理性动物,在精神上的自尊要求和情感交流。它体现了人的文明和教养程度,是孝道中比"养亲"要求更高的一种孝行。

就目前我国实际情况来看,随着社会生产发展和人民物质生活的提高,老年人最需要的是要求子女对他们的精神赡养。由于时代的急剧变革和两代人不同的价值观念,必然形成不同的生活方式和行为准则,除了"敬权、敬钱、不敬老"的丑恶现象外,在社会上广泛出现的"代沟"现象,更值得我们注意。我们主张两代人应在相互理解与不断沟通的基础上,架起一座横跨"代沟"的桥梁。要求子女对待父母应做到文明礼貌,在人格上多尊重老人。在与父母发生矛盾时要忍耐,应冷静听取老人意见的合理成分,切莫顶撞、训斥,甚至动手动脚。外边的事回家多讲讲,与老人聊聊天,有事多同父母商量,还要尽量为老人提供娱乐和休闲条件,使老人心情愉悦,做到"老有所乐"。人到老年,最怕精神孤独。俗话说:"膝前儿孙绕,老人乐陶陶。"据调查,多数老人愿与儿孙一起生活,尽享天伦之乐。要填平"代沟",需要在父母与子女之间提倡"忘年交",只有将"忘年交"变成"父子交",才有利于"代沟"这一社会问题的解决。"树老根多,人老话多"。老年人多说话,不仅是交流情感的工具,而且也是一种维护身心健康,排除不良情绪的有效方法。除了老年人之间"神侃"和开设老年人聊天站之外,作为家庭中的子女,应尽可能地抽出时间来同老人多聊天,这也是所谓精神赡养的重要内容。

孔子虽然主张子女应尊敬父母,但是反对百依百顺的"愚孝",大力提倡"谏诤即孝"的理性精神。当父母的言行不符合道义,犯有错误时,是"子从父之令"(或"非道悦亲")还是"从义"谏争父母呢? 先秦儒家学者认为,子女对父母并不是无条件地绝对服从,而是"审其所以从之之谓孝"。(《荀子·子道》)孔子指出:"事父母幾(音基)谏。见志不从,又敬不违;劳而不怨。"(《论语·里仁》)所谓"幾谏",是说子女在父母有错时应轻微婉转地规劝父母,也就是《礼记·内则》篇所云"下气怡怡,柔声以谏"。当规劝而父母不听从的时候,为人子者仍要孝敬父母,而不忤逆、对抗。为人子事奉父母,虽劳苦而无怨言。《孝经·谏争章》亦记载:"曾子问于孔子:子不从父之令,可谓孝乎?"孔子断然否定说:"是何言与! ……父有争子,则身不陷于不义。故当不义,则子不可以不争于父,臣不可以不争于君。故当不义则争之,从父之令又焉得为孝乎?"《孔子家语·六本》篇记载:曾参有一次种瓜不小心,把他父亲曾皙从吴国找来的瓜种"误斩其根",曾皙一怒之下用大杖"击其背",将曾参打翻在地而不省人事。曾参许久之乃起,欣然对父亲说:"刚才,我犯了大错,大人用力教参,没累坏你吧?"退而进房,弹琴而歌,欲令父亲知自己挨打后身体无恙。孔子闻之而怒。曾皙自以为无罪,使人请于孔子。孔子批评说:"今参事父,委身以待暴怒,殪(死)而不避,既身死而陷父于不义,其不孝孰大焉! 汝非天子之民也? 杀天子之民,其罪奚若?"曾参闻之,曰:"参罪大矣。"遂到孔子那里谢过。可见,孔子反对不分是非曲直,而盲目地服从父母之命,主张"从义不从父"。子女发现父母不义时,对父母有谏诤的义务,使父母不离善道,即是孝。相反的,如果一味地"子从父令",陷父母于不义,则是不孝。

孟子也赞同谏诤即孝的观点,他说:"亲之过大而不怨,是愈疏也。……愈疏,不孝也。"(《孟子·告子下》)意谓子女对于父母违背道义的言行既不怨又不谏,甚至盲目顺从,乃是不孝之行为。

战国末年,荀子指出不加分析地"子从父命"的人是"小人哉!"因为在他看来,"百乘之家有争臣二人,则宗庙不毁。父有争子,不行无礼;士有争友,不为不义。"(《荀子·子道》)那么,在什么情况下子女可以不从父命呢?荀子认为,"孝子所以不从命有三:'从命则亲危,不从命则亲安,孝子不从命乃衷(通忠);从命则亲辱,不从命则亲荣,孝子不从命乃义;从命则禽兽(意谓使父母不齿于人类)'不从命则修饰(指品德修养),孝子不从命乃敬。'只有"明于从不从之义,而能致恭敬、忠信、端悫,以慎行之,则可谓大孝矣"。由此,荀子得出了"从义不从父,人之大行也"的结论。

儒家的这种"从义不从父"的谏诤精神,在重建现代家庭关系中,也有其可吸取的合理成分。在现代家庭中,子女如何对待父母的错误,也是一个值得重视和研究的问题。"天下无不是的父母"是不存在的,人总是会犯这样或那样的错误。对于父母的错误,子女应该谏争,更要善于谏争,对于父母所犯的错误,在感情上不要伤害、抱怨、憎恨他们,而应具体地帮助他们分析错误的原因,热情地鼓励他们改正错误,对于错误认识较慢的父母,也应持等待的态度,切忌简单、粗暴,更不要将他们的错误乱上纲上线。这是对"谏争即孝"优秀传统思想的继承和发展。

(三)"安亲"即孝

在孔子及儒家看来,孝顺父母,不只是"养亲"、"敬亲",更要提倡"安亲"。所谓"安亲",是说子女在父母生时立身行道,不犯刑律,不做冒险之事,不做不义之事,以免父母为自己的过错和安全担惊受怕,使父母心境不得安宁、愉悦。孟子在《孟子·离娄下》所说的"从(纵)耳目之欲,以为父母戮"、"好勇斗狠,以危父母"、《礼记·祭义》篇作者所说的"在丑(平辈人)夷不争",皆属于"安亲"的内容。"安亲"还有一个内容,即"父母在不远游,游必有方(方位,去处)"。《论语·里仁》俗话云:"儿行千里母担忧。"所以,要求子女外出时要让父母知道自己的去向,以免父母挂念担忧,心神不安。

儒家认为子女的"身(躯体)体(四肢)发(毛发)肤(皮肤),受之父母"。(《孝经》)所以,要求父母"全而生之",子女理应"全而归之","不敢毁伤"。这里所谓"毁伤",在古氏特指"刑伤",如"劓"(割劓)、"刵"(割耳)、"宫"(割除生殖器官)、"剕"(断足)、"髡"(剃发)、"墨"(额上刺字,染以黑色)等,因为子女身体发肤的任何毁伤、残坏,都会使父母伤心悲疼。所以,子女要有强烈的安全意识,力求避免来自社会和自然灾害对自己身体(生命)的危害,这也是重要的孝道。

(四)"卒亲"即孝

孔子及其儒家要求子女孝顺父母,不只限于一时一事,而是从其生到其死都要严格依礼事奉父母,将其孝心贯彻于始终。这就是孔子所说的"生,事之以礼;死,葬之以礼;祭之以礼。"(《论语·为政》)《孝经·纪孝行章》具体指出:"孝子之事亲也,居则致其敬,养则致其乐,病则致其忧,丧则致其哀,祭则致其严,五者备矣,然后能事亲。"要真正做到"五者备矣",是极困难的。同时,还要求子女"立身行道,扬名于后世,以显父母,孝之终也"(《孝经·开宗明义章》)。即要求子女在立言、立德、立功上作出重要贡献,以扬名显亲,光宗耀祖,真正做到"慎终追远",达到"扬名声,显父母,光于前,裕于后"的目的,这是最高的孝道。所以,《礼记·祭义》篇曰:"安可能也,卒为难。"只有对于父母心存深爱、真情,从生至死,毫无功利之心,才能达到"孝之至"的人生境界。

(五)"尊老"即孝

尊老孝道由家庭向社会的推展,也是儒家孝道中的传统美德。儒家把孝不限于父子关系,还将它扩大到家族、亲戚和社会之间,提出"睦于父母之党,可谓孝矣"。(《礼记·坊记》)主张以"孝"营造家庭和睦和社会和谐。如东汉名士蔡邕以"性孝笃"著称于世,他与叔父、从弟居住,不但兄弟相亲,而且孝敬叔父,"乡党高其义"(《后汉书·蔡邕传》)。在汉代,尊老、养老,是统治者以孝治天下的重要内容之一。根据"老吾老,以及人之老"(《孟子·梁惠王上》)的思想,他们由尊养家庭老者再扩大到尊养社会上所有长者,要求人们不但孝敬自己的父母,而且也要去敬爱别人的父母。《孝经》指出:"爱亲者,不敢恶于人;敬亲者,不敢慢于人。"这和《论语·学而篇》所云"弟子入则孝,出则悌,谨而信,泛爱众,而亲仁"是一脉相通的。西汉贾山说:"尊养三老,视孝也。"(《汉书·贾山传》)汉文帝诏曰:"老者非帛不煖,非肉不饱。今岁首,不时使人存问(省视)长老,又无布帛酒肉之赐,将何以佐天下子孙孝养其亲?"规定"年八十以上,赐米人月一担,肉二十斤,酒五斗。其九十以上,又赐帛,人二匹,絮三斤"(《汉书·文帝纪》)。武帝诏曰:"朕嘉孝弟力田,哀夫老眊(耄)孤寡鳏独,或匮于衣食,甚怜愍焉。其遣谒者巡行天下,存问致赐。"规定"赐县三老、孝者帛,人五匹;乡三老、弟者、力田帛,人三匹;年九十以上及鳏寡孤独帛,人二匹,絮三斤;八十以上米,人三石"(《汉书·武帝纪》)。这些规定在汉代是否能够落实,姑且不论,但以诏令存问致赐老人,说明尊老之风在汉代是很兴盛的。

这种由敬爱自己的父母扩展到敬爱社会上所有的长者,体现了中华民族尊老爱幼、扶困济危的传统美德。这一尊老的传统美德,已经以谚语、警句的形式,积淀于中国人的心理结构和潜意识之中。如"家里有个老,胜似有件宝"、"远烧香,不如敬爹娘"、"不听老人言,吃亏在眼前"等。在现代中国社会中,随着老年人口的激增和人寿命的延长,人口老龄化问题已成为严重的社会问题。而要解决这一严重的社会问题,继承和发扬中华民族固有的"养老"、"尊老"的传统美德,是十分必要的。

"亲情"的社会价值

人间最珍贵的东西是以"孝"为核心的"亲情"。

那么,什么是"亲情"呢?"亲情"就是家庭中以血缘关系为基础的至纯至真的自然情感。人类最原始的情感首先表现在父母与子女之间。每个人一降生于世,首先是在父母的爱抚中发育成长,他是父母生命的连续体,也是父母施爱的载体。每个人出生后,都不是孤独的存在物,而是时刻感受到父母之爱,同时也报之以爱,相互之间得到真情实感的精神满足。这就是儒家所提倡的"亲情"。孔子大力提倡的"孝道",是维护这种家庭"亲情"的道德规范。

"亲情"是人类的最本真、最原始的生命存在形式,是人类一切美德的基础和"发端处"。人由"亲情"开始,进而扩充及人、及物(宇宙万物),不断地自我提升,从而达到"万物一体"的境界,实现自我超越。这也就是《孝经·开宗明义章》所说的"夫孝,德之本也,教之所由生也"①、《圣治章》所说的"天地之性,人为贵,人之行莫大于孝"。"孝"是一切教化的出发点,是一切道德的根本。

① 这里所谓"教",系指《史记·五帝本纪》记载的"五教":教父以义,教母以慈,教兄以友,教弟以恭,教子以孝。

在《论语·学而》中,孔子弟子有若指出:"君子务本,本立而道生。孝悌也者,其为仁之本与!"这就是说,孝悌是人实现仁德的根本,或者说,仁德是以孝悌为基础的。不管是人与人之间的爱,还是人施于自然界的爱,都是以孝悌为"发端处"的。

孟子在有若思想的基础上,进一步提出:"孩提之童,无不知爱其亲者;及其长也,无不知敬其兄也。"(《孟子·尽心上》)由孝悌推展出去,要求做到"老吾老以及人之老,幼吾幼以及人之幼"(《孟子·梁惠王上》),进而以仁治民,以仁治国、平天下。"君子之于物也,爱之而弗仁;于民也,仁之而弗亲。亲亲而仁民,仁民而爱物。"(《孟子·尽心上》)这里所谓"亲亲",即要求对与自己有血缘关系的父母、兄弟、姊妹施以爱心;"仁民",即要求对血缘关系之外的民众施以同情、尊重和救助;"爱物",即要求对人类以外的宇宙万物施以爱心。孟子认为仁德以"亲亲"为出发点,是一个由内向外不断扩展的过程。这里既包含有人与人之间的道德伦理,也包含有人与自然之间的生态伦理。不管哪一种美德,都是以"亲亲"为其基础的。

明代哲学家王阳明站在"天地万物一体"的哲学高度,认为仁德是一个"生生不息"的过程。"譬之木,其始抽芽,便是木之生意发端处。抽芽然后发干,发干然后生枝生叶,然后是生生不息。若无芽,何以有干有枝叶?能抽芽,必是下面有个根在。有根方生,无根便死。自此而仁民,而爱物,便是发干生枝生叶。"(《传习录》卷上)这就是说,不管是"仁民",还是"爱物",都是从"亲情"中发育出来的,正如树木之干之叶是由根芽发育出来的一样,仁德之爱的"发端处"只能从人类最初天赋的"亲情"中去寻找。亲情是人类生命活动的原动力。

"家和万事兴"。实践证明,凡是成功者的背后都有一位默默无闻的"贤内助"。如果家有"贪内助",必会葬送成功者的事业。同时,家庭又是人生求静的"避风港",充满着宁静、和谐和愉悦。和谐家庭是每个人打造辉煌人生的重要精神动力。

"百善孝为先"。中国古代儒家提倡以"仁"为核心的"八德"之说,即主张在人与人、人与社会之间推行"孝、悌、忠、信、礼、义、廉、耻"八种美德,而"孝"是"八德"之首,是百善之源,是为人之本。"孝"是构建家庭和谐、社会和谐的不可或缺的重要美德。

"敬业始于孝亲"。一般说来,在人间,亲情重于友情,友情重于人间之情,人间之情重于自然之情。很难想象六亲不认的人会爱别人。只有以孝亲之心真诚地对待顾客,"满足衣食父母的需要,为顾客提供亲情服务",才能在顾客的赞扬和感激中,不断地升华自己的敬业精神。试问:一个对自己的亲人都绝情寡义的人,他怎么能够真诚地对没有血缘关系的人献出爱心呢? 在家不孝敬父母,不爱护兄弟姊妹,不心疼妻子儿女,在社会上他怎能真正地尊敬师长、上级、前辈和同事呢? 又怎么能以真情对待客户和合作者呢? 连家庭关系都处理不好的人又怎能处理好社会上的人际关系以及人与自然的关系呢? 一个企业家对自己的家人都不能施以爱,又怎么能够对他的员工施以"感情投资"呢? 即使有时他表现出某些"爱",也多半是出于利害考虑,并非是一种至纯至真的人间之爱。现代人的孝道,应该将社会公德、职业道德和家庭伦理有机地统一起来。

有这样一个真实的故事:一位年轻人到一家企业公司求职,经理在看了他的文凭和简历后,随便问了一句:"你给你母亲洗过脚吗?"年轻人摇摇头。经理说:"你先回去吧,我们考虑考虑,过两天再答复你。"年轻人回到家后,不解经理的意思。看到关心自己的母亲走过来,就说:"妈妈,让我给你洗洗脚吧。"这是他生平第一次给母亲洗脚。在洗脚过程中,他看着母亲粗糙的脚,想起了母亲含辛茹苦的许多往事,禁不住流下了眼泪。第二天,他又去了那家公司,对经理说:"我昨天给母亲洗了脚,我想尽快挣钱,让母亲过上好日子。"经理向他祝贺说"你被录取了"。因为在经理看来,这位年轻人已经懂得了"亲情",懂得了作为人子的责任,今后他会认真工作的。因为这是事业成功的基础。

人生于世,凡是事业有成者,除了家庭"亲情"外,还需要社会上各行各业、各阶层人士的通力合作,可谓是人人有恩于我,我当以报恩、感恩心态,回馈社会,服务社会。这也是广义孝道的应有之义。

"以孝爱物"。孔子不但"以孝仁民",注意以孝协调社会上的各种人际关系,而且也"以孝爱物",热爱自然界的一切生命,协调人与自然的和谐关系。所以,凡是不合时令的谷物瓜果,未成的幼小动物,他是不吃的。这叫"不时不食"。孔子根据父母是身之本、天地是人之本的理念,把"孝"的内涵不只限于子女对父母之孝,这叫"小孝"。认为如能博施"仁爱"于宇宙,以"孝"成全天地万物之发展。《礼记·祭义》篇云:"曾子曰:'树木以时伐焉,禽兽以时杀焉。'夫子曰:'断一树,杀一兽,不以其时,非孝也。'"这叫"大孝"。在人类生态环境遭到严重破坏的今天,能将仁爱之孝心推展到宇宙万物,是一种可贵的生态伦理思想。

寻找失落的"亲情"

在现代社会中,由于竞争激烈,生活节奏快,压力大,每个人从上学开始,特别是独立地走上了工作岗位之后,人就整天为其学业、工作和事业的成功,为构建自己的物质家园——结婚,购房,买车,追求高档物质享受等,从早到晚忙个不停。经过多年的个人奋斗,事业可能成功了,但是却失去了人间最珍贵的东西——"亲情"。

事业的成功与"亲情"的失落是现代人的一种"文明病",也是现代人的一种悲哀。这里略举例说明之:

孔子曰:"父母之年,不可不知也。一则以喜,一则以惧。"(《论语·里仁》)孔子告诫人们,父母的年龄不能不时刻记在心里。一方面为其长寿而高兴,另一方面为其日益衰老而恐惧,应当时刻挂念父母。请现代人想一想,你的父母的年龄记住了吗? 也许你的存款密码、手机、电话号码、孩子的生日,以及情人的生日等都牢记在心,而父母的生日你却抛在脑后,即使记得也没有任何表示。

孔子又曰:"父母在,不远游,游必有方。"(《论语·里仁》)古代社会交通信息不便,子女出远门不便于赡养父母,尽可能"不远游"。如今,是一个交通信息极为方便的时代,世界已经变成了"地球村",可有多少子女经常给老人通通电话,尽量抽空回去看看白发苍苍的父母呢? 世界虽变小了,但对父母的"亲情"却越来越远。

有时在亲情与事业发生矛盾时,不要忘掉"亲情",而应当做出妥善的安排。整天忙于赚钱和追求事业成功的人,千万不要因此留下终身遗憾和内疚,这是多少金钱都无法挽回的人生"心灵"的损伤。

面对社会"亲情"的大量失落,现代人不能不强烈地呼唤"亲情",把失落了的"亲情"再寻找回来。

有一位做了父亲的企业家,几乎每天都是很晚才回家。有一天,刚满五岁的儿子在门口焦急地等他。他看到晚回家的父亲就问道:"你上班一小时可以赚多少钱?"父亲答曰:"我告诉你,大约是 20 美元。"儿子又说:"爸爸,那您可以借我 10 美元吗?"父亲有点生气,儿子没有说什么,就回到自己屋里去了。过了一会儿,父亲气消了,他走进儿子屋里,掏出 10 美元,说:"给你吧。"儿子高兴地说:"谢谢爸爸。"他又从自己枕头下拿出平日积存的一些钱,加上父亲给的 10 美元,对父亲说:"爸爸,这是 20 美元,我可以向你买一个小时的时间吗? 明天请早一点回家,我们一起吃晚饭。"这一段父子之间的对话,不正是现代人寻求已经失落了"亲情"的愿望的反映吗?

歌手陈红在一次春节晚会上唱了一首《常回家看看》。歌词是:"找点空闲,找点时间,带上笑容,带上祝愿,领着孩子,陪同爱人,常回家看看。妈妈准备了一些唠叨,爸爸准备了一桌好饭,生活的烦恼跟妈妈说说,工作的事情向爸爸谈谈,常回家看看。""哪怕帮妈妈刷刷筷子洗洗碗,哪怕给爸爸捶捶后背揉揉肩。老人不图儿女为家作多大贡献呀,一辈子不容易就图个团团圆圆,平平安安。"这首歌不仅感动了当时在台下的中央首长,也感动了成千上万的中国民众,因为它真切地反映了现代人寻求"亲情"的内在呼声。我们每个忙着赚钱和追求事业成功的人,不妨时常唱唱这首歌,提醒自己,找点空闲,常回家看看,不仅陪父母吃饭、聊天,还要帮父母干点活,切实解决他们的困难,解除他们的后顾之忧,为营造和谐家庭、和谐社会,作出自己的贡献。

　　整天忙于赚钱和追求事业成功的人,要想把失落了的"亲情"找回来,不给人生留下终身遗憾,不应舍近求远,舍易求难,就从"亲情"做起吧。正如孟子所说:"道在迩而求诸远,事在易而求诸难。人人亲其亲,长其长,而天下平。"

《阳明学系列研究丛书》总序

刘述先

　　浙江一向是人文荟萃之地。特别是明代，王阳明提倡心学，挑战流行的官学（朱学），风行一时。阳明自龙场悟道之后，回到故乡，自此广收门徒。据黄宗羲《明儒学案》，首先在浙中，然后是江右（指江西，《止修学案》括入）、南中（指江苏，《泰州学案》括入），楚中、北方、粤闽。浙中人数不多，但钱绪山、王龙溪影响深远。梨洲对江右评价特高，竟谓："姚江之学，惟江右为得其传。"但江右虽人才众多，却并无统一观点，梨洲特别表扬聂双江，罗念庵，显然别具用心，这里面牵涉到许多问题需要考察。泰州派的问题更大。梨洲说："阳明先生之学，有泰州、龙溪而风行天下，亦因泰州、龙溪而渐失其传。"归根究底，不外蕺山所谓："今天下争言良知矣。及其弊也，猖狂者参之以情识，而一是皆良；超洁者荡之以玄虚，而夷良于贼。"很明显，由蕺山的观点来看，泰州是"参之以情识"，龙溪是"荡之以玄虚"，蕺山之学则乘王学之流弊而起，这便是梨洲写《明儒学案》的背景。至于楚中，梨洲以楚学之盛，唯耿天台一派，自泰州流入，评价不高。王门在北方与粤闽则缺少发展，可以从略。

　　有了以上的背景，我们乃可以找到一条统一的线索看吴光教授策划与主编的《阳明学系列研究丛书》，内容包括专著十种，论文集一种。自 1981 年在杭州举行第一次国际宋明理学会议以来，浙江就是研究宋明理学乃至整个儒学的重镇。① 经过二十多年来的努力，这套丛书正是其研究成果的展示。专著十种，首先是董平著《王阳明的生活世界》，从对阳明生平的阐述中，展示阳明生活世界的变化与思想世界的演进。接着钱明著《浙中王学研

---

　　① 自 1981 年至今，浙江学界除了举办过多次关于叶适、陈亮、吕祖谦、刘基、王阳明、黄宗羲等宋明理学家以及浙东学派的国际学术研讨会之外，还举办了"当代儒学国际学术研讨会"，并成立了省一级学会"浙江省儒学学会"，主编出版了《中华文化研究集刊》和《儒学天地》杂志，出版了《当代儒学的发展方向》、《继往开来论儒学》等专题论文集以及多部儒学论著，从而受到了国内外学界的重视与肯评。

究》，徐儒宗著《江右王学研究》，吴震著《泰州学派研究》，对王门的三个重要流派作出了深入的省察。然后是何俊、尹晓宁合著的《刘宗周与蕺山学派》。由此可以看到梨洲虽对蕺山之学大行于世抱有很高的期望，结果却事与愿违。到了清初，发生典范的转移。梨洲成为心学的殿军，不期而然促成了"达情遂欲"、"力行实学"、"文献考据"的转向。吴光著《黄宗羲与浙东经史学派》探讨了梨洲的学术成就，从而肯定了他作为中国早期民主启蒙思想家的历史地位。然而丛书并不局限于儒家的视域。朱晓鹏著《王阳明与道家道教》、陈永革著《阳明学与晚明佛教》，爬梳了史料，揭示了阳明学与道家道教以及晚明佛教（包括"狂禅"）的关系。同时阳明学又不只具有思想史的意义，还具有现代意义，刘宗贤、蔡德贵合著的《阳明学与当代新儒学》，具体探讨了阳明心学的内在发展——现代新儒学（与西方自由主义、马列主义鼎足而三）的思想特质及其与阳明学的思想联系。丛书还包括了翻译韩国学者崔在穆著的《东亚阳明学》，展示了一个跨国际的开阔视野。最后《阳明学综论》收录了当代著名阳明学专家的撰稿，并汇集参与本系列研究的专家学者的代表性论文，编为论文集，希望能在阳明学研究中起到承先启后、继往开来的作用。

2008 年 6 月 10 日序于台北中研院中国文哲研究所

《牟宗三先生全集》编校评估

——以《心体与性体》、《从陆象山到刘蕺山》、《道德的理想主义》为个案

杨泽波

2003 年,台湾联合报系文化基金会与联经出版公司联袂将《牟宗三先生全集》(以下简称全集本)①正式出版,为读者阅读带来了极大的便利。在出版过程中,有关方面组织力量不仅尽可能全面地收集了牟宗三先生的著作,将一些与专著相关的零散文献合并在一起(如第九卷将与《历史哲学》有关的"关于历史哲学——酬答唐君毅先生"及"中国历史文化形态之特质"二文收入书尾),对其版本的年代和出处一一作出说明,而且对这些著作早年单行本中的一些讹误进行了校订。编校工作花费了大量的人力物力,为保证全集本的内在质量付出了辛勤的劳动。但毋庸讳言,全集本也出现了一些新的瑕疵或有待讨论的问题。我无力对全集本编校工作做出整体的评估,仅根据个人在阅读牟宗三先生著作时的一些积累,选取《心体与性体》②、《从陆象山到刘蕺山》③和《道德的理想主义》④作为个案,谈一点个人的意见。

全集本对单行本的校订主要有三类情况

一是校订了标点符号的不规范。牟宗三先生使用标点符号常有不合规范之处,这主要表现为在人名和书名之间不加顿号,该用逗号的误用了顿号等等,全集本对这些地方一般都作了校订。如全集本第五卷第 52—53 页(单行本《心体与性体》第一册第 49 页):"(1)五峰[、]蕺山系:此承由濂溪、

---

① 牟宗三:《牟宗三先生全集》,台湾联合报系文化基金会、联经出版公司 2003 年版。
② 牟宗三:《心体与性体》,第一册,台湾正中书局 1968 年版。第二册,台湾正中书局 1968 年版。第三册,台湾正中书局 1969 年版。
③ 牟宗三:《从陆象山到刘蕺山》,台湾学生书局 1979 年版。
④ 牟宗三:《道德的理想主义》,台湾学生书局 1985 年版。

横渠[，]而至明道之圆教模型(一本义)而开出。此系客观地讲性体，以《中庸》[、]《易传》为主，主观地讲心体，以《论》[、]《孟》为主。特提出'以心著性'义以明心性所以为一之实以及一本圆教所以为圆之实。于工夫则重'逆觉体证'。""(2)象山[、]阳明系：此系不顺'由《中庸》[、]《易传》回归于《论》[、]《孟》'之路走，而是以《论》[、]《孟》摄《易》[、]《庸》而以《论》[、]《孟》为主者。此系只是一心之朗现[、]一心之申展[、]一心之遍润；于工夫，亦是以'逆觉体证'为主者。"上引两段中凡用[ ]标出的，都是全集本新增或对单行本的改动之处，由此可知全集本此类的校订非常频繁。这种改动使全集本对标点符号的使用规范了许多，是个不小的进步。此类改动极多，不烦一一举证。

二是改正了不够规范的英文大小写。单行本中的英文大小写常有不规范处，全集本一般都予以了校订。如，全集本第七卷第 279 页第 13—14 行(单行本《心体与性体》第二册第 251 页)："觉是'恻然有所觉'之觉，是不安不忍之觉，是道德真情之觉，是寂感一如之觉，是仁心之恻然之事，而非智之事，是相当于'feeling'，而非'perception'之意。"此处两个英文单词的第一个字母单行本原来为大写，全集本改为小写。另外，全集本第七卷第 85 页第 3—5行(单行本《心体与性体》第三册第 74 页)："此即明此'於穆不已'之实体不只是理，亦是心，亦是神，总之亦可曰'寂感真几'(creative reality＝creative feeling)。"此处四个英文单词的开头字母单行本也为大写，全集本同样进行了校订。

三是改正了有明显错误的个别文字。如，全集本第五卷第 493 页第 14—15 行(单行本《心体与性体》单行本第一册 470 页)："知太虚即气，则无无。"单行本原误为"知太虚即气，则无，何无"。又如，全集本第五卷第 539 页第 6 行(《心体与性体》第一册第 514 页)："'之'字皆代表道。"单行本误为"'之'字皆代万表道"，衍一"万"字。(此两处全集本编校说明中已经指明)另外，全集本第七卷第 372 页第 12 行(单行本《心体与性体》第三册第 337 页)："众里寻她千百度，蓦然回头，那人却在，灯火阑珊处。"单行本误为："忙里寻他千百度，蓦然回头，见那人只在灯火阑珊处。"

全集本的瑕疵和有待讨论的问题也有三种情况

其一是标点符号的问题。如，全集本第五卷第 591 页第 11 行(单行本《心体与性体》，第一册第 563 页)："通能、理、分、觉而为体，性之为能。"此句中的逗号据单行本应为分号。又如,全集本第五卷第 579 页第 15 行(单行本《心体与性体》第一册第 552 页):"直下即是心性是一。直下即是一心之沛然。"此句中之句号据单行本应为逗号。再如,全集本第五卷第 48 页第 18 行(单行本《心体与性体》第一册第 45 页):"工夫之重点落在大学之致知格物上。"第五卷 49 页第 23 行(单行本《心体与性体》第一册第 46 页):"不落于大学之致知格物言也。"此两处"大学"二字据单行本均脱书名号。

其二是文字讹误。此类问题较多,兹举例如下:(1)全集本第五卷第 592 页第 1 行(单行本《心体与性体》第一册第 564 页):"此由心之主宰而成,非由以限之也。"据单行本在"由"与"以"之间脱一"外"字。(2)全集本第六卷第 464—465 页(单行本《心体与性体》第二册第 447 页):"而欲会通之仁与孟子之心性者所必应有之义。"据单行本在"会通"与"之仁"之间脱"孔子"二字。(3)全集本第六卷第 549 页第 19—20 行(单行本《心体与性体》第二册第 529 页):"其主观的无限的申展的函摄之普遍无外的境界。"此处"申展的函摄"中"的"字据单行本当为"所"字。(4)全集本第六卷第 549 页第 22 行(单行本《心体与性体》第二册第 529 页):"《中庸》、《易传》或本本是客观地言之之天。"据单行本此处衍一"本"字。(5)全集本第六卷第 494 页第 15—16 行(单行本《心体与性体》第二册第 476 页):"'内在的体证'者,言即就现实生活中良心发见处直下体证而肯认之为体之谓也。"据单行本此处在"肯认之"与"为体"之间脱一"以"字。(6)全集本第八卷第 5 页 18—19 行(单行本《从陆象山到刘蕺山》第 8—9 页):"而且要想把基于利益上的实践规律适合于生命底各方面。"此处在"规律"与"适合"之间据单行本脱一"去"字。(7)全集本第九卷第 2—3 页(单行本《道德的理想主义》第 2 页):"国家须建立,政此其所以真为严重关头也。"此句单行本原为:"国家须建立,政制须创造,社会经济须充实,风俗须再建。在在无有既成可继者。此其所以真为严重关头也。"即在"政"与"此"之间脱"制须创造,社会经济须充实,风俗须再建。在在无有既成可继者"。凡 25 字并 4 个标点。

其三是对单行本标点及字句的改动有欠谨慎。比如,全集本第六卷第 528 页第 12—13 行(单行本《心体与性体》第二册第 509 页):"盖《中庸》、《易传》之言道体性体是'本体宇宙论地'言之。"全集本第六册第 79 页第 22—23 行(单行本《心体与性体》第二册第 74 页):"显示这'本体宇宙论的'实体、实有。"此两处"本体宇宙论地"和"本体宇宙论的"中的"地"字和"的"字在单行本中均在引号之外,为"'本体宇宙论'地"和"'本体宇宙论'的"。在牟宗三学理中,"本体宇宙论"是一个专门概念,特指以《中庸》、《易传》为主偏重于从天道、性体之客观面而言,强调理是即活动即存有之动态的实有,是心、是神、是诚、也是寂感真几。如果将"地"或"的"字移入引号之内,变为"本体宇宙论地"、"本体宇宙论的",似乎不利于对这个专门概念的理解。

又如,全集本第八卷第 290 页第 16－19 行(单行本《从陆象山到刘蕺山》第 356 页):"这是因为先有一客观地说的形式意义的性体奥体之故(这个性体不只是朱子所说的理)。主观地说的(亦即道德实践地说的)具体意义的良知体,首先单在其对于意念之发动而其所以为具知其为善或为恶。"此处最后一句"具体意义的良知体,首先单在其对于意念之发动而其所以为具知其为善或为恶",单行本原为"具体意义的良知其所以为具体首先单在其对于意念之发动而知其为善或为恶"。按单行本,牟宗三此处的意思是,良知有其具体意义,这一具体意义首先就表现在对意念发动之上,知意念发动之为善或为恶。单行本的原文虽然有些长有些拗口不易读顺,但意思还是清楚的。编校者出于好意,将其做了精简,重新加以断句,强调了良知为体,这个"良知体"有其具体意义,等等。但这种改动与牟宗三先生原来的含义略有差异,因此并不利于准确理解牟宗三先生的思想。

结　论

全集本对单行本中的一些讹误进行了校订,花了很大的精力,精神令人感佩。但与此同时,由于种种原因,也为全集本增加了一些瑕疵,甚至是有待讨论的问题。这种情况负面作用较大:其一很可能使读者误解牟宗三先生的思想,因为人们在没有对不同版本进行校勘的情况下,很容易以为全集本即是牟宗三先生的"定论";其二对全集本可能会产生一定的不信任感,因为一旦读者知道全集本也有瑕疵而又无力对全集本进行全面校勘时,他们很难保证全集本的表述一定符合牟宗三先生的愿意,不会在哪个地方出错。有鉴于上述情况,我的总体看法是:如果说从收集资料之全面和阅读之方便来说,当然以全集本为上;但如果就准确阅读和学术研究而言,单行本恐怕还是要好于全集本。